JN411765

제5판

공항운영론

유광의 · 유문기 지음

대 왕 사

공항운영론

제5판 머리말

지난 한 세기 동안 항공교통은 세계경제 발전과 함께 국제화와 세계화의 바람을 타고 꾸준히 성장하였으며, 첨단기술 및 항공교통기술의 발전에 힘입어 항공기와 공항의 장비들이 첨단화되면서 전천후 운항이 가능한 상태로까지 발전되었다. 특히 국제관계가 긴밀화되고 소득수준 향상에 의한 국제관광의 보편화는 항공교통이 우리의 현대생활 속에 깊숙이 자리를 잡게 되는 계기가 되었다.

본서는 이와 같은 시대적 변화를 반영하기 위하여 저자들이 대학교의 항공 분야에서 강의한 경험을 토대로 이론적인 바탕 위에서 항공운송의 현장인 공항에서 오랫동안 근무한 실무경험을 접목하여 집필하였다. 독자들이 공항운영에 대한 실무를 이해하기 쉽도록 그림과 함께 유사한 사례를 들어 설명하였으며, 공항운영과 관련된 항공운송의 특성이나 업무절차뿐만 아니라 업무처리에서의 고려사항까지 포함하였기 때문에 조금만 주의 깊게 읽는다면 공항운영에 관련된 내용을 쉽게 파악할 수 있을 것으로 본다.

이 책의 내용을 장별로 설명하면, 제1장 항공교통의 이해에서는 교통의 발달과 특성, 항공운송의 구성요소인 항공기 · 공항 · 공역 및 항공로 · 항공종사자에 관한 내용을 담았으며, 제2장에서는 항공수요의 특성과 결정요인 및 공항의 계획과 운영준비 등 공항의 입지선정 및 공항의 규모를 결정하기 위한 Master Plan에 대하여 설명하였고, 제3장에서는 공항의 개념과 운영형태 및 공항운영 시스템 등에 관한 내용을 담았다.

공항운영의 핵심적인 항공기 이착륙시설인 활주로 · 유도로시설과 항공교통관제시설과 항행안전시설의 운영에 관한 내용을 제4장에 담았고, 제5장에서는 여객청사의 기능과 역할 및 운영방식 등에 대하여 전반적으로 설명하였으며, 제6장에서는 화물수송의 전초기지 역할을 하는 화물청사의 화물처리체계와 화물조업 및 화물관련 영업에 대하여 설명하였고, 제

7장에서는 계류장의 운영과 계류장에서 이루어지는 지상조업에 대한 설명으로 계류장의 효율적 이용방법을 공부할 수 있도록 하였다.

2001년 미국에서 발생한 9 · 11사태 이후 강조되고 있는 항공보안의 책임, 항공보안 시스템, 보안검색에 관한 내용을 제8장에 담았고, 제9장에서는 공항운영에 따른 소음이나 수질 및 환경관리와 항공기 사고에 대비한 비상지원업무 등을 다루었으며, 공항의 방호 및 경비 시스템을 새로이 추가하여 제10장에 담았다. 제11장에서는 공항의 수입원천인 착륙료 등 사용료의 부과 및 산출내용 등을 다루었고, 제12장에서는 최근 붐이 일고 있는 공항 마케팅의 특성과 전략에 관한 내용을 담아 공항의 수입을 증대할 수 있는 내용을 수록하였다. 이로써 제5판에서는 공항운영과 관련된 내용 모두를 수록하게 되었다.

이 책은 대학에서 한 학기 동안의 교재로 다룰 수 있도록 내용과 분량을 구성하였다. 강의 순서를 고려하여 장 · 절을 편성하였으나, 빠르게 변화하고 있는 항공운송시장의 동향이나 공항운영방법의 변화 등에 대해서는 계속 보완이 필요할 것으로 본다. 이 책의 내용 중 미흡한 점에 대해서는 독자 여러분들의 아낌없는 의견을 기다리는 한편, 아무쪼록 이 책이 독자 여러분이 공항운영업무를 이해하는 데 도움이 되기 바란다.

2026년 1월

저자 씀

차례

1 항공교통의 이해

2 공항의 계획과 운영준비

5 여객청사 운영

6 화물청사 운영

7 계류장 운영

8 항공보안관리

9 환경관리 및 비상지원업무

10 공항방호 및 경비시스템

11 공항사용료 관리

12 공항 마케팅관리

CHAPTER 1

항공교통의 이해

www.daewangsa.net

제1절 교통의 발달과 항공교통의 특성

1. 교통의 개념과 구성요소

교통이란 사람이나 물건의 장소적 이동을 의미하는 개념이다. 교통은 인간이 생존을 위하고 인간 상호 간의 관계를 통해 생활에 필요한 물질적 자원을 조달하기 위해 사람이나 물건의 장소적 이동을 시작한 데서 교통이 비롯되었다고 볼 수 있다. 교통은 인간이 동물적인 생활형태에서 벗어나 진정한 인간으로서의 사회생활을 영위하면서 시작되었다. 교통은 인간의 생활범위 확대와 함께 발달하였기 때문에 교통의 발달은 인류문명의 발달과 함께 발달하였다고 볼 수 있다. 현대에서는 사람이나 물건을 이동하는 교통이 성립하기 위해서는 기본적으로 교통의 4대 구성요소라고 불리는 통로·운반구·동력·운송기지가 필요하다.

1) 교통통로

교통의 통로는 교통수단이 이동하는 길을 의미한다. 교통의 통로는 원시시대에는 동물의 발자국을 따라 이동하는 animal trail과 같은 형태로서 특별히 교통통로가 있었던 것은 아니었다. 교통기술이 발달하고 인구의 증가와 함께 교통량이 증가한 현대교통에서의 교통통로는 교통소통의 원활화와 교통사고의 예방 등을 위하여 정해진 통로로만 이동해야 하는 특성과 규칙이 있다. 이러한 교통통로에는 육상교통의 도로(道路), 철도교통의 궤도(軌道), 해상교통의 항로(航路), 항공교통의 항공로(航空路) 등이 있다. 이 외에도 사람이나 물건의 장소이동 통로로서 pipeline, 컨베이어벨트, 케이블카, 엘리베이터나 에스컬레이터 등과 같은 교통통로 또는 운반구의 역할을 겸하고 있는 것들이 있다.

2) 운반구

운반구는 사람이나 물건을 싣고 이동하기 위한 도구로서 자동차·기차·선박·항공기 등에 사람이 탑승하기 위한 객실이나 좌석과 화물을 탑재하기 위한 화물칸 및 컨테이너·팔레트 등의 포장용기도 포함될 수 있다. 운반구의 원초적 형태는 자연적 운반구로서 사람의 등에 짊어지거나 머리에 이고 다니는 형태가 있었다. 그다음에는 소·말·당나귀·낙타·코끼리와 같은 동물을 이용하여 짐을 실어 나르는 형태에서 마차나 수레와 같은 도구를 이용하는 형태로 발전하였다. 이와 같은 운반구는 처음에는 운송주체인 사람이나 동물을 이용하였기 때문에 운반구와 동력이 분리되지 않은 상태였으나, 마차나 수레와 같이 운반구가 발달하면서 동력과 운반구가 분리되는 과정을 거쳤다. 운반구의 형태는 교통기술이 발달한 현대교통에서는 자동차·항공기·선박·전동차와 같이 다시 동력과 운반구가 통합되는 현상을 보인다.

3) 동력

동력은 교통의 통로 위에서 운반구를 움직이는 데 필요한 힘을 의미한다. 교통발달의 초기에는 자연적인 동력을 이용하였으나, 현대교통에서는 인공적인 동력을 사용하고 있다. 자연적인 동력으로는 사람의 힘을 이용한 인력(人力), 동물이나 가축을 이용한 축력(畜力), 바람을 이용한 풍력(風力), 물을 이용한 수력(水力), 또는 중력(重力)을 이용하는 방법 등이 있다. 교통수단이 기계화된 현대교통의 인공동력으로는 수증기를 이용한 증기력(蒸氣力), 석유연소 폭발력, 전기력, 원자력 등을 이용하게 되어 동력의 힘이 강해져 고속의 교통수단을 이용할 수 있게 되었다.

4) 운송기지

운송기지는 사람이나 물건을 싣고 내릴 수 있도록 정해진 장소를 의미한다. 운송기지는 교통의 초기에는 큰 의미가 부여되지 않았으나, 도시화에 따라 사회구조가 복잡해진 현대교통에서는 매우 중요한 역할을 하는 장소이다. 즉 육상교통의 터미널과 정류소, 철도교통의 역, 해운교통의 항만, 항공교통의 공항 등 운송기지는 교통의 출발지·중간기착지·도착지로서 사람이나 화물운송에서 현대교통에서는 필수불가결한 장소로 그 중요성이 점점 강조되고 있다. 현대교통에서 교통의 구성요소는 서로 유기적으로 작용해야 할 뿐만 아니라 구성요소 사이에 균형이 유지되어야만 교통의 경제적 효율을 높일 수 있다. 예컨대, 공항을 크게 건설하였는데 항공기 운항횟수가 적으면 공항운영의 효율성이 떨어지고, 반대로 항공기 운항횟수는 많은데 공항시설이 부족하면 공항이 혼잡하게 되고 항공기 운항이 정체되는 등의 비효율성이 나타나게 될 것이다.

2. 교통의 발달

교통의 발달은 인류문명의 발달과 그 기원을 같이 하였다고 볼 수 있는데, 인류문명의 4대 발상지가 강을 중심으로 형성되어 지상에서는 동물포획을 위한 수렵활동에 의한 육상교통이 시작되었다. 수상에서는 고기잡이를 위한 통나무나 뗏목을 이용한 수상교통이 시작되었을 것으로 추정되고 있다.

고대의 교통수단이 중세 유럽에서는 다음과 같이 발달한 상태로 이용되었다.

첫째, 육상교통은 주로 말을 타고 이동하는 개별 교통수단으로 이용되는 상태였다.

둘째, 하천교통은 소규모의 조각배 정도가 짧은 거리를 운항하는 상태로 움직였으며, 해상에서도 소규모의 범선이 연안항로를 항해하는 정도였다고 본다.

이 시대의 교통은 상업활동의 한 부분으로 포함되어 있어 상거래의 보조수단으로 이용되었기 때문에 상단(商團)의 주인들이 자기소유의 마차 또는 선박과 같은 교통수단을 갖추어 상품을 운송하였다. 교통수단을 이용하여 서로의 소식을 전하는 통신업무까지 병행하고 있었기 때문에 상인들이 교통수단을 소유하는 것은 상업활동을 위한 필수시설인 점포나 창고를 소유하는 것과 같이 생각을 하였다. 이러한 교통형태를 자기운송형태라고 일컫는다.

근대에 들어서면서 교통기술의 발달과 함께 도로의 개보수, 하천의 정비, 철도궤도의 부설, 운반구의 개량 등 교통시설이 발전함으로써 자기운송형태에서 점차로 타인을 위한 운송형태로 전환하게 되었다. 즉 자기가 보유하고 있는 운송수단의 능력에 여유가 생기거나 귀로에 자기화물의 운송물량이 없는 경우에 그 여유 있는 운송능력을 타인의 화물을 운송해주고 그 대가를 받는 형태의 영리를 목적으로 하는 타인운송형태가 이루어지기 시작하였다.

현대교통이 지금과 같이 급속하게 발달하게 된 것은 교통수단의 4대 구성요소인 동력·운반구·교통통로·운송기지시설의 발전에 힘입은 것이다. 최근에는 교통수단의 구성요소 중 동력과 운반구는 하나로 통합되는 경향으로 전환되어 가고 있으나, 반대로 교통통로와 운송기지는 인구의 증가와 도시화 현상에 따른 교통량의 증가로 인하여 과거에는 이용형태의 구별이 애매하였으나 현대교통에서는 그 구별이 확연해지고 있다.

1) 육상교통의 발달

육상교통은 사람의 등과 머리를 이용한 등짐이나 봇짐형태로 운송되다가 말이나 당나귀 또는 소와 같은 짐승의 잔등을 이용하여 물건을 운반하기 시작하였다. 우리나라에서도 고려시대와 조선시대를 거치면서 봇짐과 등짐을 이용하여 생활필수품 등을 판매하고 다니던 보부상(褓負商)이 일상생활에서 성행하였다. 중세의 유럽에서는 장원도로(莊園道路)와 Guild Road가 발달하기 시작하면서 마차를 이용한 운송이 시작되었다.

그 후 1769년 '와트'가 증기관을 발명하고 '퀴너'가 증기기관을 이용하여 시속 5km를 달릴 수 있는 증기자동차를 발명한 것이 현대 도로교통의 효시였다. 1885년 '다임리'와 '벤츠'가 가솔린엔진을 개발하여 자동차의 소형화를 이룩하면서 현대와 같은 자동차에 의한 도로교통의 시대를 열기 시작하였다. 우리나라에 자동차가 처음으로 들어온 것은 1903년 고종황제가 미국에서 승용차 1대를 구입하여 운행한 것이 효시인 것으로 전해지고 있다.

[그림 1-1] **도로교통의 발달**

2) 해상교통의 발달

해상교통은 인류문명의 4대 발상지인 나일강 유역에서 파피루스로 만든 뗏목과 카누형태의 배를 이용하여 하천을 항해한 것이 최초의 수상교통으로 전해지고 있다. 그 후에 바람을 이용한 범선이 항해하기 시작하였다. 1807년에 Fulton이 기선(汽船)을 발명하여 오늘날의 해상교통으로 발달하였다. 우리나라의 해상교통은 고구려나 신라시대부터 해상으로 침투하는 적을 막기 위한 방어목적 또는 중국이나 일본 등과의 통상목적에 의한 해상교통이 발달하였다. 그 후 고려와 조선시대를 거치면서 목선(木船)에 돛을 이용한 범선(帆船)이 비교적 잘 발달하였다. 우리나라에서 현대적인 해상교통은 1876년에 조선정부가 일본과 통상

[그림 1-2] **해상교통의 발달**

조약을 체결하면서 부산항을 무역항으로 개항하여 국제해상무역이 본격화되었고, 이에 보답하기 위하여 1882년에 일본정부가 조선의 세자 관례식(冠禮式)에 작은 기선 1척을 선물한 것이 기선의 효시로 알려졌다.

3) 철도교통의 발달

철도교통의 발달은 1465년 독일의 광산에서 금속제 레일을 깔고 말이 탄광차를 끌도록 한 것이 궤도의 시작이라고 전해지고 있다. 현대와 같은 기차의 운행은 1814년 '스티븐슨'이 시속 16km를 달릴 수 있는 증기기관차를 제작하여 운행한 것이 철도교통의 시작이었다. 상업용 철도가 개통된 것은 1830년 영국에서 리버풀과 맨체스터 사이에 상업철도를 개설하였고, 미국은 볼티모어와 오하이오 사이에 상업철도를 개설하였다.

그 후 철도교통은 증기관의 발달로 속도가 빨라지고 객차나 화차의 개선으로 근대의 장거

[그림 1-3] **철도교통의 발달**

리교통의 총아로 부각하였다. 우리나라는 1899년 서울 노량진과 인천의 제물포를 운행한 경인선 철도의 부설로 최초의 철도교통이 시작되었다. 그 후 서울과 부산을 연결하는 경부선 철도, 서울과 신의주를 연결하는 경의선 철도, 서울과 목포를 연결하는 호남선 철도, 서울과 원산을 연결하는 경원선 철도 등이 개통되면서 철도교통이 장거리 대량수송을 책임지는 교통수단으로 부상하였다. 최근에는 기존 철도교통의 3배 정도의 속도를 낼 수 있는 고속철도가 개통되어 현대의 고속교통수단으로서 한 축을 이루고 있다.

4) 항공교통의 발달

인류가 하늘을 날고 싶다는 욕망에 의하여 새처럼 하늘을 날아 보려는 시도는 오래전부터 시도되었으나 성공하지 못하였다. 15세기에 이탈리아 출신의 예술가이며 과학자인 레오나르도 다 빈치(Leonardo da Vinci)가 새의 날개를 과학적으로 관찰하여 날개치기의 시도와 헬리콥터 모형의 낙하산을 구상하였으나 성공하지 못하였다. 현대의 항공교통은 1903년 12월 14일 미국의 라이트형제가 개발한 비행기가 12초 동안 36m의 유인동력비행을 성공한 것이 최초였다.

이러한 항공기 개발에 대하여 미국에서는 실용성이 없을 것으로 보고 항공기 개발에 관심을 가지지 않았기 때문에 라이트형제는 항공기 개발에 관심이 많았던 프랑스로 건너가 항공기를 개발하게 되었다. 항공기 개발에 특별한 관심을 가지지 않았던 미국은 제1차 세계대전 중에 유럽에서 개발된 항공기가 전쟁수행에 큰 역할을 하게 되자 뒤늦게 항공기 개발에 관심을 가지기 시작하여 제2차 세계대전 중에는 미국에서 개발한 수송기 · 정찰기 · 폭격기 등이 전쟁을 종식시키는 데 큰 활약을 하였다. 이로 인하여 미국의 항공기 개발수준이 크게 발전하였다.

[그림 1-4] **항공교통의 발달**

우리나라는 1914년 일본 해군의 중위가 용산에 있는 연병장에서 경비행기를 띄웠다 내린 것이 최초의 항공기 운항이었다. 1922년에는 안창남이 서울과 인천에서 모국방문기념 비행을 한 것이 최초의 한국인 조종사에 의한 비행이었다. 이와 같이 다른 교통수단에 비하여 뒤늦게 개발된 항공교통은 100여 년의 역사밖에 안 되는데, 1957년에는 소련에서 우주비행을 성공시켰다. 현재 국제교통의 총아로 부상하는 등 빠르게 발전한 것은 항공교통의 특성인 고속성 · 안전성 · 편리성 · 쾌적성, 장거리 운항 효율성 등과 경제의 발달 및 소득수준의 향상 그리고 국제관계의 긴밀화 등에 의한 인적 교류의 증가와 물류에 대한 시간가치의 증가 등에 힘입은 것이다.

3. 항공교통의 특성

항공교통을 자동차나 철도 또는 선박 등 다른 교통수단과 비교하면 항공교통은 고속성 · 정시성 · 안전성 · 쾌적성, 장거리 운항 효율성 및 시간가치에 의한 경제성 등의 특성이 있다.

1) 고속성

항공교통은 다른 교통수단에 비하여 매우 빠른 속도로 운항할 수 있어 교통수단 중에서 가장 속도가 빠른 고속성을 지니고 있다.

항공기가 다른 교통수단에 비하여 운항속도가 월등히 빠른 것은 다음과 같은 이유가 있다.
첫째, 고성능의 제트엔진 개발로 엔진의 분사력이 엄청나게 강화되어 엔진의 추력이 크게 향상되었다.
둘째, 항공기는 마찰력과 저항력이 가장 낮은 대기 속에서 운항하기 때문에 빠른 속도를 낼 수 있다.
셋째, 장거리 운항의 경우에는 지상 1만 미터 정도의 고공비행을 하므로 높은 상공에는 공기가 희박하여 항력이 크게 줄어 속도가 빨라질 수 있는 것이다.

항공기는 평균 800km/h 이상을 운항할 수 있으므로 선박 70km/h, 고속버스 100km/h, 고속철도 300km/h보다 매우 빠른 고속교통으로서의 특성이 있다.

2) 정시성

항공교통은 다른 교통수단에 비하여 출발시간과 도착시간을 비교적 정확하게 준수하는 정시성의 특성이 있다. 항공기 운항은 비교적 장애물이 없는 하늘을 운항하기 때문에 다른 교통수단에 비하여 교통체증이나 장애물에 의한 교통방해가 없어 계획된 운항을 할 수 있어 정시성을 유지할 수 있는 것이다. 항공기 운항에 차질을 빚을 수 있는 것이 주로 기상악화에 의한 것이지만, 항공기 운항은 고도의 안전성을 요구하기 때문에 기상이 악화될 때에는 운항을 통제하고 있다. 최근에는 항공기 및 지상 항행안전시설의 첨단화로 안개나 강우 등 웬만한 기상악화상태에서도 영향을 거의 받지 않고 착륙할 수 있는 장비를 지니고 있다.

첫째, 교통수단 중에서 정시성이 가장 높은 것은 레일을 따라 운행하는 철도교통이다.

둘째, 해상교통은 풍랑이나 해일 또는 태풍 등으로 운항에 지장을 자주 받기 때문에 정시성을 지키기가 어렵다.

셋째, 육상교통은 교통체증이나 사고발생 시 사고수습을 할 때까지 소통이 어려워지는 등으로 정시성 확보가 어렵다.

넷째, 항공교통은 장애물이 없는 공중을 운항할 뿐만 아니라 여객이 항공기를 갈아타는 환승이나 화물을 다른 항공기로 옮겨 싣는 환적수송이 다른 교통수단에 비해 많으므로 항공기가 계획된 운항시간을 정확히 맞추어야만 수송효율을 높일 수 있는 특성으로 말미암아 특히 정시성이 요구되는 교통수단이다.

3) 안전성

항공교통은 다른 교통수단에 비하여 안전성이 높은 교통수단으로서 통계에 의하면 철도교통 다음으로 운항의 안전성이 높은 것으로 나타나고 있다. 항공기 사고가 나면 많은 인명과 재산손실을 초래하는 대형사고로 이어지기 때문에 항공교통을 이용하려는 여객입장에서는 안전하지 않다고 느껴진다면 항공교통을 이용하지 않게 될 것이다. 항공교통의 안전성에 대하여 항공기 사고발생률을 기준으로 발표된 내용을 보면, 미국의 항공사는 평균 7만 7천 회 운항 시마다 1회의 인명사고를 낸 것으로 나타났다. 영국의 항공사는 6만 7천 회 운항 시마다 1회의 인명사고를 냈으며, 프랑스의 항공사는 10만 회 운항 시마다 1회의 인명사고를 낸 것으로 나타났다.

4) 쾌적성

항공교통은 항공기 객실의 설비와 좌석이 다른 교통수단에 비하여 비교적 넓고 기내가 최첨단시설로 갖추어져 있어 매우 쾌적하고, 항공교통을 이용하기 위하여 필수적으로 거치게 되는 공항시설도 다른 교통수단의 터미널에 비하여 쾌적하게 운용되고 있다. 즉 항공기 좌석은 안락하게 설계되어 있고, 좌석의 등급이 상향될수록 좌석의 너비와 크기 및 객실의 공간배치가 더 쾌적하다. 여객청사의 대합실은 실내조경·음악연주·미술품전시·미니박물관 등을 설치하여 다른 교통수단의 터미널에서는 느껴 볼 수 없는 문화시설과 장비를 갖추어 쾌적성을 확보하고 있다.

5) 장거리 운항 효율성

항공교통은 장거리 운항에 적합한 교통수단이다. 항공기가 항공로를 운항할 때 국내항공노선은 지상으로부터 약 5,000m 상공을 비행하나, 장거리 국제항공노선의 경우에는 지상으로부터 약 12,000m 이상의 고공비행으로 다음과 같은 효율성이 있다.

첫째, 지상 12,000m 이상의 상공은 공기가 희박하여 항공기가 운항할 때 마찰력이 적어 항공기의 속도가 빨라질 수 있다.

둘째, 고공비행은 항력이 적기 때문에 거리당 연료소비도 적어지게 되어 단거리 항공노선보다 상대적으로 운항의 효율성이 높다.

셋째, 장거리 항공노선의 경우에는 자주 공항에 착륙해야 하는 단거리 항공노선보다 공항에서의 지상조업비가 상대적으로 줄어들게 되어 운항효율성이 높아지게 된다.

6) 시간가치에 의한 경제성

항공교통운임은 다른 교통수단의 운임과 마찬가지로 거리비례 운임제도이다. 항공교통운임은 다른 교통수단에 비하여 비교적 높게 책정되어 있어 동일한 거리를 여행하는 경우에 다른 교통수단에 비하여 운임이 비싸므로 경제성이 없는 것처럼 보인다. 그러나 현대사회에서는 시간가치의 중요성이 증가하면서 높은 항공운임에도 불구하고 고속성에 의한 운항시간의 단축으로 여행목적지에 신속하게 도착하여 업무를 수행할 수 있으므로 소득이 높은 사람이나 기업을 경영하기 위하여 사업장을 바쁘게 움직여야 하는 기업인 및 비즈니스 업무

수행 등 시간가치가 중요시되는 사람들에게는 오히려 항공교통이 다른 교통수단에 비하여 경제성이 있는 것으로 평가되고 있다.

제2절 항공운송사업의 발달과정

1. 세계대전과 항공운송의 발달

1) 제1차 세계대전과 항공

현대의 항공기 개발에 원동력이 된 것은 1903년 12월 17일 미국의 라이트형제가 유인동력 비행에 성공한 데서 비롯되었다. 라이트형제는 자전거를 만드는 기술자답게 관찰력이 뛰어나고, 독서가이며 비행에 대한 열의가 대단하여 체계적이고 꾸준한 연구노력과 실험정신으로 공기역학적인 풍동실험에 성공하였기 때문에 가솔린기관에 의한 겹날개 비행기를 만들어 비행에 성공하게 된 것이다. 라이트형제가 만든 비행기는 그 당시 미국에서는 큰 인기를 얻지 못하였으나, 1911년까지 유럽지역에 판매되어 유럽 각국의 항공기연구가들에게 항공기 개발의욕을 고취시키는 계기가 되었다.

항공기가 전쟁목적으로 사용되기 시작한 것은 1911년의 멕시코혁명과 이탈리아와 터키의 전쟁에서 적진을 정찰하기 위한 목적의 비행기가 처음으로 등장하였다. 전쟁이 진행되면서 비행기의 임무도 다양해져 정찰기 외에도 폭격기와 전투기 등으로 나누어졌고, 비행기의 형식도 크게 변화되어 겹날개 비행기와 홑날개 비행기 및 3겹날개 비행기 등이 각각의 특성에 따라 개발되고 사용되었다. 이때의 엔진추진기관은 수냉식(水冷式) 기관과 공냉식(空冷式) 기관이 함께 사용되었다.

1914년 발발된 제1차 세계대전 초기에 사용되었던 비행기의 기체는 목재로 기본 틀을 만들고 목재의 기체 위에 발동기를 장착하였다. 동체의 표피는 소가죽 등으로 씌웠고, 날개의 면적이 넓은 겹날개 형식이었다. 전쟁 초기에는 주로 정찰목적의 비행기로 사용하다가 차츰 비행기의 구조와 성능개선으로 폭탄을 싣고 적진의 상공을 비행하면서 폭탄을 투하하는 형태의 폭격기가 개발되었다. 그 후 비행기의 규모가 작아지고 기동성과 조종성이 뛰어난 비

[그림 1-5] **제1차 세계대전 전투기와 폭격기**

행기가 개발되어 전투기로도 사용되기 시작하였다. 이때의 비행기 성능은 고도 60m의 상공에서 시속 200km 정도로 비행할 수 있는 정도였으나, 1918년 제1차 세계대전이 종료될 즈음에는 비행기의 성능이 크게 향상되어 군수물자와 병력을 수송할 수 있는 수송기가 개발되기도 하였다.

2) 제2차 세계대전과 항공기술의 발달

제2차 세계대전(1939~1945) 중에는 제1차 대전에서 사용되었던 소형 폭격기와는 달리 폭격기가 대형화되면서 전술적・전략적으로 사용되어 전쟁무기로 그 비중이 매우 커지게 되었다. 특히 제2차 세계대전 중에는 제1차 세계대전 때와는 달리 미국이 비행기를 이용한 전략공군을 유효하게 운용하고 B-29와 같은 고출력에 의한 고속의 대형 폭격기를 개발하여 탄약고나 유류창고 등 전투요충지나 병력의 집결지 또는 적국의 중요시설을 폭격하여 전쟁도발국의 전의를 상실케 하는 목적으로 사용하였다. 그 후 C-46, C-54와 같은 대형 수송기를 개발하여 군수물자와 병력을 신속하게 수송함으로써 전쟁에서의 기동성을 확보할 수 있도록 하였다.

제2차 세계대전 중에 사용되었던 폭격기와 수송기는 전쟁이 끝난 후에 민간항공기로 개조하여 민간항공수송에 사용되기 시작하면서 민간항공운송업이 발전하기 시작하였다. 1942년에 영국의 글로스터미디어사가 개발한 제트전투기에 이어 터보제트엔진이 항공기의 동력장치로 사용하게 되면서 항공기의 고속화 등 성능이 크게 개선되었다. 1954년에는 미국의 보잉사에서 제트엔진을 동력장치로 사용하는 B-707 항공기를 개발하여 100명의 승객을 탑승시키고 대양을 횡단할 수 있는 대형 여객기시대를 열어가기 시작하였다.

[그림 1-6] **제2차 세계대전의 전투기와 폭격기**

2. 민간항공운송의 발전

1) 민간항공운송의 태동

제1차 세계대전이 끝난 1918년에 미국에서 민간항공운송의 태동으로 볼 수 있는 우편물운송을 위한 정기항공노선이 최초로 개설되었다. 이 당시의 우편물운송은 낮에는 항공편을 이용하여 운송되고, 밤에는 운송 중인 우편물을 야간열차로 옮겨 싣는 방식으로 이루어졌다.

그 후 1925년에 여객운송을 위한 정기노선이 미국에서 최초로 개설되었는데, 정기항공노선 개설로 여객수요의 급격한 증가와 함께 여객기의 대형화와 고속화 등 항공기술의 발달을 촉진하는 계기가 되었다. 이를 계기로 미국의 항공업계는 수익성이 향상됨에 따라 항공기의 엔진과 통신 및 운항지원 장비의 개량을 통하여 야간이나 기상상태가 다소 나쁜 상태에서도 항공기 운항이 가능하게 되어 대량수송을 위한 여객기를 도입하는 등으로 순수한 상업목적의 항공사들이 설립되기 시작하였다. 즉 1927년에 노스웨스트항공사가 설립되는 것을 기점으로 1930년에 트랜스월드항공사, 1934년에 아메리칸 에어라인 및 유나이티드항공이 설립됨으로써 항공여객운송시장이 모습을 갖추기 시작하였다.

이와 같은 1920년대 말의 미국 항공운송시장은 시장진입이 비교적 자유로워 일부 항공운송시장에서는 항공사 간의 경쟁이 극심하여 우편물의 운송권을 확보하기 위하여 수송원가에도 못 미치는 가격으로 우편물을 운송하는 사례가 빈번해지면서 항공운송시장에서의 불공정한 경쟁과 거래가 성행하게 되었다. 미국에서는 이러한 항공운송시장의 질서를 확립하고 불공정한 경쟁과 거래를 막기 위하여 민간항공운송사업을 규제할 수 있도록 민간항공법을 1938년에 제정하여 민간항공사의 운송활동을 규제하기 시작하였다.

2) 민간항공운송의 발전

민간항공운송 규제를 목적으로 제정된 미국의 민간항공법은 그 당시 과당경쟁에 의한 항공사의 도산을 막고 불공정거래를 바로잡아 항공운송시장의 질서를 확립하기 위하여 항공사의 진입규제와 불공정거래에 의한 운송을 규제할 수 있는 다음과 같은 권한을 민간항공위원회에 부여하였다.

첫째, 항공기의 운항과 관련한 안전에 관한 기준을 제정하는 권한

둘째, 항공운송업의 허가권한

셋째, 여객 및 화물운송에 대한 적정수준의 운임결정권한

넷째, 항공사 간의 인수・합병・연합 등에 대해 규제할 수 있는 권한

다섯째, 외국의 항공운송시장에서 운송하는 미국항공사들에 대하여 규제할 수 있는 권한

여섯째, 미국의 항공운송시장에 취항하는 외국항공사에 대한 규제권한

현대에는 국제항공노선을 운항하기 위해서는 자국의 항공사와 상대국의 항공사가 상무협정을 통하여 상호 운항할 항공노선의 기점과 종점, 운항횟수, 운항할 항공기의 기종, 운항시간 등을 정하여 임시편이나 전세항공편 등을 운항할 수 있다. 정기항공편 운항을 위해서는 통상적으로 항공사 간의 상무협정을 거친 후에 당사국의 정부끼리 항공회담을 통하여 항공운송조건을 협상하여 항공기를 상호 운항하는 것이 일반적인 협상방법이다.

3) 규제완화와 경쟁의 심화

1970년대 초부터 대형 항공기시대가 열리기 시작하였다. 미국의 보잉사에서 제작한 B-747 점보 시리즈, 록히드사의 L-1011, 더글러스사의 DC-10과 프랑스 에어버스사의 A-300 시리즈 등의 항공기 출현을 통한 세계항공운송의 대량수송에 의한 공급능력 확대와 항공기술 발달로 기상악화로 인한 결항률이 감소하여 공급능력의 저하를 방지하는 등으로 항공운송산업의 절정기를 맞았다. 그 후 1973년에 이은 1978년의 제2차 석유파동에 의하여 여객수요의 성장세는 둔화하였는데, 항공기의 공급능력은 오히려 늘어나게 되어 공급과잉에 의한 과당경쟁으로 항공운임이 수송원가에도 못 미치게 되었다. 이에 따라 항공사들이 적자경영으로 소형 항공사를 중심으로 도산하였고, 일부 항공사들은 흡수합병 또는 통합경영의 형태로

전환되었다.

미국에서는 국가의 기간산업으로서 보호되고 육성되었던 항공운송시장의 질서가 깨졌을 뿐만 아니라, 항공사의 도산이 속출하였고, 항공사 간의 통합운영과 흡수합병으로 항공운송시장이 일대 변혁기를 거치게 되었다. 항공운송시장의 질서를 확립하고 국가기간산업인 항공운송산업의 보호와 육성을 위한 새로운 정책이 필요하게 되었기 때문에 1978년에 항공운송산업 전반에 대한 규제완화조치를 취할 수 있는 '규제완화법'을 제정하였다. 이로 인하여 미국에 초대형 항공사들이 탄생하게 되었다. 미국의 초대형 항공사들이 규모의 경제이점을 이용한 세계항공시장의 장악에 상대적으로 위기의식을 느낀 유럽과 아시아지역의 항공사들은 미국의 초대형 항공사에 대응하기 위하여 새로운 항공운송시장의 형성을 의미하는 제휴형태의 경영을 하기에 이르게 되었다.

3. 한국의 항공운송사업 발전

1) 항공운송사업의 태동

우리나라에서 비행기가 첫선을 보인 것은 1913년 일제강점기에 일본 해군의 중위가 용산기지의 연병장에서 경비행기를 떴다 내린 비행이 처음이다. 그 후 1922년 12월 10일 일본에서 조종사자격을 취득한 안창남이 모국방문 기념비행을 서울과 인천에서 시행한 것이 한국인 최초의 비행이었다. 한국인 조종사의 모국방문 기념비행을 바라본 국민들은 한국인의 자긍심을 드높이고 일제강점기에 울분을 달래려는 마음에서 '떴다 보아라. 안창남,' '하늘에는 안창남, 땅 위에는 엄복동'이라는 속요(俗謠)를 만들어 국민 사이에 한동안 유행하였다고 한다.

1927년 6월 1일에는 일본항공법을 준용하여 제정한 '조선항공법'이 일제강점기에 제정·공포되었고, 1936년에는 우리나라 최초의 민간항공사인 조선항공공업사가 설립되어 DC-3 항공기 1대와 경비행기 10대로 서울과 익산 간의 항공노선을 정기적으로 운항하는 등의 항공운송사업을 하였다. 1947년에는 미국의 노스웨스트항공사(NWA)가 도쿄와 서울 간의 항공노선에 취항하였다. 1948년에는 민간항공사인 대한국민항공사(KNA)가 설립되어 미국의 스티븐슨항공기 3대로 서울과 부산을 정기적으로 운항하기 시작한 후에 1954년에는 미국으로부터 성능이 향상된 DC-4 항공기를 도입하여 서울-홍콩-타이페이 국제항공노선에 처음으로 취항하였다. 1958년에는 김포국제공항을 개항하여 여의도국제공항에서 운항하던 국제선과 국내선을 김포국제공항으로 이전하였다.

1962년에는 대한항공공사법을 제정하여 국영기업인 '대한항공공사'를 설립하고 경영난에 허덕이던 대한국민항공사를 인수하여 국영으로 운영하기 시작하였으나, 대한항공공사의 경영난이 심각해져 국영기업형태로는 경영이 어렵게 되어 민간기업에 매각하여 민영화의 길을 걷게 되었다.

2) 항공운송사업의 정착

1969년 3월 경영난에 허덕이던 대한항공공사를 인수한 한진상사는 항공사의 명칭을 대한항공(KAL)으로 변경한 후에 제트여객기를 도입하여 1972년에는 서울 - 도쿄 - 호놀룰루 - 로스앤젤레스의 미주노선에 취항하였다. 1973년에는 서울 - 앵커리지 - 파리 노선을 개설하여 유럽의 항공운송시장으로 진출하여 대한항공이 세계 속의 항공사로 진출하는 계기를 마련하였다.

1988년부터는 제2민항으로 아시아나항공사가 출범하여 국내선운항을 개시한 데 이어 국제선운항을 개시하면서 우리나라 항공운송사업은 국내선과 국제선 모두에서 단일국적항공사에서 복수항공사로 전환되어 항공운송업의 독점체제가 과점형태의 경쟁체제로 전환되기에 이르렀다. 2005년에는 저비용항공사로 분류되는 한성항공(현, 티웨이항공)이 청주 - 제주를 운항하기 시작하였다. 2006년에는 제주항공이 국내선 운항을 시작하면서 우리나라의 항공운송사업은 경쟁의 길을 열어가기 시작하였으며, 그 외에도 제주에어, 에어부산 · 진에어 · 이스타항공 · 인천에어 · 서울에어 등의 저비용항공사가 운항 중에 있다.

제3절 항공교통의 구성체계

1. 항공교통의 구성요소

항공기를 이용하여 여객과 화물을 출발지에서 목적지까지 운송하기 위해서는 항공운송의 기본요소 중에서 핵심적인 역할을 하는 필수적인 요소가 있다. 항공운송을 가능하게 하는

[그림 1-7] 항공운송의 구성체계

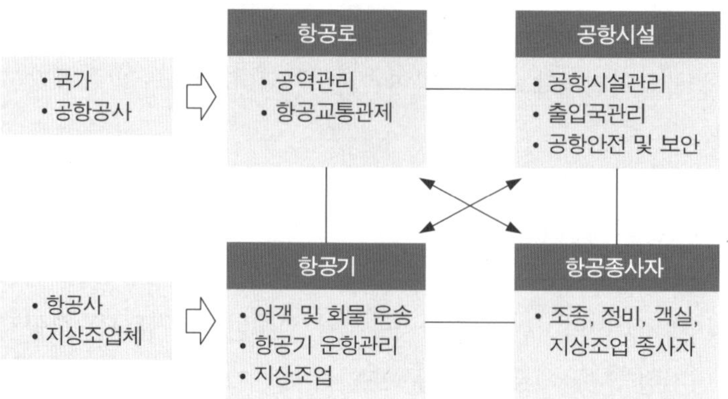

필수적인 요소에는 운송수단인 항공기, 운송기지인 공항, 항공기가 운항하는 통로인 항공로, 항공기를 조종하거나 지상에서 항공기의 운항을 지원하는 항공종사자 등의 4가지 필수 요소가 합리적이고 효율적으로 작용해야 하며, 이 중에서 한 가지라도 문제가 발생하면 항공기의 안전운항을 보장할 수 없게 되는 것이다.

항공운송체계를 도식화하면 [그림 1-7]에서 보는 바와 같이 항공운송체계의 상단에 표시된 공항 및 항공로에 관한 업무는 항공기가 운항하기 전 또는 항공기가 운항한 후에 지상의 공항에서 이루어지는 업무로서 공항시설의 관리와 여객 및 화물의 출입국관리 그리고 항공기가 공항에 도착하거나 공항을 출발하는 데 필요한 항공교통업무와 공역관리업무로서 이들 업무는 정부 또는 공공기관에서 지원하는 업무이다. 하단에 표시된 항공기와 항공종사자에 관한 업무는 여객과 화물을 싣고 다니는 항공기의 운항을 위하여 항공기의 정비・운항관리・지상조업 등과 항공기 내의 객실관리 및 이들 업무를 수행할 수 있는 항공종사자를 교육・훈련・양성하는 업무로서 이들 업무는 항공사 또는 지상조업체가 지원하는 업무이다.

2. 공항시설

공항에는 항공기 운항에 필요한 시설들이 갖추어져 있는데, 항공기의 이륙과 착륙을 통제하고 지원하는 관제탑이 있고, 항공기의 이착륙시설인 활주로・유도로・계류장 등이 있다. 항공기의 안전운항을 지원하기 위한 항행안전시설에는 계기착륙시설(ILS), 초단파 전방향무선표지시설(VOR), Radar 시설 등과 불빛으로 항공기의 이착륙을 지원하는 항공등화시설 등이 있다. 여객이 항공여행의 출발을 위하여 항공기를 탑승하거나 여행을 마치고 도착하는 때에 이용하는 여객청사시설, 화물을 항공기에 탑재하기 위한 화물의 집하 · 분류 · 포장 등을 위한 화물청사시설이 있다. 그 외에도 항공기의 급유 · 정비 · 지상조업 등을 위한 지원시설 등이 있다.

공항의 국제선 여객청사는 항공사에서 수행하는 항공기 탑승을 위한 예약과 항공권 발권 및 체크인이 이루어질 뿐만 아니라 정부기관이 담당하는 세관(customs)업무와 출입국심사(immigration)업무 및 검역(quarantine)업무가 수행되는 장소로서 국가의 관문역할을 수행하고 있다. 공항은 항공기에 의한 여행 또는 수송의 출발점 · 중간지점 · 최종도착지점의 기능을 하는 장소로서 여객운송과 화물을 집하(集荷) · 배송(配送)하는 항공운송 서비스가 이루어지는 현장으로서 매우 다양한 기능을 수행할 뿐만 아니라, 사회간접자본시설로서 국가기간산업의 역할을 하는 시설이다. 공항운영에 대해서는 제5장에서 구체적으로 설명하기로 한다.

[그림 1-8] **인천국제공항**

3. 공역 및 항공로

1) 공역과 비행정보구역

공역(空域)이란 넓은 의미에서는 지구표면의 특정한 공간을 의미하지만, 좁은 뜻으로는 항공기의 안전하고 효율적인 비행과 항공기의 수색 또는 구조에 필요한 정보제공을 위하여 자기 나라 영토의 상공인 영공(領空)과 인접한 공해(公海)의 상공에 지정하여 고시된 구역을 의미한다.

공역은 사용하는 용도에 따라 관제공역과 비관제공역으로 구분된다.

첫째, 관제공역은 관제탑·접근관제소 등 항공교통관제기관의 통제 아래에서 관제를 받는 공간을 말한다.

둘째, 비관제공역은 항공관제기관의 통제를 받지 아니하고 항공기가 자율적으로 사용하는 공간을 의미한다. 우리나라에는 비관제공역이 존재하지 아니한다.

공역은 흔히 비행정보구역이라고도 불리며, 항공운송에서의 공역은 좁은 의미의 비행정

[그림 1-9] **ICAO 8대 공역도**

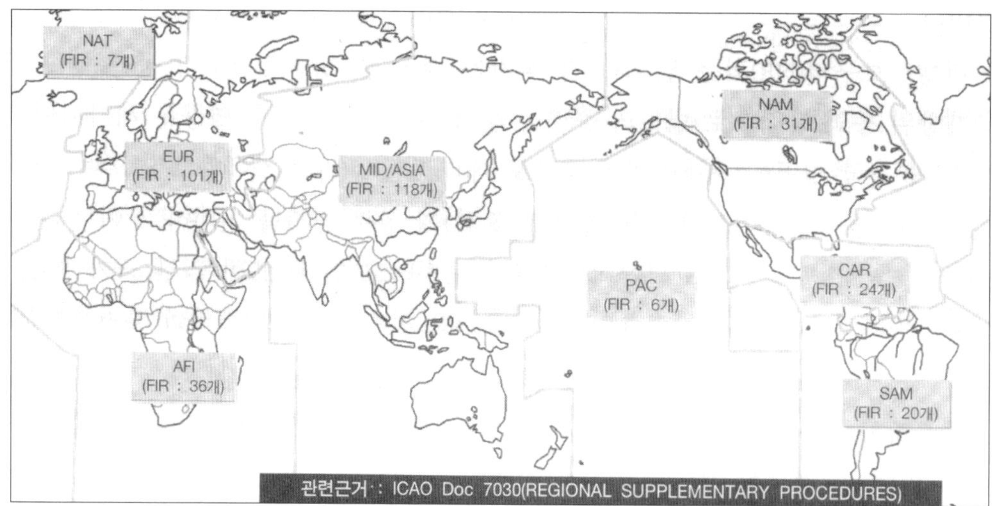

보구역을 뜻한다. 비행정보구역은 비행 중인 항공기에 비행정보 및 경보업무 등 항공교통 서비스가 제공되는 일정한 범위의 공역으로서 국가별 영토 및 항행지원능력을 고려하여 국제민간항공기구의 조정에 의하여 각 가맹국에 할당되어 비행정보 및 조난항공기에 대한 경보업무를 제공하기 위하여 담당하고 있는 영공 및 공해의 상공을 말한다.

국제민간항공기구에서는 전 세계의 공역을 8개의 권역으로 나누고, 각 권역마다 지역별 항공회의를 통해 권역 내에 세부적인 비행정보구역으로 분할하여 각 비행정보구역에 대하여 국가별로 항공교통 서비스를 제공할 수 있는 지역별 관제센터에서 공역을 관리하도록 정하고 있다. 우리나라는 인천비행정보구역 안에서 접근관제구역으로 구분하여 설정되어 있고, 모든 항공로는 항공교통 서비스가 제공되는 비행정보구역 내의 관제공역 내에 지정되고 있다.

2) 항공로의 구성

항공로란 항공기가 비행할 수 있도록 정한 공역상의 비행통로를 말한다. 흔히 항로(航路)라고 부르고 있는데, 공역을 관리하는 국가의 정부가 항공기의 항행에 적합하다고 지정한 지구의 표면상에 표시한 공간의 길을 말한다. 항공로의 지상에는 전파 · 불빛 · 색채 또는 형상으로 항공기의 항행을 돕기 위한 항행안전시설이 설치되어 있다. 항행안전시설에는 항공

[그림 1-10] **인천비행정보구역과 항공로**

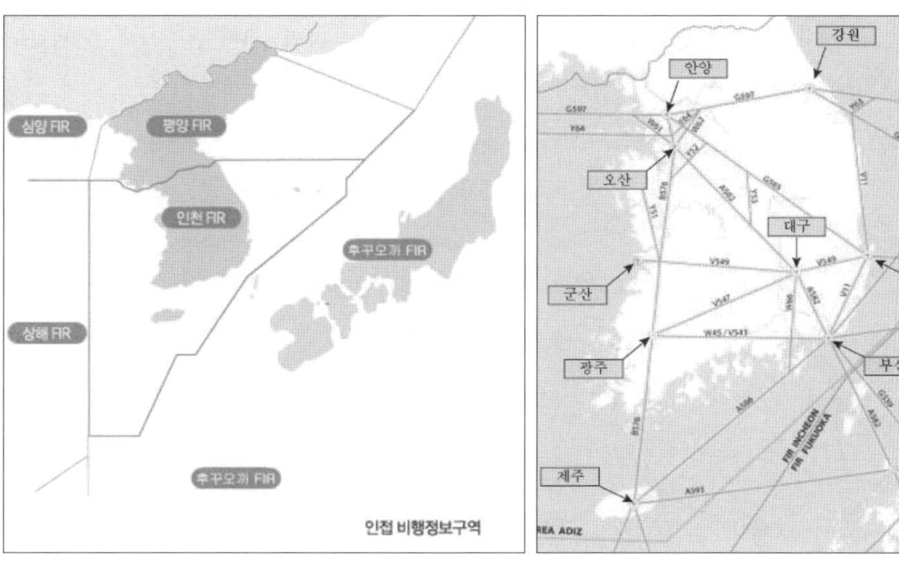

기에 전파를 통하여 항로상의 일정한 지점의 위치를 모스 코드로 알려주는 항공등대인 전방향무선표지시설, 운항하는 항공기와 항공등대까지의 거리를 알려주는 거리측정시설, 레이더시설 및 ILS와 같은 계기착륙시설 등의 항행안전무선시설과 불빛에 의하여 항공기의 항행을 돕기 위한 항공등화시설 및 항공교통관제사가 항공기의 관제용으로 사용하는 항공정보통신시설 등이 있다.

항공로는 항공기의 운항이 허용되는 공중통로로서 눈에 보이지 않지만, 지상의 도로와 마찬가지로 항공로마다 고유한 명칭이 있다. 지상의 고속도로에 해당하는 고고도(高高度)항로와 일반도로에 해당하는 저고도(低高度)항로로 구분되며, 항로를 통과하는 모든 항공기는 항로사용료인 영공통과료를 납부해야 한다. 항공로는 공항과 공항 사이에 200마일 간격으로 설치된 선과 일정한 폭·높이를 가지고 있어 사각형의 상자모양을 한 터널처럼 구성된다.

4. 항공노선과 항공기

1) 항공노선

항공노선이란 항공사가 지상의 두 지점 사이를 정기 또는 부정기로 항공운송을 하는 항공로를 말한다. 항공기의 운항은 일정한 높이 이하에서는 지정된 항공로에 따라 운항되어야 하며, 고공을 운항하는 때에도 지정된 항공노선에 따라 운항되어야 한다.

일반적으로 국내항공노선은 낮은 고도를 운항할 뿐만 아니라 제한공역이나 통제공역에 의한 운항금지 공역이 많아 지정된 항공노선에 따라 운항해야 하는 제한이 엄격하게 적용된다. 항공노선은 통상 항공사로부터 노선개설 신청을 받아 국토교통부장관이 허가하는 절차를 거친다. 국제항공노선은 당사국 정부 간의 항공회담을 통하여 항공노선이 결정되지만,

[그림 1-11] Grid 및 Hub & Spoke 항공노선

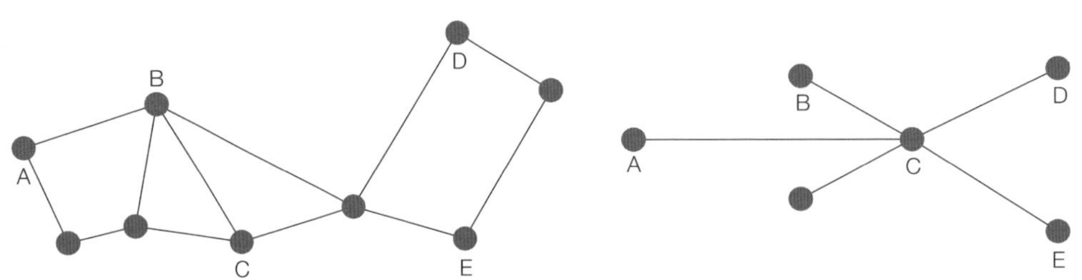

항공노선에 따라서는 영공을 통과하는 국가나 항공노선의 인접국가와도 협의를 해야 하는 경우가 있다.

항공노선은 네트워크 형식으로 구성된다. 항공노선의 네트워크는 항공수요의 발생량에 따라 초기에는 Liner형 네트워크로 형성되다가 항공수요가 늘어나면서 Grid 네트워크 또는 Hub & Spoke 네트워크로 발전하는 것이 보통이다.

첫째, Liner형 네트워크는 출발공항과 도착공항을 논스톱으로 연결하거나 중간기착지를 두어 선형(線形)으로 두 지점을 연결하는 네트워크 형태로서 항공노선을 개설하는 초기에는 대부분 선형 네트워크 형식을 취하고 있다. 장거리 국제항공노선은 대부분 Liner형 항공노선으로 구성되어 있다.

둘째, Grid 네트워크는 흔히 사용되는 네트워크 형식은 아니나 항공수요가 늘어나면서 항공기 운용의 효율성을 높이기 위하여 채택하는 네트워크 형식으로 주로 중거리나 단거리의 국내 항공노선 형성에서 사용되는 형태이다. 이 형태의 항공노선을 운용하는 대표적인 항공사는 인도항공이 국내항공시장에서 사용하고 있다.

셋째, Hub & Spoke 네트워크는 대형 거점공항을 중심으로 대형 항공기가 장거리노선에서 도착하는 시간대에 맞추어 주변의 작은 공항을 연결하는 항공기가 출발하도록 하여 거점도시 사이의 항공수송은 대형 항공기가 담당하고 소규모 도시를 연결하는 항공수송은 소형 항공기가 담당하도록 하여 수송효율을 높이기 위하여 도입된 네트워크 형태이다.

2) 항공기

(1) 항공기의 정의 및 분류

항공기란 공기의 반작용으로 뜰 수 있는 기기를 말한다. 항공기의 종류에는 비행기, 헬리콥터, 비행선, 활공기, 경량항공기, 초경량비행장치, 항공우주선 등이 있다.

항공기는 사용되는 용도별로 구분하여 민간항공용과 군용 항공기로 구분한다. 군용 항공기는 항공기가 수행하는 임무에 따라 전투기, 폭격기, 수송기, 정찰기, 초계기 등으로 구분한다. 민간항공용 항공기는 운송용과 일반항공용 항공기로 구분한다. 운송용 항공기는 여객기, 화물기, 여객·화물 겸용기, 커뮤터 항공기 등으로 구분하고, 운송목적에 따라 사업용·자가용·교육용 등으로 구분한다.

(2) 항공기의 외부형태

운송용 항공기의 외부구조는 항공기 기체의 중심선에 의한 동체길이, 날개폭, 날개길이, 꼬리폭, 후퇴각, 바퀴폭 및 바퀴 수, 방향타 등에 의하여 그 형체와 크기가 결정된다.

운송용 항공기의 날개 기능을 살펴보면, Main Wing은 항공기가 비행 중에 공기의 양력을 받아 상승하게 하는 역할을 한다. Flap은 항공기가 이륙이나 착륙을 할 때에 위로 젖히거나 아래로 구부릴 수 있도록 하여 공기의 저항력을 높이어 양력을 증가시키는 역할을 하는 작동이 가능하도록 설계된 보조날개이다. 날개의 양쪽 끝에 위로 구부러진 상태로 설계된 보조익은 꼬리부분의 수직날개와 함께 항공기가 방향전환을 할 때에 사용되는 날개이다.

[그림 1-12] **항공기의 외부구조**

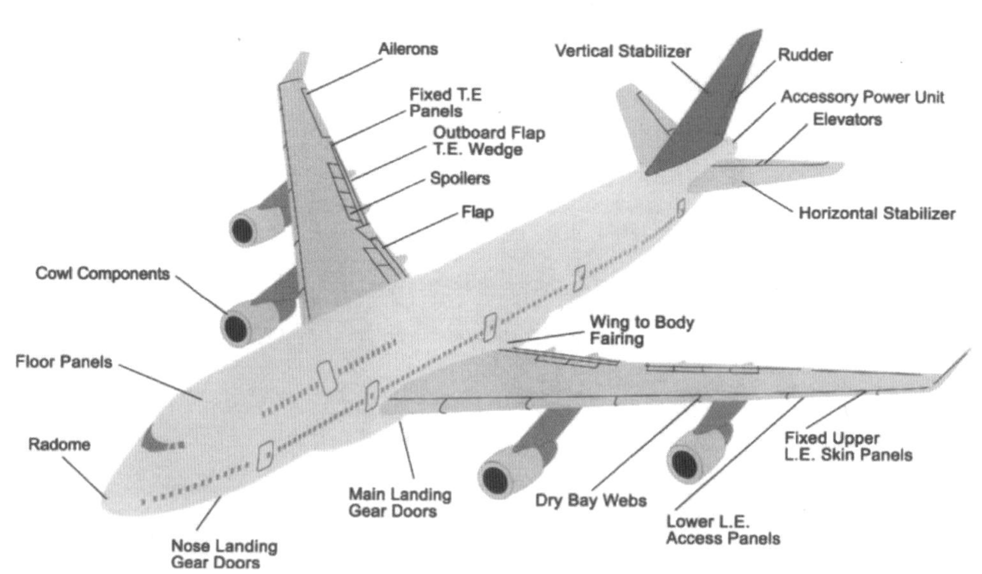

5. 항공종사자

1) 항공종사자의 구분

항공종사자란 항공기의 운항과 관련된 업무를 수행할 수 있는 소정의 자격증명을 갖추고 있는 사람을 말한다. 항공종사자는 항공기의 운항과 관련된 업무에 종사할 수 있는 자격증명을 가진 사람을 총칭하는 것으로서 항공업무에 종사하고 있지 않아도 자격증명을 받은 사람은 모두 항공종사자라고 보아야 할 것이다. 국제민간항공기구의 시카고협약에서 국제항공운송에 종사하는 모든 항공기의 조종사 및 기타 종사자는 항공기가 등록된 국가가 발급한 유효한 자격증명이나 면허를 소지해야 한다고 규정하고 있다.

우리나라의 「항공안전법」에서도 항공업무에 종사하고자 하는 자는 국토교통부장관으로부터 항공종사자 자격증명을 받아야 한다고 규정하고 있으며, 자격증명의 종류를 운송용 조종사, 사업용 조종사, 자가용 조종사, 부조종사, 항공사, 항공기관사, 항공교통관제사, 항공정비사, 운항관리사로 구분하고 있다. 자격증명을 받은 자는 그가 받은 자격증명의 종류 외의 항공업무에 종사하여서는 안 된다고 규정하고 있다.

〈표 1-1〉 **항공종사자의 자격증명 기준**

<table>
<tr><th colspan="4">ICAO 자격증명 기준</th><th>국내 자격증명 기준</th></tr>
<tr><td rowspan="11">Flight Crew</td><td rowspan="9">Pliot</td><td rowspan="2">Private Pilot</td><td>Aeroplane</td><td>자가용 조종사(고정익)</td></tr>
<tr><td>Helicopter</td><td>자가용 조종사(회전익)</td></tr>
<tr><td rowspan="2">Commercial Pilot</td><td>Aeroplane</td><td>사업용 조종사(고정익)</td></tr>
<tr><td>Helicopter</td><td>사업용 조종사(회전익)</td></tr>
<tr><td rowspan="2">Airine Transport Pilot</td><td>Aeroplane</td><td>운송용 조종사(고정익)</td></tr>
<tr><td>Helicopter</td><td>운송용 조종사(회전익)</td></tr>
<tr><td colspan="2">Multi Crew Pilot</td><td>부조종사</td></tr>
<tr><td colspan="2">Glider Pilot</td><td>자가용 · 사업용 조종사(활공기)</td></tr>
<tr><td colspan="2">Free Balloon Pilot</td><td>초경량비행장치 조종자(유인자유기구)</td></tr>
<tr><td colspan="3">Flight Navigator</td><td>항공사</td></tr>
<tr><td colspan="3">Flight Engineer</td><td>항공기관사</td></tr>
<tr><td rowspan="6">Other Personnel</td><td colspan="2" rowspan="3">Aircraft Maintenance</td><td>Technician</td><td rowspan="3">항공정비사</td></tr>
<tr><td>Engineer</td></tr>
<tr><td>Mechanic</td></tr>
<tr><td colspan="3">Air Traffic Controller</td><td>항공교통관계사</td></tr>
<tr><td colspan="3">Flight Opertions Officer</td><td>운항관리사</td></tr>
<tr><td colspan="3">Aeronautical Station Operator</td><td>해당 없음</td></tr>
</table>

2) 운항승무원

운항승무원은 항공기의 운항업무를 직접 담당하는 항공종사자로서 자가용 조종사, 사업용 조종사, 운송용 조종사, 부조종사, 항공사 및 항공기관사로 구분된다.

첫째, 자가용 조종사는 무상으로 운항하는 항공기를 보수를 받지 아니하고 조종하는 업무를 담당한다.

둘째, 사업용 조종사는 항공기에 탑승하여 자가용 조종사의 자격을 가진 사람이 할 수 있는 행위, 무상으로 운항하는 항공기를 보수를 받고 조종하는 행위, 항공기사용사업에 사용하는 항공기를 조종하는 행위를 담당한다.

셋째, 운송용 조종사는 항공기에 탑승하여 사업용 조종사의 자격을 가진 사람이 할 수 있는 행위 및 항공운송사업의 목적을 위하여 사용하는 항공기를 조종하는 업무를 담당한다.

넷째, 부조종사는 비행기에 탑승하여 자가용 조종사의 자격을 가진 자가 할 수 있는 행위, 기장 외의 조종사로서 비행기를 조종하는 업무를 담당한다.

다섯째, 항공사는 항공기에 탑승하여 위치 및 항로의 측정과 항공자료를 산출하는 업무를 담당하는 사람이다. 현재는 운송용 항공기에 자동방향탐지장비가 장착되어 있으므로 항공사가 탑승하지 않는다.

여섯째, 항공기관사는 항공기에 탑승하여 발동기 및 기체를 취급하는 업무를 담당하는 사람이다. 현재는 발동기 및 기체를 자동으로 점검하는 시스템이 구축되어 있으므로 항공기관사가 탑승하지 않는다.

[그림 1-13] **운항승무원**

항공종사자 중에서 운항승무원에 대하여는 항공기의 종류·등급·형식과 조종사의 비행경력 등에 따라 자격기준이 엄격히 적용되고 있다. 신체적 조건도 엄격하여 항공신체검사증명이 있어야 항공기에 승무할 수 있을 뿐만 아니라 사업용 조종사와 운송용 조종사 등은 12개월마다 신체검사를 받아야 한다.

운항승무원의 근무형태는 일정하지 않고 근무 스케줄에 의하여 불규칙적으로 근무시간이 정해지기 때문에 항공안전법이나 해당항공사의 운항규정 등으로 운항승무원의 근무에 필요한 여러 가지 조건과 근무시간 등을 정하고 있다. 운항승무원의 근무시간·휴식시간 등에 대한 제한은 기본적으로 항공기의 착륙횟수·비행시간 등을 고려하여 결정된다. 운항승무원의 근무시간은 승무시간과 비행근무시간으로 구분하여 일정한 제한과 한계가 정해지고 있다.

3) 항공교통관제사

항공교통관제사는 항공교통의 안전·신속 및 질서를 유지하기 위하여 항공기 운항을 관제하는 업무를 담당한다. 항공교통관제업무는 관제탑 업무, 접근관제소 업무, 항로관제소 업무로 구분된다.

[그림 1-14] **항공교통관제사**

4) 항공정비사

항공기의 정비업무는 항공기 운항에 필수적으로 따라야 하는 업무이다. 항공기의 안전운항을 위한 정비업무를 담당하는 항공정비사는 항공안전법에 따라 국토교통부장관이 행하는 항공정비사 자격시험에 합격한 항공종사자를 말한다. 항공정비사는 정비한 항공기에 대하여 당해 항공기가 항공안전법에서 정하고 있는 감항능력을 가진 안전성 있는 기술수준에 적합하다는 확인과 정비 또는 수리・개조한 항공기에 대하여 기체・엔진・프로펠러・계기장치・전기장비품 등에 대하여 당해 항공기가 항공안전법에서 정하고 있는 감항능력을 가진 안전성 있는 기술수준에 적합하다는 확인을 한다.

[그림 1-15] **항공기 정비사**

5) 운항관리사

운항관리사는 항공운송사업에 사용되는 항공기 또는 국외 운항 항공기의 운항에 필요한 비행계획의 작성 및 변경, 항공기 연료 소비량의 산출, 항공기 운항의 통제 및 감시를 확인하는 업무를 담당한다.

[그림 1-16] **운항관리사**

6) 객실승무원

객실승무원은 항공안전법에서 자격을 취득하도록 규정하지 않았으나, 항공기에 탑승하여 비상시 승객을 탈출시키는 등 승객이 안전하고 쾌적하게 여행을 할 수 있도록 각종 서비스 제공업무를 수행한다. 객실승무원은 항공기의 안전운항을 위하여 운항승무원 및 지상의 관련 부서와 긴밀한 협조체계를 유지하는 역할을 담당할 뿐만 아니라 항공사의 서비스를 상징하는 대표적인 역할을 하는 승무원이다.

객실승무원은 객실사무장 · 객실승무원 · 수습승무원 등으로 구성된다. 사무장은 항공기의 크기 및 객실승무원의 수와 항공사에 따라 수석사무장 · 선임사무장 · 사무장 · 부사무장 등으로 구분한다. 객실승무원은 객실업무에 대하여 직급에 따라 각각 역할이 달라진다. 수석사무장 또는 선임사무장은 객실 서비스를 총괄 지휘하고 객실 업무에 대한 총체적인 책임을 진다. 객실승무원은 대부분 팀 단위로 운영되고, 팀의 규모는 항공기의 기종과 좌석등급의 운영 및 노선의 특성에 따라 차이가 있을 뿐만 아니라 항공사와 국가별로도 다소 차이가 있을 수 있다.

객실승무원의 업무는 비행 전 객실점검, 휴대수하물의 정리와 처리, 승객의 안전벨트 점검, 비상시 응급대치요령 시범, 음료 및 기내식 등 기내 서비스, 면세품판매 서비스, 도착 서비스 등으로 이루어지며, 객실승무원은 항공사를 대표하는 서비스제공자이다.

[그림 1-17] **객실승무원**

공항의 계획과 운영준비

제1절 항공수요의 특성과 결정요인

1. 수요예측의 필요성

수요예측이란 미래의 일정한 기간 또는 시점에서 발생이 예측되는 수요를 계량화하는 활동을 말한다. 항공수요예측은 건설하려는 공항의 시설규모와 형태 등을 결정하는 중요한 활동 중의 하나이다. 공항의 건설과 확장은 항공수요예측으로부터 시작된다고 말할 정도로 항공수요예측은 공항의 건설과 확장에 매우 중요한 자료가 된다.

항공수요예측이 필요한 이유는 다음과 같다.

첫째, 항공수요예측은 공항시설의 규모를 결정하는 기준이 된다. 공항을 건설 또는 확장에서 예측된 항공수요는 공항의 활주로 및 유도로, 계류장, 여객청사, 화물청사, 주차장 등에 대한 시설규모를 결정하는 자료가 된다.

둘째, 항공수요의 정확한 예측은 공항건설에 대한 투자효과를 높여 준다. 항공수요예측이 실제보다 과다하게 예측되면 공항시설의 과다투자로 투자비의 낭비를 초래할 것이고, 수요예측이 실제보다 과소하게 예측되면 공항시설이 부족하게 되어 공항을 개항한 후 곧바로 확장투자를 하게 되므로 재투자비용의 발생으로 투자효과가 떨어질 것이다.

셋째, 항공수요예측은 공항시설의 건설 또는 확장시기와 투자기간을 결정하는 데 유용하게 작용한다. 항공수요의 증가요인이나 증가속도는 공항을 건설하거나 확장하는 시기를 결정해 줄 뿐만 아니라 장・단기적인 투자기간을 결정하는 자료로 사용된다.

넷째, 항공수요예측은 도로교통・철도교통・해상교통 등 다른 교통수단과의 경쟁성을 판단하거나 공항개발에 따른 투자재원 조달방법 등을 종합적으로 판단할 수 있는 자료를 제공해 준다.

이와 같은 항공수요예측은 공항이 건설되는 시점의 항공수요에 맞추어 공항시설계획을 수립해서는 안 된다. 공항이 개항된 후 적어도 10년 이상을 내다보는 수요를 충족시킬 수 있도록 시설계획을 수립해야 하므로 공항이 개항되는 초기에는 항공수요보다 공항시설의 규모가 큰 것은 당연하다 하겠다.

2. 항공수요의 특성

항공수요의 특성을 살펴보면 대부분 여행수요에서 발생하는 파생적 수요라는 점, 수요가 계절별·요일별·시간대별로 급격하게 변동하는 집중화현상, 수요의 일방향성, 가격과 소득에 의한 높은 탄력성 등의 특성이 있다. 항공운송산업에 독특하게 나타나는 특성으로는 수요의 지속적인 성장성과 운송거리의 승수효과가 크다는 점 등이 있다.

1) 파생적 수요

항공수요는 비교적 파생적 수요의 특성이 강한데, 파생적 수요란 본원적 수요에 대비되는 개념이다. 파생적 수요란 교통수단을 이용하는 목적이 단순히 교통수단을 타보는 것이 아니라, 다른 목적을 위하여 공간적으로 이동이 필요하여 교통수단을 이용하게 되는 수요를 의미하는 중간재적 수요를 말한다. 항공수요는 파생적 수요의 요건을 가장 잘 갖추고 있으므로 항공수요를 정확히 예측하기 위해서는 수요가 발생하는 근본적인 원인과 수요의 목적을 파악하는 것이 중요하다.

항공운송시장을 구성하고 있는 수요는 크게 비즈니스 여행시장과 관광·레저 여행으로 나누며 그 특성은 다음과 같다.

첫째, 비즈니스 여행시장의 특징은 항공기의 운항빈도, 운항시간, 운항의 정시성, 좌석확보의 용이성, 공항접근성, 상용고객우대 서비스, 기내식 서비스, 항공기의 논스톱운항 등에 관심을 가진다.

둘째, 관광·레저 여행시장수요의 특징은 항공운임의 가격에 절대적인 영향을 받고 그 외의 항공기 운항빈도나 운항시간대, 정시성, 공항접근성, 기내식 서비스 등에는 크게 관심을 가지지 않는 특성이 있다.

항공수요는 여행수요의 파생적 수요로서 항공수요의 창출은 결국 여행수요의 창출과 직접적인 관련이 있다. 우리나라의 경우에는 국제여행수요의 95%가 국제항공수요라는 통계를 고려할 때 관광·레저 여행수요와 항공운송수요는 불가분의 관계를 맺고 있어 여행사들이 항공권 판매대리점을 함께 운영하는 것이 그 대표적 사례라고 볼 수 있다.

2) 수요의 집중화

항공수요는 다른 교통수요와 마찬가지로 항공수요도 계절별·요일별·시간대별로 집중화가 심한 현상을 보인다. 항공교통의 공급자는 성수기와 비수기 또는 평일과 주말로 나누어 차등운임을 적용하는 등으로 수요분산을 유도하고 있다. 이러한 수요분산을 위한 방법들이 항공수요의 집중화현상을 근본적으로 막을 수 있는 것은 아니다.

항공수요의 집중현상은 항공노선이나 운항지역 또는 항공시장의 유형에 따라 다소 차이는 있으나, 일반적으로 국제항공수요의 집중현상은 기후적인 요인과 같은 자연적인 현상에 의해서도 발생한다. 공휴일이 겹치는 연휴, 학생들의 방학, 명절, 축제나 스포츠·문화행사와 같은 제도적인 요인에 의하여 발생하는 집중화가 더욱 심하게 나타난다. 이와 같은 항공수요의 집중화는 기후나 계절과 같은 자연적 현상과 축제나 행사와 같은 제도적 현상이 겹치게 되는 때에는 집중화가 더욱 심해진다. 이러한 집중현상 해소를 위하여 항공사에서는 임시항공편을 투입하거나 전세항공편을 운항하는 등의 대책을 세움으로써 집중화를 다소 완화하는 방법이 있다.

항공수요는 시간대별로도 집중화현상이 심한데, 우리나라의 경우에 국제선항공기의 공항도착시간 또는 공항출발시간을 비교해 보면, 인천국제공항의 경우에 도착항공기는 오전 6시 전후와 오후 5시 전후에 도착하는 항공기가 많고, 출발항공기는 오전 10시 전후에 밀집되는 현상이 나타난다. 따라서 이 시간대에는 항공기 운항의 집중과 여객의 집중으로 공항이 매우 혼잡해지는 요인이 되고 있다.

3) 수요의 일방향성

항공수요는 다른 교통수요와 마찬가지로 수요의 일방향성이 강한 특징이 있다. 항공여객수요 중에서 관광·레저 여행수요는 여행출발지에서 여행목적지로 떠나는 여객이 일주여행 일정을 하지 않는 한 돌아오는 항공수요는 대부분 출발한 여객이다. 특히 관광지를 연결하는 항공노선이나 새로 개설된 항공노선에서는 이러한 수요의 일방향성 현상이 더욱 극심하게 나타나고 있다.

항공수요의 일방향성은 관광지를 연결하는 항공노선처럼 출발지 공항에서의 여객수요는 있는데 도착지 공항에서는 도착한 여객이 다른 교통수단을 이용하여 돌아가는 때에는 항공운송은 편도수송을 하게 되고 운송효율이 반감되어 해당노선이 적자로 운영되는 현상을 초래하게 될 것이다. 따라서 항공사에서는 출발여객이 되돌아오는 여객이 많지 않은 항공노선의 경우에는 목적지 공항에서의 항공수요 창출을 위한 별도의 노력이 필요하게 된다. 항공수요의 일방성이 더욱 심한 것은 화물운송이다. 화물의 경우에 제품의 생산지에서 상품의 소비지로 화물을 운송한 항공기가 소비지에서 생산된 다른 상품을 싣고 올 화물이 없는 경우에는 화물을 적재하지 못하고 빈 항공기로 무상운송을 해야 하므로 이에 따른 운항비용손실이 뒤따르게 될 것이다.

4) 수요의 탄력성

항공수요는 운송시장의 유형에 따라 다소 차이가 있으나 다른 교통수단에 비하여 높은 수요의 탄력성을 나타내고 있다. 특히 관광・레저 운송시장에서는 탄력성이 더욱 심하게 나타난다. 항공수요의 탄력성에 영향을 미치는 요인으로는 운임인상, 계절적 영향, 주중과 주말의 영향 등이 있다. 관광・레저시장에서 수요의 탄력성이 심한 것은 비즈니스를 목적으로 여행하는 사람은 대부분 여행비용을 기업에서 제공하지만, 관광・레저여행을 하는 사람은 개인이 여행비용을 부담하기 때문에 항공운임의 가격과 본인의 소득에 의한 수요의 탄력성이 높다.

예컨대, 비즈니스여행자의 항공수요는 대체로 항공운임의 가격이나 개인의 소득수준과는 상관관계가 적고, 기업이나 고용주의 경제적 활동이나 비즈니스의 성과에 상관관계가 크기 때문에 필요한 여행은 반드시 하게 되지만, 여행비용을 자기가 부담하는 관광・레저여행자는 항공운임이나 물가상승 또는 환율과 같은 외부여건과 본인의 소득수준에 민감하게 반영하게 되기 때문에 수요의 탄력성이 매우 크다.

비즈니스여행자는 항공운임의 변동, 계절적 영향, 주중과 주말과 같은 요소에는 영향을 받지 않으나, 항공기 운항의 정시성, 항공기 운항빈도, 사용고객우대 서비스, 항공기 운항시간대에는 민감하게 반응하는 특성이 있다.

관광・레저여행자는 항공기 운항의 정시성이나 운항빈도 및 상용고객우대 서비스 등에는 영향을 적게 받으나, 관광 성수기 및 비수기와 같은 계절적 영향, 주말과 주중, 항공운임수준 등에는 민감하게 반응하는 특성이 있다.

국내선 항공편의 경우에는 주중과 주말의 항공수요변동이 심하기 때문에 항공사들은 주말과 주중에 항공운임에 차등을 두어 수요분산을 유도하고 있다. 따라서 관광목적의 여행객은 주말여행을 피하고 운임이 비교적 저렴한 주중을 선호하는 경향으로 나타나고 있다.

3. 항공수요의 결정요인

항공수요를 결정하는 변수를 분석해보면, 〈표 2-1〉에서 보는 바와 같이 항공수요에 영향을 미치는 요소는 다음과 같다.

첫째, 공항과 인접한 도시의 인구수와 같은 항공운송수요 시장의 크기와 소비능력이다. 배후도시의 인구수 및 산업구조, 주민의 소득수준, 교육수준, 화물의 수출량과 수입량 등이 항공수요의 변수가 된다.

둘째, 항공노선이 연결되는 도시 사이의 인종적·문화적·종교적 유대관계와 여행자의 개인적인 요인 등이 항공수요에 영향을 미친다.

셋째, 항공기의 운항횟수, 운항시간대, 운임수준, 비행시간, 환승체계의 용이성 등 이 수요에 영향을 미친다.

넷째, 배후도시에서 공항까지의 거리·소요시간 및 지상교통운임과 접근교통수단의 다양성 등 공항접근성과 다른 교통수단과의 다양성 및 경쟁관계가 수요에 영향을 미치게 된다.

〈표 2-1〉 **항공수요의 영향요소**

영향요소	변수	응용분야
항공시장의 크기와 소비능력	• 배후도시의 인구 • 주민소득 • 개인 가처분소득 • 수출 및 수입화물량	• 여객수요예측 • 관광 · 유학수요예측 • 화물수요예측
지역 간 인종적인 유대	• 배후도시인구 중 상대도시와의 연관성	• 여객수요예측 • 공항 및 항공노선 수요예측
항공 서비스	• 운항빈도, 항공운임 • 환승용이성, 운항시간	• 정기항공노선 수요예측
공항접근성과 경쟁성	• 공항접근성(거리 · 시간 · 비용) • 다른 교통수단의 운항빈도, 소요시간, 운임, 쾌적성 등	• 지역항공수요예측 • 공항수요 및 경쟁능력예측

1) 항공시장의 크기와 소비능력

항공시장의 크기와 소비능력은 배후도시의 규모와 소득수준이 항공수요에 가장 크게 영향을 미치는 요인으로 작용하기 때문에 수요예측에 매우 중요하다. 국제선을 운항하는 공항은 배후도시인구가 최소 100만 명 이상 되어야 한다는 것이 항공전문가들의 일반적인 견해이다.

항공수요에 영향을 미치는 지역사회의 사회・경제적 요인으로는 해당 지역주민의 인구규모와 연령분포, 교육 정도, 산업구조, 정치・사회적인 안정성, 대체교통수단의 유무 등이 항공수요 유발에 영향을 미치는 것으로 분석되고 있다.

항공수요가 있는 도시의 인구수가 많고 지역의 인구 중에서 경제활동인구가 많으며 교육수준이 높으면 일반적으로 여행수요가 많이 발생하는 것으로 분석되고 있다. 산업구조면에서는 1차 산업보다 2차산업 또는 3차 산업에 종사하는 사람들의 여행수요가 많이 발생하고, 정치적으로나 사회적으로 안정적이면 관광・레저에 관심을 가지며, 철도나 육상교통 등의 대체교통수단이 빈약하면 항공수요가 증가할 것이다.

2) 지역 간 인종적인 유대

항공수요에 영향을 미치는 두 번째 영향을 미치는 요소로는 항공노선이 연결되는 상대도시와 인종적・문화적・역사적・종교적 유대관계가 항공수요 창출의 영향요소로 작용한다. 배후도시의 인구 중에서 다른 지역에서 출생한 인구의 비율이 높거나, 다른 지역과의 역사적・문화적으로 연관관계가 많은 경우 그 지역을 방문하는 여객수요가 늘어나기 때문이다. 우리나라에서 이와 같은 사례를 들어 보면 백제문화권과 일본의 교토・나고야・오사카・후쿠오카・미야자키 등 관서지방과는 오랜 역사적・문화적 유대관계가 형성되어 있어 생활풍습이나 문화행태가 닮은 점이 많기 때문에 문화적 교류가 많게 된다. 중국의 동북 3성으로 일컬어지는 요녕성・길림성・흑룡강성 등은 우리 교포가 많이 살고 있으므로 자연스럽게 인적 교류가 많아져 여객수요가 점차 늘어나게 될 것이다.

3) 운송 서비스

공항의 항공기 운항횟수, 운임수준, 운항거리, 환승체계의 용이성 등 항공 서비스가 항공수요 창출에 영향을 미친다.

첫째, 항공기의 운항횟수는 여객은 어떤 항공노선에서 일정한 수준 이상의 운항횟수가 유지되어야 항공교통을 이용할 것이다. 운항횟수가 너무 적으면 항공수요 유발의 장애요인으로 작용하게 된다. 예를 들면, 국내선의 경우에 하루에 1회를 왕복 운항하는 항공노선에서는 비즈니스여행자가 출장업무를 마치고 당일로 되돌아올 수 없고 여행지에서 불필요한 숙박을 해야 하므로 1일 2회 이상 운항하는 것이 바람직하다. 국제선의 경우에 항공편이 주 1회 운항한다면 3박 4일의 관광여행을 떠났을 때 관광을 마치고 되돌아오는 항공편이 없어 이러한 여행상품을 판매할 수 없으므로 주 2회 이상 운항하여야 수요를 창출할 수 있다.

둘째, 항공운임수준은 항공여행을 결정하는 가장 중요한 요인으로 작용하여 항공수요 유발에 직접적인 영향을 미치는 요인이다. 항공운임이 상대적으로 높다고 생각되면 항공여행을 자제할 것이고, 항공운임이 상대적으로 낮다고 생각되면 항공여행이 늘어나게 될 것이다. 자동차나 철도 또는 해상운송과 같은 대체교통수단이 있는 경우에는 항공운임은 항공수요에 미치는 영향이 크다.

셋째, 공항의 환승체계의 편리성이 항공수요를 창출하는 요인이 된다. 국제공항의 환승체계가 불편하면 그 공항을 이용하지 않을 것이며, 특히 국제선에서 국내선을 환승하는 경우에는 환승이 편리한 다른 교통수단을 이용하게 될 것이다. 공항의 환승체계가 항공수요에 영향을 미친 사례로서는 일본의 지방공항에서 외국으로 여행하려는 여객이 하네다공항에서 나리타공항으로 환승하는 것이 불편하여 우리나라의 인천국제공항으로 와서 국제선으로 환승하는 여객이 많은 것이 그 사례라고 볼 수 있다.

넷째, 항공기의 출발시간은 항공수요 창출에 영향을 미친다. 출발시간이 아침 이른 시간대이거나 밤늦은 시간대에는 비즈니스여행객이 이용을 꺼리게 될 것이다. 항공기의 출발시간은 공항의 슬롯을 배정받는 문제와 직결된다.

다섯째, 관광객은 여행거리가 너무 긴 여행지의 여행도 기피하는 현상이 뚜렷하여 수요창출에 영향을 미친다. 멀리 떨어진 관광지는 시간과 운임이 과다하여 통상적인 관광수요는 창출하기 어렵다.

4) 공항 접근성

공항의 접근성은 배후도시에서 공항까지의 거리·소요시간·연결교통수단·접근교통비용 등의 문제로서 같은 배후도시에서 경쟁공항이 있는 경우에는 항공수요 창출에 막대한 영향을 끼치게 된다. 특히 단거리 국제항공노선의 경우에는 공항의 접근성이 중요한 영향요인으로 작용하게 된다.

공항의 접근성이 항공수요 창출에 미친 영향으로는 국내선의 경우에 김포국제공항과 양양국제공항을 연결하는 항공노선에서는 영동고속도로의 확장과 고속도로의 연장건설에 따라 도로교통이 편리해짐에 따라 강릉에서 서울로 이동하려는 여객은 양양국제공항의 접근성이 불편하고, 서울의 강남지역에서 강릉이나 속초를 가려는 여객은 김포국제공항까지의 접근성이 좋지 못하여 김포국제공항과 양양국제공항을 연결하는 항공수요가 감소하였다. 국제선항공편의 경우에는 우리나라의 김포국제공항과 인천국제공항, 일본의 하네다공항과 나리타공항, 중국 상해의 홍차오공항과 푸동공항의 여객의 수나 탑승률에서 공항의 접근성이 항공수요 창출에 영향을 미친다는 것이 잘 나타나 있다.

5) 항공교통의 경쟁성

항공교통의 경쟁성 문제는 도로교통·철도교통·해상교통 등 다른 교통수단과의 경쟁성 문제가 항공수요 창출에 영향을 미치는 것으로 분석되고 있다. 공항과 다른 교통수단과의 경쟁문제는 운항빈도, 운임, 공항접근 소요시간, 쾌적성 등이 경쟁요인으로 작용한다고 보아야 할 것이다.

첫째, 항공기의 운항횟수에서 다른 교통수단과 경쟁력을 갖기 위해서는 국내선 항공편의 경우에 앞에서 설명한 바와 같이 1일 2회 이상의 항공편이 운항하여야 한다.

둘째, 항공운임은 국내선의 경우에 고속버스나 KTX와의 운임이 공항의 경쟁성을 좌우하게 될 것이며, 중국이나 일본과 같은 단거리 국제선의 경우에는 해상교통운임과 경쟁관계가 된다.

셋째, 공항의 접근시간과 공항에서의 탑승수속시간 등이 경쟁요인으로 작용한다.

4. 항공수요의 예측방법

1) 수요예측기법

수요를 예측하는 방법에는 계량적 예측방법과 정성적 예측방법이 있다. 계량적 예측방법은 과거의 수송실적자료를 기초로 한 수요예측방법이다. 정성적 예측방법은 과거의 수송실적자료가 불충분하거나 과거와 전혀 다른 환경이 형성되었을 때에 항공전문가들의 주관적 견해를 기초로 한 수요예측방법이다.

수요예측방법은 분류방법에 따라 여러 가지 형태로 설명될 수 있다. 여기서는 항공수요 예측에 일반적으로 많이 사용되고 있는 계량적 예측방법과 정성적 예측방법 중에서 대표적인 방법만 설명하고자 한다.

첫째, 계량적 예측방법은 과거 수송수요의 원인과 결과를 관측하여 얻어지는 인과(因果)모형과 과거의 확률적 현상을 시간적으로 관측하여 얻어지는 시계열(時系列)모형이 있다. 인과모형의 방법으로는 회귀분석모형에 의한 예측방법, 계량경제모형에 의한 예측방법, 투입·산출모형에 의한 예측방법 등이 있다. 계량적 예측방법은 예측하려고 하는 수송수요에 대한 과거의 수송실적정보가 존재하고, 과거의 실적정보를 계량적 자료로 나타낼 수 있어야 한다. 과거의 수송실적변화 패턴이 미래에도 지속된다고 가정할 수 있는 때에 적용할 수 있는 방법이다.

둘째, 정성적 예측방법은 전문가들의 의견을 종합하여 분석하는 델파이기법, 시장조사를 통하여 운송상품별로 고객의 선호도를 파악하는 시장조사분석법, 외국의 사례조사와 경영진·담당자의 주관적 판단에 따라 결정하는 사례분석 및 주관적 판단기법 등이 있다. 정성적 예측방법은 수요예측에 비계량적 자료나 전문가들의 주관적 견해를 이용하는 방법으로서 이 방법은 수요예측에 관한 과거의 정보가 없거나 불충분한 경우에 주로 사용하는 방법이다.

2) 인과모형

(1) 개념 및 특성

인과(因果)모형에 의한 수요예측방법은 과거 수송수요의 원인과 결과를 관측한 자료를 기초로 하고 수요예측에 대한 경험적 법칙으로 추정하여 수요를 예측하는 방법이다.

이 방법은 다음과 같은 상황에서 사용이 가능한 모형이다.
첫째, 과거의 수요변화에 대한 정보나 자료가 존재할 때
둘째, 과거의 정보나 자료가 계량적으로 분석이 가능할 때
셋째, 과거의 수요 패턴이 미래에도 지속될 것으로 예상할 때

인과모형 수요예측방법에는 회귀(回歸)분석모형 예측방법, 계량경제모형 예측방법, 투입·산출모형 예측방법 등이 있다. 인과모형 수요예측방법은 수요에 영향을 미치는 변수들 사이에 원인과 결과의 관계를 직접 확인하기 어렵고, 변수들 사이에 관련성이 존재한다고 해도 어느 변수가 원인이 된 변수인지 또는 결과로 나타난 변수인지를 규명하기 곤란하기 때문에 이론적 배경을 기초로 하여 경험적 요소를 반영하여 예측한다.

(2) 인과모형의 예측방법

인과모형에 의한 수요예측방법은 과거의 자료를 이용하여 미래에 대한 수요를 객관적으로 예측하는 것이다. 예측과정에서 사회·경제적 여건변화를 반영해야 하는 어려움이 있다. 따라서 결과적으로 나타나는 단순한 수치에만 의존할 수 없는 문제가 있어 예측과정에서 변수들에 대한 보완절차를 거쳐 예측결과를 도출한다.

인과모형에 의한 항공수요예측에는 과거의 항공수요 변화추이, 인구변화를 반영하는 인구의 통계적인 변수, 국민소득 등의 경제적인 변수와 운임, 여행거리 및 운송시간 등 운송관련사항, 경쟁사 및 다른 교통수단의 운임수준·운항횟수·서비스수준 등 경쟁적 변수 등에 대한 분석요소가 작용하게 된다. 즉 인과모형에 의한 항공수요예측은 이들 변수에 대한 과거의 통계적 분석을 통하여 앞으로의 항공수요가 어떻게 변화할 것이냐를 예측하는 방법이다.

수요예측의 구체적인 방법으로는 항공운송시장의 성격이 같다는 가정 아래에서 전체적인 총수요를 창출하는 방법과 항공노선별 항공시장의 수요에 영향을 미치는 변수들을 세분화

하여 수요를 창출하는 방법으로 구분할 수 있다. 전체적인 총수요를 예측할 때에는 여행목적 · 지역별 · 노선별로 세분화하지 않지만, 항공수요시장을 세분화하여 예측할 때에는 이들 변수를 세분화하여 예측한다.

인과모형에 의한 항공수요예측방법은 몇 가지의 한계점이 있으므로 인과모형에 의한 수요예측을 하는 때에는 이들 한계점을 보완할 수 있도록 예측결과에 대한 약간의 조정이나 보완이 필요하다.

첫째, 인과모형의 수요예측방법은 수요예측에 적용되는 변수의 계량화가 어려운 한계가 있을 수 있다. 항공수요에 영향을 미치는 변수를 확인한 때에도 변수에 따라서는 이를 계량화하여 실제 변화를 측정하는 것이 불가능하기 때문이다.

둘째, 인과모형은 수요예측에 이용되는 독립변수의 추정에 한계가 있다. 수요예측과 인과관계가 명확하여 수요예측의 변수로 이용하였다고 하여도 해당 독립변수의 측정이 어렵거나 정확하지 않아 수요예측에 오차를 발생시킬 수 있기 때문이다.

셋째, 인과모형에 의한 수요예측은 변수들의 과거 변화모형이 미래에도 동일한 모형으로 변화할 것이라는 전제하에 이용된다. 경제 · 사회의 변화양상이나 시장경제의 불확실성 등으로 인하여 변수들의 미래의 변화양상이 과거와는 다르게 변화될 수 있어 변수들 사이의 상관관계가 변동될 수 있다.

3) 시계열분석법

(1) 개념

시계열분석법은 통계적인 기법을 이용하여 항공수요를 예측하는 방법이다. 운송수요를 예측하는 데 인과모형과 함께 널리 이용되는 계량적 수요예측방법이다. 시계열분석법도 인과모형과 마찬가지로 변수들의 과거의 변화추세와 변수들 사이의 상관관계를 이용하는 방법이다. 분석에 이용되는 독립변수를 시간변수로만 한정하는 것이 다르다. 시계열분석법은 과거의 수요에 대한 자료의 추세를 파악하여 분석하기 때문에 흔히 추세분석법이라고도 한다. 과거의 수요변화 패턴이 미래에도 동일한 패턴을 지닐 것이라는 가정 아래에서 예측하는 방법이다.

따라서 시계열분석방법은 과거의 일정기간 수요가 시간흐름에 따라 변화하는 수요변화의 규칙성을 찾아내어 이를 미래의 예측기간에 적용하는 방법으로서 운송수요변화에 영향을 미치는 변수들에 대한 정보가 거의 없을 때 효과적으로 이용되고 있다.

그러나 항공운송수요는 신형 항공기의 도입가격이 운임에 미치는 영향, 운항소요시간·운항시간대·운항빈도·탑승률·연료비 등 운송환경에 영향을 미치는 요인들에 의하여 변할 수 있으므로 시계열분석방법에 의한 수요예측에는 이들 환경요인의 변화를 고려해야 한다.

(2) 시계열분석의 방법

시계열분석에 의한 수요예측방법에는 추세분석법, 평활법, 분해법, 확률적 시계열모형 등의 방법이 있다. 시계열분석방법에 의한 수요예측에는 시간의 흐름에 따른 수요의 변화를 추세분석, 주기적 변동성, 계절적 변동성, 불규칙변동요인 등을 요인별로 분석해야 한다.

첫째, 추세분석은 시간의 흐름에 따라 장기적으로 나타나는 수요변화의 추세를 분석하는 것이다. 추세분석은 과거의 일정기간의 인구수와 경제활동인구, 국민소득, 산업발전 기술진보, 소비자의 선호도 변화 등에 대한 변화양상에 대하여 증가 또는 감소추세를 분석하는 방법이다.

둘째, 주기적 변동성은 경기변동·주가지표·물가지표·투자지표 등 운송수요에 영향을 미치는 변수들이 어떤 주기로 변화하는가를 분석하여 이들 변수들에 의하여 운송수요가 주기적으로 변동될 수 있음을 예측하는 방법이다.

셋째, 계절적 변동성은 항공수요가 계절적으로 변동하는 것을 의미하지만, 성수기와 비수기, 주말과 주중, 방학과 개학에 따라 운송수요가 변하는 것을 의미한다. 항공운송수요는 관광수요와도 밀접하게 관련되어 변동하기 때문에 관광의 성수기와 비수기는 항공운송수요의 변화에 막대한 영향을 미치므로 항공수요예측에는 이러한 변동요인을 고려해야 한다.

넷째, 항공수요의 불규칙변동요인은 전쟁, 화산폭발이나 지진과 같은 천재지변, 항공사의 파업, 항공 테러 등 예측할 수 없는 환경요인에 의하여 불규칙적으로 변동하는 것을 의미한다. 이러한 운송환경변화에 의한 항공수요의 변동을 예측하는 것은 불가능한 일이기 때문에 항공수요예측에서 가장 해결하기 힘든 요소들이다.

4) 델파이기법

델파이기법에 의한 수송수요예측은 미래의 항공수요예측에 항공관련 전문가들의 개인적 판단에 의하는 정성적 예측방법이다. 수요예측에 활용할 과거의 수송실적자료가 부족하거나 자료의 신빙성이 없을 때 또는 자료가 없을 때 사용하는 방법이다. 이 방법은 어떤 지역에 공항을 신규로 개발하거나, 공항을 확장하려고 할 때 공항의 규모를 설정하거나 공항확장의 필요성 여부를 판단하기 위하여 유용하게 쓰이는 방법이다. 비용이 적게 들고 신속하고 편리하게 수요를 예측할 수 있는 장점이 있으나, 단기예측에만 사용할 수 있다는 한계점이 있다.

전문가의 개인적 판단에 의존하는 델파이기법은 수요예측의 진행과정이나 예측방법에서 다음과 같은 특성이 있다.

첫째, 수요예측에 참여하는 전문가들에게 익명성을 전제로 실시되어야 한다. 우편이나 인터넷을 통한 자료수집과정에서 응답자 사이에 누가 참여하고 누가 어떤 의견을 제시하였는지를 알려 주지 않기 때문에 익명성을 보장하고, 응답자가 자기소신에 따라 자유로운 의견을 개진할 수 있도록 해야 한다.

둘째, 전문가들의 의견을 조사하는 과정에서 설문지의 질문의도에 맞지 않는 내용의 의견을 제시한 전문가에게는 수요조사를 주관하는 자가 그 내용을 Feed-back하여 줌으로써 자신의 의견을 수정할 기회를 줄 수 있다.

셋째, 전문가들의 의견에 일관성이 있는지를 확인하기 위하여 설문을 반복적으로 실시함으로써 신뢰도를 높일 수 있다.

넷째, 전문가들의 의견을 통계적으로 분석하여 분야별 의견분포를 파악할 수 있고, 전체의 의견을 결집할 수 있는 장점이 있다.

5) 시장조사분석법

시장조사분석방법은 항공수요예측을 위하여 항공운송시장의 고객별 선호도를 직접 조사하여 예측하는 방법이다.

시장조사분석법은 다음과 같은 경우에 사용되는 방법이다.

첫째, 과거의 수송실적에 대한 정보자료가 없는 경우

둘째, 새로운 공항을 건설할 때 과거의 수송실적자료를 사용할 수 없는 경우

셋째, 과거 수송실적의 변동이 불규칙한 경우

넷째, 항공운송시장 규모가 작아 수요자가 극히 한정적일 때 소비자의 반응을 파악하려는 경우

시장조사 분석방법으로는 잠재적 소비자를 대상으로 면접조사나 설문조사가 가장 널리 이용되고 있다. 시장조사분석방법이 타당성을 확보하기 위해서는 응답자의 개인적인 사회·경제적인 수준과 여행 패턴 등이 같거나 비슷한 수준으로 일관성이 있고, 조사결과가 응답자 집단의 사회·경제적인 구조와 여행욕구가 응답자집단의 실제 상황을 잘 나타내는 조사가 이루어져야 한다. 시장조사분석법은 항공수요예측을 위하여 잠재적인 수요파악과 수요규모를 추정하는 데 유용하게 이용되고 있으나, 항공운임의 변동이나 시장여건의 전반적인 상황 변화 등의 요소를 충분히 고려하기 어렵다는 한계점을 지니고 있다.

제2절 공항의 입지선정

1. 후보지 조사

공항을 운영하기 위한 사전단계로서 공항의 효율적인 운영과 소음 등 민원의 최소화 및 공항이용의 편리성을 도모하기 위해서는 공항의 입지를 선정할 때부터 이러한 항목들을 조사하고 평가하여 최적의 장소가 선정되어야 한다. 후보지 선정을 위한 조사항목으로는 다음과 같은 사항들이 조사되고 평가되어야 한다.

1) 후보지 주변의 개발상태

공항후보지 주변의 개발상태 및 향후 개발계획은 공항이 건설된 후 항공기 소음문제, 대기오염, 진동, 수질오염, 환경문제 등에 큰 영향을 미치기 때문에 공항의 활주로 주변에 주택개발이나 도시개발이 되어 있거나 향후 도시계획을 할 예정지 또는 철새도래지 등 생태계 보전이 필요한 지역 등은 후보지에서 제외되어야 할 것이다. 이러한 문제들을 피하는 방법으로 최근에는 섬이나 해변 또는 바다를 매립하여 공항을 건설하는 곳이 많아졌다. 새로운 공항을 건설하기 위하여 공항의 후보지를 선정하려는 입장에서는 공항건설비용이 추가되더라도 비도시지역, 환경피해가 적은 지역, 지역주민의 민원유발이 적은 지역을 후보지로 선택하려는 경향이 뚜렷해지고 있다.

최근 아시아지역의 국가들에서 공항입지를 섬이나 해변 또는 바다를 매립하여 공항을 건설한 사례는 다음과 같다.

첫째, 한국의 인천국제공항은 영종도와 용유도 사이의 바다를 매립하여 공항을 건설하였다.

둘째, 싱가포르 창이공항은 해변을 매립하여 공항을 건설하고 확장하였다.

셋째, 일본 오사카의 간사이공항은 육지에서 5km 이상 떨어져 있고, 수심이 18~20m인 바다를 매립하여 인공적인 섬을 만들어 공항을 건설하였고, 나고야의 추부공항도 바다를 매립하여 공항을 건설하였다.

넷째, 중국 홍콩의 첵랍콕공항은 섬과 섬 사이의 바다를 매립하여 공항을 건설하였다.

2) 공항후보지의 기상조건

공항운영에는 다음과 같은 기상조건이 악영향으로 작용하므로 공항후보지를 선정할 때 이러한 지역을 피하도록 해야 한다.

첫째, 안개 발생이 공항운영의 최대 걸림돌이라고 할 만큼 안개의 발생빈도나 지속시간은 공항운영에 막대한 영향을 주므로 공항건설은 안개 발생이 적은 곳을 선택해야 한다. 섬이나 해변에 공항을 건설할 경우 해무(海霧)는 육지의 안개보다 발생횟수는 적으나 안개가 발생하는 경우 그 농도나 지속시간이 육지보다 훨씬 짙고 길다.

둘째, 봄철 아지랑이의 발생이 적은 지역을 선택해야 한다. 아지랑이는 조종사의 시각을 혼란스럽게 하여 착시현상을 일으킬 수 있다.

셋째, 겨울철에 눈이 많이 내리는 지역을 피해야 한다. 눈이 많이 내리면 항공기 이착륙에 막대한 지장을 줄 뿐만 아니라 제설비용이 많이 든다. 눈이 내린 후에 기온이 급강하하면 활주로나 항공기에 내린 눈이 얼어붙게 되어 제빙(除氷)비용이 많이 소요될 뿐만 아니라 제빙작업에 시간이 많이 소요되기 때문이다.

이와 같은 기상조건은 공항을 건설하기 이전에 적어도 10년 이상의 기상자료에 의하여 판단해야만 그 정확성이 유지될 수 있다는 것이 일반적인 견해이다.

3) 접근성과 접근교통

공항의 접근성은 항공수요 창출과 이용객의 편리성에 영향을 미치므로 일반적으로 배후도시로부터 20~40km 떨어진 후보지를 최적지로 꼽고 있다. 최근에는 도시화의 확산과 후보지 선정의 어려움 등으로 도심에서 50~60km 떨어진 지역까지 확대되어 공항을 건설하는 추세이다.

공항까지의 접근교통은 공항이용객과 상주직원의 접근 용이성 및 접근비용과 직결된 문제로서 노선버스·지하철 등 대중교통수단의 확보가 필수적이다. 공항의 접근교통이 자가용 등 고급교통수단에만 의존하게 되거나 배후도시에서 공항까지의 거리가 멀어 접근시간 및 교통비가 과다하게 소요된다면 단거리 항공노선의 경우에는 항공운송시간보다 공항접근시간이 더 소요되어 운송의 경제성 문제가 대두될 것이다.

배후도시에서 공항에 접근하는 시간이 1시간 이상 소요되어 항공기에 탑승하여 목적지공항까지 1~2시간 운항한 후에 목적지 공항에서 다시 1시간 이상 지상교통을 이용하여 목적지에 도착한다면 경제적인 교통수단이라고 보기 어렵다. 배후도시에서 공항까지와 도착한 공항에서 목적지까지의 지상교통비가 항공운임과 비슷하게 된다면 여객은 가능한 다른 교통수단을 이용하게 될 것이다.

공항을 건설하는 후보지는 기존공항과의 거리가 100km 이상 떨어져 있어야 두 공항이 공역을 이용하는데 문제가 발생하지 않게 되어 항공기의 이착륙에 지장을 받지 않는다는 것이 일반적인 의견이다.

4) 부지 확보와 장애물 보상

공항은 활주로·유도로·계류장·여객청사·화물청사·주차장 등 넓은 면적이 필요한 시설들이 많아 공항은 부지 확보가 가능하고 부지매입비용이 저렴한 지역이어야 한다. 공항운영을 개시한 후에 항공수요가 늘어날 것에 대비하여 공항시설 확장을 위한 추가토지매입이 가능한 지역이어야 한다. 주변에 공항운영에 장애가 되는 시설이 있는 경우에는 이들 장애물을 제거하기 위한 보상을 해야 하므로 주변에 공항운영에 장애가 되는 시설이 없어야 한다.

주변에 고압송전탑이나 송신안테나, 공장의 높은 굴뚝, 높은 산 등 국제민간항공기구가 규정하고 있는 장애물이 있는 경우에는 이들 시설물을 제거하기 위해서는 보상비용이 추가로 소요되기 때문에 이러한 시설물이 없는 지역을 후보지로 선택해야 한다. 최근 세계 각국은 부지확보의 용이성, 보상비의 최소화, 장애물이 적은 지역으로 바다매립을 선호하고 있다. 바다매립의 경우 생태계 및 환경파괴에 따른 환경단체의 반대와 어업보상비의 증가 등의 문제가 걸림돌이 될 수 있다.

5) 공항운영에 필요한 공급시설의 인입성

공항을 운영하기 위해서는 공항 내의 시설유지와 공항 내의 상업시설 및 주변에 생겨나는 도시의 기능유지에 필요한 상수도・가스・전력시설과 항공유공급시설이 필요하다. 이들 필수시설을 쉽게 공급받을 수 있는 공급시설의 인입이 쉬워야 한다. 공항에는 시설과 장비의 유지, 보수와 여객, 상주직원이 사용하는 상수도・가스・전기시설 등이 많이 소요되므로 이러한 시설들을 공급받을 수 있는 공급시설이 공항에서 너무 멀리 떨어져 있거나 공급받는 데 애로가 있다면 공항운영에 막대한 지장을 초래하거나 공급시설 투자비가 많이 소요되어 공항운영의 경제성이 떨어지게 된다. 이 외에도 공항 내에서 발생하는 오・폐수와 생활하수를 처리하기 위한 하수처리장과 폐기물 소각장이 필요하게 되므로 이들 시설의 설치가 쉬워야 한다.

공항운영에는 많은 양의 전력이 중단 없이 공급되어야 하므로 공항에 공급되는 전력은 2개의 변전소로부터 2중 선로에 의한 전력공급체계를 갖추고 있다. 항공기의 이착륙에 필요한 활주로・유도로・등화시설 등 필수시설의 중단 없는 운영에 필요한 전력공급을 위해 자체적으로 비상용 발전기를 보유하고 있다. 공항운영에는 많은 물이 필요하여 상수도공급시설을 설치하는 한편, 지하수를 자체 개발하여 상수도와 지하수를 겸용으로 사용하는 경우가 많다.

2. 후보지의 평가 및 선택

공항을 신규로 건설하는 경우에 후보지에 대한 조사가 완료되면 후보지별로 조사된 자료를 종합적으로 분석・평가하여 최적의 후보지를 선택해야 한다. 후보지 평가는 장래 운영될 공항의 규모와 공항의 위치적 역할 및 기능을 고려하여 후보지의 부지규모, 후보지 주변의 개발상태, 기상조건, 접근성, 부지 및 지장물에 대한 보상, 공급시설의 인입성 등에 대하여 평가한다. 평가항목별로 일정한 배점비율을 정하여 평가한 후에 종합적인 평가점수가 높은 2~3개 후보지를 선정하고, 그중에서 정책적・정치적 판단에 따라 최종후보지를 선택하는 것이 일반적인 방법이다.

공항의 후보지를 평가하는 절차는 후보지 자체에 대한 평가로서 공항부지로 활용할 수 있는 부지규모에 대한 평가, 공항건설 및 운영에 미치게 될 영향요소에 대한 평가, 공항건설에 투입될 비용과 공항운영으로 얻게 될 수익성 등을 평가하기 위하여 부지규모, 운영상의 영향, 사회적 영향, 건설비용 등에 대한 평가로 진행된다.

후보지에 대한 평가가 완료되면, 후보지별 평가항목에 대한 장점, 단점, 문제점 및 문제점에 대한 해결방안에 대한 조사와 방법제시 등에 대하여 다음과 같이 종합적으로 검토해야 한다.

첫째, 후보지별로 공항건설 및 운영에 영향을 미치는 영향요소에 대하여는 세부항목에 대한 평가점수를 부여하고, 특이사항은 반드시 기재해야 하며, 후보지별 영향요소의 평가점수에 의하여 우선순위를 결정할 수 있도록 해야 한다.

둘째, 후보지별로 공항건설 및 운영에 영향을 미칠 것으로 예측되어 도출된 문제점에 대하여는 해결의 난이도와 문제점 해소를 위한 소요시간·비용의 조사와 평가가 이루어져야 한다.

셋째, 후보지별로 공항건설에 필요한 투자비의 산출과 투자비 조달방안이 제시되어야 한다.

넷째, 후보지별 우선순위와 장·단점을 기재한 최종권고안을 작성하여 후보지 선택과 장래의 행동을 위한 권고안이 제시되어야 한다.

제3절 공항계획 및 건설

공항계획이란 배후도시의 항공수요를 수용할 수 있는 공항을 건설할 목적으로 장래의 항공수요를 고려하여 후보지를 선정하고, 부지규모와 공항시설의 규모를 결정하기 위한 Master Plan을 말한다. 공항계획은 공항건설을 위한 기본계획과 공사를 위한 실시계획을 수립하는 등 일련의 단계별·과정별로 수립되는 것이 보통이다. 우리나라의 「공항시설법」에서는 공항개발을 위한 구상계획이라 할 수 있는 Master Plan에 대한 언급은 없고, 공항계획을 '공항개발 기본계획'과 '공항개발 실시계획'으로 구분하고 있다.

1. 공항 Master Plan

1) Master Plan의 기능

공항 Master Plan은 공항개발을 위한 부지 및 시설 규모와 시설배치 등에 대한 전체적이고 개략적인 구상계획을 말한다. 이는 공항을 신설 또는 확장할 때 전체적이고 개략적인 개발계획을 수립하는 것을 의미한다. Master Plan을 설계측면에서 보면 어떤 공사의 전체적인 규모와 시설배치도를 의미하는 Layout과 같은 개념이라고 볼 수 있다.

공항 Master Plan은 공항의 신설 또는 확장을 위한 후보지가 선정된 후 공항의 부지 및 시설 규모 등을 장래에 예상되는 수요에 맞추어 경제적이고 타당성 있는 계획을 수립하는 한편, 공항 주변의 환경 및 사회적인 문제와 접근교통 등에 대한 계획을 의미한다.

공항의 Master Plan이 필요한 이유는 공항건설 및 운영의 필요성을 항공사, 중앙정부 및 지방정부 등 공항과 관련된 기관에 설명하고 그들로부터 자문을 얻어 공항의 입지, 시설규모 및 배치, 접근체계에 대한 효율적인 조정과 결정을 위한 것이다.

이와 같은 공항의 Master Plan은 공항의 건설 및 운영에 필요한 다음과 같은 기능을 한다.

첫째, 공항을 건설하고 운영하는 정책의 기본적인 지침을 제공한다.

둘째, 공항의 건설·운영에 따른 기회요소와 잠재적인 문제를 확인할 수 있다.

셋째, 공항건설 투자비를 안정적으로 확보할 수 있는 자료를 제공한다.

넷째, 공항운영 중에 공항운영자와 구내업체 사이의 임대료·사용료 등 협상할 수 있는 근거를 제공한다.

다섯째, 공항건설 및 운영에 따른 주변지역에 대한 지원내용을 지역주민들이 확인하는 기회가 될 수 있다.

공항건설을 위한 Master Plan에는 일반적으로 다음과 같은 내용이 포함되어야 한다.

첫째, 공항의 부지와 시설에 대한 규모 및 토지이용계획

둘째, 공항건설과 운영에 따라 주변환경에 미치는 영향분석 및 접근교통계획

셋째, 공항건설에 따른 경제적·기술적·재정적 타당성 분석내용

넷째, 공항개발사업의 우선순위와 단계별 개발계획 및 투자재원계획

다섯째, 상황변화에 따라 공항개발계획의 조정이나 계획의 시행절차에 관한 사항

공항개발의 Master Plan에 의한 후속조치는 다음과 같은 사항들을 이행하여야 한다.

첫째, 공항의 건설·운영에 따른 환경영향평가와 공항운영에 따른 교통영향평가 등이 실시되어야 한다.

둘째, 공항개발사업을 추진하는 데 따른 소요예산의 파악과 소요자금 조달계획이 수립되어야 한다.

셋째, 공항 내 및 주변의 토지이용계획에는 일반적으로 항공기의 이착륙에 잠재적 위험이나 장애가 되는 고도제한에 관한 사항이 포함되어야 한다.

넷째, 항공기 운항 지원시설인 무선통신기기, 항행안전시설에 전파간섭을 일으키는지에 관한 사항이 있어야 한다.

다섯째, 조종사가 항공등화를 올바로 판단하는 데 혼란을 야기할 수 있는 불빛에 관한 사항과 공항의 시계를 나쁘게 하는 매연의 발생 등에 관한 사항이 포함되어야 한다.

[그림 2-1] **인천국제공항 마스터플랜**

2) 공항건설 기본계획

공항건설 기본계획은 공항을 건설하는 일반적인 방법에 따라 장래의 항공수요를 충족시킬 수 있는 공항건설에 대한 지침을 제공하는 한편, 공항건설에 따라 발생할 수 있는 환경이나 공역 또는 사회·경제적으로 발생할 수 있는 문제들을 해결하기 위한 것이다. 공항건설 기본계획은 기본설계와 같은 개념이라고 볼 수 있다.

공항건설 기본계획에는 항공수요의 추정, 공항건설 예정지에 대한 현황조사와 문제점 파악, 공항의 중·장기 개발계획, 공항시설의 규모 및 배치계획, 투자재원 조달방안, 공항운영 및 환경관리계획, 공항이용에 필요한 관련 교통계획, 공항 안의 상·하수도와 가스·전력·통신 등의 개략적 시설계획 및 기타 공항건설에 필요한 다음 사항을 포함하고 있다.

첫째, 항공수요의 추정은 공항계획의 시작이다. 공항의 시설규모나 접근교통시설의 규모 및 종류를 결정하는 중요한 자료가 된다. 항공수요의 추정은 항공기 운항기종의 결정, 항공여행객의 추이 파악 등에 대한 조사를 위한 목적으로 시행되고 있다. 항공수요의 예측방법으로는 최근의 항공수요 동향과 경제적·사회적 여건변화 등에 근거하여 비교적 주관적 사고를 바탕으로 수요를 예측하는 정성적 방법, 과거의 수요에 대한 자료를 바탕으로 통계적 기법을 이용하여 수요를 예측하는 정량적 방법이 있다. 정성적 방법은 최근의 항공수요 동향이나 변화를 신속하게 반영하고, 데이터로 표현할 수 없는 사실까지도 활용할 수 있다는 장점이 있으나, 과학적 근거가 부족하거나 상세하고 장기적인 수요예측에는 한계가 있다는 단점이 있다. 정성적 수요예측방법으로는 경영자의 판단, 시장조사 및 분석, 델파이 기법 등이 적용되고 있다. 정량적 수요예측방법은 수학적이고 통계적인 근거를 기초로 하므로 외부의 이해와 동의를 얻기가 쉽다는 장점이 있으나, 통계자료가 불완전할 때에는 산출물의 왜곡과 정책변수나 사회·경제적 여건변화를 반영할 수 없다는 단점이 있다. 정량적 수요예측방법으로는 시계열분석법·회귀분석법·중력모형분석 등의 방법이 있다.

둘째, 공항개발 예정지에 대한 현황조사는 주변에 대한 지형여건과 주택이나 도시개발실태, 대기 및 기상조건, 지상접근교통의 실태와 개선 가능성, 공항부지의 확보가능성, 인접공항 등과의 공역이용에 대한 문제점, 주변의 장애물, 공항지원시설의 인입가능성 등에 대한 현황조사와 분석 및 대두되는 문제점 등을 도출해야 한다.

셋째, 공항의 시설계획에는 예측된 항공수요를 처리할 수 있는 활주로와 유도로의 길이와 폭 및 강도, 계류장의 규모, 여객청사, 화물청사와 주차장의 규모, 항행안전시설의 종류 등 항공수요에 상응하는 항공기 기종을 염두에 둔 소요시설계획이 포함되어야 한다.

넷째, 공항의 중·장기개발계획에는 개항 때의 시설규모 외에도 향후 항공수요의 증가에 대비한 공항시설의 확장을 염두에 두고 5년·10년·20년 후의 공항건설계획을 단계별로 수립해야 하며, 이에 맞추어 공항부지 확보계획과 공항 내·외의 시설확장계획이 포함되어야 한다.

다섯째, 공항시설의 규모 및 배치계획은 공항시설의 규모와 형태 및 그 시설을 설치할 위치 등을 확정하는 과정이다. 공항 내의 지상교통 시스템, 주차장·여객청사·화물청사 등의 배치계획과 건물의 형태 등이 포함되어야 하고, 공항 내·외에 설치할 항행안전시설 등의 배치계획도 포함되어야 한다.

여섯째, 투자재원 조달방안에는 공항건설에 필요한 투자비를 조달할 방법과 연도별 자금운용계획 등이 포함되어야 한다.

일곱째, 공항운영계획에는 공항건설을 완료한 후 공항을 운영할 주체, 공항운영조직 및 인원 확보 방안과 공항시설의 관리계획과 공항운영에 따라 발생하게 될 항공기 소음방지대책과 공항 내에서 발생하는 오·폐수처리계획 등이 포함되어야 한다.

3) 공항건설 실시계획

공항건설 실시계획은 공항건설을 위한 구체적인 계획으로서 공항건설 기본계획을 집행하기 위한 계획이기 때문에 공사를 위한 실시설계와 같은 개념으로 볼 수 있다. 공항건설 실시계획은 공항건설 기본계획이 확정된 후에 공항건설사업을 시행하기 위한 세부계획이다.

우리나라 「공항시설법」에서는 공항개발사업은 국토교통부장관이 한국공항공사 또는 인천국제공항공사 등에 공항개발사업을 시행하도록 지시한 경우 등 특별한 경우를 제외하고 국토교통부장관이 행하도록 규정하고 있다. 공항개발사업을 시행하기 위한 실시계획에는 위치도와 공항구역을 표시한 평면도 및 계획평면도·설계도 등 설계도서, 연차별 자금투자계획 및 재원조달계획이 포함된 자금계획서, 공사예정표를 포함한 공사기간과 공사설명서, 환경영향평가 대상은 환경영향평가서, 기타 공사와 관련된 사항을 기재한 서류를 포함한 실시계획을 수립해야 한다.

2. 최근의 공항건설동향

1) 건설입지

최근의 공항건설동향은 기존의 공항이 항공수요의 증가에 따라 공항시설을 확장하려 해도 도심에 인접하여 여러 가지 개발제한이나 항공기 소음 등 환경문제 또는 토지가격 상승에 따른 부지매입의 어려움 등으로 기존공항의 확장을 포기하고 새로운 공항을 건설하는 추세에 있다.

공항을 건설하는 입지는 바다를 매립하거나 도시지역에서 멀리 떨어진 장소를 선택하는 경향이 뚜렷해지고 있다. 바다매립이나 비도시지역은 공항부지 확보가 용이하고 토지가격이 저렴하여 부지매입비를 줄일 수 있기 때문이다. 토지의 필지규모가 비교적 크기 때문에 상대적으로 토지소유자 수가 적으며, 항공기의 이착륙에 필요한 진입표면을 확보하기가 쉬울 뿐만 아니라, 바다매립은 최상의 진입표면을 확보할 수 있는 장점이 있다. 바다매립이나 비도시지역은 공항부지 확보에 따른 지장물보상비가 적게 들고, 공항운영 중에 항공기소음 피해보상이 감소하기 때문이다. 그러나 바다매립이나 비도시지역에 공항을 건설하게 되면 배후도시에서 공항을 이용하기 위한 접근교통시간과 접근교통비용이 증가하게 되는 단점이 있다.

바다를 매립하여 공항을 건설한 사례로는 싱가포르 창이공항, 일본 오사카의 간사이공항, 중국 홍콩의 첵랍콕공항, 한국의 인천국제공항, 일본 나고야의 중부공항 등이 있으며, 비도시지역에 공항을 건설한 사례로는 미국의 뉴덴버공항이 있다.

2) 여객터미널 Concept

최근에 건설하고 있는 공항의 여객터미널 Concept를 보면 여객터미널을 항공기 탑승을 위한 공항시설과 상업시설의 복합공간으로 활용할 수 있도록 계획되고 있는 현상이 뚜렷해지고 있다. 이는 1980년대부터 영국공항공단(BAA)에서 추진되어 온 공항의 상업화 바람에 영향을 받은 것이지만, 공항운영자가 국가기관에서 공기업형태로 전환되거나 민간기업형태로 전환되면서 공항의 건설 및 공항운영에 따른 정부의 재정지원이 감소하였다. 공항운영의 상업화 현상은 항공수입인 착륙료 등 인상에 항공사들의 반발이 커지면서 나타나기 시작하였다.

최근의 여객터미널 Concept는 임대료·구내영업료 등 비항공수입을 중시하는 한편, 공항이 지역주민과의 유대강화를 위하여 지역경제의 중심지화 또는 지역주민의 생활공간으로 활용하는 경향으로 변화하고 있다. 공항에 상업시설이나 지역주민의 생활필수품을 판매하는 시설까지를 계획하고, 공항의 Land Side를 도시공원으로 조성하며 여객터미널의 실내조경을 다양화하고 미술품전시나 미니박물관 운영 및 음악회 개최 등 문화 이벤트를 상설화하여 지역주민과 여객들이 여객터미널을 문화공간으로 활용할 수 있도록 하고 있다.

상업시설의 배치도 과거에는 터미널의 구석이나 여유공간을 활용하여 상업시설을 설치하였으나 최근에는 상업시설을 밀집시켜 설치하고 있다. 과거에는 여객동선에 지장을 준다고 하여 상업시설을 여객동선과 가까운 곳에는 설치하지 않았으나 최근에는 상점들을 통과하여 항공기에 탑승하도록 여객동선 위에 상점들을 설치하고 있다. 판매품목도 특정한 물품을 취급하는 전문상점과 유명한 메이커의 고급상품을 취급하는 상점들을 유치하는 경향으로 바뀌고 있다.

상업시설 중심의 여객터미널 Concept로 운영되고 있는 대표적 공항으로는 영국의 개트윅공항과 캐나다의 밴쿠버공항 등이 있다. 이들 공항은 구내업체와 공항운영자의 공동수익 증대를 위하여 노력하는 공항들이다. 우리나라의 김포국제공항도 일본 도쿄와 중국 상해를 연결하는 국제노선 일부를 제외한 국제선 항공노선이 인천국제공항으로 이전함에 따라 국제선청사의 여유공간을 활용하여 컨벤션, 웨딩, 영화관, 전자제품 판매시설을 유치하였고, 구 국내선청사에는 마트를 유치하여 공항에 상주직원과 지역주민의 생활공간으로 활용하고 있다.

3) 공항 주변의 유휴토지 활용

최근에 건설되는 공항과 기존공항 중에서 공항 주변에 유휴토지가 있는 공항들은 유휴토지를 활용하여 골프장이나 Theme Park, 국제회의장, 국제무역센터 등 지역적 특성을 살려 공항을 중심으로 레저·스포츠 및 국제 업무지역으로 개발하려는 경향이 뚜렷하다.

공항 주변의 유휴토지에 골프장이나 theme park와 같은 레저·스포츠시설을 설치하는 경우에 다음과 같은 장점이 있다.

첫째, 공항에서 발생하는 소음을 어느 정도 차단할 수 있다.
둘째, 보상을 목적으로 하는 무절제한 건축물의 신축을 방지할 수 있다.
셋째, 상주직원의 체력단련과 방문객이 공항에서의 여유시간을 활용할 수 있다.
넷째, 공항운영자의 부대수입 증대효과를 기대할 수 있다.

공항 주변의 유휴토지를 활용한 사례를 보면, 김포국제공항의 경우에 공항구역 안에 테마파크(theme park)를 유치하였고, 활주로 건너편 안전시설구역에 골프장을 유치하였다. 인천국제공항의 경우에는 공항 남단의 유휴토지에는 종합레저・스포츠시설을 계획하고, 공항 북단의 유휴토지에는 국제업무지역으로 지정하여 국제무역중심지로 개발할 계획이 있는 것으로 발표된 바 있다.

제4절 공항운영 준비

공항을 운영하기 위해서는 공항시설 및 항행안전시설에 대한 국가기관의 완성검사를 받아야 한다. 국가기관이 공항 및 항행안전시설의 명칭・종류・위치 및 사용개시 예정일 등을 지정하고 이를 고시해야만 비로소 공항을 운영할 수 있게 된다.

공항을 운영하기 위해서는 공항운영자가 국가기관의 허가를 받아야 한다. 미국 연방항공청은 공항의 허가에 대하여 Licence라는 용어 대신에 Certificate라는 용어를 사용함으로써 증명서, 인증서(認證書) 또는 검증서(檢證書)라는 의미를 강조하고 있다.

1. 공항운영증명

1) 운영증명제도의 도입배경

공항의 운영증명제도는 그 나라의 국가기관이 정하는 안전기준에 따른 공항운영 시스템을 검사받아 합격한 후에 공항운영을 하도록 하는 제도이다. 공항운영증명을 받으려는 공항운영자는 공항운영인력, 공항시설 및 장비, 공항운영절차 등에 관한 '공항운영규정'을 작성하여 국가기관에 제출해야 한다. 국가기관은 제출된 공항운영규정을 검사하여 적합한 때에는 공항시설 및 안전관리체계에 관한 현장검사를 하여 검사에 합격된 공항의 공항운영자에게 공항운영증명서를 교부한다.

공항운영 증명제도는 공항운영자가 공항운영을 위한 허가를 받는 내용 중에서 안전감시 프로그램이 강화된 것으로서 미국에서는 이미 1972년부터 미국의 항공관련법령을 제정하여 기준을 마련하여 시행해왔다. 국제민간항공기구에서도 이 부분에 대한 표준과 권고사항을 마련하였으나 1990년대 초에 각국에서 이 권고사항이 잘 이행되지 않고 있다는 보고서가 제출되었다. 항공교통량의 급속한 증가에 따라 항공사고의 감소노력의 필요성이 강조되면서 항공안전에 대한 세계적 관심이 증가하면서 1992년 제29차 국제민간항공기구 총회에서 공항운영증명에 관한 권고사항이 의결되면서 시작되었다.

국제민간항공기구에서는 1998년에 회원국이 준수해야 하는 안전감시 점검프로그램을 승인하였다. 2001년 총회에서는 공항운영 증명제도를 도입하여 시행할 것을 의결하였다. 이를 뒷받침하기 위하여 국제민간항공협약 부속서 14를 2001년 11월 개정하여 공항운영증명과 관련한 다음과 같은 내용을 추가로 포함하였다.

첫째, 국제민간항공기구에 가입한 각 회원국은 공항운영 증명제도의 도입과 시행을 위한 자국의 법령을 갖추고 공항운영 증명제도의 적용이 가능한 안전규제조항을 두어 실행해야 한다.

둘째, 회원국의 국제항공노선을 운항하는 공항에 대하여는 2003년 11월 27일까지 해당 국가기관이 공항의 운영증명을 하여야 한다.

셋째, 운영증명을 받은 공항에 대해서는 2005년 11월 24일까지 안전관리체계에 의하여 안전관리를 담당하는 조직구조와 책임을 정하고 안전관리의 운영절차와 단계별 조치사항 및 예방조치 등을 망라한 공항안전관리 시스템을 운영토록 조치해야 한다.

공항운영 증명제도는 우리나라도 과거의 항공법에서 정하고 있는 비행장시설 완성검사 및 비행장관리 검사제도로는 공항운영에 대한 종합적이고 체계적인 공항안전관리에 근본적으로 한계가 있다고 보아 공항운영의 안전성을 높이어 국제적인 신뢰를 확보해야만 국제공항으로서의 면모를 갖출 수 있으므로 국제적인 안전기준에 맞는 공항의 안전관리체계를 갖추기 위하여 공항운영 증명제도를 도입하였다.

2) 정부의 평가 및 공항운영자의 준수사항

(1) 정부평가사항

정부가 공항운영의 안전성을 높이기 위하여 행하는 공항운영증명을 위한 평가사항을 종합하면 다음과 같다.

첫째, 공항의 비행절차와 보안문제 및 환경보호에 관한 사항

둘째, 공항시설의 적정성과 장애물에 관한 사항

셋째, 인접한 공항과의 근접성과 운항의 제한사항 및 공역에 관한 사항

넷째, 공항운영자의 공항운영 및 경영관리, 공항시설 유지·보수능력에 관한 사항

다섯째, 공항의 안전관리능력과 제반 서비스에 관한 사항

(2) 공항운영자 준수사항

공항운영자는 안전관리와 각종 규정을 준수하여 공항운영의 효율성을 확보할 수 있도록 다음과 같은 의무사항을 이행해야 한다.

첫째, 국제민간항공기구의 표준과 권고사항을 준수하고, 관련 매뉴얼(DOC)에 기재된 사항을 준수해야 한다.

둘째, 공항의 운영과 유지·보수에 필요한 자격과 기술을 가진 적정한 인력을 확보해야 한다.

셋째, 공항의 운영과 유지·보수를 담당하는 인력에 대하여 주기적인 교육훈련을 실시해야 한다.

넷째, 공항운영증명과 관련된 사항에 대하여 자체점검과 검사하고 주기적인 감시를 해야 한다.

다섯째, 정부가 발행하는 항공고시보(NOTAM)와 항공정보간행물(AIP)을 확인하고, 오류에 대하여는 정부에 보고해야 한다.

여섯째, 항공기 운항 및 이동에 장애가 되는 장애물의 제거와 공항시설의 설치·유지 등에 노력해야 한다.

2. 시설점검과 유지보수

1) 이착륙시설 점검

공항을 운영하기 위해서는 항공기 이착륙시설에 대한 점검이 있어야 한다. 이러한 점검 대상은 활주로・유도로・계류장 등의 노면을 점검하여 눈・얼음・나뭇조각・자갈・모래 등의 장애물이 있는가와 활주로 등화시설 및 각종 표지판의 식별상태 등이다. 이들 점검은 매일 실시하여 항공기의 안전한 이착륙에 문제가 없을 때에 공항을 운영할 수 있다.

이착륙시설에 대한 점검은 통상적으로 공항운영자의 책임하에 이루어지나 때로는 항공교통관제업무를 담당하는 기관에 의하여 실시되기도 한다. 이착륙시설의 점검목적은 활주로・유도로・계류장 등 노면의 결함 여부, 장애물 유무, 시설의 파손 여부 등을 점검하여 항공기 안전운항에 지장이 없는 때에 여객청사나 보조시설의 가동 여부를 결정하기 위한 것이다.

이착륙시설에 대한 점검은 통상적으로 공항운영규정에 명시되어 있다. 점검은 항공기 운항 개시 전과 항공기 운항이 종료된 후 실시하는 것이 보통이지만, 항공교통량이 많은 공항에서는 2시간마다 점검하기도 한다.

점검자는 차량에 탑승한 상태에서 시각으로 점검을 하기 때문에 점검용 차량의 속도는 매우 느리게 운행하게 되고, 이물질이나 파손된 부분이 있는 경우 차량을 정지하고 세밀하게 점검해야 한다.

일일점검사항은 다음과 같다.

첫째, 활주로점검은 일조점검・오전점검・오후점검・일몰점검 등 1일 4회 점검이 원칙이다.

① 일조점검 때에는 활주로의 전체 노면을 대상으로 포장상태와 파손 여부 및 이물질을 여부를 점검한다. 항공기의 이륙지점・착륙지점・회전지점・정지지점 등에 대하여 중점적으로 점검한다.

② 오전과 오후 점검은 주로 활주로의 노면과 활주로 주변지역을 점검한다.

③ 일몰점검은 활주로 등화시설에 대한 점검이 함께 수행된다.

둘째, 활주로・유도로・계류장 등 항공기 이동지역에 설치된 항공등화시설의 작동상태를

[그림 2-2] **활주로, 유도로 청소 차량**

점검하고, 이동지역 내에 물고임, 눈이나 얼음, 모래, 이물질, 항공기 타이어의 고무자국에 의한 퇴적물, 기름유출, 연료의 누유(漏油)상태 등을 점검한다.

셋째, 공항 내에서 진행 중인 공사나 작업이 있을 경우에 그 공사나 작업과 연관된 장애물이나 자재의 방치상태 및 토지의 굴착 등으로 인한 항공기 운항장애 여부를 점검한다.

넷째, 공항의 이동지역에 설치된 표지판의 상태와 표지판이 잡초에 가리지 않는가를 점검하고, 항공기 운항에 지장을 초래하는 조류나 동물 또는 인가되지 않은 사람의 출입 여부 등을 점검한다.

공항의 이착륙시설에 대한 점검은 일상적인 업무로서 매일같이 또는 하루에도 몇 차례씩 점검해야 하는 사항이기 때문에 점검항목을 빠뜨리지 않고 점검하기 위해서는 적절한 점검표를 작성하여 사용해야 한다. 이착륙시설에 대한 점검을 한 결과 항공기 운항에 지장을 초래할 사항이 있다고 판단되는 때에는 즉시 항공고시보를 발송해야 한다.

2) 공항시설의 유지 · 보수 준비

공항운영의 핵심은 모든 공항시설과 장비가 정상적으로 운용될 수 있도록 계속적인 유지 · 보수를 통하여 시설과 장비가 정상적으로 작동하여 항공기 운항 및 여객 서비스가 원활하게 지원될 수 있도록 하는 데 있다.

첫째, 항공기 운항지원을 위한 유지 · 보수대상 시설로는 무선관제통신시설, 항공고정통신시설, 항공등화시설, 항공무선통신시설, 소방 및 구조 서비스시설, 전력공급시설 등이 있으며, 이들 시설 · 장비에 대한 예방정비와 원활한 공급이 이루어지도록 유지 · 보수를 하는 일이다.

둘째, 공항운영을 위한 유지 · 보수업무 중 여객과 화물의 처리를 위하여 여객청사 및 화물청사에 대한 시설의 유지 · 보수와 함께 전력공급 · 수도공급 · 냉난방공급 및 각종 편의시설에 대한 유지 · 보수가 원활히 이루어져야 한다.

셋째, 공항을 운영하기 위해서는 배후도시에서 공항까지의 접근교통체계가 한 가지의 교통수단이 아닌 여러 가지의 교통수단으로 공항접근이 가능해야 하고, 공항 내의 구내도로 및 주차시설의 이용체계가 이용하기에 편리하고 이들 시설에 대한 유지 · 보수가 원활히 이루어져야만 공항운영 준비업무가 완료되는 것이다.

CHAPTER 3

공항운영 시스템

제1절 공항의 기능 및 특성

1. 공항의 정의 및 기능

1) 공항의 정의

공항에 대한 정의를 알아보기 위해서는 먼저 공항의 발달과정에서 등장하게 되는 비행장에 대한 개념을 이해하고, 비행장과 공항의 다른 점을 이해하는 것이 순서일 것이다.

첫째, 비행장이란 항공기의 이착륙시설을 갖춘 육지 또는 수면을 말한다. 영어로는 Airfield의 개념으로 표기되기 때문에 비행장에는 여객이나 화물을 싣거나 내릴 수 있는 시설을 갖추지 않은 상태로 항공기의 이착륙이 가능한 시설만을 갖춘 장소라고 이해해야 할 것이다.

둘째, 공항은 항공기의 이착륙시설뿐만 아니라 여객과 화물을 싣고 내릴 수 있는 시설까지를 갖춘 장소를 의미한다. 따라서 비행장의 범주에는 공항이 포함된다고 볼 수 있지만, 모든 비행장을 공항이라고 칭할 수는 없다고 보아야 할 것이다.

공항에 대한 정의는 공항의 시설이나 공항을 바라보는 시각에 따라, 또는 공항에 대한 정의를 내리는 학자나 기관에 따라 다르게 표현할 수 있으나, 그 기본적인 개념은 같다고 보아야 할 것이다.

공항에 대한 정의에 대하여 국제민간항공기구는 "공항이란 항공기의 도착, 출발이나 지상이동을 위하여 일부 또는 전체가 사용되는 건물, 시설물, 장비 등이 포함된 육지나 수상의 일정구역"으로 정의하면서 Aerodrome으로 표기하였고, 미국연방항공청(FAA)은 "공항이란 여객이나 화물을 항공기에 싣거나 내리기 위해 정기적으로 이용되는 착륙지역"으로 정의하면서 Airport로 표기하였다.

우리나라의 「공항시설법」에서는 "공항이란 공항시설을 갖춘 공공용 비행장으로서 국토교통부장관이 명칭 · 위치 및 구역을 지정 · 고시한 것을 말한다"고 정의하고 있다.

공항은 이용하는 목적에 따라 민간용 공항과 군용 공항으로 구별할 수 있다. 군용 공항의 경우에 지역주민의 항공교통 편의증진과 국가기반시설의 활용 및 지역발전을 촉진하기 위하여 군용으로 사용하는 데 지장이 없는 범위 내에서 민간항공당국과 군당국 사이에 협의하여 민간용 공항으로 겸용하고 있는 경우가 많다. 이러한 군용 비행장을 민간용 공항으로 함께 쓰고 있는 나라로는 아시아 국가들과 아프리카 국가들에서 흔히 볼 수 있는 현상이다. 우리나라에서 군용 비행장을 민간용 공항으로 함께 사용하고 있는 공항으로는 김해·대구·광주·청주·사천·원주·포항·군산공항 등이 있다.

공항은 당해 공항이 수행하고 있는 기능·역할과 지역적인 위치 및 시설의 규모 등에 따라 구별되기도 하는데, 구별기준은 나라마다 다르다. 영국에서는 공항을 관문공항, 지역공항, 지방공항, 일반항공용 공항의 4종류로 구분하고 있다. 미국에서는 상업용 공항과 일반항공용 공항으로 구분하고 있다. 일본에서는 국가의 관문역할을 하는 공항을 제1종 공항, 지역 항공운송의 거점역할을 하는 공항을 제2종 공항, 지방의 항공교통편의 증진을 위하여 설치된 소규모 지방공항을 제3종 공항으로 구분하고 있다. 우리나라에서는 공항의 등급을 구분하지는 않으나 인천국제공항을 수도권의 관문공항, 김포국제공항을 수도권의 국내선 및 단거리 국제선의 보조공항의 역할을 담당하도록 하였고, 나머지 공항을 지방의 항공교통편의 증진을 위한 지방공항의 개념으로 구분하고 있다.

2) 공항의 기능

공항은 항공기에 의한 사람의 여행이나 화물수송의 출발점이거나 중간지점 또는 최종도착지 기능을 하는 장소이다. 여객을 운송하고 화물을 집하(集荷)·배송(配送)하는 항공운송 서비스가 이루어지는 현장으로서 매우 다양한 기능을 수행할 뿐만 아니라, 공항시설은 사회간접자본시설로서 국가기간산업의 역할을 하는 시설이기 때문에 공항의 기능은 여러 가지 방법으로 구분할 수 있으나, 일반적으로는 공항의 고유기능과 파생기능으로 분류하고 있다.

(1) 공항의 고유기능

공항의 고유기능으로는 항공기운항기지·여객운송기지·화물운송기지 등이 있다.

첫째, 항공기운항기지 기능으로는 항공기의 이륙과 착륙을 위한 장소와 시설을 제공하기 위하여 활주로·유도로·계류장·착륙대 등의 기본시설과 항공교통관제시설·항행보조무선시설·항공등화시설 등의 항행안전시설 및 격납고·정비시설·기내식시설·동력시설·급유시설 등 항공기 정비와 지상조업을 통하여 항공기의 운항지원을 하는 기능을 말한다.

둘째, 여객운송기지 기능으로는 여객이 항공여행을 하는 출발지이거나 중간기착지 또는 여행의 최종목적지로서 여객이 항공기에 탑승하거나 항공기에서 내릴 수 있는 탑승교 등의 시설과 장비를 갖추고 여객에게 휴게기능이나 음식을 제공할 수 있는 여객청사시설과 주차장 등을 갖추어 여객에게 항공여행 서비스를 제공하는 기능을 말한다.

셋째, 화물운송기지 기능으로는 화물의 항공수송을 위한 출발지이거나 중간기착지 또는 화물의 최종도착지로서 철도나 육상교통을 이용하여 공항에 도착한 항공화물을 항공기에 탑재하거나 항공기로 운송한 화물을 내리거나 환적(換積)할 수 있는 화물처리시설과 장비 및 화물의 보관·통관을 위한 시설을 갖추어 항공화물의 수송·보관·통관 서비스를 제공하는 기능을 말한다.

(2) 공항의 파생기능

공항의 파생기능으로서는 첫째, 공항시설이 국가의 사회간접자본시설로서 항공운송산업의 발전은 물론, 물류(物流)의 수송을 신속하고 원활하게 함으로써 국가경제발전을 촉진하는 경제적 기능이 있다.

둘째, 공항은 국가와 국가 또는 지역과 지역 사이의 관광활동과 문화교류를 촉진하여 국가 사이의 우호증진과 함께 지역 사이의 이해를 증진하여 지역주민이나 국민의 의식과 행동을 세계적 또는 국가적 규모로 확대하여 통합하는 사회·문화적 기능이 있다.

셋째, 공항의 건설과 운영에는 토목·건축·기계·전기·통신·전자·환경 분야 등의 첨단과학기술이 필요하게 되므로 공항을 건설하고 운영함으로써 이들 분야의 기술을 선도할 뿐만 아니라 항공교통관제나 항행안전시설, 기상정보, 공항운영 시스템 등에 관한 기술 분야도 함께 발전시키는 등 과학·기술의 발전을 선도하는 기능이 있다.

넷째, 공항은 항공운송 서비스와 경쟁 또는 상호 보완관계에 있는 고속철도·고속도로·해상운송 등 다른 교통수단의 기술개발을 촉진하고 이들 교통수단의 설비나 서비스를 향상하는 선도적 기능이 있다.

공항은 순기능만 있는 것은 아니며, 공항을 건설하고 운영함으로써 지역주민에게 역기능으로 작용하는 다음과 같은 문제도 있다.

첫째, 항공기의 운항에 따른 항공기 소음피해와 대기오염

둘째, 항공기의 정비·세척 등에 따라 발생하는 폐유와 겨울철에 항공기의 얼음을 제거하기 위한 제빙(除氷)이나 방빙(防氷)제에 의한 수질오염

셋째, 공항 내에 출입하는 차량 등에 의한 진동과 배기가스

넷째, 공항건설과 운영에 따른 환경파괴, 공항건설지역 주민들의 생활터전 상실과 지역공동체 붕괴

다섯째, 공항을 중심으로 Air Side 지역은 교통이 불편해지고 지역발전이 저해되는 데 비하여 Land Side 지역은 교통수단이용이 편리해지고 지역발전이 촉진되는 등 불균형발전

3) 공항에서 수행되는 업무

공항에서 국가기관이 수행하는 업무로는 관세청의 관세업무와 법무부의 출입국관리업무 및 보건복지부의 검역업무 등 CIQ업무를 포함하여 농림수산식품부의 동식물의 검역업무, 검찰청의 마약단속, 국가유산청의 문화재반출심사업무 등이 있다. 항공기의 안전운항을 지원하고 항공기의 이착륙을 관제하는 국토교통부의 운항・관제업무와 경찰청・국가정보원이 담당하는 경비・보안업무 등이 있다.

공기업이 담당하는 업무로는 공항공사의 공항시설 관리운영업무와 한국관광공사의 면세점운영업무 등이 있다. 민간기업이 담당하는 업무로는 항공사의 여객 및 화물수송과 관련된 업무, 항공기 운항을 지원하는 지상조업, 공항운영자가 지원하여 운영되는 공항의무실과 민간기업이 운영하는 공항 내의 음식점・판매점・면세점・광고 및 각종 용역업 등이 있다.

〈표 3-1〉 **공항에서 수행되는 기관별 업무**

기관명	담당업무	기관명	담당업무
〈정부〉		〈공기업〉	
• 관세청(C)	• 세관업무	• 공항공사	• 공항운영 및 시설관리
• 법무부(I)	• 출입국관리		
• 검역소(Q)	• 검역	• 관광공사	• 면세점운영
• 농림축산식품부	• 동・식물검역		
• 검찰청	• 마약단속		
• 국토교통부	• 항공기 운항허가・관제	〈민간기업〉	
• 국가유산청	• 문화재반출심사	• 항공사	• 항공기 운항
• 경찰청	• 경비・보안	• 지상조업체	• 항공기 지원
• 국가정보원	• 안전・대공	• 관광협회	• 관광안내
• 국군기무사	• 군인정보관리	• 구내업체	• 음식점・면세점・판매점・광고 및 각종 용역업 등
• 미래창조과학부	• 우체국업무		

공항에서 수행되는 업무를 지역으로 구분하면 다음과 같다.

첫째, Air Side 지역에서는 다음 업무가 수행된다.

① 항공기의 공항접근이나 이착륙 등에 필요한 정보의 제공과 운항을 통제하는 항공관제 업무

② 항공기의 공항접근이나 착륙에 도움을 주는 항공등화시설과 VOR · ILS · Radar 등 항행안전시설의 운영 · 유지 · 보수업무

③ 활주로 · 유도로 · 계류장 등 항공기 이착륙시설의 유지 · 보수업무

④ 항공기의 사고가 발생한 때에 대비하는 소방구조업무

⑤ 항공기 정비와 급유 및 하역 등 항공기의 운항에 필수적으로 수반되는 지상조업 등의 업무

둘째, Land Side 지역에서는 승객의 항공권구입 · 탑승수속 · 수하물탁송 · 보안검색 · 출입국관리업무가 수행되는 여객청사, 항공화물의 접수 · 분류 · 포장 · 보관 등의 업무가 이루어지는 화물청사, 공항에 도착한 자동차의 주차를 위한 주차장 관리 · 운영업무, 항공기와 공항의 안전을 위하여 행해지는 경비 · 보안업무, 여객의 편의도모를 위한 면세점 · 상업시설 등의 관리업무가 있다. 국제공항에서는 출입국과 관련된 관세업무와 출입국관리 및 검역 등 소위 CIQ업무와 동 · 식물 검역업무, 마약단속, 문화재업무, 의무실운영 등이 추가로 발생한다.

2. 공항운영의 특성

공항을 효율적으로 운영하기 위해서는 다음과 같은 사항을 이해하고 실천해야 한다.

첫째, 공항에서 수행되는 다양한 업무를 처리하기 위하여 여러 가지의 시설과 장비를 운영해야 한다.

둘째, 여러 기관 및 업체에서 다양한 기술과 기능을 보유한 인력들이 서로 정보교환과 함께 협조해야 효율적인 공항운영이 될 수 있다.

셋째, 공항이용자와 항공기의 공항이용에 불편이 없도록 공항시설을 운영해야 한다.

공항운영의 특성을 이해하기 위해서는 공항운영에 영향을 미치는 요인들을 먼저 이해해야 한다. 공항운영에 영향을 미치는 요인으로는 여객의 특성, 항공사의 특성, 공항운영자의

특성 및 공항업무의 복합성에 대한 이해가 필요하다.

1) 여객의 특성

공항운영에 영향을 미치는 여객의 특성은 다음과 같다.

첫째, 항공수요는 계절별·요일별 및 시간대별로 수요량의 차이가 크다. 공항운영자는 수요가 집중되는 시간대의 수요량에 맞추어 여객청사나 주차장 등의 시설을 확보한다면 비수기 또는 주중에는 공항시설이 남아돌게 되어 공항운영의 효율성을 기할 수 없으므로 공항시설은 평균적인 수요량을 기준으로 설치되므로 공항운영자는 성수기나 주말의 수요가 집중되는 혼잡시간대의 해소대책을 세워야 한다.

둘째, 여객청사나 주차장 등 공항시설의 구조와 이용편의성 및 공항접근교통의 편리성이 공항이용객을 늘리는 요인으로 작용한다. 공항운영자는 이들 시설이 이용에 편리하도록 설계되고 운영되도록 해야 한다. 즉 주차장과 여객청사의 거리가 최소화되도록 하고, 공항의 구내도로는 공항을 처음 방문하는 사람도 안내표지판에 의하여 주차장의 입구나 여객청사에 접근이 쉽도록 설치되어야 한다.

셋째, 공항 내의 상업시설과 위락·문화시설 등의 다양성이 공항의 상업수입에 미치는 영향이 크므로 공항운영자는 이들 시설의 다양성과 함께 서비스가 향상되도록 노력해야 할 것이다. 공항에서의 상업수입은 과거와 달리 공항의 수입원으로 그 중요성이 강조되어 공항운영자는 상업수입 증대를 위한 아이디어를 창출해야 한다.

2) 항공사의 특성

항공사는 여객과 항공화물의 수송을 담당하는 공급자의 위치에 있으므로 다음과 같은 항공수요의 특성을 이해하고 대처할 수 있어야 한다.

첫째, 항공수요의 변화에 따라 항공기의 공급능력을 조절할 수 있어야 한다. 항공수요가 증가하는 경우에 항공기의 공급능력을 늘리기 위하여 항공기의 기종을 대형 항공기로 교체하거나 항공기 운항횟수를 늘려야 하는데, 이때 공항의 활주로 길이 등의 시설능력이나 공항의 슬롯 및 관제능력이 뒷받침되어야 가능하게 된다.

둘째, 항공운임을 결정할 때 다른 교통수단의 운임수준을 고려해야 한다. 항공여객의 입장에서 항공운임이 높다고 판단되면, 철도·육상교통·해상운송 등 다른 교통수단을 이용하기 때문에 항공운임을 결정할 때에 이러한 점을 간과해서는 안 된다. 항공운임에 대하여 공항운영자가 직접 관여하기는 현실적으로 어려우나, 정부의 항공정책당국과 취항하는 항공사와의 긴밀한 협조를 얻어 경쟁력 있는 운임이 되도록 해야 한다.

셋째, 항공기 운항시간대를 여객이 원하는 시간대로 결정해야 한다. 이용하기 불편한 시간대의 항공기 운항은 아무리 운항빈도를 높여도 수요가 창출되지 않을 것이다. 이러한 운항시간대의 결정에는 공항의 슬롯 및 공항운영시간과 관계가 있으므로 공항운영자는 이러한 문제가 해소되도록 노력해야 한다. 공항의 슬롯은 외형적으로는 그 공항에 취항하는 항공사들의 자율적 협의기구인 공항운영위원회에서 결정하지만, 공항운영자는 공항운영시간과 관제능력 등을 고려하도록 공항운영위원회에 간접적인 영향을 미칠 수 있으므로 이를 이용하여 슬롯을 조정해야 한다.

넷째, 항공기 운항빈도가 항공기 이용에 불편을 초래할 정도로 너무 적어도 항공수요 유발은 실패하게 될 것이다. 예를 들면, 국내선 항공노선의 경우 하루에 1회만 운항하는 경우에 오전에 도착한 사람이 업무를 마치고 당일로 돌아올 수 없게 되어 여행지에서 불필요한 숙박을 하게 되면 특별한 경우를 제외하고는 항공기 이용을 회피할 것이다. 국제선 항공노선의 경우에 1주일에 1회를 운항하는 항공노선의 경우에는 일반적으로 선호하는 3박 4일 또는 4박 5일의 관광코스를 잡을 수 없으므로 이러한 항공노선에서는 국제관광객의 이용은 거의 불가능하게 될 것이다. 따라서 공항운영자는 항공사와 협의하여 항공수요의 변화추세를 예의 주시하여 여객이 여행에 불편이 없도록 운항빈도를 늘리는 등 신속하게 대처해 나가야 공항운영의 효율성을 높일 수 있다.

3) 공항운영자의 특성

공항운영자가 공항운영에 영향을 미치는 항공수요 특성을 이해하고 대처해야 할 사항은 다음과 같다.

첫째, 활주로의 길이 · 폭 · 포장강도 등이 항공사가 운항하고자 하는 항공기의 기종에 적합하도록 설치되어야 한다. 항공사는 해당 공항에 운항할 항공기의 기종을 선택할 때에는 공항시설능력을 고려해야 한다.

둘째, 여객청사나 화물청사는 항공수요를 처리할 수 있는 규모로 건설되어야 한다. 항공사가 운항하고자 하는 항공기 기종의 여객이나 화물을 수용할 수 있는지의 문제로서 한 번에 100명의 여객을 처리할 수 있는 능력만을 가지고 있는 공항의 여객청사에 250명이 탑승할 수 있는 항공기를 투입한다면 여객청사의 혼잡은 당연하다고 보아야 한다. 따라서 공항의 청사능력을 고려하여 항공기 기종을 선택해야 한다.

셋째, 공항의 관제능력이나 슬롯은 항공사가 운항하고자 하는 운항횟수를 수용할 수 있어야 한다. 항공사가 운항하고자 하는 시간대에 수용할 수 없는 문제가 발생할 때 공항은 혼잡하게 되어 항공기의 지연도착, 지연출발이 발생하게 될 것이다. 따라서 공항운영자와 항공사는 공항시설능력과 운항하고자 하는 항공기의 기종이 부합되도록 세심한 배려가 필요하다.

4) 공항업무의 복합성

공항의 Air Side에서는 항공기의 이착륙을 지원하기 위하여 다음과 같은 업무가 수행되고 있다.

첫째, 항공기의 이착륙과 관련되는 항공관제업무와 이착륙시설의 유지・보수업무를 수행한다.

둘째, 항공기의 착륙에 도움을 주는 계기착륙시설(ILS)・항공등화시설・항행안전무선표지시설(VOR)・Radar 시설 등의 유지・보수업무가 수행된다.

셋째, 항공기의 사고가 발생한 때에 대비하는 소방구조업무와 항공기의 정비・급유・하역 등 지상조업 등이 수행된다.

공항의 Land Side에서는 여객과 항공화물의 운송 및 출입국관리에 필요한 다음과 같은 업무가 수행되고 있다.

첫째, 항공권판매・탑승수속・수하물탁송・보안검색・출입국관리업무가 수행된다.

둘째, 항공화물의 접수・분류・포장・보관 등의 업무가 수행된다.

셋째, 여객청사, 화물청사의 관리・운영업무가 수행된다.

넷째, 주차장시설 관리・운영업무와 경비・보안업무 및 상업시설 관리업무가 수행된다.

공항을 운영하기 위해서는 수많은 국가기관・공항운영자・항공사・지상조업체・구내업체 등이 여러 가지의 기술과 기능을 보유한 직원을 확보하여 다양한 임무와 기능을 발휘해야만 유지되는 다양성과 복합성으로 말미암아 공항을 작은 정부 또는 복합산업체라고 말하기도 한다.

제2절 공항의 조직과 운영형태

1. 공항의 관리와 운영형태

1) 정부에 의한 운영형태

공항의 소유 및 운영형태는 나라마다 또는 공항마다 많은 차이점이 있다. 아직도 많은 공항이 중앙정부나 지방정부가 소유하고 관리하는 형태를 취하고 있다.

정부가 공항을 소유하고 관리하는 국가들은 대부분 교통정책을 담당하는 부처의 민간항공국이 공항을 운영하고 있다. 일부 국가에서는 국방을 담당하는 부처에서 공항을 운영하는 나라도 상당수 있다. 정부가 공항을 운영하는 국가에서는 항공관제 · 기상업무 등과 같은 업무를 정부가 수행하는 책임을 맡고 있다. 이러한 공항운영형태는 그리스 · 스웨덴 · 노르웨이 등이 대표적이다. 다른 국가에서도 정부가 공항운영과 항공관제나 항공기상업무를 담당하는 사례가 있다. 정부가 공항을 운영하는 나라에서도 몇몇 공항은 군당국이 공항시설을 소유 및 관리를 하면서 민간공항과 군용 공항으로 겸용하고 있다.

정부가 공항을 운영하는 나라 중에서 특이한 형태는 캐나다이다. 캐나다는 교통부를 통해 연방정부가 시영공항을 제외한 전국 130여 개의 공항을 소유 및 운영하고 있으나 2~3개의 공항을 제외하고 대부분 공항이 수익을 올리지 못하고 있었다. 이에 따라 1987년 캐나다 연방정부는 지방정부가 원하는 경우 그 공항을 지방정부가 운영하는 것을 허용하여 1991년 초까지 캘거리와 밴쿠버공항 등이 지방정부가 운영하는 형태로 전환되었으나, 아직도 대부분은 연방정부가 관리하고 있다.

공항의 중앙정부 통제에 대한 대안으로 공항의 소유권을 지방정부에 넘겨 각 공항별 또는 몇 개의 공항을 묶어서 지방정부 또는 별도의 공항운영법인을 설립하여 공항을 운영하기도 한다. 이러한 형태의 공항은 영국 · 독일 · 미국 등에 널리 퍼져 있다. 미국 내에서는 시영 또는 군(郡) 소유의 공항이 운영주체의 영역을 확보하고 있다. 지방정부가 운영하는 많은 공항은 시의회가 감독과 책임을 지는 형태가 된다. 미국의 공항 중에서 볼티모어 · 시카고 · 휴스턴 공항은 민간항공국에서 운영하고 있고, 로스앤젤레스나 뉴올리언스 등 공항은 지방정부에 공항을 관리하는 공항위원회를 가지고 있으며, 애틀랜타공항은 시의회가 자문위원회의 도움을 얻어 공항을 직접 운영하고 있다.

국가가 소유하고 운영하는 공항의 특징은 다음과 같다.

첫째, 공항의 수송능력 확보에 주력하면서 대표성을 추구하려는 경향이 있다.

둘째, 장래 수요에 대비해 공항시설을 여유 있게 확보하려는 경향이 있다.

셋째, 투자비가 과다하여 결국 국민의 세금부담이 늘어난다는 지적이 있다.

2) 공공법인을 통한 운영형태

국가가 공항의 소유권은 가지고 있지만, 공항이 좀 더 많은 자치권을 가지고 있다면 더 잘 관리되거나 운영될 수 있다고 느껴 왔다. 이것은 공항운영의 효율화와 관련된 구체적인 보고서와 함께 공항을 관리하는 공단의 설립으로 이어졌다.

공항을 관리·운영하는 공공법인의 법적인 형태는 국가별로 다르나, 기본적인 특징은 다음과 같다.

첫째, 중앙 또는 지방정부의 정치적 통제가 완화되거나 정책적 수준에 그치고 있다.

둘째, 공항운영에 대한 전문적 능력을 갖춘 별도의 법인을 설립하여 운영한다.

셋째, 공항운영에 대한 장기계획을 수립하고 전문화 및 효율화를 기하고 있다.

영국이나 독일의 규모가 큰 공항에서처럼 공항공단의 법적인 형태는 모든 주식을 지방자치단체가 소유하고 운영형식은 민간 또는 유한주식회사의 형태가 될 수도 있다.

공항공단은 유럽에서 오랫동안 공항관리의 일반적인 형태였으나 시간이 지나면서 그 밖의 다른 지역에서도 널리 채택되었다. 공항공단이 여러 개의 공항을 운영하는 형태로 설립된 때도 있다. 개별공항을 운영하는 단독법인의 형태로도 설립되었다.

1966년 설립된 영국공항공단은 최초의 공항공단의 하나였다. 영국공항공단은 처음에 런던 주위의 3개 공항과 정부가 관리하던 4개의 공항을 인수하였다. 다른 나라 정부도 영국공항공단의 성공사례를 본받아 1970년대 후반과 1980년대 초반에 많은 공항공단이 탄생했는데, 1979년의 태국공항공단·이스라엘공항공단·멕시코공항공단 등이 그 사례이다. 일부 국가에서는 공항관리뿐만 아니라 그들 국가 내의 민간항공의 기본시설까지도 관리할 국립공항공단을 설립하였으며, 싱가포르의 CAAS와 Fuji의 경우가 이에 해당한다고 볼 수 있다.

다수의 국가에서 공항별로 독립된 공항공단보다 동일지역 내에 있는 몇 개의 공항을 묶어서 운영하는 지방공항공단의 형태도 볼 수 있다. 파리 근교의 4개 공항을 운영하는 ADP나 미국 매사추세츠의 Port of New York and Massport가 그 경우이며, Alaska, Connecticut, Hawaii, Pennsylvania는 주정부가 공항을 운영할 공항공단을 설립하였다. 훨씬 많이 보급된 형태는 하나의 공항을 대상으로 공단을 설립한 사례로 Amsterdam, Dusseldorf, Frankfurt공항과 미국의 Cincinnati나 Tampa공항 등이 이에 해당된다.

공항공단은 공항뿐만 아니라 다른 수송시설도 운영하기 위해 설립되었는데, Port of New York Authority는 1947년에 이미 관리하는 항구시설 외에 뉴욕의 공항들을 운영하는 임무가 부여되었다. 미국에는 이처럼 다목적의 공단이 여러 개 있다. 보스턴공항을 운영하는 매사추세츠의 Massport공항과 영국의 Belfast공항이 그 사례이다.

3) 공공 · 민간 혼합운영 형태

일부 공항들은 공공부문과 민간부문이 혼합된 회사에 의해 운영된다. 이탈리아공항이 여기에 해당한다. 민간과 공공단체 주주들로 구성된 회사에 의해 운영되는 Aeroporti di Roma의 경우에 주식의 56%를 알리탈리아항공이 소유하고 있다. 알리탈리아항공은 주식의 30%를 민간이 소유하고 있고, Genoa공항(15%), Florance공항(10%), Naples공항(5%), Turin공항(1%)의 주식을 가지고 있다.

미국공항의 독특한 특징은 공공부문에서 소유하고 운영 중인 공항 내의 청사를 항공사 등 민간기업이 건설하고 관리하는 형태이다. 뉴욕의 J.F. Kennedy 공항에서처럼 주청사 또는 탑승동 청사를 항공사가 운영하고 있다. 이처럼 소유와 운영이 분리된 형태는 미국 밖에서는 흔치 않은 사례이나 점차 확산되는 추세이다.

공항들이 자본조달의 부담을 줄일 목적으로 공항의 여객청사 또는 화물청사에 대한 민간투자를 허용하였다. 그 첫 번째 시도는 1987년 캐나다 운수부가 토론토 국제공항의 제3청사의 자금동원 · 건설 · 관리를 위해 토지개발회사를 주축으로 한 민간기업의 컨소시엄을 처음으로 도입하였다. 영국은 1989년 Birmingham공항에 영국항공사 허브청사를 위한 신청사 건설을 위해 회사를 설립했다. 이 회사는 Birmingham공항(25%), British Airways와 National Car Parks(각 21.4 %), John Laning 건설회사(11.9%), 지방의회(14.3%), 호텔회사인 Forte(6%)인 6개의 대주주로 구성되어 있으며, 앞으로 공항개발사업에 항공사와 민간기업의 참여는 필연적으로 확산할 것이다.

4) 민간이 소유하고 운영하는 형태

민간이 소유하고 운영하는 공항은 다음과 같은 특징을 지니고 있다.

첫째, 공항운영에서 높은 수익성 추구를 목표로 하고 있다.

둘째, 공항시설을 수송수요에 뒤따라가는 수준에 맞추려는 경향이다. 즉 수송수요가 늘어나야 공항시설을 확충하려 한다.

셋째, 공항운영에 적자가 발생한 경우 직원 · 주주 · 고객에게 부담시키려 한다.

지금까지 공항의 민간소유는 수에 있어서나 규모에 있어서 제한적이었으며 규모가 작은 공항에 한정되어 있으나, 경비행장이나 항공 · 스포츠용 비행장 등은 민간소유가 훨씬 더 널리 퍼져 있다.

미국에서는 뉴욕의 Rochester공항과 같은 규모가 작은 정기운항편이 있는 일부 공항이 민간기업의 소유이며, 유럽의 경우 완전한 민간기업이 소유한 공항은 거의 없는 실정이나 영국의 경우 Belfast-Harbour 공항과 1987년 개항한 London City 공항이 민간기업이 소유한 공항이다.

공항의 민간기업소유에 관한 큰 진전은 영국의 규모가 큰 지방공항들을 민영화하겠다는 보수당의 약속으로 1987년 BAA의 민영화와 함께 찾아왔는데, BAA plc의 설립으로 유럽의 가장 큰 공항이며 여객수가 세계에서 5번째인 영국의 히드로공항을 포함한 7개의 공항이 민영화되었다.

5) 최근의 공항운영 동향

최근 세계의 공항들이 정부가 직접 운영하는 형태를 취하고 있다. 이는 그 국가들의 항공정책이나 국가체제에 기인한 것으로 보인다. 공항운영의 효율화와 공항의 경쟁력 확보를 위하여 공항운영을 정부가 직접 운영하는 형태에서 점진적으로 공항운영주체를 공기업형태로 전환하거나 민간기업이 운영하는 방식으로 전환하는 추세에 있다.

공항운영을 공기업형태 또는 민간기업의 형태로 전환하는 것은 공항운영을 전문화하여 공항의 수입원을 개발하여 경영수지를 개선하는 한편, 서비스수준을 높이는 등으로 경쟁력 있는 공항으로 육성해 나가는 조치라고 보아야 할 것이다.

〈표 3-2〉 **공항운영 형태의 비교**

구분	정부운영공항	민간운영공항
개발전략	수용능력 확보에 주력	수송수요에 부응노력
추구목표	수송력 확보, 대표성 추구	수익증대 추구
위험요소	투자비 과다	제한된 수용능력
기회요소	장래수요 대비 여유공간	높은 수익성
결과요소	정부의 추가세금 징수 (국민의 납세부담 증가)	투자자의 채무발생 (직원, 주주, 고객부담)

정부가 운영하던 공항운영을 민영화하는 방법은 반드시 공기업형태로 전환한 후에 민간기업의 형태로 전환하는 것은 아니다. 정부가 직접 운영하던 형태에서 곧바로 민간기업의 형태로 전환하는 때도 있다. 공항의 운영형태에 대하여 정부가 운영하는 공항과 민간기업의 형태로 운영하는 공항을 비교해보면 〈표 3-2〉에서 보는 바와 같이 공항의 개발전략이나 추구하는 목표 또는 환경요소에서 상당한 차이를 보였다.

공항전문가들에 의하면 21세기에는 공항이 시간과 공간의 제약을 극복하는 새로운 서비스 산업으로 발전될 전망이라고 예측하면서 공항운영의 생산요소를 Facility, Interaction, System, Human Resource 등 4대 콘셉트(Fish)로 정하고 공항의 기본시설 · 자본 · 운영조직 및 인적자원을 통합하여 운영함으로써 공항에 투자된 비용을 회수하려는 연구가 진척되고 있다.

6) 우리나라 공항의 운영형태

우리나라 공항의 운영형태 변화과정을 살펴보면 1980년 이전에는 전국의 공항을 국가기관인 국토교통부 산하의 지방항공청에서 직접 관리 · 운영하였다. 1980년 5월 「국제공항관리공단법」의 제정으로 '국제공항관리공단'을 설립하여 김포 · 김해 · 제주 국제공항을 공기업형태의 공항공단이 관리 · 운영하기 시작하였다. 그 후 1990년 6월에 '한국공항관리공단'으로 명칭을 변경하면서 국내선공항을 포함한 전국의 모든 공항을 관리 · 운영하였다. 1992년 1월에는 법인 명칭을 '한국공항공단'으로 변경하면서 인천국제공항의 건설업무도 담당하게 되었으나, 1994년 6월에 '수도권 신국제공항건설공단'의 설립으로 인천국제공항의 건설업무를 이관하게 되었다.

우리나라 공항의 소유 및 운영형태는 1999년 이전에는 공기업형태의 공단에서 공항을 운영하였으나, 1999년 1월에 인천국제공항공사가 '공기업의 경영구조개선 및 민영화에 관한 법'의 적용을 받는 주식회사형태의 공기업으로 전환하였고, 이어서 2002년 3월에는 한국공항공사가 '공기업의 경영구조개선 및 민영화에 관한 법'의 적용을 받는 주식회사형태의 공기업으로 전환하면서 공항의 소유 및 운영형태에 큰 변화가 있었다. 이들 두 공항공사의 주식은 정부가 100%를 소유하고 있으나, 앞으로 두 공항공사의 재무여건이 호전되는 시점에서 주식을 민간에게 매각하여 민영화체제로의 전환을 전제로 하고 있다.

2. 공항운영조직의 형태

공항운영조직은 나라마다 또는 공항별로 공항의 규모, 공항의 관리 · 운영체제, 국가와의 상호관계 등에 따라 변화하기 때문에 정형화되어 있지 못하고 나라마다 또는 공항마다 독특한 형태의 조직구조로 구성되어 있다. 공항운영조직은 공항운영자가 책임지고 있는 역할과 권한의 범위에 따라 유럽식 모델과 미국식 모델로 나누어 설명할 수 있다.

유럽식 모델은 국가가 공항운영에 대한 관여도가 비교적 적고, 공항 내의 상업수익을 극대화하는 운영조직이다. 미국식 모델은 국가나 지방자치단체가 직접 공항운영을 담당하거나 공항운영에 정부의 관여도가 높은 편이고, 공항 내의 상업수익 증대보다는 여객청사 일부를 항공사 또는 전문적인 업체에 위탁하여 관리하는 형태로 공항을 운영하는 조직이다.

공항운영조직은 공항운영을 책임지고 있는 개인의 개성이나 능력에만 의존하여서는 안되고, 경제 · 사회 및 국제관계의 변화에 따라 공항운영조직을 수시로 변화해야 하므로 이러한 변화에 능동적으로 대처하여 공항운영조직을 발전적으로 유도할 수 있는 조직구조를 갖추어야 한다.

1) 미주지역의 공항운영조직

미주지역의 공항운영조직을 미국의 댈러스 포트워스 국제공항의 운영조직을 예로 들어보면, 공항운영의 최고책임자인 사장을 두고 그 아래에 수석부사장 1명과 재무 · 관리 · 운영 · 마케팅 · 공항개발 등 5개 분야의 업무에 각각 부사장을 두고 있다. 수석부사장은 기획업무 · 대외홍보 · 마케팅업무 등 공항운영 전반에 대한 총괄적인 업무를 담당하면서 5개 분야의 업무를 담당하고 있는 부사장들을 간접통제하고 있다. 5명의 부사장은 각각 분야별로 업무를 담당하였다. Dulles공항의 조직구조는 다른 공항의 조직구조에 비하여 항공사를 상대로 한 마케팅업무에 상당한 비중을 두고 있고, 공항확장을 위한 공항개발담당 부사장을 두고 있는 점이 특징으로 나타나고 있다.

2) 유럽지역의 공항운영조직

유럽지역의 공항 중에서 영국 런던의 히드로공항과 개트윅공항 등을 관리 · 운영하는 영국공항공사(BAA plc)의 공항운영조직을 예로 들면, 공항운영에 대한 중요한 정책결정은 이사회에서 의결하고, 사장은 공항운영에 대한 총괄적인 책임과 집행의 권한을 가지고 있다. 사장 산하에는 7개 본부장이 분야별로 업무를 담당하고 있다. 7개 본부장은 전략기회, 인사, 재무, 상업시설, 공항운영, 해외자산관리, 기술 등 분야별로 BAA plc의 본사기능을 수행하면서 BAA plc 소속의 7개 공항의 운영업무를 지원하거나 관장토록 하였다.

히드로공항 · 개트윅공항 · 스탠스테드공항 · 스코티시공항 등은 각각 공항운영책임자를 별도로 두어 운영하고 있다. BAA plc는 공항운영의 상업화를 최초로 도입한 공항운영조직으로서 상업시설본부를 두고 있는 것이 다른 공항의 조직구조와 다른 특징이다.

BAA plc는 해외업무와 해외자산을 관리하는 본부를 두고 있어 공항운영 노하우를 활용하여 외국의 공항운영에 참여할 뿐만 아니라 해외공항에 직접투자도 하고 있음을 보여 주고 있는 점이 다른 공항의 조직구조와 다른 점이다.

3) 동남아지역의 공항운영조직

동남아지역의 공항 중에서 일본의 나리타공항 운영조직은 사장 산하에 부사장을 두고 그 아래에 본부직할조직과 2개 본부 및 1개국으로 구성되어 있다. 본부직할조직에서는 기획 · 인사 · 회계 · 감사기능 등 일반적인 관리기능을 수행하고, 공항운영업무는 사업본부와 운영본부에서 담당하고 있으며, 공항시설의 확장과 공항 내의 시설공사를 담당하는 공사국(工事局)을 별도로 두고 있다.

나리타공항공단과 동남아지역의 공항들은 상업시설 수입에 큰 관심을 보이지 않고, 오로지 공항시설의 관리운영으로 발생하는 항공수익에 전념하고 있다. 특히 나리타공항은 공항시설 확장과 제2 활주로 건설을 추진하기 위해 공사국을 두고 있는 것이 특징으로 나타나고 있다.

한국의 김포국제공항을 비롯한 전국의 14개 공항을 관리 · 운영하는 한국공항공사(KAC)의 공항운영조직은 사장 산하에 부사장과 3명의 본부장을 두고, 관할하는 14개 공항 중에서 김포 · 김해 · 제주 국제공항 등 규모가 큰 공항은 지역본부체제로 운영하고, 비교적 규모가 작은 나머지 11개 공항은 지사체제로 운영하는 형태를 갖추고 있다.

한국공항공사의 조직구조를 보면, 본사에서는 공항운영에 필요한 기획업무와 경영전략업무 및 공항운영 지원업무 그리고 공항시설의 안전지원업무를 담당하고 있다. 한국공항공사의 조직특성은 우리나라의 공항 중에서 인천국제공항을 제외한 전국의 14개 공항을 관리하고 운영하기 때문에 조직체계를 본사와 지사로 구분하고, 본사에서는 기획업무와 정책적인 지원업무를 담당한다. 공항운영은 지역본부장 또는 지사장의 책임으로 운영되도록 하고 있다. 우리나라의 항공관제업무에 제공되는 항로관제시설을 유지하고 보수하는 항로시설본부를 두고 있는 것이 하나의 특징으로 나타나고 있다.

한편, 우리나라의 관문공항인 인천국제공항을 관리 · 운영하는 인천국제공항공사(IIAC)의 조직구성은 사장 산하에 부사장과 3명의 본부장을 두고 있다. 인천국제공항공사의 조직구조를 보면 공항운영업무 중에서 항공영업과 공항 내의 상업시설에 관한 업무는 영업본부가 담당하고, Land Side와 Air Side의 시설관리업무는 시설본부에서 담당하며, 항공기 운항과 관련된 운항지원업무는 운항본부에서 담당하고 있다. 공항운영을 위한 조직관리 및 일반지원업무는 직할부서로 두어 사장의 직할조직으로 두고 있는 점이 한국공항공사의 조직구성과 다른 점이다.

제3절 공항의 구조 및 운영 시스템

1. 공항의 구조와 이용 시스템

1) 공항의 구조

공항의 구조에서 항공기 이동지역인 Air Side 지역과 여객청사와 화물청사 및 주차장 등이 있는 Land Side 지역으로 구분되고 있다. 이 구분은 항만의 Sea Side와 Land Side에서 Sea Side를 Air Side로 변경한 것으로 추정된다.

[그림 3-1] **항만의 Sea Side / Land Side**

공항의 Air Side 지역은 항공기가 공항에 접근하여 안전하게 착륙할 수 있도록 다음과 같은 시설들이 설치되어 있다.

첫째, 공항에 이착륙하는 항공기의 항공교통관제를 위한 항공교통관제시설이 설치되어 있다. 항공교통관제시설에는 하늘의 교통을 통제하고 관리할 수 있는 관제탑과 관제장비 등이 설치되어 있고 항공교통관제사가 관제업무를 수행한다.

둘째, 항공기가 공항에 착륙하거나 이륙하는 데 사용되는 활주로 및 유도로와 계류장 및 주기장 등 항공기 이착륙시설이 설치되어 있다. 계류장에서는 항공기에 여객의 탑승이나 화물의 탑재 및 항공기로부터 여객이나 화물의 하기를 위한 지상조업이 수행된다.

셋째, 항공기가 공항에 착륙하거나 이륙을 하는 때에 조종사에게 도움을 주는 계기착륙시설(ILS)과 항행안전시설이 설치되어 있다. 계기착륙시설에는 항공기에 활주로 방향정보를 제공하는 방위각시설, 활공각정보를 제공하는 활공각 표지시설, 활주로까지의 거리정보를 제공하는 마커시설이 있다. 항행안전시설에는 항행안전무선시설, 항공등화시설 및 항공정보 통신시설 등이 설치되어 있다.

항공기가 이동하는 Air Side 지역은 항공기의 안전과 보안을 위하여 일반인의 출입이 통제되는 지역이다. 항공기 이동지역은 사전에 출입이 허가된 직원이나 보안검색을 마친 여객 및 화물만이 출입할 수 있는 지역이다.

공항의 Land Side 지역은 여객이나 항공화물이 시내 도심지로부터 공항으로 접근할 수 있도록 다음과 같은 시설이 설치되어 있다.

첫째, 공항접근교통로와 공항의 구내도로 등 접근교통시설이 설치되어 있다.

둘째, 공항이용객이 승용차로 공항에 도착하는 때에 자동차를 주차할 수 있는 주차장이 설치되어 있다.

셋째, 여객청사 전면에는 여객과 수하물이 안전하고 신속하게 도착과 출발을 할 수 있도록 Curb Side가 설치되어 있다.

넷째, 여객청사 안에는 여객이 항공기 탑승에 필요한 보안검색과 탑승수속시설 및 대기시설 그리고 기타 서비스시설이 설치되어 있다.

다섯째, 화물청사에는 항공화물의 접수 · 분류 · 검색 · 포장 · 보관을 할 수 있는 화물처리시설이 설치되어 있다.

일반 업무지역인 Land Side는 여객이나 환송객과 환영객 또는 공항직원 등에게 개방되는 자유지역으로서 누구나 출입이 허용되는 장소이다.

[그림 3-2] **인천국제공항 시설구조**

2) 공항의 이용 시스템

공항을 이용하는 항공기와 여객 또는 화물이 공항을 이용하고 공항 내에서 이동하는 시스템은 다음과 같다.

첫째, 출발여객은 공항의 일반지역에서 탑승수속을 한 다음 출발대합실로 이동해 탑승통로를 통하여 항공기에 탑승한다.

둘째, 도착여객은 항공기가 활주로와 유도로를 거쳐 주기장에 도착하면 탑승교 또는 Ramp Bus를 이용해 탑승통로를 통하여 도착대합실에 도착하여 이 장소에서 자기가 탁송한 수하물을 찾아 목적지로 이동한다.

(1) 항공기의 공항이용 시스템

항공기가 공항을 이용하는 시스템은 다음과 같다.

첫째, 항공기가 공항의 Air Side 지역에 도착하기 위해서는 공항 인근 무선표지소의 신호를 받아 공항관제탑의 지시에 따라 공항의 활주로에 착륙한 후 탈출유도로와 평행유도로를

[그림 3-3] **공항시설이용 시스템**

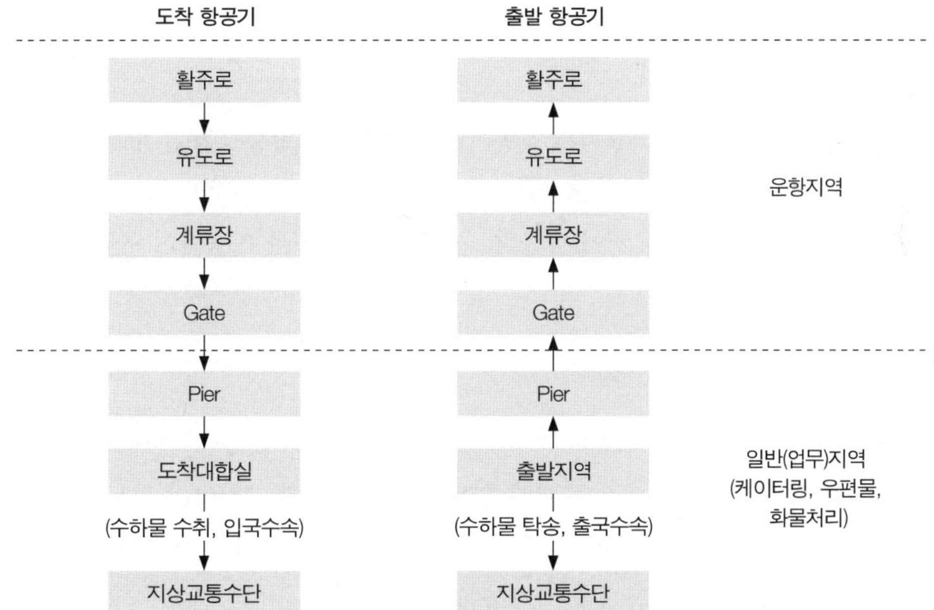

거쳐 주기장으로 진입하게 된다. 공항의 규모가 커서 활주로나 유도로의 수가 많아 Air Side 지역이 복잡한 공항에서는 활주로에 착륙한 항공기가 유도로를 거쳐 지정된 주기장을 쉽게 찾을 수 있도록 Follow Me Car를 이용하기도 한다. 도착한 항공기가 탑승교가 설치되지 않은 주기장에 주기한 경우에는 여객의 하기를 위한 Step Car와 여객청사까지의 여객수송을 위한 Ramp Bus를 이용하게 된다.

둘째, 항공기가 공항을 출발하기 위해서는 주기장에서 유도로를 통하여 활주로로 이동하게 되는데, 주기장에서 출발할 때부터 관제탑에 항공기 이동을 보고하고 관제탑의 지시에 따라 이동하게 된다. 유도로에서 활주로로 진입하는 것은 관제탑의 특별한 지시가 없으면 곧바로 진입할 수 있지만, 관제탑의 지시가 있는 경우에는 관제탑의 지시에 따라 일정한 지역에서 대기한 후 이륙하기도 한다.

(2) 여객의 탑승 및 하기 시스템

국제선여객이 공항의 Land Side 지역에서 항공기에 탑승하기 위해 공항을 이용하는 시스템은 다음과 같다.

첫째, 국제선 출발여객의 항공기 탑승절차는 시내에서 공항에 도착하면 주차장에 차량을 주차한 후 여객청사에 도착하여 좌석배정, 수하물 탁송 등 체크인을 한 후 보안검색을 받고 출국심사와 세관검사의 절차를 순서대로 거쳐 출발(격리)대합실로 이동하여 탑승하고자 하는 항공편이 주기하고 있는 탑승구 또는 탑승교가 없는 경우에는 Ramp Bus 등을 이용하여 항공기에 탑승하게 된다.

둘째, 국제선 도착여객의 입국절차는 항공기에서 하기하여 탑승교 또는 Ramp Bus를 이용하여 여객청사에 도착하여 입국수속을 한 후 타고 온 항공편의 수하물을 찾는 턴테이블에서 수하물을 수취하여 세관검사를 거쳐 승용차 또는 대중교통편을 이용하여 목적지로 출발하게 된다.

(3) 화물의 탑재 및 하기 시스템

항공화물을 항공기에 탑재하거나 항공기에 탑재된 화물을 하기하는 시스템은 다음과 같다.

첫째, 출발화물의 탑재 시스템은 화물이 공항의 화물청사에 도착하면 화물분류 · 세관신고 · 보안검색 · 검역 · 포장 및 컨테이너 등 탑재용기에 적재하여 Lift Car, Dolly, High Loader 등 지상조업장비에 의하여 항공기에 탑재하게 된다.

[그림 3-4] **화물탑재 장면**

둘째, 도착화물의 하기 시스템은 출발화물의 역순으로 이루어지는데, 항공기에 탑재된 화물을 High Loader나 Dolly 등의 지상조업장비를 이용하여 항공기에서 하기하여 화물청사에 도착하면 화물분류 · 관세신고 · 보안검색 · 검역 등을 거쳐 화주에게 송달하는 시스템으로 이루어진다.

2. 공항과 공항이용자의 관계

공항은 하늘을 교통로로 사용하는 항공교통과 철도 또는 도로 등의 지상교통과의 연결기능을 수행하는 터미널 공간이다. 공항은 교통수단 간의 효율적인 운송을 위한 교통구조의 중요한 부분을 차지하고 있다. 공항과 공항이용자의 관계를 구성하는 요소로는 항공수요에 해당하는 여객, 항공기 공급능력을 제공하는 항공사, 공항시설능력을 제공하는 공항운영자의 3개 요소가 있다. 공항운영체계는 이들 세 구성요소가 각자의 역할을 담당하면서 상호작용이나 구성요소 사이에 상호 균형적인 상태를 유지해야 효율성을 발휘할 수 있다.

다음 그림은 공항을 이용하는 자와 운영하는 자의 상호작용을 알아보기 위하여 여객, 항공사 및 공항운영자의 관계에서 각자의 특성들이 상호 관계에서 어떤 작용을 하고 있는가를 하나의 그림으로 나타낸 것이다. 여객과 항공사의 관계, 여객과 공항운영자의 관계, 항공사와 공항운영자의 관계에서 각각의 특성과 상호작용하는 관계를 분석해보면 다음과 같다.

[그림 3-5] **공항과 이용자의 관계**

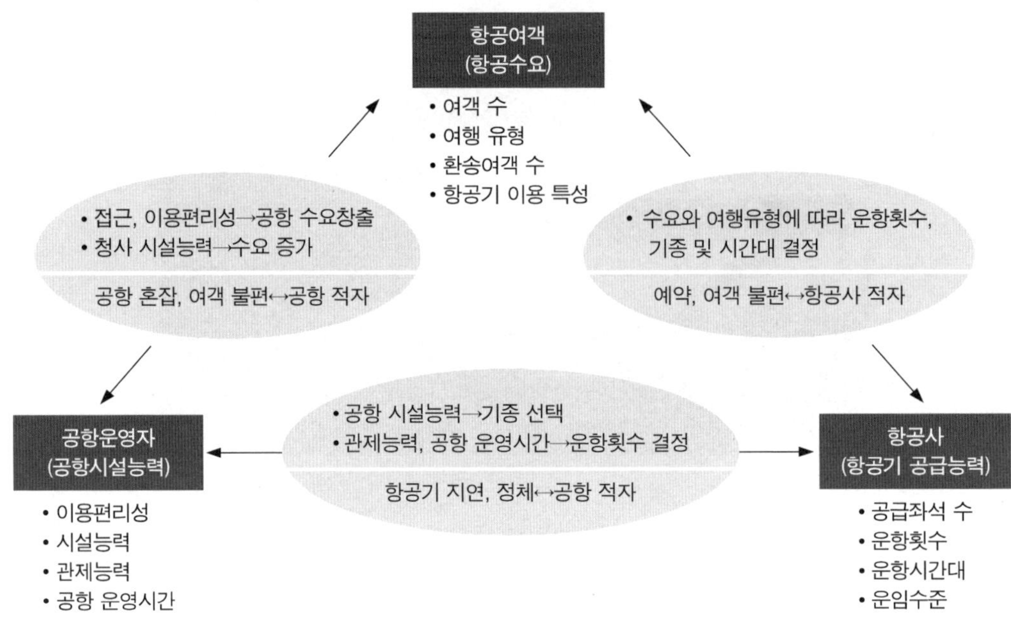

1) 여객과 항공사의 관계

여객과 항공사의 관계를 알아보기 위해서는 먼저 각각의 특성을 살펴보아야 한다. 여객의 특성으로는 여객의 수, 여행의 유형, 항공교통을 이용할 수 있는 경제적 수준, 다른 교통수단과의 관계 등이 있다. 항공사의 특성으로는 항공기의 공급좌석수, 항공기의 운항횟수, 항공기의 기종, 항공기 운항시간대에 관한 사항 등이 여객의 수요를 창출하는 데 다음과 같이 영향을 미친다.

첫째, 여객수요가 늘어나면 항공사는 공급좌석수가 많은 항공기를 투입하여 늘어나는 여객수요를 충족시키려 할 것이다. 여객수요가 더 늘어나면 항공기 운항횟수를 늘리게 될 것이다.

둘째, 여객의 유형이 출퇴근하는 여객이 많다면 Commuter 항공기의 운항시간 및 운항빈도를 여객유형에 맞추게 될 것이다.

셋째, 단체여객이 많은 경우에는 단체여객이 이용하기에 편리한 시간대로 항공기 운항시간을 조정하거나 전세항공편의 항공기 투입을 고려하게 될 것이다.

여객과 항공사의 관계에서 여객이 많은데 소형 항공기가 운항되거나 항공기의 운항횟수가 적으면 공급능력이 수요에 미치지 못하기 때문에 여객들은 항공기의 좌석예약이 어렵게 되어 불편을 겪게 될 것이다. 반대로 여객수요는 적은데 대형 항공기를 운항하거나 항공기 운항횟수가 많으면 공급과잉으로 인하여 항공기 탑승률이 낮아지고, 이는 항공사의 적자운영으로 이어지게 될 것이다.

2) 여객과 공항운영자의 관계

여객과 공항운영자와의 관계를 알아보기 위해서는 먼저 여객의 수와 경제수준 및 이용패턴 등에 어떤 특성이 있는지를 알아야 한다. 공항운영자의 특성 및 변수로는 여객청사의 형태와 시설규모, 도심과 공항을 연결하는 교통이용의 편리성, 공항운영시간 등이 될 것이다. 여객과 공항운영자의 상호 관계에서는 공항을 이용하는 여객 및 환송·영객의 수가 여객청사의 규모를 결정하는 요소가 된다. 여객 중에서 비즈니스여객과 Commuter여객은 관광목적의 단체여객에 비하여 여객청사에 머무르는 시간이 짧아 편의시설 및 상업시설 규모가 작아도 될 것이다. 환송 및 환영객이 많은 경우에는 여객청사의 일반대합실 면적을 넓게 확보해야 할 것이다.

여객청사의 형태나 구성요소가 공항이용객을 많이 수용할 수 있는 형태라면 이용객 1인당 단위면적은 줄어들게 될 것이다. 국제선여객은 국내선여객에 비하여 여객청사의 1인당 단위면적이 넓어야 함을 고려하여야 한다. 공항지역의 주민이 공항의 상업시설이나 문화시설 등을 자기들의 생활공간으로 활용하는 등 공항시설을 많이 이용하는 경우에는 이들에 대한 배려도 고려해야 한다.

여객과 공항운영자와의 관계에서 여객수가 많은데 공항시설이 부족하면, 수요는 많은데 공급이 부족하게 되어 공항이 혼잡하게 되고 여객이 불편을 겪게 될 것이다. 반대로 여객은 적은데 여객청사가 크면 시설공급의 과잉으로 인하여 불필요한 공항시설을 관리하고 유지하기 위한 비용지출로 공항은 적자운영이 불가피할 것이다.

3) 항공사와 공항운영자의 관계

항공사와 공항운영자의 관계를 알아보기 위해서는 먼저 그 공항을 이용하는 항공사의 항공기의 종류·크기와 항공기의 운항시간 편성 및 운항횟수 등에 어떠한 특성이 있는지를 알아야 한다. 이러한 특성은 공항의 활주로 규모나 항행안전시설의 종류 등의 시설상태와 여객청사나 주차장의 규모 및 도심에서의 접근교통망 등에 영향을 미친다. 운항하고자 하는 항공기의 기종이나 운항횟수 또는 운항시간대가 결정되도록 해야 한다.

항공사와 공항운영자의 관계에서는 다음 사항들이 상호작용을 하면서 영향을 미치게 될 것이다.

첫째, 공항의 활주로 길이나 여객청사의 규모는 항공사의 항공기 기종 선택에 영향을 미치며 상호작용을 한다. 즉 공항의 활주로나 여객청사의 시설능력이 부족한데 대형 항공기를 운항하거나 항공기 운항횟수가 많으면 항공기의 안전운항 저해 및 지연이나 정체를 불러올 것이다.

둘째, 공항의 운영시간이나 관제능력은 항공사의 항공기 운항횟수 결정에 영향을 미치며 상호작용을 한다. 즉 공항운영시간은 항공기 운항횟수 및 운항시간대에 영향을 미치고, 관제능력은 항공기 운항횟수에 영향을 미친다.

셋째, 공항의 여객청사, 화물청사, 주차장 규모나 접근교통망은 여객수요를 충족할 수 있는 규모로 설치되어야 한다.

공항운영자와 항공사와의 관계에서 공항시설능력은 부족한데 항공기 운항횟수가 많으면 안전운항을 저해하거나 지연운항 및 정체가 일어날 것이다. 공항시설능력은 대형기 운항이 가능한데 소형기를 운항하거나, 관제능력과 활주로용량이 충분한데 항공기 운항횟수가 적으면 수요가 공급능력에 미치지 못하여 공항운영자는 불필요한 공항시설의 관리와 운영을 위한 비용을 추가로 부담하게 되어 공항은 적자운영이 불가피할 것이다.

3. Land Side 운영 시스템

공항의 관리시스템은 크게 나누어 여객청사·화물청사 등 Land Side 지역과 활주로와 유도로 및 계류장 등 Air Side 지역으로 나누어진다. Land Side와 Air Side의 구분은 보안통제와 항공기의 안전을 위한 통제를 목적으로 구분된 것이다. Land Side 운영 시스템은 항공수요의 발생지인 공항의 배후도시로부터 공항까지 지상교통을 이용하여 접근하는 접근교통문제와 차량을 주차할 수 있는 주차장 관리시스템과 여객청사 관리시스템 및 화물청사 관리시스템으로 구분될 수 있다.

1) 접근교통관리 시스템

공항의 접근교통관리 시스템은 여객 · 공항직원 · 환영객 · 환송객 · 지역주민 등 공항이용객이 배후도시에서 쉽고 편리하게 공항으로 접근하는 문제로서 접근의 용이성 및 접근교통비용과 직결된 문제이다.

첫째, 공항의 접근교통수단 선택에 영향을 미치는 요소로는 공항접근이 편리하고 안락하며 접근교통비용이 저렴해야 한다. 이러한 공항접근교통을 위해서는 버스 · 지하철 · 철도 등 대중교통수단이 다양하게 분포되어 있어야 하고, 대중교통수단의 운행간격이 짧아야 하며, 대중교통을 항공기 운항 전과 종료 후에 불편 없이 이용할 수 있도록 해야 하고, 접근교통비용도 저렴해야 한다. 이와 같은 접근교통문제는 과거에는 지역교통의 문제로 생각되기도 하였다. 최근에는 세계의 주요공항들이 지상접근교통의 혼잡이나 접근의 불편이 공항운영에 막대한 영향을 미치게 됨을 고려하여 공항운영자가 세심한 관리를 하고 있다.

둘째, 공항에 도착한 차량이 이용하고자 하는 청사에 쉽고 편리하게 도착하기 위해서는 공항의 구내도로관리 시스템이 잘 되어 있어야 한다. 공항의 구내도로 시스템과 교통표지판은 공항을 처음 찾아오는 사람들도 쉽게 알아볼 수 있도록 간편하고 식별이 편리하도록 설치되어야 한다. 여객이 집중하는 시간대에는 구내도로의 질서유지와 신호체계 등에 대한 효율적인 관리가 이루어지도록 해야 한다.

셋째, 시내에서 공항에 도착한 차량의 주차를 위한 주차장관리 시스템은 차량이 주차장으로 진입하는 데 불편이 없도록 해야 한다. 공항이 혼잡한 시간대에도 차량의 진출입이 쉽도록 운영되어야 한다. 장애자를 위한 주차공간과 주차장 내의 사고나 차량피해가 발생한 경우 보상을 할 수 있도록 보험가입 등 피해보상대책이 있어야 한다. 차량의 주차수요에 따라 주차요금을 탄력적으로 적용할 수 있는 요금체계를 갖추는 한편, 상주직원의 차량에 대한 할인요금체계도 적용되어야 한다.

2) 여객청사운영 시스템

공항의 여객청사는 여객이 항공기에 탑승하기 전이나 항공기에서 내린 후에 잠시 머무르면서 탑승 또는 도착수속 후 여유시간에는 휴식을 취할 수 있는 공간으로서 공항시설 중에서 매우 중요한 역할을 하는 장소이다. 여객청사는 그 나라의 국민의식과 사회적 환경 및 종교 등과 밀접한 관계로 계획되거나 운영되기 때문에 여객청사 내의 시설배치와 여객의 동선 및 수하물처리 시스템이 공항별로 상당히 다를 수 있다.

여객청사의 관리시스템을 살펴보면 다음과 같다.

첫째, 여객의 동선은 가능한 한 짧고 직선화해야 한다. 국제선여객과 국내선여객, 출발여객과 도착여객의 식별이 쉬워야 한다. 다른 항공편의 여객동선과 중첩되지 않도록 해야 한다. 공항직원의 안내 없이도 실개천의 물이 흐르듯이 여객 스스로 목적지를 찾아 이동할 수 있어야 한다.

둘째, 여객이 탁송을 의뢰한 수하물의 동선은 출발수하물과 도착수하물을 구별하여 여객의 흐름과 일치될 수 있도록 해야 한다. 특히 대규모 공항의 경우에는 수하물의 처리지연으로 공항의 기능이 떨어지는 경우가 많이 발생하기 때문에 최근에는 공항을 건설할 때에 수하물처리를 자동화 시스템으로 건설하는 공항이 늘어나고 있다.

셋째, 여객청사의 공간배치는 Air Side와 Land Side 지역을 효율적으로 연계해 주도록 해야 한다. 여객의 국민성이나 종교 및 여객의 특성 등을 종합적으로 검토하여 체계적으로 관리되도록 하여야 한다.

넷째, 여객청사 내의 탑승수속시설 배치는 체크인 카운터, 보안검색 및 CIQ업무를 여객이 한 방향으로 이동하면서 수행되도록 배치해야 한다. 역방향(逆方向)이 불가피한 경우에는 여객이 쉽게 알아볼 수 있는 별도의 통로를 설치하거나 안내판을 설치하여 여객이 이동 중에 혼란이 일어나지 않도록 해야 한다.

다섯째, 여객을 위한 휴게실 · 상점 · 음식점 · 환승시설 등은 여객의 이용이 편리한 지역에 배치하되, 상점이나 음식점 시설은 여객의 동선에 위치하거나 여객동선과 근접하여 설치하여 상업시설의 매출액이 증가되도록 해야 한다.

3) 화물청사운영 시스템

공항의 화물청사는 항공사의 화물수송 경쟁력 확보에 결정적인 역할을 하는 장소이다. 화물이 출발지에서 도착지까지의 운송시간 대부분을 화물청사에서 소비하는 실정이므로 화물청사를 효율적이고 경제적으로 운영하는 것은 화물운송의 원가절감의 핵심적인 요소이다. 따라서 화물운송에서 화물처리 시스템은 제일 관심을 가지고 관리하는 대상이다. 항공사가 화물을 수송하는 데 투입되는 항공기의 기종이나 공급능력과 항공기 운항횟수 및 화물운임 등은 항공사 간에 거의 평준화되고 있으나, 화물청사에서의 서비스는 독자적으로 개발하여 항공화물의 유치증대와 함께 화물운임을 줄이는 데 중점을 두고 있다.

화물청사는 다음과 같은 기능을 수행한다.

첫째, 수출화물의 집하(集荷)와 보관, 통관절차, Build-up 및 탑재를 위한 절차가 이루어지는 장소이다.

둘째, 수입화물의 Unloading, Break-down, 보관, 수입통관 및 화주에게 인도 등의 기능을 수행하는 장소이다.

셋째, 환적화물의 Unloading, Break- down, 보관, 이적허가(移積許可), Build-up 및 항공기 탑재를 위한 절차가 이루어지는 장소이다.

넷째, 화물청사에는 수출입화물의 화물정보처리 전산망이 구성되어 있다. 이 전산망은 화물운송인 · 국제물류주선업자 · 보세운송인 · 관세사 · 항공사 · 세관 · 검역소 등을 연결하여 화물의 운송예약, 수송 중인 화물의 위치추적, 화물의 행선지별 또는 품목별 분류, 화물의 수출입과 관련된 행정업무가 수행된다.

화물청사 관리시스템은 이와 같은 수출입화물 처리의 흐름이 원활히 수행될 수 있도록 운영되어야 한다. 화물은 여객과 달리 Land Side 지역과 Air Side 지역을 자기 스스로 이동할 수 없으므로 기계장치나 장비 등 물리적인 힘을 가해야만 이동할 수 있는 특성이 있다. 화물청사에는 보안검색을 위한 엑스선 검색장비, 화물의 중량을 계측하기 위한 저울, 화물을 자동으로 운반하는 컨베이어벨트, 화물의 정보처리를 위한 전산기기, 화물의 분류 및 적재 작업을 하는 작업장, 통관화물의 장치장 및 각종 창고 등이 있다. 이와 같은 기계장치와 장비 등의 보유상태에 따라 비자동화청사 · 반자동화청사 · 자동화청사 등으로 구분되는데, 최근에 건설되고 있는 대규모의 화물청사는 자동화 시스템을 갖추어 건설되고 있다.

4. Air Side 운영 시스템

1) 항공교통관제 시스템

최근 항공수송수요가 늘어나고 정보통신기술이 발달함에 따라 첨단화된 정보통신기술이 항공기 운항에 접목되어 항공기의 대형화와 고속화 및 자동 정보처리 시스템이 설치된 항공기가 취항하게 되어 조종사의 부담이 현저히 줄어들게 되었다. 항행안전시설의 설치는 항공기 운항의 안전도를 향상하였으며 항법업무와 항공교통 업무처리에 관한 규정의 필요성이 요구되어 국제민간항공기구 소속의 항공교통관제위원회에서 항공관제절차를 제정하기에 이르렀다. 항공관제업무는 운항 중인 항공기와 항공기 간의 분리운항, 항공기 이동지역에서 항공기와 장애물 간의 충돌방지, 항공교통의 질서 있는 흐름과 신속한 처리, 비행안전을 위한 조언과 정보제공, 조난항공기의 탐색과 구조활동의 지원을 담당한다.

(1) 공역관리와 항로관제 시스템

공역관리란 한 나라의 영공과 영공주변 공해상의 공역을 관리하는 비행정보 시스템이다. 세계의 국가들은 자기 나라의 공역관리를 위하여 1개소 이상의 비행정보구역(FIR)을 관리하고 있다. 여기서 공역(空域)이란 항공기의 안전하고 효율적인 비행과 항공기의 수색 또는 구조에 필요한 하늘의 공간으로서 용도에 따라 관제공역과 비관제공역으로 구분된다. 우리나라 공역에는 비관제공역은 없다.

항공로에 대한 관제업무는 항공교통관제소가 담당한다. 항공교통관제소는 영공 및 주변 공해상의 공역에 대한 관제업무를 담당하면서 우리나라에 들어오는 항공기는 일정지점에서 접근관제 시스템으로 이양하고, 우리나라에서 나가는 항공기에 대해서는 인접국가의 항로관제 시스템으로 관제권을 이양하게 된다.

(2) 접근관제 및 공항관제 시스템

항공로관제가 한 나라 안의 공역 및 항로에 대한 관제 시스템이라면, 접근관제 및 공항관제 시스템은 공항에 착륙 또는 출발하는 항공기를 관제하는 것을 말한다. 접근관제소는 항공교통관제소에서 인수한 항공기를 공항에 안전하게 착륙시키거나 공항을 출발한 항공기를 항공교통관제소에 안전하게 인계하는 업무를 수행한다.

즉 공항에 도착하는 항공기는 공항으로부터 50N/M 이내의 거리와 고도 17,000ft 이하의 상태에서 접근관제소의 지시를 받아 공항으로부터 5N/M 상공에 도착하면 공항관제탑의 관제지시에 따라 활주로에 착륙하게 되며, 반대로 공항에서 출발하는 항공기는 공항으로부터 5N/M을 벗어나면 공항관제탑에서 접근관제소로 이양한 후 공항에서 20N/M을 넘어서면 항공교통관제소로 이양하게 된다.

2) 운항정보 시스템

민간항공기의 운항은 대단히 복잡하여 단거리를 운항하는 경비행기라 하더라도 공역의 제한이나 항공교통관제 요구사항, 공항과 그 주변의 시설배치현황, 공항운영시간, 연료사용 등 운항에 관한 정보를 받아 비행한다. 운항에 관한 정보는 항공정보간행물과 긴급운항정보 제공 및 운항정보회람 등이 있다. 운항정보이용자는 승무원을 포함한 항공기 운항요원과 비행 전 운항정보와 관련 있는 업무취급자 및 비행정보와 관련 있는 항공교통업무취급자 등이다.

(1) 항공정보간행물

항공정보간행물(AIP)은 항공기의 항행에 필요한 영속적인 성격의 항공정보를 수록한 간행물이다.

항공정보간행물은 각국의 정부당국이 발행하며 수록되는 내용은 다음과 같다.

첫째, 항공정보업무의 기술, 국내항공규정 요약, 축약형 표시, 측정단위, 시간기준, 항공기의 국적과 등록표시, 항공기에 탑재한 특수장비, 기타 정보가 수록된 총론부분

둘째, 자기 나라의 각 공항시설에 대한 설명, 국제공항 여부, 공항의 주소록, 항공등화시설 등이 수록된 비행장정보

셋째, 자기 나라 항공고정통신망의 구성도, 항공보안시설, 시간표시 체제, 운항고정국 등 항행보조시설의 통신업무에 대한 정보가 수록된 통신정보

넷째, 공항의 기상관측 및 통보, 주변지역의 기상정보 제공 등 기상업무가 수록된 기상정보

다섯째, 자기 나라의 비행정보구역, 항공교통관제체제, 공항별 항공기의 접근 및 이륙절차, 비행금지 또는 제한구역, 조류이동 등에 관한 정보가 수록된 항공교통관제정보

여섯째, 자기 나라의 출입국절차에 관한 정보, 항공기 사고가 발생할 때에 수색 및 구조에 관한 정보, 항공도표 발간 등

(2) 긴급운항정보

긴급운항정보는 항공정보간행물을 발간한 후에 발생하는 항공정보의 변경사항을 항공고시보(NOTAM)로 발송한다. 항공고시보에는 비행제한사항, 계기접근절차의 변경 및 공항시

설의 비정상운영 등 긴급을 요하는 사항을 수록한다.

항공고시보는 항공기의 비행업무관련 종사자가 적시에 필수적으로 알아야 하는 항공시설의 내용, 항공기의 운항관련 업무 및 절차 또는 위험의 상태, 공항시설의 변경 또는 신설 등에 관한 정보를 수록하고 있는 공고문으로서 전송으로 배포하고 있다. 항공고시보에 포함하거나 별도로 발간하는 운항정보회람은 주로 공항시설과 항행안전시설 등에 관한 긴급정보 외에 공항의 운영관리 및 기타 회보와 관련한 사항이 포함된다.

3) 항공무선통신 시스템

항공무선통신 시스템은 항공기의 조난상황, 비행안전에 관한 사항, 항공기상정보, 항공기 운항의 정시성 여부, 항공행정 및 항공고시보에 관한 업무를 무선으로 연결하는 통신망이다. 이동 중인 항공기 또는 항공기를 견인하고 있는 차량에 음성으로 비행정보에 관한 사항, 경고사항, 항공교통에 관한 조언, 항공관제에 관한 사항 등에 관한 메시지를 전달하는 이동통신이 있다. 항공기의 항로방향과 거리 및 방위정보를 제공하는 항행무선시설로는 VOR/DME, ILS, GPS, GP 등의 항행무선시설이 있고, 항공기에 대한 운항정보를 제공해 주는 자동단말정보제공 시스템과 비행 중인 항공기를 위하여 기상정보를 제공해 주는 VOLMET 등의 공지통신 시스템이 있다.

4) 기상정보제공 시스템

공항의 기상정보 시스템은 공항지역의 지상기상조건과 상층부의 기상상황을 관측·분석·정보수집·정보교환 및 기록을 유지하여 공항운영자와 항공사 또는 항공기 승무원에게 매시간 또는 30분 단위로 통보해 주는 시스템이다. 공항지역의 지상의 풍향과 풍속, 현재의 기상상태, 활주로 시정, 구름의 양과 형태, 기온 및 결로점, 기압 등을 보조적인 정보와 함께 추세를 예보하는 시스템으로 운영된다.

최근의 항공기상정보는 통신기술의 발달, 기상자료 처리기술의 향상, 위성관측 시스템의 발달 등으로 신뢰도가 크게 향상되었다. 항공기상예보 내용에는 항로와 운항지역의 상층부의 기압·온도·바람 및 지상기상조건 등이 포함되며, 이러한 기상정보 제공업무는 모든 국가에서 국가책임으로 운영되고 있다.

우리나라는 인천국제공항·김포국제공항·김해국제공항·제주국제공항에는 공항기상 측정과 기상정보 제공을 위하여 공항기상대를 설치하여 항공기상정보의 적시성과 정확성을 높여 주고 있다.

5) 비상지원 시스템

공항 또는 공항 인근지역에서 항공기의 비상사태, 건물화재, 인화성 또는 독극성 액체유출, 폭발물 및 테러위협 등 공항의 비상사태가 발생할 때의 지원 시스템은 국제민간항공기구의 구조 및 소방활동이 요구되는 비상사태 준비태세를 갖추어 항시 대기하는 시스템을 갖추고 있다.

공항에서의 비상지원 시스템은 다음과 같이 항공기 사고, 긴급비상 및 대기비상의 3단계로 나누어 비상사태가 발생한 때에 지원하는 시스템이다.

첫째, 항공기 사고는 항공기가 공항 내 또는 공항 인근에서 사고가 발생하는 때에 항공관제기관은 공항의 구조 및 화재진압부서에 사고의 발생지점・위치와 사고항공기의 기종 등에 관한 사항을 통보하게 되는 비상사태이다.

둘째, 긴급비상은 공항에 접근하는 항공기가 사고위험에 처해 있거나 예상될 때에 구조 및 화재진압부서가 지정된 장소에 출동하게 되는 비상사태이다.

셋째, 대기비상은 착륙예정인 항공기의 결함이 인지 또는 예상되나 착륙에 장애를 유발할 정도로 심각하지 않은 비상사태로서 출동대기를 하는 상태를 말한다.

국제공항으로 운영하는 모든 공항은 이와 같은 국제민간항공기구가 권장하는 비상대비수준의 지원 시스템을 갖추고 있어야 한다.

제4절 공항업무 수행방법

1. 업무수행방법의 변화

공항은 복합산업체로 서로 다른 이질적인 요소와 활동들이 모여 여객과 화물을 위해 항공운송과 육상수송을 원활하게 하는 하나의 광장이다. 그 나라의 역사적·법률적 또는 상업적 이유로 공항의 소유자 또는 관리자가 책임지고 있는 공항구역 안에서의 실질적인 활동은 나라마다 또는 공항에 따라서 상당히 다르다. 공항운영업무는 공항에서 이루어지는 거의 모든 활동을 포함할 수도 있지만, 반면에 공항구역 안에서 이루어지는 활동의 작은 일부분만을 일컬을 수도 있다.

공항에는 항공기로 수송하기 위한 여객과 화물이나 항공기가 수송한 여객과 화물의 수속을 위하여 관련되는 건물 또는 시설과 함께 항공기의 이착륙 등을 위한 활주로·유도로·계류장·항행안전시설 등이 있다. 공항은 활주로·유도로·계류장·청사 등 공항시설을 공항운영자가 소유하여 운영하는 형태가 많다. 미국의 일부 공항은 항공사가 청사의 전체 또는 일부를 소유하여 운영하기도 한다. 프랑스 등 유럽의 일부 공항은 항공기의 지상조업 서비스와 면세점·음식점·판매점 등 영업시설을 공항운영자가 운영하는 공항도 있다. 공항 내에서 제공되고 있는 서비스는 공항운영 서비스와 항공기에 대한 지상조업 서비스 및 구내영업활동 3개의 분야로 나누어진다. 이러한 활동들이 공항에서 누구에 의하여 행해지고 어떻게 취급되고 있는가를 조사함으로써 공항에서 일어나고 있는 활동들의 범위와 공항소유자의 다양한 참여 정도에 대한 평가가 가능하다.

우리나라의 경우에 공항시설의 운영 서비스는 공항의 운영자인 한국공항공사(KAC) 또는 인천국제공항공사(IIAC)가 담당하고 있다. 항공기에 대한 지상조업 서비스는 항공사 또는 항공사가 비용을 부담하는 자회사나 용역회사가 담당하고 있다. 공항의 구내영업활동은 사용료에 대한 경쟁입찰에서 선택된 민간기업이 담당하고 있다. 공항의 상업활동 중에서 면세점을 운영할 수 있는 자는 관세법의 규정에 따라 관세청으로부터 면세점 허가를 받은 자만이 경쟁입찰에 응할 수 있도록 하고 있다.

2. 공항의 필수업무 수행방법

공항 서비스는 항공기와 공항이용자들의 안전 확보와 관련을 맺고 있다. 여기에는 공항에서 항공기의 접근과 착륙을 지원하는 관제업무, 활주로와 유도로 등의 시설유지 · 보수업무, 기상 · 통신 · 경찰 · 보안 · 수색 · 소방 · 구조업무 · 청사시설관리업무를 포함한다. 공항시설과 서비스는 공항운영자가 공항시설 제공에 대한 책임을 지고 있을 때라도 국가정책이나 국내 혹은 국제규정에 많은 영향을 받으므로 자유재량의 통제권을 거의 행사할 수 없는 경우가 많다. 예를 들면 공항에 대한 보안문제는 공항운영자가 임의로 결정하는 것이 아니라 국가가 결정하기 때문이다.

유럽공항에서는 항공관제업무와 항공기 운항과 관련된 기상 · 통신업무는 국가기관이 수행하므로 유럽의 공항에서는 항공교통관제, 기상 · 통신업무에 대한 비용은 공항운영자에 전가되지 않는다. 공항운영자도 이들 업무를 수행하는 자에게 어떤 비용도 부과하지 않기 때문에 공항운영자는 이 업무와 관련한 어떠한 수익도 발생하지 않는다.

최근 하이재킹 · 테러 등의 증가로 경찰업무와 보안업무는 공항업무 중에서 상당히 비중있게 처리되고 있는데, 여객 및 화물의 검사 등에는 전문적인 지식을 갖추고 있는 직원이 필요하다. 이들 업무는 일반적인 경찰업무라기보다는 보안업무로 분류되는 것이 마땅하나, 두 업무 사이의 구분을 명확하게 하기 어려워 같은 업무로 생각하고 있다. 유럽의 공항 중에는 경찰업무와 보안업무 모두를 공항운영자가 제공하고 관련되는 비용도 공항운영자가 부담하는 공항도 있다. 일부 보안업무는 개인회사에 용역을 주고 있는 공항도 있다. 보안업무비용을 보전하기 위해 정부로부터 보조금을 받기도 한다. 영국공항은 국립경찰과 공항직원 및 민간용역회사직원이 함께 공항의 경찰 및 보안업무를 담당하고 있다.

항공기 관제업무와 경찰 및 보안업무는 공항별로 업무담당이나 비용부담측면에서 차이가 많은 분야이지만, 계류장 서비스, 소방 및 구조업무, 청소 및 활주로 등의 유지 · 보수업무 등의 운영에서는 크게 차이가 나지 않는다.

공항의 계류장 서비스 중 'Follow Me Car' 업무나 항공기 유도 및 제설작업 등은 거의 공항직원들에 의해 수행되고 있다. 소방 및 구조활동도 일부 공항을 제외하고는 공항운영자에 의해 수행되고 있으며, 공항운영자가 비용을 부담한다. 긴급환자 수송업무도 큰 규모의 공항은 자체적으로 업무능력을 보유하고 있지만, 소규모의 공항은 지방자치단체에 의뢰하는 경향이 있다. 공항의 청소나 유지·보수업무는 전문용역회사에 위탁하는 추세가 점점 늘어나고 있다.

우리나라 공항의 필수업무 수행방법은 다음과 같다.

첫째, 항공관제업무는 국토교통부에서 직접 담당하고 있으나 항공관제시설과 장비의 유지·보수업무는 공항운영자가 담당하고 있다. 기상업무는 기상청에서 담당하고 있다. 항공관제업무의 비용은 항행안전시설의 사용료를 징수하여 모두 국고로 납입되고 있다. 항공관제시설의 유지·보수, 표지소 및 항행안전시설의 유지·보수를 공항운영자가 비용을 부담하고 있으나 이에 대한 사용료는 모두 국고로 납입되고 있으므로 비용부담에 어려움을 해결하기 위하여 정부에서 이의 합리적인 배분을 검토 중인 것으로 알고 있다.

둘째, 항공기에 대한 High Jacking이나 테러 등의 방지를 위한 공항 내의 경찰업무와 보안업무는 공항 내에서의 정보수집과 경찰업무를 공항경찰대에서 담당하고, 이와 관련된 비용도 국가에서 부담하고 있다. 보안검색업무는 경찰의 지휘·감독을 받아 운영하되, 인원과 비용은 공항운영자가 부담하고 있다. 보안검색업무에 대한 비용충당을 위하여 국내여객의 공항이용료를 인상하였기 때문에 그 비용을 여객이 부담하게 되었다.

셋째, 공항의 계류장 서비스업무 중에서 제설작업이나 소방 및 구조활동과 관련된 업무는 공항운영자가 인원과 비용을 부담한다. 긴급환자수송업무는 평상시에는 공항운영자가 담당하지만, 항공기사고에 대비하여 인근 병원과 의료지원협정을 체결하여 처리하고 비용은 공항운영자가 부담하는 형태를 취하고 있다. 항공기를 주기장까지 유도해주는 'Follow Me Car' 등 지상조업업무는 항공사가 비용을 부담하고 있으며, 공항의 청소나 단순한 시설유지·보수업무는 공항운영자가 전문용역회사에 위탁하여 수행하고 있다.

3. 공항의 지상조업 수행방법

공항에서는 항공기의 운항과 관련된 다양한 종류의 지상조업이 일어나는데, 흔히 램프지역 지상조업이라고 말한다. 지상조업은 항공기와 직접 관련을 맺고 있는 항공기의 기체 및 기내청소, 항공기에 대한 전원공급과 급유, 항공기의 정비, 화물의 탑재 및 하기 등이 있고, 각 청사를 통해 항공기로 이동되는 여객과 수하물·화물 등의 탑승과 탑재를 담당하는 업무로 구별되는데, 이 업무는 수송량과 직접 관련을 맺고 있다.

공항에서 수행되는 지상조업은 대부분 기계나 장비로 수행하지만, 기내청소와 같이 인력에 의하여 수행하기도 한다. 지상조업은 분야별로 전문성을 가지고 수행하기 때문에 이들 업무를 전문적으로 취급하는 전문조직에 의하여 수행하고 있다. 유럽공항 중에서 절반 정도는 공항운영자가 지상조업에 참여하지 않고 항공사 또는 전문지상조업체에 위탁하고 있다. 일부 영국공항과 프랑스의 일부 공항은 지상조업을 공항운영자가 직접 담당하거나 지상조업에 깊이 관여하고 있다. 특히 독일의 프랑크푸르트공항과 오스트리아의 빈공항에서는 모든 램프지역의 지상조업이 공항운영자에 의해 제공되며, 독일의 프랑크푸르트공항에서는 여객과 화물의 수속과 처리를 위한 업무까지도 공항운영자에 의해 처리되고 있다.

우리나라의 경우에 공항의 지상조업 중에서 항공기 정비업무는 대한항공이나 아시아나항공 모두 항공사가 직접 담당하고 있다. 항공기의 기내청소, 항공기에 대한 전원공급과 급유, 화물의 탑재 및 하기 등의 업무는 이 업무만을 전문으로 취급하는 두 항공사의 자회사 등에서 담당하고 그 비용을 항공사가 부담하는 형태를 취하고 있다.

[그림 3-6] **지상조업 현장**

4. 공항의 구내영업 수행방법

유럽공항의 구내영업은 외부전문가인 구내영업자들이 경영하고, 공항운영자는 구내영업자로부터 영업료나 임대료를 징수하고 있으나, 몇몇 공항들은 일부 혹은 전체의 영업시설을 공항운영자가 직접 운영하기도 한다. 아일랜드 공항공단은 면세매점을 운영하고 있으며, 로마공항에서는 면세매점과 식당을 공항운영자가 직접 운영하고, 독일의 뒤셀도르프공항은 공항운영자가 면세점만을 운영하고 있으며, 네덜란드의 암스테르담공항에서는 모든 식음료시설을 공항운영자가 주식을 소유하고 있는 회사에서 경영하고 있다.

공항운영자가 직접 운영하는 유일한 영업시설은 주차장인데, 유럽의 대부분 공항은 주차장시설을 공항운영자가 직접 경영하고 있으나, 어떤 공항은 주차장시설을 민간기업에 임대하고 있다. 대규모의 공항 중에서 상점 · 식당 · 바 · 렌터카 부스 등은 말할 것도 없고, 여객을 위해 청사 내에서 다양한 종류의 서비스를 제공하고 있다. 가장 눈에 띄는 사례로는 독일의 프랑크푸르트공항의 극장 · 볼링장 · 디스코텍 · 미용실 · 슈퍼마켓 · 회의장 · 호텔 등이 있으며, 이들 상업시설을 구내영업자에게 임대하고 있다.

유럽공항에서 보듯이 공항 구내영업에 대한 경영주체는 많은 차이를 보이고 있다. 이를 크게 나누어 보면 공항운영자가 직접 운영하거나 외부전문가에 임대하여 경영하게 하는 방법으로 구분된다. 미국공항들은 공항의 제반 영업활동에 직접적으로는 거의 관여하지 않고 땅 주인의 역할만을 수행하고 있어 유럽공항들의 구내영업활동을 위한 경영과 큰 차이가 있다.

공항의 다양한 기능에 대한 공항운영자의 참여 정도는 공항의 비용 및 수입구조에 영향을 끼칠 것이고, 공항운영자의 직원수에도 영향을 끼칠 것이다. 정부 등에 의해 제공되고 있는 항공관제 · 경비 · 보안 등 서비스 관련비용을 공항이 부담하지 않는다면 비용 및 수입구조는 더욱 복잡해질 것이다. 이러한 경우에 별도의 정부부서나 기관이 경찰업무나 소방 · 구조 등의 공항기능의 필수업무를 제공할 때 가장 잘 나타나는 것 같다. 공항운영자가 수행하는 기능의 차이점들은 공항을 평가하고 비교할 때 문제점들을 야기한다. 이러한 차이점들은 공항소유자가 BAA plc와 같이 비공항업무도 수행하는 대기업형태의 집단일 경우에 더 복잡성을 띠게 된다.

우리나라 공항의 경우에는 한국공항공사나 인천국제공항공사가 공항의 면세점 · 식당 ·

판매점 등 모든 구내영업을 민간기업에 임대하여 운영하고 있다. 주차장시설만은 공항운영자가 직접 운영하는 형태를 취하면서 시설관리와 주차료 징수업무는 민간기업에 용역을 주고 있다. 공항의 구내영업에 관하여 한국공항공사가 과거에 일부 스낵 등을 공항운영자가 직접 운영한 적이 있는데, 직영체제에서 민간임대로 전환하여 직영체제 수입보다 7~8배의 수입을 증대시킨 점을 상기해볼 때 공항의 구내영업은 공항운영자가 직접 경영하는 것보다 민간기업이 운영하는 것이 수익증대 또는 비용절감 면에서 분명히 유리한 것으로 나타났다.

항공기 이착륙시설 운영

www.daewangsa.net

제1절 공항운영의 영향 요소

공항은 항공기가 이착륙할 수 있는 공항시설을 모두 갖추었어도 항공기가 운항할 수 있는 기상조건과 시정상태, 측풍의 영향, 조류충돌 방지대책 등의 조건이 맞아야 항공기의 이착륙이 가능하여 공항의 기능을 발휘할 수 있다. 이와 같은 공항운영을 위한 조건들은 공항의 입지를 선정할 때 양호한 환경을 갖추었거나 공항건설 후에 양호한 조건으로 바뀌거나 바꿀 수 있는 지역을 후보지로 선정한다. 공항시설을 설치한 후에도 정상적인 공항운영을 위해서는 이러한 요소들에 대하여 꾸준히 관찰하고 방지대책을 수립하고 시행해야 한다.

1. 활주로 시정

활주로는 항공기가 이착륙하기 위하여 직선도로 형태의 장방형으로 설치된 시설이다. 활주로는 Air Side 지역의 핵심시설로서 항공기가 착륙할 때의 충격에 견딜 수 있는 강도로 튼튼하게 설계된 특수한 시설이다. 활주로 시정은 활주로상의 일정한 지점까지를 사람이 맨눈

[그림 4-1] **활주로 가시거리**

으로 식별할 수 있는 거리를 뜻한다. 활주로 시정은 시정을 측정하는 투시계 또는 관측자에 의하여 결정된다. 활주로 시정은 활주로 주변에 설치된 표지물을 항공기의 조종사가 식별할 수 있는 거리를 표시하는 단위이다.

항공기 운항은 공항 주변의 기상상태와 계기착륙시설 설치 여부에 따라 시계비행규정(VFR)이나 계기비행규정(IFR) 중 하나의 규정을 준수하여 이륙 또는 착륙이 이루어진다. 시계비행규정에 따라 운항하는 공항에서는 항공기가 비행장 상태와 장애물 또는 다른 항공기의 운항상태 등을 조종사의 시각적인 판단에 따라 운항하기 때문에 양호한 기상조건과 항공기 운항이 밀집되지 않는 공항에서만 항공기 운항이 가능하게 된다.

공항의 기상상태가 나쁘거나 항공기 운항횟수가 많은 공항에서는 시계비행방법으로는 항공기 운항을 효율적으로 할 수 없으므로 계기비행시설의 설치는 필수적이다. 공항의 활주로는 계기비행을 할 수 있는 시설·장비가 설치된 경우와 설치되지 않은 때에 같은 시정이라도 항공기가 운항할 수도 있고, 운항하지 못할 수도 있다. 공항의 활주로는 항공기가 운항할 수 있는 시정의 정도 및 비행방법에 따라 비계기 접근활주로와 계기접근활주로 및 정밀접근활주로로 구분된다.

1) 비계기 접근활주로

비계기 접근활주로는 시계비행 접근절차에 의해서만 항공기 운항이 가능한 활주로를 말한다. 비계기 접근활주로에는 계기에 의한 접근비행을 할 수 있는 장비가 전혀 설치되지 않아 조종사가 시각적인 판단에 따라 항공기를 운항하여 시정이 조금만 나빠져도 운항할 수 없으므로 이러한 공항은 기상악화에 따른 결항이 빈번히 발생하게 된다.

2) 계기접근활주로

계기접근활주로는 항공기가 활주로에 직선 진입할 수 있는 방향지시장비와 항행안전시설이 설치되어 있어 계기착륙이 가능한 활주로를 말한다. 계기접근활주로는 비계기 활주로보다 활주로의 활용도가 높아 기상상태가 다소 나쁜 상태에서도 항공기 운항이 가능하여 결항률이 비계기 접근활주로보다 낮게 된다.

3) 정밀접근활주로

정밀접근활주로는 계기착륙시설과 시각지원시설이 갖추어진 활주로를 말한다. 정밀접근활주로는 항공기의 착륙을 위한 결심고도 및 시정거리에 따라 Category-Ⅰ, Category-Ⅱ, Category-Ⅲ로 구분한다.

첫째, Category-Ⅰ(CAT-Ⅰ)은 착륙결심고도 60m, 활주로 시정 800m 이상인 상태에서 항공기의 착륙이 가능한 계기착륙시설과 시각지원시설을 갖춘 공항을 말한다.

둘째, Category-Ⅱ(CAT-Ⅱ)는 착륙결심고도 30m, 활주로 시정 400m 이상의 상태에서 항공기의 착륙이 가능한 계기착륙시설과 시각지원시설을 갖춘 공항을 말한다.

셋째, Category-Ⅲ(CAT-Ⅲ)는 계기착륙시설을 이용하여 착륙결심고도 없이 활주로 시정 200m 이상의 상태에서 항공기의 착륙이 가능한 공항을 말한다.

CAT-Ⅲ는 다시 착륙할 수 있는 시정기준에 따라 CAT-Ⅲa, CAT-Ⅲb, CAT-Ⅲc로 다음과 같이 구분된다.

첫째, CAT-Ⅲa는 착륙 마지막 단계에서 시각지원시설을 이용하여 착륙결심고도 없이 활주로 시정 200m 이상의 상태에서 항공기의 착륙이 가능한 공항을 말한다.

둘째, CAT-Ⅲb는 지상의 활주용 시각지원시설을 이용하여 착륙결심고도 없이 활주로 시정 50m 이상의 상태에서 항공기의 착륙이 가능한 공항을 말한다.

셋째, CAT-Ⅲc는 착륙 또는 지상에서 활주하는 때에 시각지원시설에 의존하지 않고도 항공기의 착륙이 가능한 공항을 말한다.

활주로 시정은 항공기 조종사가 활주로중심선 표지 또는 항공등화를 볼 수 있는 거리를 말한다. 결심고도는 조종사가 착륙할 것을 결심하거나 착륙시도를 중단하는 것을 결심하여야 하는 항공기의 최저운항고도를 말한다. 최근에는 측정장비의 발달로 활주로 시정은 자동측정장비 센서에 의하여 자동적으로 측정되는데, 이러한 측정장비는 활주로 노견(路肩)에 인접하여 설치된다.

영국 히드로공항에서 사용하고 있는 정밀접근활주로의 시정에 따라 항공기 운항의 경제적 타당성을 결정하는 데 이용하는 기록의 종류를 살펴보면 [그림 4-2]와 같이 나타나고 있다. 예를 들어 CAT-Ⅰ의 한계수치인 활주로 시정이 800m 미만 상태에서 야간이나 이른 새벽에 발생한다면 이 시간대의 항공기 운항은 극히 적기 때문에 항공기 운항에 지장을 주는 악시정 한계수치는 과대평가될 수도 있다. 세로로 표시된 수치는 히드로공항의 잠재적 정시성(예: 운영상의 충격)의 측면에서 감소된 시정의 영향분석결과를 도식으로 보여주고 있다. 이는 CAT-Ⅱ나 CAT-Ⅲ로의 운영을 필요로 하는 공항운영비율이 2% 미만임을 알 수 있다.

특히 CAT-Ⅲc의 조건을 충족하는 시설은 0.05% 미만의 운영비율을 나타내고 있음에도 불구하고 히드로공항을 모기지로 삼고 있는 영국항공은 그들이 보유하고 있는 항공기에 CAT-Ⅲ에 해당하는 계기착륙을 할 수 있는 장비를 장착하는 것이 경제적인 측면에서 타당하다고 결정하였다. 그 이유는 악시정일 때에 경쟁항공사는 항공기 운항을 중단하였는데, 영국항공의 항공기가 운항한다는 것은 여러 측면에서 매우 유리하다는 점을 알고 있었기 때문이다.

[그림 4-2] **히드로공항의 잠재적 정시성 기록상태**

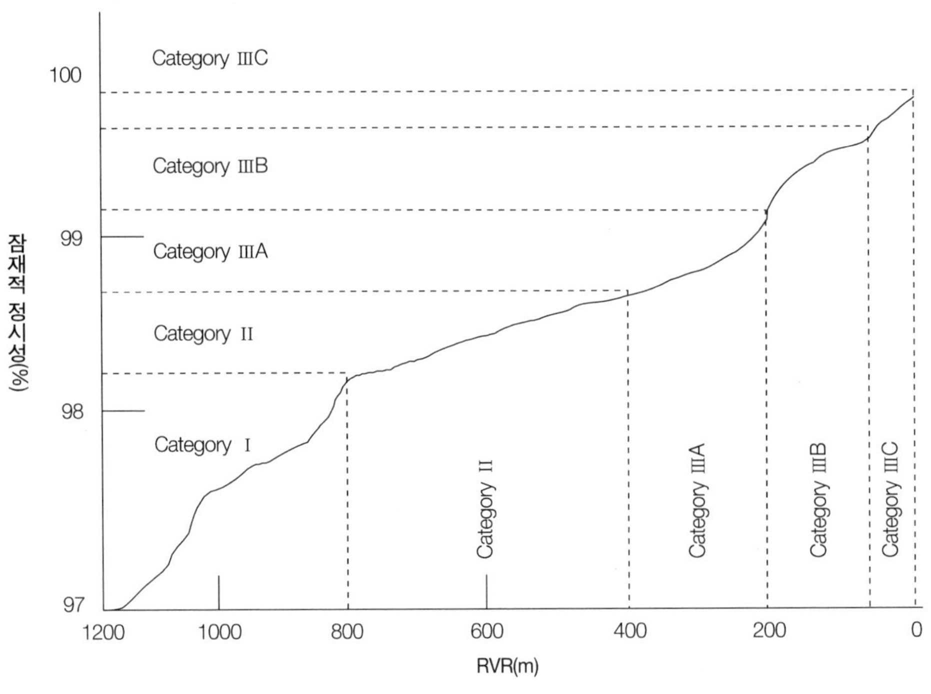

2. 측풍 영향

측풍(側風)은 활주로의 측면에서 불어오는 바람으로서 항공기의 이착륙에 영향을 미치는 바람을 의미한다. 항공기는 바람을 안고 착륙하고 바람을 안고 이륙해야 한다. 따라서 공항을 건설할 때 활주로의 방향은 항공기가 바람을 안고 착륙하고 바람을 안고 이륙할 수 있도록 설치된다. 그러나 돌풍이나 바람의 방향이 계절에 따라 다를 경우에 활주로의 측면방향에서 바람이 불기 때문에 국제민간항공기구와 미연방항공청과 같은 항공관련 국제기구에서 공항이 어떠한 바람조건에서도 최소한 95% 이상의 항공기 운항이 가능하도록 활주로의 방향이나 그 수를 구비할 것을 요구하고 있다. 대형 항공기는 시속 30노트의 측풍에서 별다른 어려움 없이 운항할 수 있는 성능을 구비하고 있다. 공항들은 공항운영의 경제성을 이유로 활주로의 수나 배치상태가 모든 바람의 영향을 받지 않도록 설치하지는 못한다.

국제민간항공협약 부속서 14에서 정하고 있는 공항활주로의 측풍관련기준은 다음과 같다.

첫째, 항공기의 최소이륙활주거리가 1,500m 이상인 때에는 시속 20노트의 측풍에서 최소한 95%의 항공기 운항이 가능한 활주로 운영성능을 요구하고 있다.

둘째, 항공기의 최소이륙활주거리가 1,200~1,500m인 경우에는 시속 13노트의 측풍에서 최소한 95%의 항공기 운항이 가능한 활주로 운영성능을 요구하고 있다.

셋째, 항공기의 최소이륙활주거리가 1,200m 미만의 경우에는 시속 10노트의 측풍에서 최소한 95%의 항공기 운항이 가능한 활주로 운영성능을 요구하고 있다.

미국연방항공청의 규정은 약간 다른데, 공공용 공항은 시속 15마일, 그 외의 모든 공항은 시속 11.5마일의 측풍이 불고 있는 기간 중 최소한 95%의 항공기 운항이 가능하도록 활주로를 설치할 것을 요구하고 있다.

활주로의 방향설정은 10년 이상의 오랜 기간에 걸쳐 수집된 신뢰성 있는 바람분포에 그 기초를 두고 결정한다. 항공기의 중량이 무거워질수록 측풍의 영향은 상대적으로 적게 받는다. 바람의 방향이 비교적 일정한 동남아시아의 공항에서는 측풍에 대비한 활주로를 갖추어야 할 필요성이 덜 중요하나, 미국이나 유럽의 공항은 측풍용 활주로가 운용되고 있다.

[그림 4-3] **인천국제공항과 오헤어공항의 활주로 배치상태**

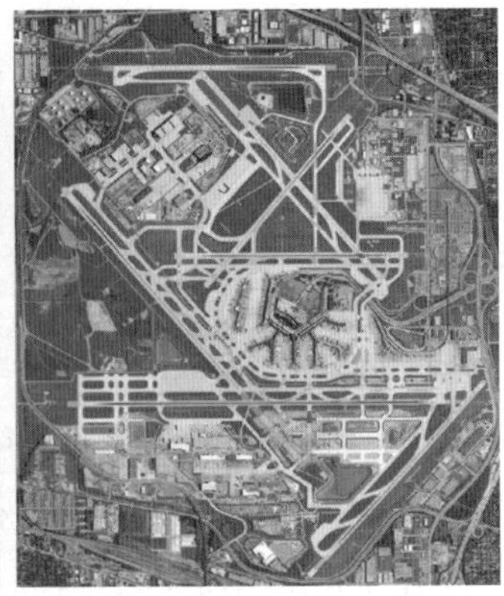

〈표 4-1〉 **바람의 방향과 발생비율표**

풍속	풍향															
(단위: 노트)	N	NNE	NE	ENE	E	ESE	SE	SSE	S	SSW	SW	WSW	W	WNW	NW	NNW
0~4	3.4	3.4	3.4	3.4	3.4	3.4	3.4	3.4	3.4	3.4	3.4	3.4	3.4	3.4	3.4	3.4
4~7	1.1	0.7	0.3	0.4	0.5	0.7	0.9	1.3	1.2	0.7	0.5	0.1	–	–	0.3	0.8
7~12	2.9	2.0	0.2	0.3	0.4	2.0	0.5	8.0	5.0	2.1	0.2	–	–	–	0.1	2.0
12~18	3.2	2.0	0.2	0.2	–	9.0	0.5	9.8	6.0	3.2	0.1	–	–	–	–	2.2
18~24	1.5	0.5	0.2	0.2	0	–	6.0	0.2	2.1	2.7	1.9	–	–	–	–	1.6
24~31	0.6	0.2	0.1	0.1	–	2.1	–	0.4	1.8	0.9	–	–	–	–	–	0.7
31~38	0.2	0.1	–	–	–	0.1	–	0.4	0.2	0.1	–	–	–	–	–	0.2
Over 38	–	–	–	–	–	–	–	–	0.1	–	–	–	–	–	–	–

방향이 서로 다른 활주로의 결합은 〈표 4-1〉에서 보는 바와 같이 풍향과 풍속에 따라 바람의 비율을 숫자로 기록한 자료인 'Wind Rose'를 사용함으로써 손쉽게 결정된다. 자료제시의 명료성을 위하여 표에 제시된 자료는 어떤 풍속범위 내에서 16개의 나침반 각도에 최고로 근접하게 기록된 풍향으로 측정된 바람의 시간비율을 의미하고 있다.

'Wind Rose'는 360도 원으로 표시되어 있는데, 측풍이 15노트를 초과하는 시간대의 비율은 남북방향으로 배치된 활주로인 36~18방향을 상정한다면, 활주로의 방향은 'Wind Rose'의 중심부를 통과하도록 작도하고, 15노트 측풍에서는 활주로를 표시한 선의 양측으로 평행하게 작도한다. 이와 같은 평행선의 외측에 있는 바람에 대한 비율의 합계는 15노트를 초과

[그림 4-4] **측풍 때 항공기 착륙자세**

하는 측풍이 발생하는 시간의 합계치를 의미한다.

항공기가 측풍의 영향을 받으면서 활주로에 착륙하는 모습을 보면 [그림 4-4]와 같은 자세를 유지하면서 착륙하게 된다.

3. 조류충돌 방지

항공기 운항이 시작된 이래 조류는 항공기 운항의 위험요소로 작용하였다. 항공기 운항 초기에는 조류충돌로 인한 피해가 조종석 유리의 파손, 날개 앞부분의 굴곡, 동체의 피해 등 경미한 사항이었다. 조류충돌로 인한 사망사고는 1912년에 처음으로 발생하였다. 미국을 처음으로 횡단 비행한 칼 로저스는 1912년 조류충돌에 의한 사고로 사망하였다.

항공기의 속도가 빨라짐에 따라 조류가 항공기에 충돌하는 충격도 상대적으로 증가하여 피해 역시 커지게 되었다. 특히 터보엔진 항공기가 도입됨에 따라 조류충돌에 의한 피해가 증가하였다. 항공기 엔진에 조류가 빨려 들어가면 엔진으로 유입되는 공기의 흐름을 폐쇄하거나 왜곡해 엔진의 압축기 혹은 터빈에 대한 심각한 피해를 주게 되어 통제가 어려운 출력의 감소 등을 일으킬 수 있다.

조류충돌로 인한 인명피해는 많지 않지만, 공항운영자는 조류가 날아다니는 낮은 고도로 항공기가 비행하는 공항 인근에서는 잠재적 위험이 존재할 수 있다는 사실을 유념해야 한다. 따라서 항공정책을 담당하는 국제기구와 국가기관에서는 조류충돌 예방대책을 통하여 조류충돌로 인한 위험성을 감소시킬 수 있도록 공항운영자에게 지도와 권고하고 있다.

1) 조류충돌 예방대책

조류충돌 예방대책을 효율적으로 수행하기 위해서는 조류의 행태와 습관을 이해해야 한다. 조류는 종류에 따라 서로 다른 뚜렷한 행동양식을 가지고 있으므로 항공기 운항에 위험을 초래하는 조류를 중심으로 행태와 습관을 이해하여 예방대책을 세워야 한다. 조류가 공항에 출현하는 이유는 공항지역에 조류의 먹이 · 서식처 · 보금자리 · 휴식여건 · 이동경로 등과 같은 자연적인 여건상 바람직한 환경을 조성하여 주기 때문이다. 성공적인 조류충돌 예방대책은 조류를 쫓아 버리는 방법이 아니라 공항과 주변지역이 조류의 서식지(棲息地) 또는 먹이를 없애주는 환경을 조성하는 방법에 따라 좌우된다. 조류충돌 예방대책 프로그램에 대하여 국제민간항공기구는 문제가 되는 조류의 종류 파악, 조류의 행동 이해, 공항환경의 생태학적 연구, 문제가 되는 조류를 다른 지역으로 유도하는 방법 등을 권고하고 있다.

세계 각국의 공항에서 실시하고 있는 조류충돌 예방대책은 다음과 같다.

첫째, 공항 인근지역에 버려지는 음식물쓰레기의 통제이다. 음식물쓰레기를 버리는 지점은 공항으로부터 13km 이내에 위치하지 않도록 한다.

둘째, 공항과 인근지역의 개방된 공간에서는 조류에게 매력적인 먹이 공급원이 되지 않도록 곤충, 지렁이 등을 제거한다. 작은 포유동물류에 대해서는 독약 · 살충제 · 토지개발 · 수렵 등 다양한 방법으로 퇴치한다.

셋째, 수상조류에 적합한 서식지를 제공할 수 있는 표면수의 발생을 억제하기 위하여 매립 또는 배수시설의 설치, 수상지역에 그물을 치는 방법도 포함된다.

넷째, 공항에 인접한 지역의 경작행위 통제이다. 장래에 공항을 확장할 목적으로 확보한 지역을 경작지역으로 임대하고 있다면, 경작물에 대한 통제가 계약서상에 기술되어 있어야 한다.

다섯째, 조류의 출현을 억제하는 경작의 촉진, 나무와 관목 그리고 조류를 유혹하는 열매식물을 경작하지 않도록 한다.

여섯째, 공항의 건물이 제비 · 찌르레기 · 참새와 같이 사람이 만든 환경에 서식하는 데 익숙한 조류에게 적절한 보금자리를 제공하지 않도록 조치한다.

2) 조류퇴치 방법

조류의 서식지 통제방법을 사용하여 일정한 조류가 공항에 접근하지 않도록 조치한 경우라 할지라도 다른 유형의 조류는 공항에 출현할 수어 적극적인 방법으로 조류를 분산시키거나 쫓아낼 필요가 있다. 어떤 종류의 조류를 쫓아낸 후 다른 조류가 그의 서식처를 차지하는 경우에 이것은 매력적인 환경요인에 기인한 것이기 때문에 조류분산방법 대신에 서식지 통제방법을 반드시 사용해야 한다.

일반적으로 사용되는 조류의 분산이나 퇴치방법에는 다음과 같은 것들이 있다.

첫째, 불꽃을 이용한 조류퇴치장치로는 불꽃・폭죽・가스대포・탄약 등을 이용하여 불꽃을 만들어 조류의 접근을 막고 있다.

둘째, 소리를 이용한 조류퇴치장치로는 조류가 싫어하는 녹음된 소리를 방출하는 장비, 폭음기와 같은 강력한 소리를 방출하는 장비, 위험신호 로켓을 활용하는 등으로 조류의 접근을 막고 있다.

셋째, 모형물에 의한 조류퇴치장치로는 죽은 새를 울타리에 걸거나 매의 모형, 항공기모형, 연과 같은 모형을 만들어 조류의 접근을 방지하는 방법 등이 사용되고 있다.

넷째, 조류를 포획 또는 죽이는 방법으로는 덫이나 매를 이용한 조류의 포획, 총포류에 의한 조류의 포획, 마취제와 독극물을 이용하여 조류를 죽임으로써 조류의 접근을 막는 방법 등이 사용되고 있다.

조류의 출현이 공항의 안전한 운영을 위협하는 심각한 문제로 등장하는 경우, 공항운영자는 수용할 수 있는 수준으로 위험도를 낮추기 위한 예방대책을 수립할 수밖에 없는데, 간혹 공항의 조류퇴치방법에 대하여 야생동물보호단체의 방해에 직면할 수도 있다.

[그림 4-5] **조류퇴치장비**

제2절 항공교통관제시설 운영

1. 항공교통관제 시스템

공항근무자는 항공기의 안전과 운항에 밀접한 관계가 있는 항공교통관제의 중요성을 깊이 인식해야 한다. 따라서 항공관제기구가 어떻게 구성되고, 업무의 운용은 어떻게 하며, 이를 지원하는 항공보안시설이 무엇인가를 정확하게 이해해야 한다. 항공기의 항법절차와 항공교통규칙은 항공교통량의 증가에 따라 표준화와 권고방식 수립의 필요성이 대두되었다. 이에 따라 1946년 더블린에서 열린 북대서양 항로업무기구의 항공관제회의에서 항법절차와 항공교통규칙이 제정되었다.

항공기에 대한 항공교통관제의 목적은 다음과 같다.

첫째, 운항 중인 항공기 간의 분리와 공항 내에서 항공기와 장애물 간의 충돌방지

둘째, 항공교통의 질서 있는 흐름과 신속한 처리

셋째, 비행안전과 공항의 효율적 운영을 위한 조언과 정보 제공, 조난항공기의 수색과 구조활동의 지원

비행정보구역(FIR)을 비행하는 항공기에 항공관제업무를 제공하는 공역을 관제공역이라 하며, 항공교통의 밀도・복잡성・기상상황・관제가능범위 등을 고려하여 관제공역체제를 설정한다. 이 체제에서 항공교통을 정확히 관장하기 위해 관제업무를 항로관제, 접근관제, 관제탑관제 등 3개 부문으로 분류하고 있다.

1) 항공교통관제소

항공교통관제소는 우리나라가 관리하는 비행정보구역 내의 항공관제업무를 제공하기 위하여 설립된 기구이다. 항공교통관제소는 관할 비행정보구역 내에서 비행하는 항공기에 대한 관제할 책임이 있다.

항공교통관제소는 국제민간항공기구 가맹국 간에 항공관제업무의 역할을 분담하는 형태로 결정하나, 일반적으로 자국의 영공은 물론, 인접 공해상의 공역을 비행정보구역으로 정하고 있다. 비행정보구역은 국가의 항공관제업무・비행정보업무・긴급구조업무 등을 능률적으로 수행할 수 있도록 설정하고 있다. 우리나라의 인천비행정보구역과 인접하고 있는 비행정보구역은 후쿠오카・상해・심양・평양 등이다.

비행정보구역 내에서 운항하는 항공기는 인접 비행정보구역 또는 착륙공항에 진입할 때는 관제권을 해당 관제소에 이양한다. 항공교통관제소는 비행정보구역에서 항로비행을 하는 항공기의 관제가 주된 기능이다. 항공기조종사는 비행정보구역을 비행하려는 항로 및 고도를 표시한 비행계획서를 작성하여 운항 전 항공교통관제기관에 제출해야 한다. 항공관제기관은 제출된 비행계획서를 검토하여 항공기 사이의 안전분리를 확인한 후 비행을 승인하게 된다.

비행계획서에 포함되는 사항은 항공기의 식별부호, 비행의 방식 및 종류, 항공기의 형식 및 최대이륙중량, 탑재한 장비, 출발비행장 및 출발예정시간, 순항속도와 고도 및 예정항로, 최초착륙예정 비행장 및 예상 비행시간, 대체비행장, 시간으로 표시한 연료탑재량, 총 탑승인원수, 비상무선주파수 및 구조장비, 기장의 성명, 기타 항공교통관제와 수색 및 구조에 참고가 될 수 있는 사항 등이다.

항공교통관제소는 비행정보구역을 몇 개의 Sector로 분할하여 운용할 수 있다. Sector의 분할은 관제사의 업무량에 따라 결정하고, 분할된 여러 개의 저고도(低高度) Sector 위에 1개의 고고도(高高度) Sector를 둘 수 있다. 항공교통관제소는 각 Sector를 감시할 수 있는 몇 개의 항로감시 레이더를 보유하고 있다. 항공교통관제소는 항공기 사이의 분리상태를 감시하고 항공기의 식별부호, 목적지, 비행계획항로, 속도, 비행고도에 관한 자료와 레이더에 포착된 실제 비행정보의 일치를 확인한다. 조종사와 관제사 간의 통신은 음성으로 이루어지고 있으나, 통신량의 신속성・정확성을 위해 점차 Data로 전환하고 있다.

2) 접근관제소

접근관제소는 공항에 착륙하기 위하여 접근하거나 공항에서 이륙한 항공기에 대한 항공교통관제업무를 제공하기 위하여 설치된 기구이다. 접근관제소는 항공기 운항이 많은 고밀도교통지역인 공항 주변 공역의 항공교통을 감시하고, 항공기를 원활하게 소통시키는 업무를 수행한다. 접근관제소는 공역여건에 따라 차이가 있으나, 공항관제탑 책임구역으로부터

[그림 4-6] **비행정보구역과 접근관제구역**

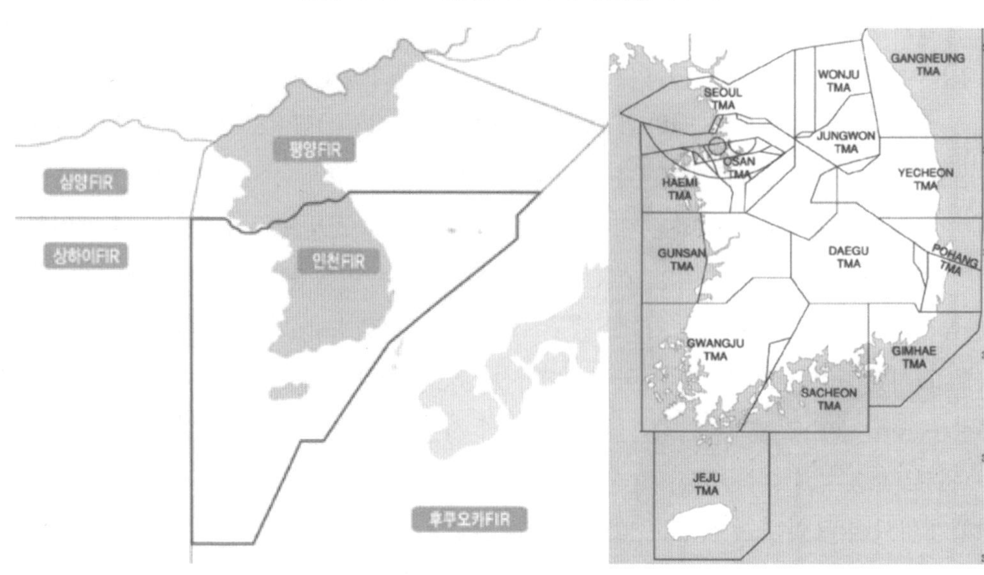

통상 50N/M이내, 고도 17,000ft 이하의 접근관제공역 내에서 비행하는 항공기의 관제에 대한 책임과 권한을 보유하고 있다.

접근관제구역은 통상적으로 국지지역이라 칭한다. 접근관제구역은 하나의 접근관제시설이 몇 개의 공항에 대한 항공교통관제 업무를 담당하기도 한다. 접근관제소의 장비는 항공교통량이 많은 경우 자동화시설로 설치된다. 접근관제소의 조직구조는 항공교통관제소와 유사하며 업무범위는 관제사의 업무량에 따라 결정한다. 접근관제소는 착륙하는 항공기에 대하여는 항공기가 공항으로부터 5N/M 이내에 접근하게 되면 공항관제탑에 관제를 이양하고, 이륙하는 항공기의 관제는 항공기가 공항의 활주로를 이륙하는 즉시 관제탑에서 접근관제소로 이양하게 된다.

3) 관제탑

관제탑은 공항 주변에서 이착륙하거나 공항 내에서 이동하는 항공기에 대한 항공교통관제업무를 제공하기 위하여 설치된 기구이다. 관제탑의 업무는 공항에 착륙하는 항공기에 대한 착륙관제는 항공기가 공항으로부터 약 5N/M 이내에 접근할 때부터 시작된다. 공항에서 이륙하는 항공기에 대한 이륙관제는 항공기가 주기장을 출발하는 순간부터 관제를 시작한다. 관제탑은 공항에 이착륙하는 모든 항공기에 이륙 또는 착륙허가를 발부할 뿐만 아니라 공항의 바람 · 온도 · 기압 · 공항운용상태 등의 비행에 필요한 정보를 조종사에게 신속하고 정확하게 제공할 책임이 있다. 관제탑에서는 계류장에 주기하고 있는 항공기를 제외하고 공항 내의 Air Side 지역에서 활동하는 모든 항공기의 관제책임도 있다.

[그림 4-7] **김포 및 인천국제공항 관제탑**

2. 항공교통관제시설

1) 국지자동 레이더 시스템

항공교통관제를 위한 보조시설은 통신시설과 레이더시설이다. 관제사는 레이더 Scope로 항공기의 운항상태를 계속 감시하면서 운항하는 항공기 간의 간격이나 항로위반 등 규정의 위반을 발견하면 조종사에게 통신으로 시정지시를 한다. 항공교통관제를 위한 레이더는 1차 감시 레이더와 2차 감시 레이더가 있다.

첫째, 1차 감시 레이더는 운항 중인 항공기가 Scope에 영상으로 나타난다.

둘째, 2차 감시 레이더는 송신기와 수신기로 구성되어 있다.

항공기가 레이더의 일정한 신호를 수신하면 자동응답을 보내는 Transponder를 장착하고 있는 경우 부호화된 신호를 지상에서 항공기에 보내면, 공중을 비행하는 항공기의 Transponder는 지상의 신호를 수신하여 지상에 있는 Interrogator에 부호신호로 회신한다. 부호신호에 의한 회신은 통상적으로 항공기 식별과 고도에 관한 정보를 제공한다. 이와 같은 정보가 레이더 Scope에 나타나는 것을 Alpha Numeric 전시라고 한다. 레이더 Scope에는 운항중인 항공기의 기종과 국적, 항공기의 고도와 속도를 표시한다. 레이더 Scope에 이와 같은 정

[그림 4-8] **항공교통관제 레이더별 전시상태**

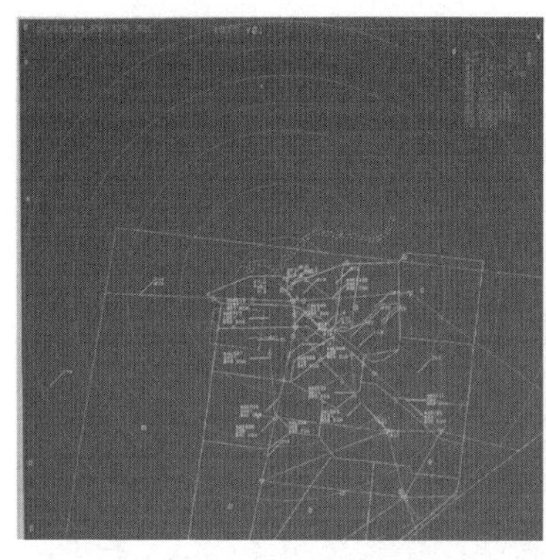

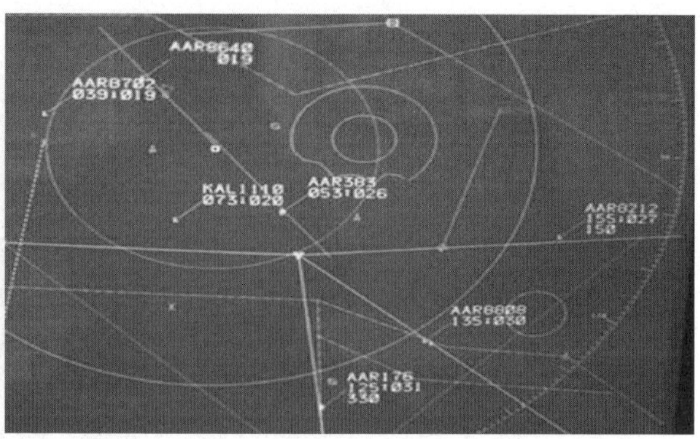

보를 전시할 수 있는 것은 항공기 식별과 고도정보를 전달할 수 있는 Mode 'C' Transponder를 항공기가 탑재하고 있기 때문이다. 원래 Beacon 레이더는 항공기를 선택적으로 검증할 수 없는 문제점을 가지고 있었으나, 개량된 Beacon 레이더는 항공교통 밀집지역에서 이러한 어려움을 감소시키기 위하여 Mode 'S' Transponder를 사용한 개별주소 Beacon 체제를 항공교통관제체제에 포함시켰다. 만약 모든 항공기가 Transponder를 장착한다면 1차 레이더는 앞으로 예비목적 외에는 필요 없게 될 것이다.

2) 항공교통관제 자동화 시스템

항공교통관제체제의 자동화 필요성에 대해서는 많은 이유를 들 수 있는데, 그중 특히 중요한 것들은 다음과 같다.

첫째, 향후 증가하는 항공수요를 기술적으로 수용하고 확장할 수 있는 운용체제를 확보하기 위하여 관제체제의 자동화가 필요하다.

둘째, 공역운용의 최소 통제 및 항공기의 효율적인 연료사용에 기여할 수 있는 요구를 수용하기 위하여 관제체제의 자동화가 필요하다.

셋째, 항공기의 공중 및 지상의 충돌방지와 이착륙 및 기상관련 사고위험을 최소화하기 위하여 관제체제의 자동화가 필요하다.

넷째, 항공교통 처리업무에서 항공교통 관제요원의 생산성 향상을 위해서도 관제체제의 자동화가 필요하다.

다섯째, 항공교통관제시설의 운용 및 정비 기술요원의 감소추세에 대비하기 위해서도 관제체제의 자동화가 필요하다.

여섯째, 항공교통관제체제의 전반적인 운용비용의 절감과 항공기 간의 분리간격을 최소화해 공역운용능력을 향상하기 위해서도 관제체제의 자동화가 필요하다.

관제사의 생산성 향상은 경제적인 면에서 대단히 중요하다. 그 사례로 미국의 실태를 분석하여 보면, 1981년에 항로 및 국지 항공교통관제체제의 FAA 직원수는 약 2만 6천 명이었는데, 항공교통관제체제의 자동화사업이 완성되었던 2000년에는 직원수를 약 2/3인 1만 6천 명으로 감소시켰다. 관제체제의 자동화를 추진하지 않았다면, 항공교통량의 증가로 부서 간의 협의증가와 관제구역 세분화가 요구되어 추가적인 근무직원이 필요하게 되었을 것이다.

자동화의 내용은 다음과 같다.

첫째, 비행기록의 준비와 최신자료 유지 및 비행계획서상의 충돌위험성 등과 같은 관제사의 일상적인 업무의 자동화였다.

둘째, 관제사에게 항공기의 흐름을 감시할 수 있는 시간은 증가시킨 반면에, 조종사와 관제사 간의 통신은 최소화하는 것이었다.

관제사를 감축하는 방안은 조종사에게 더 많은 책임을 가중하기 때문에 반대하는 사람들도 있었다. 조종사에게 추가되는 책임은 지시된 항로의 엄수 및 시간계획의 유지 등이 포함되며, 관제사는 항공기의 비행 감시업무만 하다가 필요할 때에만 개입한다.

제3절 항공기 이착륙시설 운영

1. 활주로

활주로는 육상비행장에서 항공기의 이착륙을 위하여 Air Side 지역에 직사각형으로 길게 설치된 시설을 말한다. 공항을 건설할 때 활주로 설치계획은 여러 조건에서 항공기가 공항을 안전하고 효율적으로 이용할 수 있도록 활주로의 위치 · 방향 · 수를 결정해야 한다. 활주로의 결정에 영향을 미치는 요소는 기상조건, 특히 풍향, 풍속, 공항 및 주변지역의 지형학적인 조건, 항공교통량과 항공기의 종류 · 성능 · 소음 등 다양하다.

[그림 4-9] **활주로 노면의 구성**

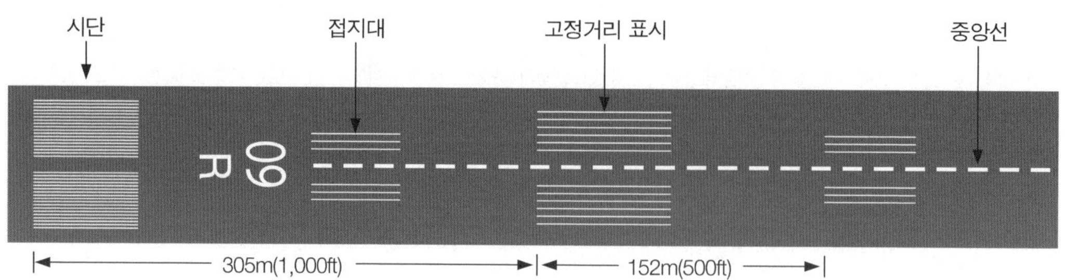

1) 활주로 길이

활주로 길이는 여러 가지 요소를 고려하여 결정하기 때문에 공항등급에 알맞은 활주로 길이를 결정하는 것은 대단히 어렵다. 여러 가지 요소 가운데 가장 중요한 요소는 항공기의 종류에 따른 성능 및 특성, 공항의 표고와 온도이다. 요구되는 활주로 길이에 관한 정보는 이착륙항공기의 중량, 공항지역의 온도와 표고에 따른 소요활주로 길이와 연관된 성능곡선 및 도표에 있다.

성능곡선은 비행교범에 있으며, 항공기제작자는 공항계획과 설계를 위하여 주요항공기의 성능을 기술된 세밀한 교범을 제공하고 있다. 항공사가 앞으로 운용할 항공기의 성능특성이 항공기마다 차이가 있으므로 공항운영자는 항공기운용을 위한 시설기준의 개정에 앞서 항공사와 사전에 협의해야 한다. 특히 새로 개발되는 항공기의 종류와 도입하여 운용할 항공기에 대한 정확한 정보를 얻어 검토한 후에 반영해야 한다.

표준기상조건의 해면(海面)고도에서 요구되는 활주로 길이가 결정되면, 고도・온도・활주로경사에 따른 활주로 길이의 변경사항을 ICAO '부속서 14 공항'에 의거해 수정해야 한다.

바다의 해면고도 위로 고도가 각 1,000ft 상승할 때마다 선정한 활주로 길이의 7%를 증가시켜야 하고, 해면고도에서 표준기상온도는 15°C이며, 1°C 변경할 때마다 1% 비율로 수정해야 한다. 고도는 매 1,000ft 증가에 따라 대략 1.981°C 비율로 온도가 강하하며, 공항의 참조온도 T_0는 다음과 같은 공식에 의하여 산출된다.

$$T_0 = T_1 + (T_2 - T_1) / 3$$

T_1: 연 최고 더운 달의 1일평균온도의 평균

T_2: 최고 더운 달의 1일최대온도의 평균

고도와 온도에 따라 수정된 활주로 길이는 다시 유효활주로 경사 1%당 10% 비율로 경사 수정을 해야 한다. 이와 같은 수정은 대략적이며, 최종적으로 적용해야 할 최신정보의 근원은 비행교범이다.

공항계획에서 활주로는 가장 긴 활주로 길이를 요구하는 항공기를 처리할 수 있는 충분한 길이가 되어야 한다. 항공기의 종류에 따른 대략적인 활주로 길이의 소요는 〈표 4-2〉와 같다.

〈표 4-2〉 **항공기 종류에 따른 대략적인 활주로 길이**

항공기 종류	조건	활주로 길이(m)
60,000lbs 이하 항공기(27,215kg)	• 유료탑재중량의 60%에 75% 탑재 • 유료탑재중량의 90%에 75% 탑재 • 유료탑재중량의 60%에 100% 탑재 • 유료탑재중량의 90%에 100% 탑재	1,615 2,134 1,676 2,377
60,000lbs 이상 항공기	• 1,000nm의 비행거리 • 2,000nm의 비행거리 • 3,000nm의 비행거리 • 6,000nm의 비행거리	1,814 2,316 2,728 3,414

비고: 해발고도에서 가장 더운 달 1일 최대온도 85° C, 활주로 경사 무(근거: FAA Airport Design Computer Program)

항공기 종류에 따른 활주로 길이는 〈표 4-2〉에서 보는 바와 같이 항공기 중량이 60,000파운드 이상이고, 항공기의 비행거리가 6,000N/M인 대형기일 경우에는 3,414m의 활주로가 요구되고, 비행거리가 3,000N/M인 항공기의 경우에는 2,728m의 활주로가 요구되나, 이는 항공기의 자체중량과 유상탑재중량에 의하여 활주로 길이의 요구수준은 달라진다.

2) 활주로의 구성기준

(1) 활주로 폭

활주로의 폭은 활주로 길이와 마찬가지로 공항등급에 따라 결정하고 있다. 〈표 4-3〉에서 보는 바와 같이 국제민간항공기구(ICAO)에서는 공항등급에 따라 활주로의 폭을 30m와 45m로 구분하고 있으나, 미국연방항공청(FAA)에서는 항공기의 설계분류에 따라 활주로의 폭을 30m · 45m · 60m의 3가지의 규격으로 구분하고 있다.

〈표 4-3〉 **활주로 폭의 설계기준**

▌ICAO

공항등급	활주로 폭		
	C	D	E
3	30m	45m	
4	45m	45m	45m

▌FAA

항공기 접근분류	항공기 설계분류			
	Ⅲ	Ⅳ	Ⅴ	Ⅵ
3	30m	45m	45m	60m

(2) 평행활주로의 최소간격

평행활주로의 간격은 시계에 의한 기상조건과 계기에 의한 기상조건 및 난기류 등의 요소에 의해 결정된다. 대형 항공기에 적용되는 평행활주로의 최소이격거리는 〈표 4-4〉에서 보는 바와 같이 ICAO와 FAA 기준에 약간의 차이가 있다.

국제민간항공기구에서는 계기비행을 할 수 있는 공항에서 평행활주로 최소간격은 독립평행접근 활주로는 1,525m, 종속평행접근 활주로는 915m, 독립평행출발 활주로는 760m 이상으로 정하고 있다. 시계비행 · 계기비행 및 도착항공기 · 출발항공기에 따라 다르며, 접근방법에서도 독립접근과 종속접근방법에 따라 최소이격거리가 달라짐을 알 수 있다.

〈표 4-4〉 **평행활주로의 최소간격**

기상조건	구분	ICAO(m)	FAA(m)
VFR	• ICAO 비행장 등급번호 3 및 4 • FAA 설계분류 Ⅴ 및 Ⅵ	210	366
IFR	• 독립평행접근 • 종속평행접근 • 독립평행출발	1,525 915 760	1,310 915 760

(3) 착륙대

착륙대는 항공기의 과주 또는 활주로 이탈과 같은 사고가 발생할 때 항공기의 피해감소를 위해 활주로 말단에 설치한 시설물이다. 공항등급번호 3 및 4일 경우에 착륙대의 길이는 활주로 말단 바로 앞 또는 정지로 끝에서 60m, 폭은 정밀진입활주로일 때 활주로중심선 양쪽 150m이다. CAT-Ⅰ 이상의 계기비행활주로의 중심선으로부터 60m 이내에 시각적인 항행안전시설을 제외한 고정물체의 설치를 금지한다.

(4) 활주로 종단안전지대

활주로 종단안전지대는 착륙대와 같은 목적으로 설치한 지역이다. 길이는 착륙대 말단에서 확장하여 90m 이상이어야 하고, 폭은 활주로 폭의 2배 이상으로 해야 한다. 활주로 종단안전지대는 장애물이 없고, 배수가 잘되며, 평탄하고, 위험한 도랑·언덕·침하지역 및 기타 지표변동이 없어야 한다.

[그림 4-10] **착륙대 및 활주로 종단안전구역**

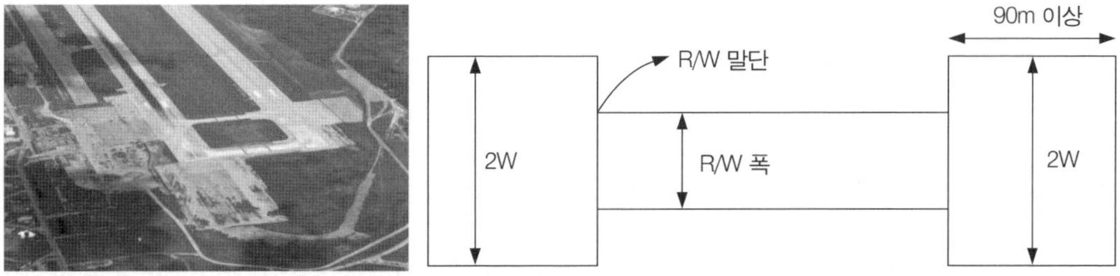

90m 이상
R/W 말단
2W
R/W 폭
2W

(5) 활주로 관련시설의 구성기준

활주로와 연관된 기타 시설로는 활주로의 노견과 정지로 및 개방구역 등이 있다. 활주로의 노견은 비행장 등급번호 C 및 D의 활주로에서 활주로 폭이 60m 미만의 경우에 설치해야 한다. 정밀진입활주로의 착륙대 정지부분은 활주로 길이를 연장하는 대안으로서 활주로 말단의 연장선에 위치한다. 그 길이는 이륙활주거리의 1/2 이하이어야 하고, 폭은 활주로 폭과 같아야 한다. 개방구역(clear way)은 정지로와 같이 활주로 길이를 증가시키는 대안으로 활주로 연장선상의 말단에 위치하며, 길이는 이륙활주거리의 1/2 이하이어야 하고, 폭은 활주로중심선 연장의 양쪽으로 75m 이내의 지역이다. 시각보조시설은 작은 충격에도 파손되기 쉬운 물체로 설치해야 하며, 착륙대의 경사에 있어서 종단경사는 비행장 등급번호 4인 경우 1.5%이고, 횡단경사는 비행장 등급번호 3 및 4인 경우 2.5%이다.

[그림 4-11] **정밀진입활주로 착륙대 정지부분**

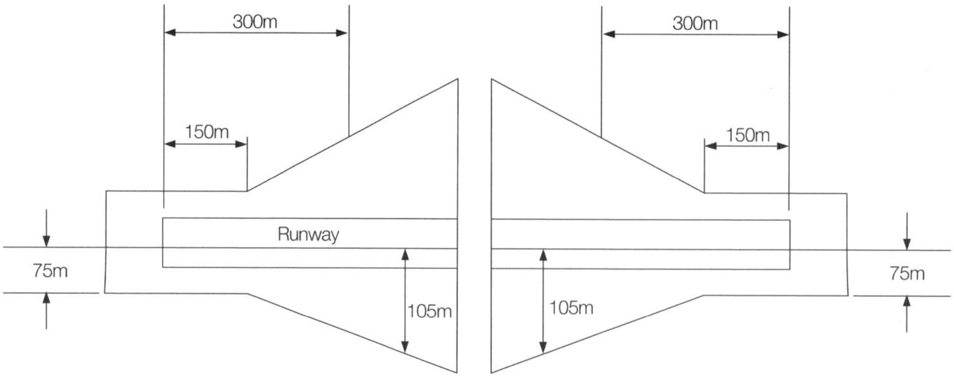

2. 유도로와 계류장

1) 유도로

유도로는 항공기가 지상에서 이동할 수 있도록 육상비행장에 설치한 일정한 경로시설이다. 유도로는 고속탈출 유도로, 평행 유도로, 계류장 유도로, 주기장 유도선 등이 있다.

유도로는 항공기가 신속하고 안전하게 이동할 수 있도록 설치해야 하며, 항공교통량이 많은 경우에 활주로를 출입하는 항공기의 신속한 이동을 위해 충분한 유도로와 고속이탈 유도로를 설치해야 한다.

〈표 4-5〉 **유도로 최소이격거리**

구분	ICAO 비행장 등급부호(m)			FAA 항공기 설계분류(m)			
	C	D	E	Ⅲ	Ⅳ	Ⅴ	Ⅵ
유도로 폭	15[1)]	18[2)]	23	15	23	23	30
유도로중심선 - 활주로중심선	168	176	182.5	122	122	122	182.5
유도로중심선 - 활주로중심선 유도로중심선 - 주기장 장애물	44	66.5	80	46	65.5	81	98.5
유도로중심선 - 장애물 간 이격거리	24.5	36	42.5	24.5	34	42	51
외측 주차륜 - 유도로 가장자리	※34.5	4.5	4.5	3	4.5	4.5	6

주: 1) Wheel Base 18m.
2) 외측 주차륜 9m 이하.

유도로시설은 유도로와 시설물 간의 최소안전간격을 공항을 이용하는 항공기의 날개 끝을 바탕으로 하고 있으나, 조종석이 유도로 중앙선에 있는 항공기의 외측 주차륜과 유도로 가장자리 간의 최소간격도 고려해야 한다. 유도로의 최소이격거리는 〈표 4-5〉에서 보는 바와 같이 ICAO와 FAA 간에 약간의 차이가 있지만 큰 차이가 있는 것은 아니다.

2) 계류장

계류장은 공항의 Air Side 지역에 있는 시설로서 항공기 운항을 지원하는 업무를 수행하고 여객 또는 화물을 항공기에 탑승 또는 항공기에서 하기하는 장소로 사용되는 지역이다. 계류장은 여객청사의 설계개념과 밀접한 관계가 있으며, 항공기는 계류장지역 유도로를 경유하여 항공기가 주기하는 장소까지 이동한다.

항공기의 주기장소는 항공기의 날개폭, 동체길이, 항공기의 선회반경, 항공기 지원차량의 활동지역 등이 포함된 항공기의 물리적 제반 특성과 항공기의 종류에 따라 주기장소의 필요면적을 결정한다. 주기장 내에서 항공기 간 또는 항공기와 구조물 간의 최소이격거리는 〈표 4-6〉과 같이 비행장 등급번호가 C이면 4.5m, D 및 E 등급이면 7.5m이다. 항공기가 지상 활주나 주기를 하는 계류장의 강도는 이 지역이 활주로보다 더 높은 압력을 받는다는 사실을 고려하여 높은 압력에 견딜 수 있는 강도를 유지해야 한다. 계류장의 경사도는 항공기의 지상조업・견인・지상이동 등이 용이하면서 계류장 표면의 물이 정체하는 것을 방지할 수 있도록 경사가 1% 이내이어야 하고,배수요건이 허용되는 한 수평으로 설치되어야 한다.

불법행위가 있는 항공기이거나 비행장의 정상적인 활동에서 격리할 필요성이 있는 항공기에 대해서는 적절한 지역을 격리되는 항공기의 주기장소로 지정해야 한다. 격리항공기 주기장소는 가능한 한 다른 항공기의 주기장소나 여객청사와 같은 건물 또는 공공지역으로부터 최소한 100m 이상 격리거리를 두어야 하고, 격리주기장 지역에는 가스・항공연료・전력・통신선로와 같은 지하매설물이 설치되지 않아야 한다.

〈표 4-6〉 **비행장 등급에 따른 최소이격거리**

비행장 등급번호	최소이격거리
C	4.5m
D	7.5m
E	7.5m

3. 활주로 주변의 시설관리

1) 활주로 주변 장애물 관리

공항을 효과적으로 활용하려면 항공기가 이착륙하는 공항 내외의 공역에서 자연적인 지형과 인위적인 구조물이 항공기의 안전한 이착륙에 미치는 영향을 신중히 검토해야 한다. 항공기의 이착륙지역의 자연적인 지형이나 인위적인 구조물과 같은 장애물이 존재한다면 항공기 이착륙절차의 수립과 기상조건에 제한을 초래하게 된다.

공항의 공역은 주변의 여건을 종합적으로 검토하여 결정되어야 한다. 이착륙하는 항공기가 장애물에 의하여 영향을 받지 않게 하는 것이 공항의 효과적인 사용과 안전측면에서 매우 중요하다. 장애물을 제거 또는 제한은 이착륙하는 항공기의 안전과 장애물에 의한 공항 운영에 영향을 미치는 것을 예방하기 위한 것이다.

공항 내 또는 공항 부근에서 공역을 운영하는데 다음과 같이 두 개의 장애물 제한지역이 지정되어 있다.

첫째, 「국제민간항공협약」 부속서 14에서 정한 비행장에 의한 장애물 제한으로서 시계비행 또는 계기비행 중에 항공기에 장애를 발생시킬 수 있는 위험을 최소화하기 위하여 장애물로부터 방해받지 않는 공역을 지정하였다.

둘째, 국제민간항공기구에서 정한 항법 서비스를 위한 절차의 항공기 운용에 의한 분류로서 항공교통절차의 각 공역에 대한 최소한의 안전고도를 확보하고 계기비행 절차수립을 위해 필요한 공역을 지정하는 것이다.

2) 활주로 주변 삭초작업

활주로 주변 삭초작업은 항공기 안전운항을 위한 필수업무이며, 항공기 사고 때 피해의 최소화를 위한 완충지대를 관리하는 업무이다. 공항안전운영기준에 따르면 풀 높이 기준은 착륙대 주변은 15cm 이하, 그 외 지역은 25cm 이하이다.

활주로 주변에 풀이 무성하면 다음과 같은 피해가 예상된다.

첫째, 풀이 무성하면 조류가 서식하기 쉬워 조류와 항공기가 충돌하는 Bird Strike 사고가 발생할 수 있다.

둘째, 풀이 무성하면 활주로 주변에 설치된 항공등화 및 표지물의 식별을 어렵게 하여 조종사의 안전운항을 방해할 수 있다.

셋째, 풀이 무성하면 가을철 활주로 주변에 화재가 발생할 경우 연소물로 작용하여 화재를 확산시킬 수 있다.

제4절 항행안전시설 운영

항행안전시설이란 전파・불빛・색채 또는 형상으로 항공기의 항행을 돕는 시설을 말한다. 항행안전시설은 [그림 4-12]와 같이 항로용 항행안전무선시설, 국지용 항행안전무선시설, 항공등화시설 및 항공정보 통신시설로 분류하고 있다.

[그림 4-12] **항행안전시설의 분류**

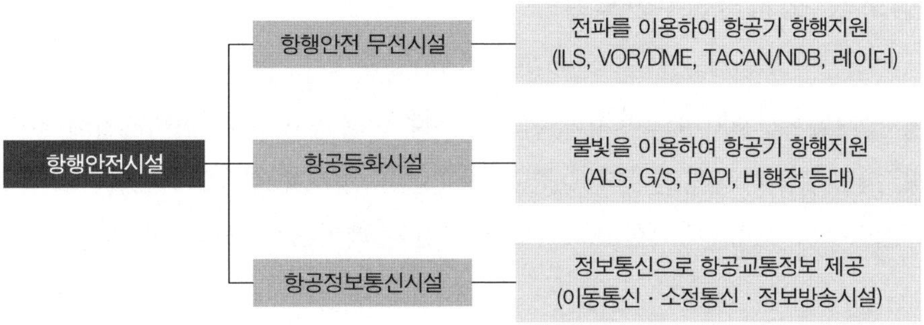

구분	시설	내용
항행안전시설	항행안전 무선시설	전파를 이용하여 항공기 항행지원 (ILS, VOR/DME, TACAN/NDB, 레이더)
	항공등화시설	불빛을 이용하여 항공기 항행지원 (ALS, G/S, PAPI, 비행장 등대)
	항공정보통신시설	정보통신으로 항공교통정보 제공 (이동통신 · 소정통신 · 정보방송시설)

항공기가 출발공항을 항공로를 따라 비행한 후에 도착하는 공항에 착륙할 때까지 이용하는 항행단계별 항행안전시설은 다음과 같다.

첫째, 항공기가 공항에서 이륙(take off)하여 출발할 때까지 이용하는 항행안전시설은 공항관제통신, 계기착륙시설, 전방향무선표지시설, 공항레이더, 지상감시레이더, 공항정보안내방송, 접근관제 및 관제탑을 이용한다.

[그림 4-13] **항행단계별 항행안전시설 이용**

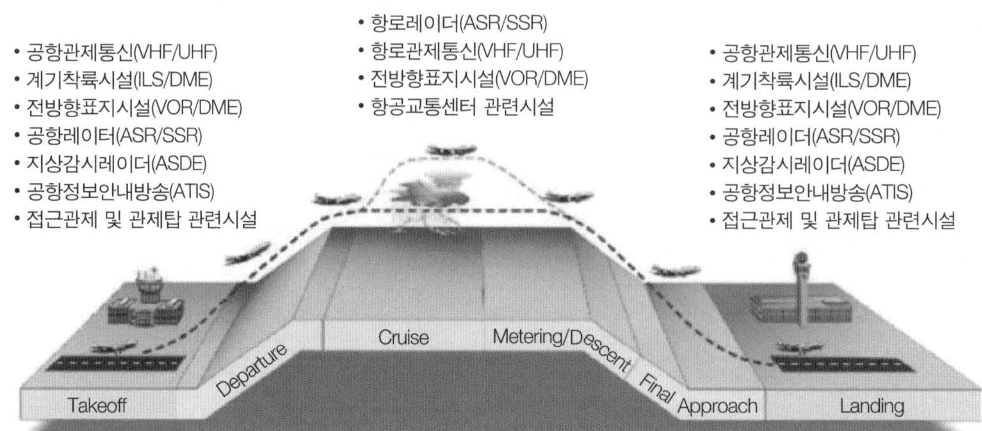

둘째, 항공기가 공항에서 이륙 후 상승하여 순항(cruise)고도로 운항할 때에는 항로레이더, 항로관제통신, 전방향무선표지시설, 항공교통센터 관련시설을 이용하여 운항한다.

셋째, 항공기가 목적지공항에 도착할 때 이용하는 항행안전시설은 공항을 출발할 때 이용한 항행안전시설과 같은 종류의 항행안전시설을 이용한다.

1. 항로용 항행안전무선시설

항로용 항행안전무선시설은 운항 중인 항공기에 비행의 방향 및 거리측정에 관한 정보를 제공하고, 항공기의 비행을 감시할 수 있는 장비이다. 항로용 항행안전무선시설은 전방향무선표지시설(VOR), 거리측정시설(DME) 및 항로감시 레이더로 구성되어 있다.

1) 전방향무선표지시설

전방향무선표지시설은 제2차 세계대전 후에 무선통신과 전자산업의 발달에 따라 비행 중인 항공기가 사용할 수 있는 전방향무선표지시설을 개발하게 되었다. 이 장비는 지상의 비교적 높은 장소에 설치하여 전방향으로 무선신호를 발신한다. 각 신호는 일정한 방향을 표시하거나 항공기가 무선신호를 따라 비행할 수 있는 항공로를 표시해준다. 전방향무선표지시설은 항로용과 공항용이 있으며, 통달거리는 200N/M 이내이다.

[그림 4-14] **전방향무선표지시설**

조종석에 VOR 수신기를 탑재한 항공기는 해당 VOR 주파수로 전환할 수 있는 Dial이 있고, 조종석에 항공기의 방향을 표시하는 진로이탈표시기(CDI)가 있다. CDI는 요구하는 항공기 운항방향에 대해 항공기가 정(正)방향인지 또는 정방향의 좌·우측에 있는지를 표시한다.

2) 거리측정시설

거리측정시설(DME)은 조종사에게 항공기와 DME 송신소 위치 간의 거리를 제공하는 시설로서 통상적으로 VOR과 함께 설치한다. DME의 거리는 N/M로 표시되며, 35,000ft로 비행하고 있는 항공기가 DME 송신소 상공에 있을 때 5.8 N/M을 가리킨다.

항공로용 항법장비로 많이 사용 중인 장비는 TACAN으로서 1950년대에 미 해군에서 군의 전술요구에 따라 개발한 장비이다. UHF 대역의 장비로 방향 및 거리를 측정할 수 있다.

민간항공에서는 거리측정기능을 위해 TACAN 장비를 활용한 항로용 방향 및 거리 측정장비로 VORTAC를 제정하였다.

공항에는 TVOR/DME 장비를 설치하며, 설치장소는 최소한 활주로중심선에서 150m, 유도로중심선에서 45m 이상 떨어져 설치되어야 한다. 추가적 기능으로 ILS가 설치되지 않은 공항이나 ILS가 설치된 공항에서 ILS가 고장 났을 때 TVOR/DME 계기착륙절차를 수립하여 운용하고 있다.

[그림 4-15] **거리측정시설**

3) 항로감시 레이더

항로감시 레이더는 항공교통관제사가 항로상의 항공기 추적을 할 수 있도록 항공기의 위치정보를 시각적으로 나타내주는 장비이다. 항공교통관제사는 이 장비를 통하여 항공관제 업무를 수행한다. 항로감시 레이더의 유효통달거리는 통상적으로 250N/M 이내이다.

항로감시 레이더는 관제사가 필요에 따라 항공기를 유도하는 데에도 사용하고 있어 넓은 의미의 항법보조시설에 포함하고 있다. 많은 국가에서 투자 및 운영비의 절감을 위해 공항감시 레이더 중에서 장거리 감시레이더 기능을 수행할 수 있도록 하여 많이 활용하고 있으며, 공항감시 레이더로 지원 불가능한 지역에는 항로감시 레이더를 설치하여 운용하고 있다.

[그림 4-16] **레이더 안테나와 영상시스템**

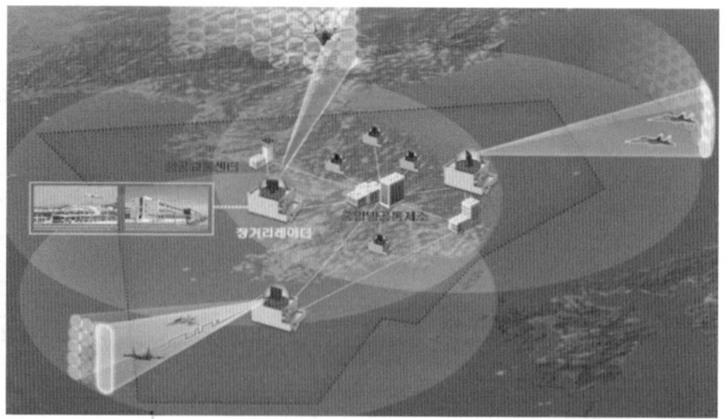

2. 국지용 항행안전무선시설

국지용 항행안전무선시설은 공항에 착륙하는 항공기에 착륙에 도움이 되는 정보를 제공하는 시설이다. 국지용 항행안전무선시설에는 계기착륙시설(ILS), 정밀착륙시설(MLS), 정밀접근 레이더, 지상감시장비 등이 있다.

[그림 4-17] **공항의 항행안전시설 배치도**

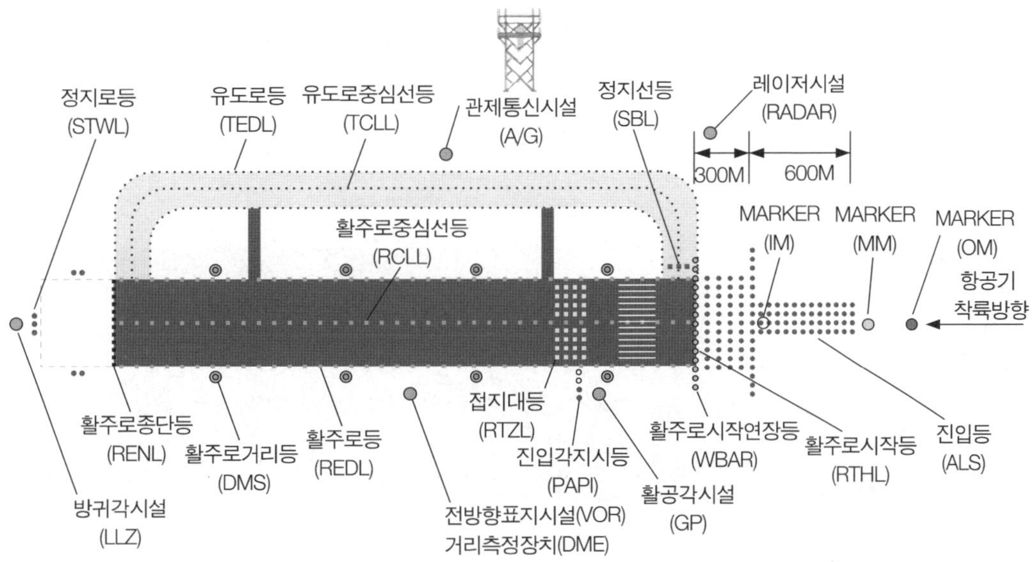

1) 계기착륙시설

계기착륙시설은 민간항공분야에서 가장 많이 사용하고 있는 항공기 착륙지원시설로서 공항에 설치하는 시설이다. 계기착륙시설은 활주로에 접근하는 항공기에 활주로 방향각도정보를 제공하는 방위각시설, 항공기 활공각정보를 제공하는 활공각 표지시설 및 활주로까지의 거리정보를 제공해주는 마커(marker)시설로 구성되어 있다.

첫째, 방위각시설(localizer)은 활주로에 접근하는 항공기에 활주로의 방향정보를 제공하는 시설이다.

[그림 4-18] **ILS 배치도**

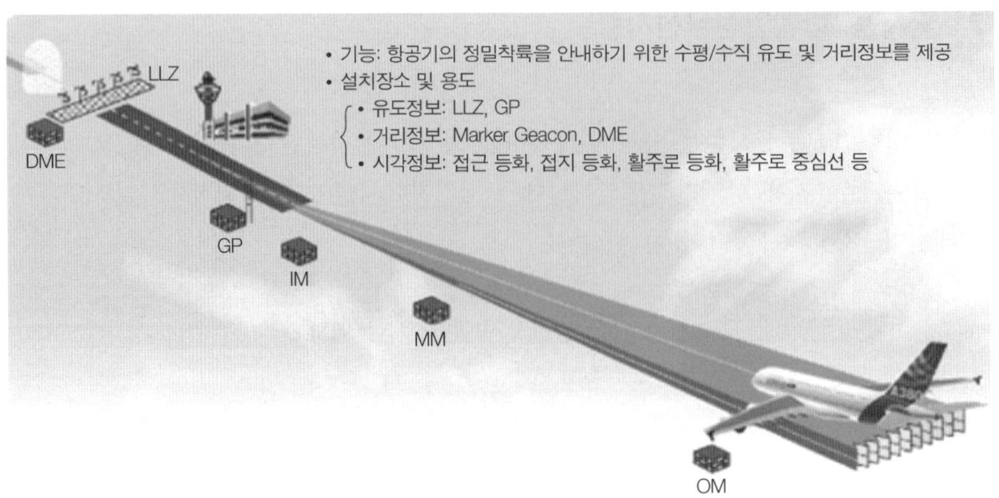

[그림 4-19] **Localizer와 활공각 장비**

둘째, 활공각시설(glide slope)은 착륙하는 항공기에 착륙활공각도 3° 정보를 제공하는 시설이다.

셋째, 마커(maker)시설은 착륙하는 항공기에 활주로까지의 거리정보를 제공하는 시설로서 Outer Marker, Middle Marker, Inner Marker로 구성되어 있다.

2) 정밀착륙시설

계기착륙시설(ILS)에 많은 문제점이 나타남에 따라 보다 발달된 착륙시설 개발의 필요성이 대두되었다. ILS는 지표면에서 반사되는 신호를 기초로 하고 있으므로 지향성 전파를 찌그러뜨리지 않도록 안테나 주변지역을 평탄하게 해야 한다. 건물과 이동항공기 또는 물체와

[그림 4-20] **최종 접근의 MLS와 ILS**

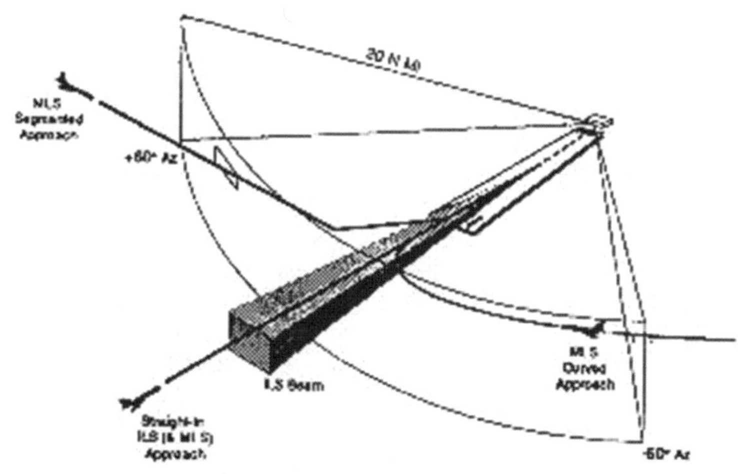

같은 장애물이 있어서는 안 된다. ILS는 넓은 공역에서 단지 1개의 접근비행로만 제공하므로, ILS를 사용한다면 접근하는 모든 항공기는 한 개의 접근비행로만 이용해야 한다.

이와 같은 문제점을 해결하기 위해 정밀착륙시설(MLS)을 개발하게 되었다. 수평비행 중인 항공기에 있어서 MLS는 활주로중심선의 양쪽 좌우 60° 및 상하 20° 범위에서 어느 방향에서나 활주로로 접근할 수 있다. MLS는 거리측정능력을 보유하고 있어 거리정보를 Marker에 의존하는 ILS와는 다르게 활주로 말단에서 항공기 간 거리정보를 제공한다.

MLS는 ILS보다 주변장애물로부터 간섭을 적게 받을 뿐만 아니라 활주로에 접근할 때에 조종사는 이 MLS의 수직유효범위 내에서 활공각으로 요구하는 방향을 선택할 수 있다. 공항의 입장에서 MLS의 가장 큰 장점은 항공기가 공항으로 강하하기 전에 고(高)고도를 유지할 수 있고, 분산접근을 할 수 있으며, 주거밀집지역도 피할 수 있어 소음감소를 할 수 있다. MLS에 의한 착륙은 ILS에 의한 착륙보다 착륙할 수 있는 방향도 다양하지만, 착륙결정거리도 ILS보다 훨씬 짧다.

3) 정밀접근 레이더

정밀접근 레이더(PAR)는 관제사에게 공항에 접근하는 항공기의 거리와 고도정보를 제공한다. 관제사는 정밀접근 레이더의 정보를 통해 항공기의 활공각과 거리 및 고도가 정확하게 유지되는지를 감시하고, 레이더에 나타난 정보를 음성통신으로 조종사에게 제공한다.

공항에 ILS 및 PAR 시설이 설치되어 있으면 항공기조종사는 ILS로 접근하고 있더라도 PAR에 의한 레이더감시를 요구할 수 있다. 예컨대, ILS와 PAR장비가 설치된 공항에서 ILS 착륙도 가능하나 활주로 접근지역의 장애물로 인해 ILS 착륙이 불가능한 착륙방향은 PAR에 의한 정밀접근착륙을 하고 있다.

4) 공항감시 레이더

공항감시 레이더는 공항으로 접근하는 항공기의 감시와 공항 내에서 이착륙하는 항공기를 관제하기 위해 사용되는 장비이다. 공항 주변 공역에서 운용되고 있는 공항감시 레이더는 전반적인 공역을 관제할 수 있도록 접근관제소 또는 관제탑의 관제사에게 영상을 제공하기 위해 주요공항에 설치되어 있으며, 일명 1차 레이더라고 부른다. 항공교통관제 서비스 보조를 위해 추가로 2차 감시 레이더를 설치하기도 한다.

2차 감시 레이더는 Mode A와 C를 통해 항공기 식별과 기압·고도의 자동송신 및 감시를 할 수 있는 기능을 보유하고 있다. 공항감시 레이더는 통상적으로 60N/M, 2차 감시 레이더는 200N/M의 유효범위로서 360° 회전을 통하여 얻은 공역정보를 공항 레이더 접근관제소의 국지자동 레이더체제에서 레이더자료를 획득하여 레이더 스코프와 관제탑의 레이더 감시장치에 항공기의 호출부호와 속도·고도 및 기압 그리고 바람의 방향 등에 대한 정보를 제공하고 있다.

5) 공항의 지상감시장비

항공기 운항횟수가 많은 대규모 공항에서는 관제사가 시정 및 시계제한으로 공항 내를 이동하는 항공기를 모두 볼 수 없으므로 공항 내에서 이동하는 항공기를 모두 관제하기가 대단히 어렵다. 공항의 지상감시장비는 공항 내의 항공기 이동지역에서 이동하는 물체정보를 제공할 수 있도록 특별히 설계된 레이더로서 관제사의 지상관제업무의 보조장비로 개발되었다. 공항의 지상감시장비는 공항의 이동지역에서 움직이는 항공기와 차량의 위치를 표시하는 레이더로서 관제탑에 근무하는 관제사에게 활주로·유도로·주기장·여객청사 지역의 이동물체정보를 화면으로 보여준다.

3. 항공등화시설

항공등화시설은 야간이나 기상상태가 좋지 않은 주간에 불빛에 의하여 항공기의 항행 또는 착륙을 돕는 등화시설이다. 항공등화시설은 비행장의 위치나 착륙시설의 위치를 알려 주는 위치 또는 거리를 표시하는 등화시설, 착륙하는 항공기에 진입하는 방향이나 각도를 알려 주는 등화시설, 계류장의 조명과 탑승교 접현 등을 위한 조명시설로 구분된다.

1) 위치 또는 거리표지 등화시설

(1) 비행장 등대

비행장 등대는 항행 중인 항공기에 비행장의 위치를 알려 주기 위하여 비행장 또는 그 주변에 설치하는 항공등화시설이다. 비행장 등대는 항해 중인 선박에 항구의 위치를 알려 주기 위한 바다의 등대와 같은 역할을 한다.

[그림 4-21] **비행장 등대**

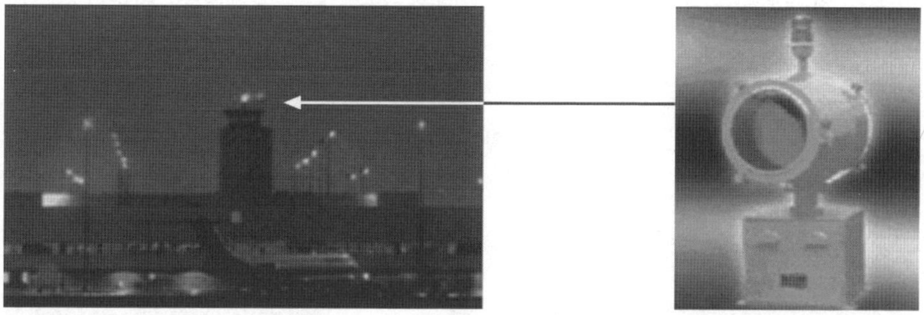

(2) 접지대 등화

접지대 등화시설은 활주로에 착륙하려는 항공기에 착지지역을 알려 주기 위하여 활주로 말단에 설치하는 항공등화시설이다. 접지대 등화시설은 활주로 말단으로부터 900m 이내의 지역에 설치하며 CAT-II 이상의 활주로에 설치되는 항공등화시설이다.

(3) 착륙방향지시등화

착륙방향지시등화시설은 야간이나 기상이 좋지 않은 주간에 착륙과 이륙의 방향을 알려주는 착륙방향지시기의 상단에 등을 부착하는 항공등화시설이다. 조종사는 이 등화시설을 이착륙방향 지시장치로만 사용하고, 풍향지시등화의 용도로 사용해서는 안 된다.

[그림 4-22] **활주로 진입등화 시스템**

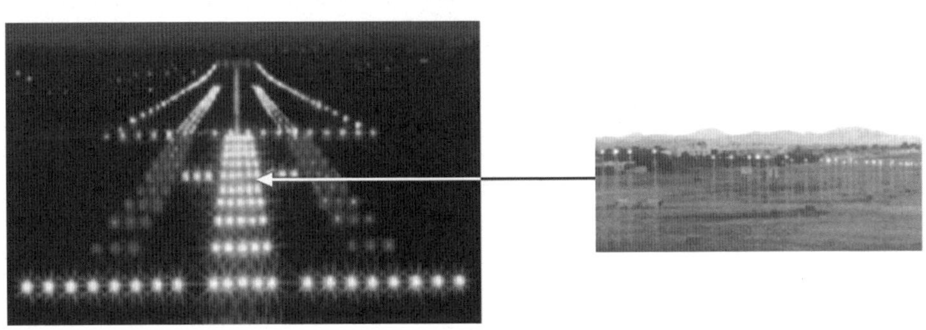

(4) 활주로 말단등화

활주로 말단등화는 착륙 또는 이륙하는 항공기에 활주로의 위치 또는 활주로의 말단지역을 알려주기 위한 항공등화시설이다. 활주로 말단등화는 활주로의 양쪽 말단에서부터 바깥쪽으로 3m 이내의 위치에 활주로중심선과 평행하며, 양쪽이 서로 대칭되도록 설치해야 한다.

[그림 4-23] **활주로 말단 등화시설**

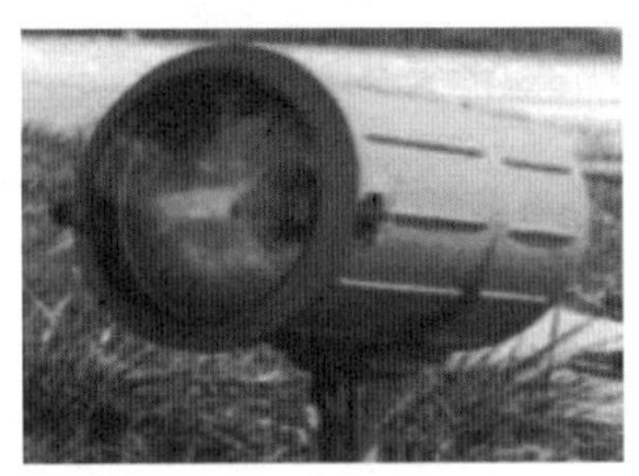

(5) 활주로 거리표지등화

활주로 거리표지등화는 활주로에서 활주 중인 항공기에 전방의 활주로 말단까지의 잔여 거리를 알려 주는 표지판으로서 야간이나 기상이 나쁜 주간을 위하여 등화장치를 한 항공등화시설이다.

(6) 유도로등화

유도로등화는 지상을 주행 중인 항공기에 유도로와 계류장 및 기타 지역의 가장자리를 알려 줌으로써 항공기가 유도로를 이탈하지 않도록 하기 위한 항공등화시설이다.

2) 방향 및 각도표시 등화시설

(1) 진입등화

진입등화시설은 공항에 착륙하는 항공기에 착륙진입로를 알려 주기 위하여 활주로중심선 연장선의 진입구역에 설치되는 항공등화시설이다. 야간이나 기상이 좋지 않은 주간에 불빛으로 항공기의 활주로 진입을 안전하고 확실하게 유도하는 항공등화시설이다.

항공기가 구름을 뚫고 나와 활주로 접근 시 조종사는 계기비행상태에서 시계비행상태로 변경해야 하며, 이때 착륙을 할 것인가 또는 포기할 것인가를 몇 초 안에 결심해야 하는데, 진입등화는 이 결심을 돕기 위한 항공등화시설이다.

(2) 정밀진입각지시등화

정밀진입각지시등화는 활주로에 착륙하는 항공기의 조종사가 불빛의 색상을 보고 안전한 착륙각도 여부를 확인하여 활주로에 안전하게 착륙할 수 있도록 도와주는 항공등화시설로서 활주로 말단의 양쪽에 적색과 백색의 색상으로 구성된 각 4개씩의 등기구가 설치된다.

항공기가 정상적인 각도로 착륙하면 적색과 백색의 등기구가 반반씩으로 나타나고, 4개 모두 적색으로 나타나면 낮은 각도로 진입하고 있음을 나타내며, 4개 모두 백색으로 나타나면 높은 각도로 진입하고 있음을 알려 준다.

[그림 4-24] **활주로 진입각 지시 등화시설**

(3) 활주로중심선등화

활주로중심선등화는 착륙하는 항공기에 활주로중심선을 명확하게 식별하도록 활주로중심선에 매립하여 설치하는 항공등화시설로서 CAT-II 이상의 활주로에만 설치가 요구되고, 설치간격은 7.5m, 15m, 30m 등으로 설치된다.

(4) 유도로중심선등화

유도로중심선등화는 이륙 또는 계류하기 위해 이동하는 항공기의 조종사에게 유도로의 중심선을 명확하게 표시하기 위하여 유도로의 중심선상에 매립하여 설치하는 항공등화시설로서 설치간격은 활주로중심선등화와 마찬가지로 7.5m, 15m, 30m 등으로 설치된다.

3) 기타 등화시설

항공등화시설에는 앞에서 설명한 시설 외에 항공기에 풍향을 알려 주기 위한 풍향등, 야간에 계류장에서 조업할 수 있도록 계류장에 설치하는 계류장조명등, 항공기에게 정확한 주기위치를 알려 주기 위하여 주기장에 설치하는 탑승교 접현유도등 등이 있다.

4. 항공정보 통신시설

항공정보 통신시설은 전기통신을 이용하여 항공기가 안전하게 운항할 수 있도록 지원하거나 통제하는 비행정보를 제공 · 교환하기 위한 통신시설이다.

항공정보 통신시설에는 항공이동통신시설 · 항공고정통신시설 · 항공정보방송시설이 있다.

첫째, 항공이동통신시설에는 단거리 이동통신시설(VHF/UHF Radio), 단파 이동통신시설(HF Radio), 초단파 디지털 이동통신시설(VDL), 단파 데이터 이동통신시설(HFDL), 모드 S 데이터통신시설, 항공이동위성통신시설(AMSS), 관제사 · 조종사 간 데이터링크 통신시설(CPDLC), 범용접속 데이터통신시설(UAT) 등이 있다.

둘째, 항공고정통신시설은 항공고정통신망(AFTN), 항공정보교환망(AMHS), 항공관제정보교환망(AIDS), 항공직통전화망, 항공종합통신망(ATN) 등이 있다. 항공고정통신망은 국제민간항공기구 주도로 구축되고 ICAO 가맹국의 책임하에 운용되는 항공기 운항에 필요한 정보 교환에 이용되는 세계적 규모의 항공정보통신망이다. 이 통신망을 통해 송수신되는 정보는 조난통신 · 긴급통신 · 비행계획통신 · 항공관리통신 등 국제항공의 안전과 정상운항에 관한 사항과 항공기의 적재중량 및 탑승인원 등에 관한 사항 등이다.

셋째, 항공정보방송시설에는 공항정보방송시설(ATIS), 디지털 공항정보방송시설(D-ATIS) 등이 있다.

[그림 4-25] **항공고정통신망**

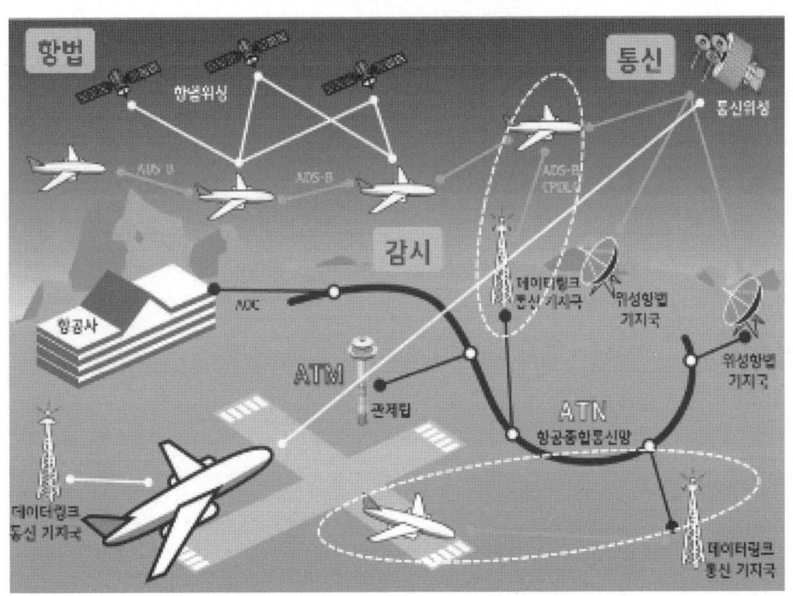

CHAPTER 5

여객청사 운영

제1절 여객청사의 기능과 역할

1. 여객의 구분 및 특성

1) 국제여객과 국내여객

공항을 이용하는 여객은 여행하는 목적지에 따라 자기 나라를 떠나 외국을 여행하는 국제여객과 자기 나라의 영토 안에서 국내를 여행하는 국내여객으로 구분된다.

첫째, 국제여객은 국가와 국가 사이를 왕래하는 여객으로서 여행의 출발을 위하여 항공기에 탑승할 때에는 출국절차를 거쳐야 하고, 여행의 목적지에 도착하여 그 나라에 입국할 때에는 입국절차를 거쳐야 하는 여객을 말한다. 국제여객은 체크인과 출입국사열 등의 절차가 국내여객보다 복잡하므로 공항에 머무르는 시간이 국내여객보다 길어지는 특성이 있다.

둘째, 국내여객은 여행의 시작과 끝이 동일국가의 영토 내에서 이루어지기 때문에 여행을 출발할 때나 여행을 마치고 공항에 도착하는 때에 출입국사열이 필요 없는 항공노선을 이용하는 여객을 말한다. 국내여객은 출입국사열 등의 절차가 필요 없으므로 공항에 머무르는 시간이 국제여객보다 비교적 짧은 특성이 있다. 다만, 유럽연합에 가입된 국가에서는 유럽연합 내의 나라와 나라 사이를 여행하는 여객이라 할지라도 유럽연합의 결의에 따라 국내여객으로 취급하고 있는 점이 특이한 사항이라고 볼 수 있다.

2) 항공기 탑승목적에 따른 분류

항공여객은 여행의 과정 및 형태와 항공기에 탑승하는 방법에 따라 출발여객과 도착여객, 통과(通過)여객과 환승(換乘)여객으로 구분하기도 한다.

첫째, 출발여객은 항공기를 이용하여 여행을 출발할 목적으로 공항에서 항공기를 탑승하려는 여객을 말한다. 출발여객은 항공기에 탑승하기 위한 체크인수속 · 보안검색 · 출국절차 등이 도착여객에 비하여 복잡하므로 공항에 머무르는 시간이 도착여객보다 비교적 길어지는 특성이 있다.

둘째, 도착여객은 여행목적지에 도착하거나 여행을 마치고 자기 집으로 되돌아오기 위하여 공항에 도착하는 여객을 말한다. 도착여객은 위탁수하물을 수취하여 입국절차만 마치면 되기 때문에 출발여객보다 공항에 머무르는 시간이 비교적 짧은 특성이 있다.

셋째, 통과(transit)여객은 공항에 도착한 여객이 잠시 공항에 머무른 후 타고 왔던 항공기에 다시 탑승하여 떠나는 여객을 말한다. 통과여객은 항공기가 급유 또는 승객의 하기를 위하여 공항에 잠시 착륙하는 동안 하기하여 공항 내에서 휴식 및 쇼핑을 한 후에 타고 왔던 항공기에 다시 탑승하기 때문에 공항에 머무르는 시간이 환승여객보다 비교적 짧다.

넷째, 환승(transfer)여객은 항공기로 중간기착지공항에 도착한 후에 목적지로 향하는 다른 항공기로 갈아타는 여객을 말한다. 환승여객은 환승하는 공항에서 약간의 발권 및 체크인절차가 필요할 때도 있다, 환승여객은 국제선 또는 국내선으로 환승하기 위하여 해당 항공편의 출발시간을 기다리기 때문에 공항에 머무르는 시간이 통과여객보다 비교적 길어지는 특성이 있다.

3) 여행목적에 따른 분류

항공여객은 여행의 목적에 따라 비즈니스여객과 관광여객으로 구분한다. 비즈니스여객은 보통 개인여객이라 하고, 관광여객은 흔히 단체여객이라 부른다.

비즈니스여객이 공항을 이용하는 특성은 다음과 같다.

첫째, 비즈니스여객은 공항에서 여유시간이 있는 경우에 공항운영자가 제공하는 여객청사의 각종 서비스를 이용한 경험이 있는 사람들이다.

둘째, 비즈니스여객은 주로 정기항공편을 이용하는 승객이다.

셋째, 비즈니스여객은 공항 내에서 체류하는 시간이 단체여객에 비하여 짧고, 소비성향도 낮은 것으로 나타나고 있다.

단체여객으로 불리는 관광여객이 공항을 이용하는 특성은 다음과 같다.

첫째, 단체여객은 여러 사람이 모여 탑승수속을 함께 밟기 때문에 항공기 출발시간보다 훨씬 일찍이 공항에 도착하게 된다.

둘째, 단체여객은 여객청사 내의 각종 서비스 및 영업장 이용에 친숙하지 않은 여행경험이 부족한 사람들이 포함되는 경우가 많다.

셋째, 단체여행을 하는 사람들은 공항 내에서의 체류시간이 비교적 길고 소비성향도 비즈니스여객보다 높은 편이기 때문에 단체여객이 많은 공항에서는 이들을 위한 별도의 편의시설이나 영업시설을 두기도 한다.

2. 여객청사의 기능

여객청사는 공항에서 Land Side 지역의 핵심시설이며, 여객과 항공기를 중심으로 여러 가지 기능이 복합적으로 수행되는 장소이다. 공항을 이용하는 여객은 여객청사에 머무는 동안 여러 가지의 수속절차를 거치면서 공항운영자가 제공하는 다양한 편의시설을 이용하게 된다.

국제선 여객청사의 경우에 출발여객은 청사 내에서 평균 1시간 이상을 머무르고, 도착여객은 평균 30분 이상을 청사에 머무르는 것으로 조사되었다. 여객은 청사에 머무르는 동안 여러 가지의 수속절차를 거치면서 공항운영자가 제공하는 편의시설을 이용하게 된다. 공항 내의 상업시설은 공항운영자의 수익을 창출하는 기능을 하고 있다. 여객청사의 기능과 역할은 여객서비스 기능과 수하물 처리기능 및 출입국관리기능으로 분류할 수 있다.

[그림 5-1] **인천국제공항 여객청사**

1) 여객 서비스기능

여객청사에서의 여객에 대한 서비스기능은 항공여행을 출발하는 여객과 항공여행을 마친 도착여객을 위한 기능이다.

여객 서비스기능은 여객과 항공사 사이에서 이루어지는 기능과 공항운영자가 제공하는 여객청사 편의시설을 이용하게 되는 서비스 기능으로서 다음과 같은 활동이 있다.

첫째, 출발여객은 항공여행의 첫 단계로서 항공기좌석의 예약과 항공권 구입을 위한 절차가 필요하다. 여객청사 내에서는 이러한 활동이 주로 일반대합실의 항공권예약 및 판매 카운터나 체크인 카운터에서 이루어지게 된다. 출발여객은 탑승과정에서 다양한 여객청사 내의 편의시설을 이용하게 된다.

둘째, 출발여객은 항공기 탑승을 위하여 체크인 카운터에서 항공기의 좌석을 배정받고 수하물을 탁송하는 절차가 끝나면 보안검색을 거쳐 출발대합실로 이동하게 된다. 국제선청사의 경우에는 출국수속 · 세관검사 · 검역 등 소위 말하는 CIQ 절차를 거쳐 항공기에 탑승하게 된다. 이 과정에서 출발여객은 면세점 · 스낵바 및 각종 판매시설 · 휴식시설을 이용한 후에 공항운영자가 제공하는 탑승교나 항공사의 스텝 카 등의 시설과 장비를 이용하여 항공기에 탑승하게 된다.

셋째, 여객의 대기 및 휴식을 위한 서비스기능으로는 일반대합실에 설치된 각종 휴게시설 등을 이용하게 된다. 대합실에 설치된 의자 · 조경시설 · 안내시설 · 음수대 · 화장실 · 공중전화 · 흡연시설과 스낵바 · 면세점 등의 상업시설을 이용하게 된다.

넷째, 도착여객을 위한 서비스기능으로는 항공기에서 여객이 하기에 필요한 탑승교나 스텝 카를 이용하게 된다. 도착대합실에는 검역시설 · 입국심사대 · 세관검사대와 수하물을 찾을 수 있는 컨베이어벨트가 설치되어 있다. 수하물을 운반할 수 있는 카트 등의 편의시설을 이용하게 되고, 국제선 여객청사의 경우에는 입국에 필요한 CIQ 수속과 환전소 등을 이용하게 된다.

2) 수하물(手荷物) 처리기능

수화물 처리기능은 출발여객의 경우에는 다음과 같은 기능을 수행한다.

첫째, 여객이 탁송하는 수하물을 종류별 · 행선지별로 분류하는 기능

둘째, 수하물의 무게와 부피 등을 알아보기 위한 계량기능

셋째, 수하물에 폭발물 등이 포함되어 있는지를 확인하는 보안검색기능

넷째, 수하물을 탑승하는 항공기까지 이동하여 탑재하는 기능

수하물 처리기능은 도착여객의 경우에는 다음과 같은 기능을 수행한다.

첫째, 항공기에서 수하물을 내려서 도착대합실까지 운반하는 기능

둘째, 도착대합실에서 여객이 수하물을 찾을 수 있도록 항공기 편명별로 분류하여 턴테이블에 이동하는 기능

여객은 이러한 시설이나 장비의 작동방법을 알아야 할 필요는 없고, 이들 기능은 항공사 직원 또는 자동화된 기계시설에 의하여 처리되고 있다.

3) 출입국관리기능

출입국관리기능은 우리나라에서 출국하는 여객과 우리나라에 입국하는 여객에 대한 출입국심사, 세관검사, 전염병 예방을 위한 검역(檢疫) 등의 기능을 말한다. 이들 기능은 모두 정부당국에 의하여 수행되고 있다. 출입국관리기능을 위한 시설로는 출입국사열대, 세관검사대, 검역 및 검사시설, 동물과 식물의 검역시설 등이 있다. 이 외에도 출국승객은 출국수속을 거친 후에 항공기에 탑승하기 전에 신체 및 수하물에 대한 보안검색을 받아야 한다.

제2절 여객청사의 운영방식

1. 청사형태에 의한 분류

공항의 여객청사의 형태를 결정할 때에는 다음 사항을 고려하여 선택한다.

첫째, 공항의 위치 및 역할과 예상되는 여객수요와 향후 공항시설의 확장 여부를 고려한다.

둘째, 국민이 선호하는 형태의 청사와 여객청사의 규모에 따른 운영의 효율성을 고려한다.

셋째, 항공기 주기시스템을 고려하여 공항운영의 효율성을 높일 수 있도록 한다.

여객청사의 형태를 결정하는 방법은 항공업무를 담당하는 국가기관, 공항운영자, 항공사, 공항과 관련된 이해관계자, 공항 구내영업자의 검토의견과 비판을 받도록 해야 한다. 여객청사의 최종형태가 결정되기 전에 공항의 이해관계자와 사용자의 협조를 유지하는 것이 중요하다.

1) 단순형 여객청사

단순형 여객청사는 이용여객이 적은 공항의 여객청사형태이다. 단순형 여객청사는 다음과 같은 특징을 지니고 있다.

첫째, 여객청사의 형태가 계류장으로 통하는 몇 개의 출구를 가진 단일 건물에 대합실과 발권구역으로 구성되어 있다.

둘째, 항공기 운항횟수가 적은 국내선이나 민간공항 운영에 적합한 형태이다.

셋째, 항공기주기장이 청사와 인접하게 배치되어 있어 여객이 청사에서 계류장으로 걸어서 항공기에 탑승, 하기할 수 있도록 단층으로 설계되어 있다.

단순형 여객청사는 출발여객과 도착여객이 함께 사용할 수 있는 형태로서 항공수요가 증가하여 청사를 확장하게 되면 다음에 설명하는 선형 여객청사가 된다. 따라서 단순형 청사는 소규모의 지방공항에 적합한 여객청사 모델이다.

[그림 5-2] **단순형 여객청사**

2) 선형 여객청사

선형 여객청사는 단순형 여객청사의 확장개념이다. 단순형 여객청사를 확장하기 위하여 계류장, 탑승 Gate, 청사의 대합실 공간을 확장하는 경우에 만들어지는 형태이다. 선형 여객청사는 출발여객은 Curbside에서 항공기까지의 거리를 단축할 수 있도록 동일한 층을 이용하여 계류장으로 나아갈 수 있다. 도착여객은 항공기에서 내려서 수하물을 찾은 뒤 같은 층에서 지상교통수단을 이용할 수 있는 형태이다.

[그림 5-3] **선형 여객청사**

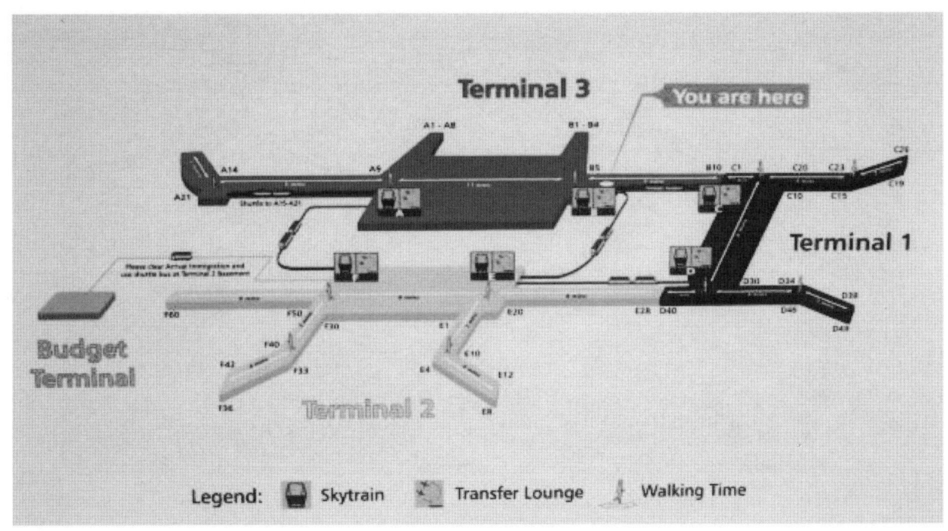

선형 여객청사는 여객과 항공기를 위한 충분한 Curbside와 주기장을 가지고 있다. 청사를 확장하고자 할 때에는 여객처리나 항공기의 운항에 지장이 없이 확장이 가능하나, 기존의 대합실과 영업장 및 매표 카운터 시설이 공동으로 활용되지는 못한다. 선형 여객청사의 대표적인 모델로는 싱가포르의 창이공항을 예로 들 수 있다.

3) Pier형 여객청사

Pier형 여객청사는 일명 Finger형 여객청사라고도 한다. Pier형 여객청사는 선형 여객청사에 여객의 탑승 Gate Concourse와 항공기주기장이 부가된 여객청사로서 1950년대에 개발되었다. 그 후 Gate Room, 탑승교, 수하물수취장과 체크인시설은 층을 달리하여 분리하는 등 매우 발전된 형태의 청사로 발전하였다. Pier형 여객청사는 청사의 중앙지역은 여객과 수하물을 처리하는 장소로 사용하고, Pier는 여객청사로부터 항공기까지 접근하는 통로로 사용되는 것이 보통이다. 항공기는 Pier를 따라 설치된 Gate의 계류장에 주기한다.

Pier형 여객청사는 기존청사에 Gate를 추가할 수 있는 Pier를 설치함으로써 여객을 분산시키고 항공기의 주기능력을 늘릴 수 있으므로 매우 경제적이나 Pier를 확장하여 사용하는데 한계가 있다. Pier형 여객청사의 대표적인 모델로는 미국의 시카고 오헤어공항을 예로 들 수 있다.

[그림 5-4] **Pier형 여객청사**

4) Satellite형 여객청사

Satellite형 여객청사는 항공권의 발권과 수하물처리 등이 이루어지는 중앙건물과 Concourse로 연결되는 1개 이상의 Satellite로 구성되어 있다. 이러한 청사형태는 Finger형 청사와 비슷한 형태이나, 항공기 Gate가 중앙건물과 연결된 Concourse의 끝에 위치하고 있는 것이 다른 점이다.

[그림 5-5] **Satellite형 여객청사**

Satellite 청사에는 Gate별 라운지를 설치하기보다는 보통 청사별 공용대합실로 설치되고, 주된 청사와 Satellite 청사를 연결하는 Concourse가 설치된다. Satellite형 여객청사의 대표적인 모델로는 미국의 아틀랜타공항과 영국의 개트윅공항을 예로 들 수 있다.

2. 청사운영방식에 의한 분류

청사운영방식에 의한 분류는 여객청사의 배치구조에 의한 분류로서 대규모 공항의 경우 하나의 넓고 큰 여객청사를 집중식으로 운영하는 방식과 다수의 여객청사를 행선지 또는 항공사별로 분산하여 운영하는 방식이 있다.

1) 집중식 운영

집중식으로 운영되는 여객청사를 갖는 공항은 대부분 오래된 공항으로서 출입국수속은 주된 청사에서 처리하고, 항공기 탑승은 Pier나 Satellite 청사 또는 Ramp Bus 등을 통하여 이루어진다. 이러한 공항은 암스테르담 스키폴공항, 프랑크푸르트공항, 시카고 오헤어공항, 한국의 인천국제공항 등이며, 다음과 같은 장점이 있다.

첫째, 집중식으로 운영되는 청사는 여객이 증가할 경우 탑승동이나 Pier를 증설하여 수요 증가에 대처할 수 있다.

둘째, 여객청사를 집중적으로 배치하므로 건설비와 개항 후 청사운영비를 절감할 수 있다.

셋째, 비교적 적은 인원으로 여객청사 운영이 가능하여 규모의 경제를 실현할 수 있다.

집중식으로 운영되는 여객청사의 단점은 다음과 같다.

첫째, 여객증가에 따른 청사 또는 시설을 확장할 경우 청사의 규모가 방대해질 우려가 있다.

둘째, 여객이 항공기에 탑승하기 위해서는 게이트까지 거리가 멀어져 여객이 이동하는 동선이 길어진다.

셋째, 여객청사가 집중화되어 있어 주차장이 대형화되고 주차시설 이용이 매우 복잡해질 수 있다.

2) 분산식 운영

분산식 여객청사의 형태는 다수의 단위청사가 완전한 여객처리시설을 갖추고 운영되는 방식이다. 단위청사는 항공사 또는 항공노선, 국제선과 국내선을 청사별로 분산하는 방식이다. 분산식 여객청사를 운영하는 공항으로는 댈러스 포트워스 공항, 뉴욕 케네디공항, 파리 드골공항 등이 있으며, 한국의 김포국제공항도 분산식의 한 형태라고 보아야 할 것이다.

분산식으로 여객청사를 운영하는 공항의 형태는 집중식으로 운영되는 공항의 단점인 여객의 이동거리를 줄이려는 데 있다. 국제항공운송협회(IATA)에서는 여객의 이동거리는 30m로 단축하고, Curbside에서 Check-in Counter까지의 거리는 100m 이내이어야 한다는 분산식 설계개념을 권고하고 있다.

여객청사를 분산식으로 운영하는 공항의 장점은 다음과 같다.

첫째, 여객청사가 여객이 편리하게 이용할 수 있도록 여객중심으로 설계되고 운영된다는 점이다.

둘째, 여객이 급격히 증가하는 경우에 여객청사가 분산되어 여객의 불편을 최소화할 수 있다.

셋째, 여객의 이동거리가 짧고 Curbside 하차지역에 대한 설계가 비교적 간단하다는 점 등의 이점이 있다.

여객청사를 분산식으로 운영하는 공항이 가지는 단점으로는 다음과 같은 사항이 지적되고 있다.

첫째, 같은 기능이 각 청사에서 독립적으로 수행되므로 공항의 직원수가 증가하는 요인이 된다.

둘째, 청사마다 공항직원 사무실, 수하물창고, 수하물 인도지역 및 지상조업장비 등을 배치해야 하므로 운용효율이 저하될 수 있다.

셋째, 청사 간의 거리가 멀어 청사 간의 환승여객 처리를 위한 철도, 모노레일, 버스, Side-moving Walker 시설 등이 필요하다.

넷째, 단위청사별로 여객이 집중되어 혼잡이 발생하는 경우 해소대책이 곤란하다.

3. 청사관리주체에 의한 분류

1) 공항운영자 관리형태

여객청사를 공항운영자가 관리하는 형태는 공항운영자가 직접 여객청사의 상업시설, 계류장 지상조업, 수하물처리 등의 업무를 수행하는 형태로서 유럽식 모델이라 부른다.

공항운영자가 직접 관리하는 형태의 특징은 다음과 같다.

첫째, 여객청사 내의 상업시설을 공항운영자가 직접 운영하거나, 상업시설 운영에 깊게 관여하고 공항의 상업화전략에 최선을 다한다.

둘째, 계류장 내에서의 지상조업 및 수하물처리를 공항운영자가 직접 수행하는 형태이다.

셋째, 공항운영자가 상업시설운영과 지상조업을 수행하므로 높은 인건비를 지출해야 하는 문제가 제기되고 있다.

2) 항공사 중심의 관리형태

항공사 중심의 여객청사 관리형태는 미국식 공항운영형태라고도 하며 그 특징은 다음과 같다.

첫째, 여객청사는 주로 항공사에 의하여 운영되고, 공항운영자가 거의 중재자로서만 존재하는 경우가 많다.

둘째, 공항운영자는 청사 내의 기본적인 건물과 시설만을 제공하는 형태이기 때문에 공항운영자의 청사관리인력을 최소화할 수 있다.

셋째, 여객청사의 내부시설과 청사운영에 필요한 장비 및 인력은 항공사와 구내영업자가 담당하는 형태이다.

미국공항의 경우에 항공사가 독립적으로 또는 항공사들이 컨소시엄을 형성하여 여객청사를 신축하거나, 항공사들이 공항운영에 대한 재정에도 깊이 관여하고 있다. 항공사들이 공항의 정책을 결정하는 의사결정에 참여하기도 한다.

항공사 중심의 관리형태 공항에서는 공항운영자가 공항의 수익을 상업시설보다는 착륙료와 계류장사용료 및 여객공항이용료 등 주로 항공수익에 의존하고 있다. 비항공수익인 상업시설 개발에는 청사 공간이 부족하기도 하겠지만 비교적 무관심한 편이다.

3) 혼합관리형태

여객청사의 혼합관리형태는 공항운영자가 운영하는 방식과 항공사 중심의 운영방식을 혼합한 형태로서 세계주요공항이 이러한 운영방식을 취하고 있다.

여객청사를 혼합관리하는 형태의 특징은 다음과 같다.

첫째, 공항운영자가 청사운영의 기본적인 사항을 책임지고 항공사와 구내영업자가 라운지·음식점·판매시설 등 나머지 시설을 운영하는 형태이다.

둘째, 상호 경쟁에 의한 높은 수준의 서비스를 유지하기 위하여 경쟁적인 공항운영시스템을 도입한 형태이다.

셋째, 불황이나 노동조합의 파업 등으로 공항운영에 불리한 조건이 발생하는 때에 상당한 도움이 될 수 있는 것으로 평가받고 있다.

제3절 여객청사의 동선과 시설배치

1. 여객청사의 동선

여객청사 내 여객의 이동을 위한 동선은 공항이 위치하는 국가의 국민의식수준과 사회적인 환경 및 종교 등에 밀접한 관계가 있다. 따라서 여객청사를 건설하는 때에는 이러한 사항을 고려하여 계획되어야 한다. 여객청사 내의 여객이 이동하는 동선을 설치할 때에는 여객의 흐름이 맨 먼저 고려되어야 하며, 위탁수하물은 여객의 흐름과 같은 동선이 되도록 설치하여야 한다.

1) 여객의 동선

여객청사 내에서 여객이 이동하는 동선은 다음 사항을 고려하여 설치되도록 노력해야 한다.

첫째, 여객이 이동하는 거리는 가능한 한 짧고, 직선으로 설계되어야 한다.

둘째, 국제선과 국내선 여객, 출발하는 여객과 도착하는 여객이 서로 겹치지 않도록 설치하여야 한다.

셋째, 가능한 한 다른 항공편이나 다른 노선의 여객이나 수하물의 동선과 중첩되지 않도록 해야 한다.

넷째, 공항직원의 안내나 지시가 없어도 실개천의 물이 흐르듯이 여객 스스로 이동하여 시설물을 찾을 수 있도록 설치하여야 한다.

여객청사 내에서 이동하는 국제선여객과 국내선여객 또는 출발여객과 도착여객의 출입국 수속절차 및 동선의 이용절차는 다음과 같다.

첫째, 국제선 출발여객 동선은 일반대합실→좌석배정 및 위탁수하물 탁송→공항이용권 구입→보안검색→세관신고→출국심사→출발 격리대합실→항공기 탑승절차이다.

둘째, 국제선 도착여객의 동선은 항공기 하기→도착 격리대합실→검역→입국심사→수하물 수취→세관검사→도착 일반대합실 절차이다.

셋째, 국내선여객의 출발절차는 일반대합실→좌석배정 및 위탁수화물 탁송(check-in)→보안검색→출발 격리대합실→항공기 탑승순서로 이루어진다.

넷째, 국내선여객의 도착절차는 항공기 하기→도착 격리대합실→수하물 수취→도착 일반대합실 순서로 이루어진다.

2) 위탁수하물 동선

여객의 수하물 중에서 항공기 탑승을 위한 체크인을 하는 때에 항공사에 탁송을 의뢰한 수하물의 동선은 여객의 흐름과 일치될 수 있도록 수하물 처리시설이 설치되어야 한다. 특히 대규모 공항의 경우에는 주로 위탁수하물 처리지연으로 공항의 기능이 떨어지는 경우가 자주 발생하고 있다. 최근에 신설되는 대규모 공항에서는 그 보완수단으로 공항을 설계할 때부터 수하물처리를 자동화하는 공항이 늘어나고 있다. 위탁수하물처리시설의 자동화에 이상이 발생하면 공항운영에 큰 혼란이 발생하므로 공항시설의 시운전 때 위탁수하물 처리시설에 대한 점검은 특별히 완벽하게 이루어져야 한다.

일반적으로 여객이 탁송의뢰한 수하물의 처리를 위한 동선체계는 출발수하물과 도착수하물로 구분하여 다음과 같은 체계를 이루고 있다.

첫째, 출발수하물은 체크인 카운터→보안검색→수하물 분류장→항공기 탑재의 순서로 이루어진다.

둘째, 도착수하물은 항공기 하역→수하물 분류장→보안검색→청사 내의 수하물 인도장의 순서로 이루어진다.

2. 여객청사의 시설배치

1) 시설배치의 고려사항

여객청사는 계류장의 항공기와 Land Side 지역의 주차장 등을 연결해 주는 중간에 있는 공간으로서 여객청사의 공간을 배치할 때에는 이들 두 지역을 효율적으로 연계해 주도록 종합적인 검토가 이루어져야 한다.

여객청사의 공간을 배치할 때 고려할 사항은 다음과 같다.

첫째, 계류장과 주차장을 효율적으로 연결할 수 있는 체계가 이루어지도록 계류장·여객청사·주차장 지역의 특성에 대한 종합적인 검토가 이루어져야 한다.

둘째, 여객의 특성을 고려한 공간의 규모 및 배치가 이루어져야 한다. 비즈니스여객이 많다면 여객청사의 휴게공간이나 상업시설공간은 넓지 않아도 될 것이다. 반대로 단체관광객이 많이 이용하는 공항이라면 여객청사의 휴게공간이나 상업시설공간을 비교적 넓게 확보해야 한다.

셋째, 여객의 종교와 국민성 및 특성을 고려하여 여객의 편의와 여객청사 운영의 효율성 및 공항시설 투자의 효율성 등을 고려하여 적정한 공간규모가 설정되도록 해야 한다. 헤어짐과 만남의 의식이 강한 종교인들이 많이 이용하는 공항에서는 이러한 의식을 행사할 공간을 고려해야 하고, 비즈니스나 커뮤터 여객이 많은 공항에서는 여객청사의 대기공간과 휴식공간 및 상업시설공간이 넓지 않아도 될 것이다.

넷째, 여객이 탑승구에서 기다리는 시간을 최소화하여 항공사의 인력관리비용이 최소화되도록 하는 등 여객청사 운영 및 유지비용이 최소화되고 시설투자의 적정화가 이루어지도록 해야 한다.

다섯째, 공항의 상업수입 극대화가 세계적인 추세인 점을 고려하여 공항이용객을 상대로 한 상업수입을 높일 수 있도록 상업시설공간을 충분히 고려해야 한다.

2) 시설배치방법

여객청사의 시설배치는 공항이 위치하는 국가나 이용객의 특성에 부합되도록 규모와 위치를 설정해야 한다. 청사 내에서 여객의 흐름과 시설배치는 상호 보완을 이루도록 해야 한다. 여객을 위한 시설이 여객의 이동을 방해하여서도 안 되고, 여객의 동선과 떨어진 곳에 여객이용시설을 배치해서도 안 된다.

여객청사의 시설을 배치할 때에 주의해야 할 사항은 다음과 같다.

첫째, 여객청사 내의 시설은 출발여객과 도착여객 및 환승여객이 서로 섞이지 않도록 시설을 배치하여야 한다.

둘째, 출발여객 또는 도착여객이 가능한 한 층을 변경하지 않고 목적지에 도달할 수 있도록 해야 한다. 여객이 공항직원의 안내나 지시가 없어도 스스로 희망하는 장소를 찾을 수 있도록 하여 여객흐름이 자연스럽게 될 수 있도록 설계되고 시설배치가 이루어져야 한다.

셋째, 체크인시설은 청사에 도착한 여객이 처음 접하는 장소로서 여객이 빠르게 탑승수속을 할 수 있도록 해야 한다.

여객청사의 시설을 배치할 때 여객의 신속한 이동과 공항시설이용을 확대하기 위한 동선을 배치방법은 다음과 같다.

첫째, 청사 내에서 여객이 이동하는 동선은 여객이 한 방향으로 이동하면서 수속할 수 있도록 시설을 배치해야 한다. 역(逆)방향의 동선이 불가피한 경우에는 안내판을 설치하여 여객의 혼란이 없도록 해야 한다.

둘째, 체크인 카운터 등 탑승수속시설은 여객이동의 정체를 유발하거나 혼잡을 일으킬 가능성이 있으므로 수속시간을 고려한 수량을 설치하여야 한다.

셋째, 여객이 이동하는 동선은 수속을 마친 장소에서 다음 장소까지의 시야가 확보되어야 한다. 예컨대, 출발여객의 경우 체크인을 한 후 보안검색, 세관검사, 출국신고 후 탑승구까지는 여객이 쉽게 찾을 수 있도록 시야를 확보하고, 도착승객의 경우에는 수하물을 찾는 장소에서 관세신고 카운터의 시야를 확보하여 승객의 혼란을 방지하여야 한다.

넷째, 여객이 이동하는 동선을 알리는 안내표지판은 목적지까지 계속적으로 연결된 표지를 설치해야 한다. 쉽게 식별할 수 있는 그림이나 기호로 표시되도록 해야 한다. 예컨대, 화장실 안내표지가 화장실을 찾을 수 있도록 연속적인 안내표지가 안 되고, 중간표지판에서 화장실 안내표지를 빠뜨리면 여객은 혼란을 일으키게 된다.

3. 체크인 카운터 설치

체크인 카운터는 출발여객이 청사에 도착하면 맨 먼저 찾는 곳으로서 여객이 이용할 항공편의 항공권구입과 좌석지정 및 수하물을 탁송하는 장소이다. 체크인 카운터에서는 항공권의 발매와 탑승하고자 하는 항공편의 등급별 좌석을 지정하고, 위탁수하물의 크기와 무게를 측정하여 탁송하는 절차를 수행하는 시설이다. 체크인 카운터의 숫자와 설치형태는 공항을 이용하는 여객수와 여객의 특성 및 여객청사의 형태나 규모에 따라 결정한다.

1) 체크인 카운터 설치수량

체크인 카운터 설치수량은 여객의 수와 운항하는 항공기의 종류 및 크기, 여객 1인당 체크인 소요시간, 여객 중에서 단체여객이 많은지 또는 비즈니스여객이 많은지 등 여객의 특성에 의하여 결정된다고 보아야 할 것이다.

여객이 많은 공항, 항공사의 체크인 업무처리가 느린 공항, 대형 항공기가 운항하는 공항, 비즈니스여객이 많은 공항, 도심터미널을 비교적 이용하지 않는 지역의 공항 등은 많은 수의 체크인 카운터를 필요로 하므로 체크인 카운터를 설치할 때에는 공항의 특성을 고려하여 다음과 같이 결정한다.

첫째, 청사설계 때부터 체크인 업무처리시간을 고려하여 설치수량을 결정해야 한다.

둘째, 항공권의 예약과 발권, 좌석배정, 여객의 수하물 탁송 등에 대한 여객의 이용행태 및 이용시간을 고려해야 한다.

셋째, 여객이 항공기 출발시간 전에 공항에 도착하는 시간의 분산 정도를 고려해야 한다.

2) 체크인 카운터 형태

체크인 카운터는 그 형태에 따라 선형 체크인 카운터, 통과형 체크인 카운터, 도서형 체크인 카운터 세 종류로 구분된다.

(1) 선형 체크인 카운터

선형 체크인 카운터는 일반적으로 많은 공항에서 사용하는 형태로서 예약·발권·체크인·안내 및 기타 서비스를 제공할 수 있는 다목적 카운터이다. 선형 체크인 카운터는 여객이 서비스를 받는 절차를 단축시켜 주고 피크시간이 아닌 시간에는 항공사의 체크인 담당직원을 탄력적으로 운용할 수 있는 장점이 있다. 그러나 피크시간에는 여객의 신속한 수속절차를 위해 체크인 카운터에서는 체크인업무만 수행하고, 예약·발권·안내방송·탑승구안내 등은 별도의 카운터를 운영해야 하는 단점이 있다.

[그림 5-6] **선형 체크인 카운터 배치도**

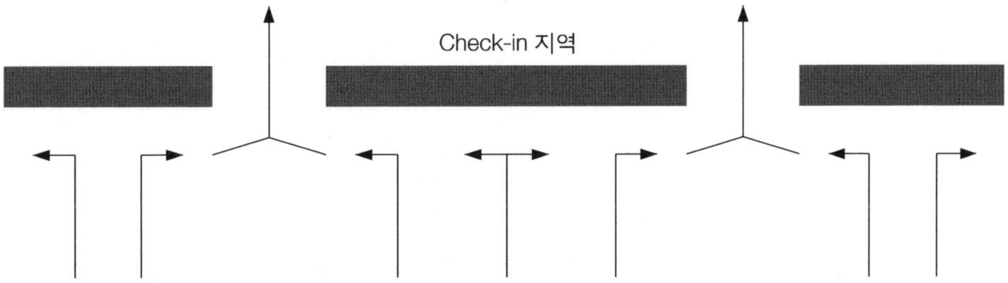

Check-in 지역

(2) 통과형 체크인 카운터

통과형 체크인 카운터는 수화물 체크인 전용으로 사용될 때에 가장 효과적인 형태로서 피크시간에는 수하물 탁송을 위하여 여객들이 줄을 서야 하지만, 체크인한 후에는 체크인 카운터 옆을 지나 곧바로 격리대합실로 갈 수 있는 형태로서 여객동선이 최소화되는 형태이다.

통과형 체크인 카운터는 체크인 후 여객동선이 교차하는 것을 줄일 수 있고 수하물 처리 능력을 증대시킬 수 있어 출발여객이 수하물을 많이 소지하는 공항에서 바람직한 운영방식이다. 그러나 통과형태의 체크인 카운터는 선형 카운터에 비하면 여객이 줄을 서는 공간을 포함하여 카운터당 4.6~6.5m^2의 면적이 더 소요되고, 출발여객의 수하물처리를 위한 시설비가 많이 드는 단점이 있다.

[그림 5-7] **통과형 체크인 카운터 배치도**

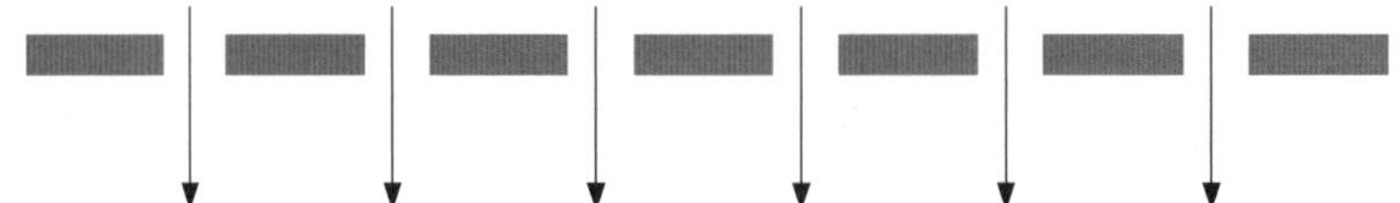

(3) 도서형 체크인 카운터

도서형(島嶼形) 체크인 카운터는 선형 체크인 카운터와 통과형 체크인 카운터를 혼합한 형태이다. 하나의 컨베이어벨트에 'U'자 모형의 카운터를 배치한 형태로서 다기능 카운터의 역할과 단순기능의 카운터역할을 겸할 수 있는 형태이다.

도서형태의 카운터는 여객청사의 일반대합실 폭이 넓은 청사에 설치가능하고, 우리나라와 같이 전통적으로 여객청사의 폭을 좁게 설계하는 공항에서는 이 형태의 설치가 어려울 것이다. 도서형 카운터는 항공사별로 카운터를 지정하지 아니하고 체크인업무가 있는 시간에 어떤 항공사가 이용한 후 체크인이 끝나면 다른 항공사가 이용할 수 있도록 설계되어 체크인 카운터의 이용도를 높일 수 있는 형태이다.

[그림 5-8] **도서형 체크인 카운터 배치도**

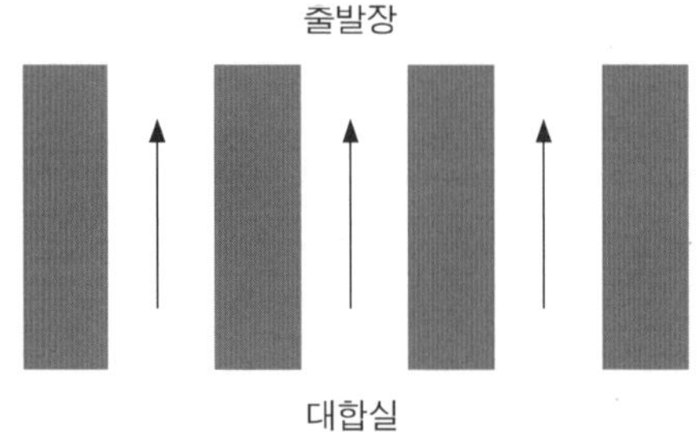

4. 여객이용시설 배치

1) 청사 공간의 기능적 배분

여객청사에서 여객이용시설의 배치는 청사의 기능에 관한 운영방침 및 필요사항과 밀접한 관련이 있다. 청사에 여객이용시설을 얼마나 배분해야 하는지에 대한 확정된 규칙이나 지침은 없다. 미국공항의 여객청사 공간기능 배분에 대한 비율을 개략적으로 나타내면, 공공시설이나 기계시설 또는 통로로 사용되어 임대할 수 없는 면적을 45%로 보았고, 항공사나 구내업체 등에 임대할 수 있는 면적을 55%로 보고 있다.

전형적인 여객청사의 시설배치에서는 상호 밀접한 관련성이 있는 여러 시설을 묶어 배치하는 것이 이상적이며, 관련성이 희박한 시설을 같이 배치하는 것은 불필요하다.

여객이용시설을 배치하는 방법은 다음과 같다.

첫째, 구내영업시설은 한 장소에 같이 배치하는 것이 바람직하다.

둘째, 항공사의 관리사무실의 경우에는 분리하여 배치도 가능하다.

셋째, 세관지역은 수하물 인수지역의 바로 옆에 배치해야 한다.

항공기에 탑승하려는 승객이 여객청사를 이용하는 절차는 나라에 따라 제도의 차이는 있지만 거의 유사하다. 여객의 수속과 절차에 관하여는 ICAO Annex 9에서 출입국수속과 관련된 단계별 절차나 양식까지도 통일된 형식으로 하도록 규정하고 있다. 이러한 절차나 기준은 ICAO의 회원국으로 가입한 모든 국가에서 준수하도록 권고하고 있다.

[그림 5-9] **미국공항의 청사공간 기능적 배분**

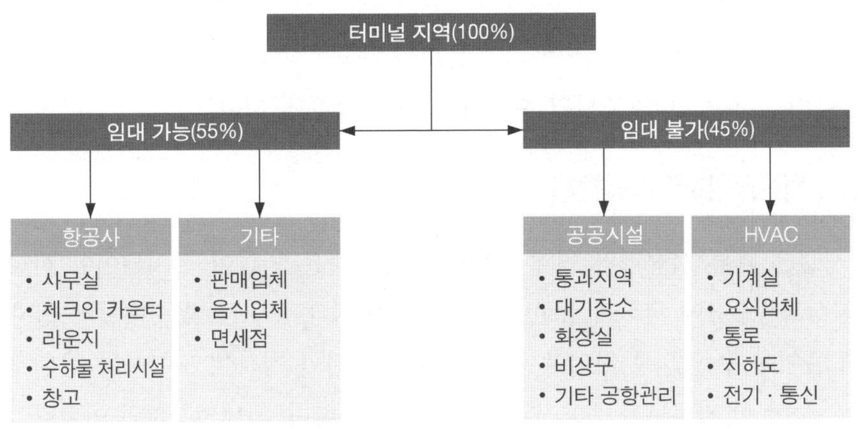

2) 출입국시설의 배치

(1) 출입국 및 수하물수속시설

여객청사의 출입국시설 배치에 대하여 국제민간항공기구가 권고하고 있는 내용은 다음과 같다.

첫째, 여객의 출입국수속의 신속을 위해 출입국심사를 하는 때에 다채널(multi channel) 심사시스템을 갖추어야 한다.

둘째, 도착여객의 수하물검사는 표본추출방식 또는 선택적 방식으로 해야 하며, 국제공항에서는 수하물검사를 하는 때에 Dual-channel System을 갖추어야 한다.

셋째, 여객과 승무원 출입국심사의 정체를 최소화할 수 있도록 충분한 수의 심사대를 두어야 하며, 별도 심사가 필요한 사람을 위한 심사시설을 별도로 둘 수 있다.

넷째, 항공기의 규모나 도착시간과 무관하게 항공기를 하기하는 시간부터 45분 이내에 모든 여객이 입국수속을 마칠 수 있도록 목표를 설정해야 한다.

다섯째, 여객이동의 정체를 막고 수하물의 빠른 하역과 이동을 위해서는 기계식 하역이나 컨베이어 시스템이 사용되어야 하며, 수하물 체크인 시설은 지상교통수단의 도착지점과 가능한 한 가까이 배치해야 한다.

여섯째, 항공기의 안전이나 특별한 경우를 제외하고는 출국하는 여객의 수하물검사를 요구하지 않아야 하지만, 마약조사의 수단까지 막는 것은 아니다.

(2) 다른 시설과의 연계성 고려

출입국시설은 다른 시설과의 연계성을 고려하여 다음과 같이 설치되어야 한다.

첫째, 지상교통수단에 의하여 공항에 도착하는 여객과 승무원 및 수하물이 청사 내로 빠르고 쉽게 들어올 수 있도록 하여야 한다. 특히 노약자가 청사에 도착하는 경우에 주된 여객통로에 가능한 한 가깝도록 전용지역이 지정되어야 하며, 안내시설뿐만 아니라 접근로 위에 장애물이 없어야 한다.

둘째, 공항 외의 지역에 체크인 시설을 두는 경우 보안조치를 강구하도록 해야 한다.

셋째, 보안목적 또는 마약단속을 위하여 여객 및 수하물을 검사하는 경우에는 항공기출발의 신속을 위해 특수장비를 사용해야 하나 여객검색에는 방사능기기가 사용되지 않아야 한다.

넷째, 승무원의 운항보고를 위한 사무실은 접근에 쉽고, 가능한 한 다른 사무실과 인접하게 배치해야 한다.

3) 환승여객 시설배치

공항에서 환승하는 여객을 위한 환승시설의 배치는 다음 사항을 고려해야 한다.

첫째, 환승객은 항공기에 탑승한 상태에서 대기할 수 있도록 허용하여야 하며, 항공기에 급유하는 중에는 안전상 필요시 여객을 하기할 수 있도록 허용되어야 한다.

둘째, 특별한 경우나 보안목적에 필요한 경우를 제외하고는 통과여객은 조사절차 없이 공항 내에 머무를 수 있도록 시설을 갖추어야 한다.

셋째, 환승여객의 출국수속을 위하여 환승지역(T/S)에 항공사의 체크인 카운터를 설치해야 한다.

4) 항공사 시설의 배치

항공사의 신규취항 등으로 시설소요를 제기할 때에는 다음과 같은 사정을 고려하여 시설배정을 하여야 한다.

첫째, 항공기의 주간 운항횟수 및 운항거리와 청사의 수용능력을 고려해야 한다.

둘째, 항공기 운항시간 및 청사별 같은 시간대에 항공기 운항횟수를 고려해야 한다.

셋째, 항공기의 기종과 좌석수를 고려해야 한다.

넷째, 제휴 항공사의 영업장과 기존 외국항공사의 시설배정과의 형평 등을 고려해야 한다.

5) 상업시설의 배치

공항에서 이루어지는 상업활동은 면세매점, 음식점, 판매시설, 주차장, 렌터카 등에 의한 수익활동을 일컫는다. 공항의 상업시설 배치는 여객청사를 설계할 때부터 상업지역을 별도로 구획하여 설정함이 가장 바람직하다.

기존시설의 개량을 통하여 상업시설을 설치하기 위해서는 다음과 같은 점을 고려해야 한다.

첫째, 여객이동통로의 영향과 인근업체와의 경쟁 및 영업수익성

둘째, 건축물의 관리와 관련한 건축법상의 건물용도에 적합한지 여부

셋째, 건물구조나 설비상의 제한요소 저촉 여부(피난시설, 급배수시설 등)

넷째, 식품위생법·도시계획법 등 각종 관련법규에의 저촉 여부 등

여객청사 내 여객의 동선과 상업시설 배치는 여객의 원활한 이동과 공항의 수입증대를 동시에 고려해야 하는 어려움이 있다. 출발·도착 등의 기본수속을 위한 여객흐름동선을 고려하여 상점을 배치해야 한다. 상어시설의 위치와 배치방법 및 면적에 따라 공랑의 사용료 수입이 영향을 받는다.

상업시설의 배치는 여객이 이동하는 동선에 가까운 위치나 출발 게이트 및 Gate 라운지가 선호되고 있다. 영국의 개트윅공항처럼 면세점을 Flow Path와 교차하도록 배치하면 공항의 수입은 증대되나 여객이동에 방해가 되어 여객에게는 불편을 주게 될 것이다. 상점용 청사 면적이 부족하여 일반 쇼핑상점을 별도 층에 위치시켜 운영하는 프랑크푸르트·개트윅·아테네 등의 공항은 사용료가 40% 정도 감소하는 현상을 초래하였다.

공항 안에서 여객이 이동하는 동선과 상점의 위치가 어떻게 배치되는가에 따라 여객이 상점에서 구매하게 될 확률은 여객이 항공기에 탑승하기 위하여 이동하는 동선이 하나의 방향으로 되어있는 구조에서 상점의 위치에 따라 다음과 같은 현상이 나타났다.

첫째, 상점을 여객이 통과하는 동선 및 게이트에 인접지역에 배치하는 경우에 최대 40%의 구매확률이 있는 것으로 나타났다.

둘째, 상점이 여객이 통과하는 동선과 인접한 경우에는 25~28%의 구매확률이 있는 것으로 나타났다.

셋째, 여객동선과 반대방향에 인접해 있는 상점은 20%의 구매확률이 있음을 나타내고 있다.

항공기 탑승구가 양쪽으로 설치된 여객청사의 경우에는 상점의 위치에 따라 다음과 같은 구매확률이 나타나고 있다.

첫째, 탑승구에 인접하여 여객이 직접 통과하는 지역에 있는 상점은 40%의 구매확률을 나타내고 있다.

둘째, 여객이 분산되어 통과하는 지역에 있는 상점은 28~30%의 구매확률을 나타내고 있다.

셋째, 여객이 분산되기 직전의 지역에 있는 상점의 경우에는 최대 33%까지의 구매확률이 있음을 나타내고 있다.

[그림 5-10] **상점위치에 따른 구매비율**

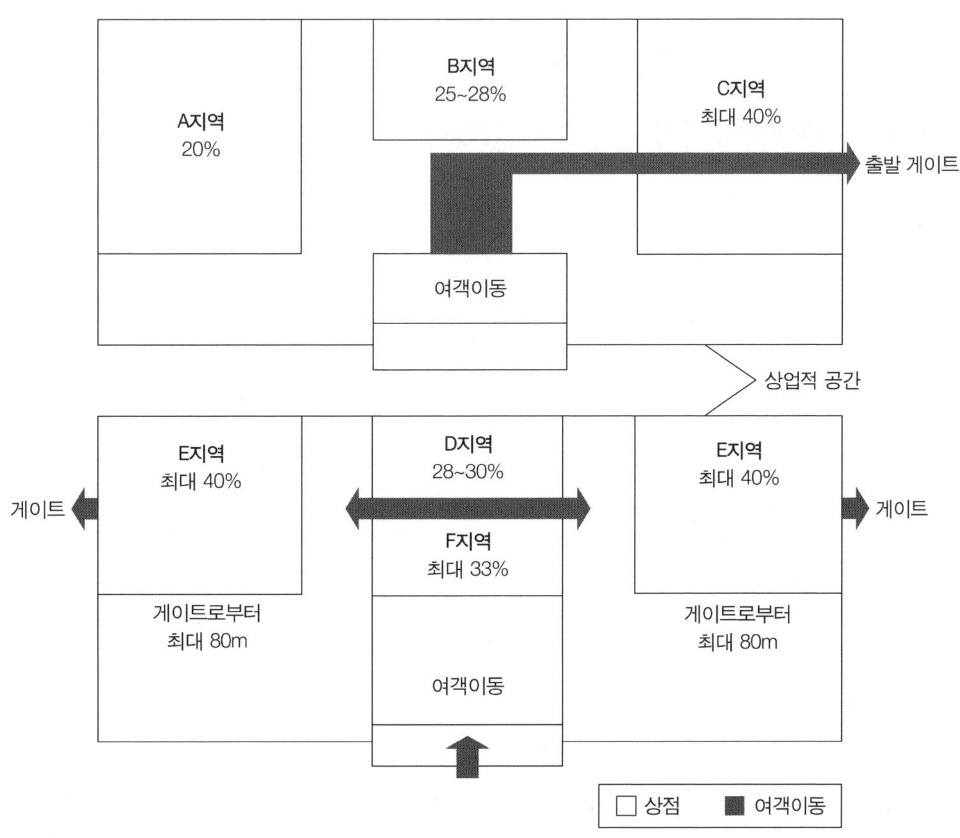

이처럼 상점의 위치에 따라 구매확률에 큰 차이가 있으므로 공항운영자는 상업시설수익을 극대화하기 위해서는 상업시설을 유치할 때에 상점의 위치에 따라 임대료나 구내영업료를 차등화할 수 있도록 제도적인 장치가 필요하다고 본다. 즉 경쟁입찰을 위한 예정가격을 산출할 때에 구매확률이 높을 것으로 판단되는 상점에 대해서는 임대료를 높게 책정하거나 매출액의 일정한 비율을 구내영업료로 징수한다. 반대로 구매확률이 낮을 것으로 판단되는 상점에 대해서는 임대료나 구내영업료를 하향조정하는 등의 융통성을 발휘해야 할 것이다.

6) 상주기관 등의 시설배치

우리나라는 국가기관 및 행정업무를 수행하는 기관의 시설배정기준은 '정부청사관리규정 시행규칙 별표 1'에서 정하고 있는 시설면적을 기준으로 하고 있다. 따라서 각 기관의 기관장실과 직급에 따른 사무실의 면적은 이 기준에 의하고 있으나, 업무의 특수성이 있는 기관의 사무실과 민원실·전산실 등 별도의 시설은 예외로 하고 있다.

〈표 5-1〉 **국가기관의 사무실 배정기준**

(단위: m^2)

직위별	구분	일반사무실	단독사무실	비고
1급	• 기관장실 • 실장, 국장		66 33~50	
2급·3급	• 기관장실 • 국장실 • 위원·과장	 17	50 33	
4급	• 기관장실 • 국장·과장 • 서기관	 17 7	33	
5급	• 기관장실 • 과장 • 사무관	 17 7	17	
6급	• 기관장 • 과장 • 일반직원	17 10 7		

자료: 정부청사관리규정 시행규칙 별표 1.

제4절 여객 서비스관리

1. 안내 서비스

여객은 화물과 달리 자기의 필요에 따라 능동적으로 청사 내를 이동하기 때문에 이들 여객에게 필요한 위치정보·운항정보·시설물의 안내와 이용방법 등에 대한 각종 안내정보를 집약적으로 제공할 수 있도록 안내 서비스시설이 설치되고 관리되어야 한다는 것은 여객청사의 안내 서비스에 관한 기본적인 사항이다.

1) 시설물 위치안내

여객청사 내의 시설물 위치안내는 접근교통수단, 청사 내의 은행・약국・음수대・공중전화・포장센터・탑승구・화장실 및 각종 음식시설・판매시설 등에 대한 안내로서 안내시설의 종류로는 안내카운터・안내판・LED전광판 등 안내표지시설이 활용되고 있다.

안내시설 및 안내표지판의 설치・운영상의 고려사항은 다음과 같다.

첫째, 안내시설이나 안내표지판은 기능별로 색상을 구분하여 설치해야 한다. 예컨대, 편의시설은 노란색, 교통시설은 파란색, 공중이용시설은 분홍색 등으로 구분하여 색상으로도 각종 시설물이 설치된 위치를 알 수 있도록 해야 한다.

둘째, 안내시설이나 안내표지판은 공항별 CIP에 의해 색상・디자인・형태・규격 등을 통일하여 일관성 있게 설치해야 한다. 이는 공항 안에서 영업활동을 하는 구내업체 간판을 설치할 때에도 적용되도록 노력해야 한다.

셋째, 안내시설이나 안내표지판의 표출문자는 자국어(自國語)와 영어를 기본적으로 표기하고, 인접한 국가 또는 관광객이 많은 국가의 문자를 표기하는 것이 보통이며, 우리나라의 경우에는 한글과 영어 및 한자를 함께 표시하고 있다.

넷째, 안내시설이나 안내표지판을 설치할 때 안내표지시설의 난립으로 혼란을 주지 않도록 하여야 한다. 여객이 목적하는 시설물에 도착할 때까지 중간의 안내표지판에서 표시가 빠지지 않도록 해야 하며, 상업시설의 간판 등에 가리어 안내표지판의 식별이 곤란하게 되거나 간판이 간판을 가리는 일이 없도록 해야 한다.

2) 운항정보안내 서비스

운항정보안내 서비스는 항공기의 출발, 도착, 지연, 결항 등 운항상황과 Paging Call 및 기타 공항운영자나 항공사 등의 공지사항을 전달하기 위한 서비스를 말한다. 운항정보안내 시설에는 방송시설, FIDS, TV 모니터, 전광판 및 안내 카운터 등이 있다.

운항정보안내 시설의 설치 및 운영상의 고려사항은 다음과 같다.

첫째, 방송시설의 운영은 항공기 운항이 많은 공항의 경우 항공기 운항상황을 모두 안내방송할 경우 잦은 방송으로 인한 방송소음으로 작용하므로 항공기의 출발・도착에 관한 안내방송은 생략하도록 해야 한다.

둘째, Paging Call은 미아나 화재발생 등 긴급한 사항이나 꼭 필요한 사항만을 제한적으로 방송하도록 하되, 다만 Gate 안내방송은 Final Call의 경우에만 허용하도록 해야 한다.

셋째, 공항운영자와 항공사가 운항정보안내를 기능적으로 구분하여 운영하는 때에는 운영기준과 절차를 수립하여 중복안내나 방송소음이 발생하지 않도록 해야 한다.

3) 종합안내 카운터 운영

여객청사 내의 종합안내 카운터는 다음과 같은 안내를 한다.

첫째, 공항운영자나 항공사가 시행하는 청사시설안내와 분실물안내 및 항공기 운항안내 등이 있다.

둘째, 관광협회나 관광사업자가 시행하는 관광안내와 호텔안내 등이 있다.

셋째, 공항운영자나 운수사업자가 안내하는 버스 · 지하철 · 택시 등의 대중교통안내와 렌터카 이용안내 등이 있다.

넷째, 핸드폰, 보험에 관한 사항과 특정한 행사안내 등의 기능을 수행하는 안내 등이 있다.

종합안내 카운터의 설치장소는 벽이나 기둥 등을 활용하여 여객동선의 중심부에 설치하고, 그 형태는 라운드형 · 책상형 · 아일랜드형 등으로 설치되고 있다. 종합안내 카운터의 설치 및 운영상의 고려해야 할 사항으로는 다음과 같은 것들이 있다.

첫째, 종합안내 카운터는 가능한 한 여객청사의 중앙위치에 여객과 공항이용객이 제일 많이 접하는 장소에 설치해야 한다.

둘째, 종합안내 카운터의 높이는 가능한 한 낮게 설치하고, 칸막이가 없도록 설치해야 한다.

셋째, 종합안내 카운터에 근무하는 직원의 복장과 용모는 단정해야 하고, 안내 서비스태도는 친절이 몸에 밸 수 있도록 해야 한다.

넷째, 종합안내 카운터에는 관광안내를 위한 홍보책자와 지도 및 각종 안내 팸플릿을 비치해야 하고, Touch Screen 방식의 안내 시스템을 병행하여 운행하면 효과적이다.

4) 정보제공 서비스의 종합화 추세

최근에는 정보통신기술의 발달로 인하여 각종 정보를 종합적으로 제공할 수 있는 시스템이 가능해졌으며, 공항정보의 수요자인 여객이나 공항이용객들도 한곳에서 종합된 정보가 제공되기를 원하고 있다. 이와 같은 상황에 따라 공항정보의 수요자인 여객과 공항이용객의 수요충족을 위하여 최근에는 공항운영자, 항공사의 인터넷 홈페이지 또는 청사 내에서도 종합정보 시스템 등을 활용하는 한편, 종합안내 카운터와 함께 항공사의 체크인 카운터나 발권 카운터도 안내서비스 기능을 하고 있다.

2. 환경 및 위생 서비스

1) 조경 및 문화 환경조성

공항의 건축물이 현대공학의 장점을 최대한 살려 건설하는 추세에 따라 여객청사의 실내장식도 편리성과 함께 쾌적하고 편안한 느낌을 줄 수 있도록 실내조경을 할 뿐만 아니라 바쁜 현대인의 문화적인 욕구도 동시에 충족시킬 수 있는 문화 환경조성이 일반화되고 있다.

이러한 예는 최근 개항한 인천국제공항뿐만 아니라 샌프란시스코공항의 신청사와 밴쿠버공항 신청사 등에서 잘 나타나 있다. 싱가포르 창이공항의 경우에는 오래전부터 여객청사의 실내조경에 투자하였다. 여객청사 내의 실내 환경조성을 위한 방법으로는 미술품전시장 설치, 미니박물관 운영, 악기·가구·옷 등 전통예술품이나 생활용품의 전시, 실내 소공원 조성, 산업제품 전시 및 배너나 휘장 등 조형장식 등이 있다.

여객청사의 실내 환경을 조성할 때에 유의해야 할 사항으로는 실내 환경조성물은 여객동선에 따라 설치하되, 여객의 이동에 장애가 되어서는 안 된다. 상업시설, 여객편의시설 중 여객의 활용도가 비교적 작은 시설은 자투리공간을 활용하고, 가급적 여객을 분산시키고 여객이 여유시간을 활용할 수 있도록 배치해야 하며, 전체적인 실내 환경과 조화되도록 해야 한다.

2) 의무실 운영

국제민간항공협약 부속서 9에서 권고하는 내용에 의하면, 국제공항에는 공항이용객에 환자가 발생할 때 응급조치를 할 수 있는 의무시설과 즉각 출동할 수 있는 응급처치요원 등의 조직체계가 유지되어야 한다고 명시하고 있다. 대규모 국제공항에는 인근의 병원 또는 국립의료원과 의료지원협정을 체결하여 공항의무실을 운영하고 있으며, 공항운영자가 의무실 운영비 일부를 지원하고 있다. 공항은 의약분업대상의 예외지역으로 인정하고 있다.

3) 위생 및 편의시설관리

공항의 위생관리를 위한 업무로는 청소와 방역이 있는데, 청소업무는 청소전문회사에 용역을 주어 시행하고 있으며, 공항운영자는 공공지역의 청소를 담당하며, 임대지역은 임차인이 시행하고 있다.

공항운영자가 청소용역을 하는 때에 고려해야 할 사항은 다음과 같다.
첫째, 청소인력의 산정기준 및 청소범위를 명시해야 한다.
둘째, 화장실관리와 비품을 고급화하여 화장실이 휴게실 기능을 할 수 있도록 하여야 한다.
셋째, 여객청사의 환기와 배수가 잘되는 시스템을 갖추어야 한다.

청사의 방역업무는 「전염병예방법」의 규정에 따라 여름철(4~9월)에는 월 1회의 방역을 하여야 하고, 겨울철(10~3월)에는 2개월에 1회의 방역을 시행해야 한다. 공항의 방역업무는 「전염병예방법」의 규정에 따라 소독사업신고를 한 업체에 위탁하여 시행하는 것이 보통이다.

여객청사운영에 필요한 각종 편의시설 중에서 대합실의 의자, 흡연실, 유아휴게실, 음수기, 필경대 및 셔틀버스는 공항운영자가 운영하고, 수하물 카트, 전광안내판, 동전교환기, 공중전화, FAX 서비스, 우체국 등은 해당업체가 운영하고 있다. 각종 편의시설의 관리를 위해서는 매일 또는 수시로 점검을 통하여 파손, 기능불량, 이용상태, 이용가능성 등을 확인하여 공항이용객이 편의시설을 이용하는 데 불편이 없도록 해야 한다.

3. 접근교통 및 주차 서비스

1) 접근교통 서비스

공항의 접근교통문제는 과거에는 지역교통의 문제로 취급되기도 하였으나 요즈음 세계의 주요공항들은 공항의 접근교통의 편리성과 불편함이 공항운영에 미치는 막대한 영향을 고려하여 관리하고 있다.

공항에 접근하는 교통수단의 종류를 살펴보면, 주로 도로를 이용한 승용차 · 버스와 같은 육상교통수단에 크게 의존하나, 대규모공항의 경우에는 고속도로와 철도 또는 지하철을 공항에 직접 연결하는 추세에 있다. 최근에는 항공기 소음피해나 공항부지 매입의 어려움 등으로 배후도시에서 멀리 떨어진 해안이나 해상에 공항을 건설하는 지역에서는 선박을 이용한 해상교통수단으로 공항에 접근하기도 하며, 헬기·경항공기 등 항공교통수단을 공항접근의 보조수단으로 활용하는 공항도 있다.

공항의 접근에 이용되는 교통수단의 선택에 영향을 미치는 요소로는 비용과 안락성 및 편의성이 고려되고 있다. 최근 공항이 도심에서 원거리에 위치하는 경향이 있어 선택폭이 점차 줄어들고 있는 실정에 있다. 그러나 근본적으로 공항의 접근성을 확보하기 위해서는 배후도시와의 연계교통체계의 구축이 필수적이며, 공항이용객의 종류별로 접근교통수단 이용에 차이가 있으므로 공항의 상주직원·여객·환송객·단체승객 등의 공항접근교통수단에 대한 배려가 있어야 한다.

2) 구내도로관리

공항의 구내도로는 공항운영자가 소유하고 있는 토지이므로 원칙적으로는 사도(私道)이지만, 공항의 특성상 공항의 구내도로는 공도(公道)로서의 성격을 띠고 있다. 따라서 구내도로의 질서유지·신호체계 등에 대한 효율적인 관리를 위해서는 해당 지방경찰청과 교통안전시설물 설치관리에 관한 협약을 맺고 도로교통법에서 정하고 있는 시설물을 설치하여 지방경찰청장의 승인을 받아 「도로교통법」을 적용받을 수 있으므로 공항의 구내도로는 공도(公道)의 규정을 적용받는다.

공항 내에서의 교통 및 주차질서 유지를 위해서는 경찰의 지원을 받고 공항운영자가 채용한 주차요원과 공익요원 등을 활용하고 있다. 또한, 택시조합이나 지방자치단체의 협조 및 지원을 받아 주차질서 유지 및 계도, 공항시설 안내, 교통사고 신고 및 초동조치 등의 임무를 수행하고 있다.

구내도로관리에서 고려해야 하는 사항은 다음과 같다.

첫째, 가로수·안내간판 등으로 교통표지시설이 가리거나 교통장애가 발생하지 않도록 해야 한다.

둘째, 도로표지판·차량신호등을 설치할 때에는 관계법령에 맞도록 해야 한다.

셋째, 교통표지시설이나 안내판 등은 공항을 처음 찾는 사람들도 쉽게 알아보고 식별이 쉽도록 설치하여야 한다.

넷째, 구내도로는 심한 곡선이 없고 청사나 주차장 등에 쉽게 접근할 수 있도록 설계되고 설치되어야 한다.

3) 주차장관리

공항의 주차장을 관리하는 방법은 공항운영자가 직접 운영하거나, 주차장관리를 전문으로 하는 회사에 위탁하여 운영하는 방법, 또는 주차장의 토지와 주차시설의 관리를 주차장관리 전문회사에 임대하거나 관리용역의 방법 등이 있다.

공항의 주차장관리에서 고려해야 할 사항은 다음과 같다.

첫째, 공항이 혼잡한 시간대에도 차량의 진출입이 가능토록 주차시설을 운영해야 하고, 장애인의 주차공간을 배려해야 한다.

둘째, 주차장 내에서의 사고나 차량피해가 발생하는 때에 공항운영자가 책임 있는 보상을 할 수 있도록 보험가입 등 피해보상대책이 있어야 한다.

셋째, 현금을 취급하는 문제에 대한 관리·감독과 월정주차장·직원주차장 등을 엄격한 운영을 할 수 있는 시스템을 마련하여야 한다.

넷째, 주차수요에 따라 주차요금을 탄력적으로 적용할 수 있는 요금체계를 갖추어야 한다. 주차요금을 탄력적으로 적용하는 방법으로 경차 또는 장애인 차량의 요금할인과 여객이 붐비는 주말이나 휴일에는 주차요금을 할증할 수 있는 주말할증요금체제 및 원거리 주차장이나 장기주차 차량에 대한 주차요금 할인제도 등이 있다.

제5절 상업시설관리

1. 공항의 상업활동 형태

1) 공항 구내영업의 운영형태

공항 내의 상업시설 운영은 상업지향적인 공항에서는 상업수익을 최대화하는 데 초점을 맞추고 있으나, 전통적인 공항조직에서는 상업활동에 어떠한 우선권이나 권한이 부여되지 않고 있다. 공항의 상업시설을 관리하고 운영하는 방법으로는 공항운영자가 상업시설을 직접 운영하는 방법, 공항운영자가 자회사를 설립하여 자회사가 상업시설을 운영토록 하는 방법, 공항운영자가 항공사 또는 민간전문회사와 공동으로 투자한 회사를 설립하여 상업시설을 운영토록 하는 방법 및 공항시설을 민간회사에 임대하여 민간회사가 상업시설을 운영토록 하는 방법이 있다.

첫째, 공항운영자가 공항의 구내영업을 직접 운영하는 경우에 상업시설에 대한 통제와 상업시설에서 발생하는 이익금 회수에 유리하고, 조직의 유연성을 극대화할 수 있는 장점이 있지만, 상업시설에 대한 투자자금의 부족, 공항운영비용의 증가, 상업시설 운영에 대한 전문성 부족, 상업시설 운영에 관련된 직원관리, 고임금에 의한 이익금의 줄어드는 등의 단점이 있다.

둘째, 공항운영자가 자회사를 설립하여 공항의 구내영업을 하는 때에는 전문인력의 활용에 다소 유리하고, 구내영업직원의 임금조정 때 유연성을 확보할 수 있는 장점이 있으나, 소규모로 운영할 경우 효율적인 마케팅을 실행하기 어려운 단점이 있다.

셋째, 공항운영자가 참여한 합자회사를 설립하여 공항의 구내영업을 운영하는 경우에는 이익금분배가 간단하고, 민간회사보다 구내영업에 대한 통제가 편리하다. 외부사업자의 투자를 촉진할 수 있는 장점이 있으나, 구내영업에 대한 책임소재가 불분명하고, 구내영업에 문제가 발생하는 경우 영업자를 변경할 수 없으며, 수익금을 극대화하기 곤란한 단점이 있다.

넷째, 민간회사가 공항의 구내영업을 운영하는 경우에는 구내영업수익을 극대화할 수 있

〈표 5-2〉 공항의 구내영업 운영형태의 장 · 단점

구분	장점	단점
• 공항운영자가 직접 운영 – Dublin: 면세점 – Manchester: 주차장 – Paris: 지상조업	• 통제와 이익금 회수에 유리 • 조직의 유연성 극대화	• 투자자금의 부족 • 운영비용 증가 • 전문성 부족 • 직원관리문제 • 이익금의 저하
• 공항운영자 소유의 자회사 – Frankfurt: 광고 – BAA: 호텔	• 전문인력 활용용이 • 임금조정 유연성 확보	• 소규모로 효율적 마케팅 실행 곤란
• 공항운영자가 참여한 합자회사 – Amsterdam: 기내식 – Milan: 면세점	• 이익금 분배용이 • 민간회사보다 통제용이 • 외부투자촉진 용이	• 책임소재 불분명 • 영업자변경 불가 • 수익금극대화 곤란
• 민간회사 – 다수의 공항이 채택	• 구내영업수익 극대화 • 최고의 전문적 지식보유 • 관리상 문제점 해결가능 • 구내영업자 변경가능	• 계약상 전문적 지식 필요 • 세밀한 모니터링 필요

고, 영업에 대한 전문적인 지식과 기술 및 경험을 활용할 수 있다. 구내영업관리에 문제점이 발생하는 경우 문제해결이 쉽고, 필요한 경우에 구내영업자를 교체할 수 있는 장점이 있으나, 계약을 위한 공항운영직원의 전문지식과 구내영업에 대한 세밀한 모니터링이 필요하다는 단점이 있다. 공항의 구내영업을 민간회사가 운영하는 것이 공항 서비스 향상과 구내영업수익의 극대화 등의 장점에 따라 유럽의 몇몇 공항을 제외하고 많은 공항이 이 방법을 채택하고 있다.

2) 구내영업자에 대한 영업료 부과

일반적으로 구내영업자로부터 공항이 얻는 수입은 크게 임대료와 구내영업료로 나눌 수 있으며, 그 밖에 냉 · 난방, 수도, 전기, 청소, 쓰레기처리, 전화 서비스 등에 대한 시설관리 · 유지비를 공항운영자가 대납한 후 구내영업자에게 부과한다.

(1) 구내영업자에 대한 임대료 및 영업료 부과

공항에서의 구내영업을 위하여 공항시설을 임대하는 문제는 공항의 임대시설면적은 한정되어 있고 임대수요자는 많아 수요공급이 불균형으로 공항운영자가 독점적 공급자의 위치에 있다.

공항시설을 임차하고자 하는 자는 임차시설의 위치나 면적에 대하여 선택의 여지가 거의 없고, 공항운영자가 제시하는 장소와 면적에 대하여 많은 임차수요자가 임차료와 구내영업료에 대한 경쟁입찰방식을 채택하는 것이 일반적인 임대방법이다. 공항의 구내영업시설에 대한 임대료 책정기준을 보면 대개의 공항이 비용원가방식, 임대사례 비교방식, 수익분석법의 기준을 적용하고 있다.

첫째, 비용원가방식은 임대시설의 토지 및 건물가격에 기대수익률을 곱한 후 임대시설의 관리를 위한 필요경비를 더하여 임대료를 산출한다.

둘째, 임대사례 비교방식은 수요공급의 법칙과 시장원리에 근거하여 유사물건, 인근지역 또는 유사한 공항의 임대요율을 비교하고 임대시점, 지역요인, 임대장소의 개별요인, 위치와 건물의 층수 등을 고려하여 임대료를 산출한다.

셋째, 수익분석법은 임대대상물의 기대 순이익에 임대대상물의 유지 · 관리를 위한 필요경비를 더하여 임대료를 산출한다.

우리나라의 경우 한국공항공사(KAC)는 임대대상물의 재산가격에 사용면적과 사용요율을 곱하여 예정가격을 산출한다. 여기서 재산가격의 산정은 토지는 정부가 고시하는 개별공시지가를 적용하고, 건물 등은 감정평가액을 적용하며, 사용요율은 5%를 기초로 하되, 임대시설의 위치와 임대시설의 용도 · 형태 및 시중 임대료를 감안해 조정한 금액을 예정가격으로 하고 경쟁입찰에 따라 높은 금액을 제시한 자를 낙찰자로 결정한다.

인천국제공항공사(IIAC)는 임대시설의 토지 · 건물 등 부동산가격의 100분의 10 이상을 임대료로 산정하고 구내영업료와 합산하여 예정가격을 작성한 후에 경쟁입찰을 통하여 높은 금액을 제시한 자를 낙찰자로 결정한다.

(2) 시설관리 · 유지비 부과

공항의 시설관리비와 유지비는 탑승교, 엘리베이터, 에스컬레이터, 수하물 처리시설, 냉 · 난방시설, 전기시설 등에 대한 운영 및 유지비로서 임대면적비율을 기준으로 하거나 사용량을 기준으로 부과하고 있다. 일반적으로는 이윤을 반영하지 아니하고 유지비용만을 부과하지만, 네덜란드의 스키폴공항의 경우에는 10%의 이윤을 추가하여 부과하는 공항도 있다.

우리나라 공항의 경우에 시설관리 · 유지비에 이윤을 포함하지 않고, 제공되는 원가만을 반영하여 임대면적 또는 사용량을 기준으로 부과하고 있다. 부과방식은 각 시설의 유지비에 대한 원가를 분기별로 산출하고 있으나, 탑승교 등의 시설유지비는 1회 이용의 평균단가를 적용하는 것이 더 효율적이고 합리적으로 보이며, 평균단가의 산출은 3년 또는 5년 단위로 재평가하는 것이 바람직하다고 본다.

2. 구내영업자의 선정과 관리

1) 구내영업자의 선정

공항의 구내영업자를 선정하는 방법은 경쟁입찰방식에 따라 임대료 및 구내영업료를 제일 많이 납부하는 사람을 선정하고 있다. 공항운영자가 임대료 및 구내영업료 수입을 극대화하기 위해서는 유능한 구내업자가 선정될 수 있도록 과거의 경력과 영업체인망 구성상태 및 영업규모 등을 감안할 수 있도록 구내업자의 영업능력과 임대료 등의 제시가격을 합산해 평가하여 선정하는 방법도 있다.

유능한 구내영업자의 선정이 공항의 상업수입을 좌우하므로 공항운영자는 유능한 구내영업자가 공항의 구내영업에 참여하여 경쟁성을 높일 수 있도록 홍보나 마케팅 방법을 꾸준히 연구하고 노력하여야 한다. 어떤 업종이 변화하는 공항환경에 적합한가에 대한 조사·연구와 업종별로 적정한 계약기간에 대하여 꾸준히 연구하여야 한다.

2) 구내영업자의 관리

공항운영자의 구내업자에 대한 관리는 크게 나누어 영업종목에 적합한 품목을 판매하고 있는가의 문제, 판매가격의 적정성 문제, 대고객 서비스에 관한 문제, 계약조건을 성실히 이행하고 있는가의 문제로 나눌 수 있다.

첫째, 영업종목에 적합한 품목의 판매문제는 업종에 대한 구내영업자 선정을 위한 입찰공고 때 제시한 조건 및 현장설명의 내용대로 판매품목을 정해야 한다. 영업종목 외의 품목을 판매하는 경우에는 공항 내의 다른 구내영업자가 판매하는 품목분야를 침범하게 되어 분쟁이 야기될 우려가 있기 때문이다.

둘째, 판매가격의 적정성 문제는 공항의 위치적 특성 및 구내영업관리의 특성상 공항지역은 경쟁성이 보장되기는 어렵고, 독·과점적 성격이 강한 특성이 있으므로 도심의 상가보다 비싼 가격을 받을 우려가 있기 때문이다. 공항은 대부분 판매가격관리를 위하여 가격신고제를 채택하고 있다.

셋째, 대고객 서비스에 관한 문제는 고객에 대한 친절도, 종사원의 복장과 위생관리상태, 판매품의 품질, 영업의 개시시간과 종료시간 및 종사원에 대한 서비스교육 등에 관한 문제로서 공항운영자는 서비스 평가제도를 채택하여 서비스상태가 현저히 나쁜 구내영업자에 대하여는 페널티를 부여하거나 계약기간이 종료될 때에 연장계약을 불허하는 방법을 채택하고 있다.

넷째, 계약조건의 성실한 이행은 영업시설의 관리, 방화시설 및 장비의 상태, 계약면적을 초과하여 사용하는가와 공항운영에 저해되는 시설물설치 또는 상품의 진열, 임대료 등의 납부상태 등을 수시 또는 정기적으로 점검하여 관리한다.

CHAPTER 6

화물청사 운영

제1절 항공화물의 이해

1. 항공화물운송의 특성

항공화물이란 항공기에 의하여 운송되는 물품으로서 우편물과 여객이 휴대하는 수하물을 제외한 모든 물품을 말한다. 따라서 여객이 휴대하지 아니하는 비동반수하물도 항공화물에 속한다. 항공화물운송의 특성을 이해하는 데는 여객운송과의 차이점과 해상화물운송과의 차이점을 비교하고 항공화물운송의 특징이 무엇인가를 파악함으로써 쉽게 이해될 것이다.

1) 화물운송과 여객운송의 차이

(1) 일방운송의 특성

화물은 여행 후 출발지로 되돌아오는 여객과는 달리 일단 목적지까지 운송된 화물은 다시 되돌아오지 않는 일방운송(一方運送)의 특성이 있다. 다만, 예외적으로 운송되었던 화물이 되돌아오는 경우는 다음과 같은 사례가 있다.

첫째, 운송한 물품을 운송의뢰인에게 되돌려주는 반송품

둘째, 판매한 물품의 수리를 위하여 제작회사나 공장에 수리를 의뢰하는 기계류

셋째, 미술품과 같이 전시목적의 물품을 전시 후에 다시 가져가기 위한 경우

넷째, 반제품을 수출하여 다른 나라에서 완제품으로 만든 후에 그 물품을 판매하기 위하여 원래의 제작회사로 되돌아오는 경우

(2) 동일물품의 반복 또는 대량운송 특성

화물운송은 1회의 여행으로 끝나는 여객운송과는 달리, 고정된 구매자가 있는 경우에는 같은 종류의 물품이 1회 운송으로 끝나지 않고 계속적 거래를 유지하여야 하므로 같은 종류의 물품을 반복적으로 운송하게 되는 특성이 있다. 물품의 구매자가 많은 경우에는 같은 종류의 물품을 대량으로 운송하는 특성이 있다.

(3) 지상조업의 필요성

항공화물은 여객과는 달리 스스로 움직일 수 없으므로 화물을 항공기에 탑재(搭載)하거나 항공기에 탑재된 화물을 내리기 위해서는 인력과 장비에 의한 작업을 필요로 한다. 화물을 항공기에 탑재하거나 내리기 위해서는 Loading, Unloading, Build-up, Break-down 등의 지상조업이 필요하다. 항공화물에 대한 지상조업을 위하여 Cargo Loader, Cargo Conveyor Car, Transporter, Dolly 등의 지상조업장비를 필요로 한다.

(4) 운송경로의 특성

여객은 항공권에 명시된 구간에 따라 여행을 하지만, 화물은 출발지에서 목적지까지 어떠한 경로로 수송되든 관계가 없으며, 우회경로를 통하여 수송되었다고 해서 화주가 운송비를 추가로 부담하는 일은 없다.

화물운송은 도착시간을 준수하고 양질의 대고객 서비스를 위해서는 통상적으로 목적지까지 제일 빠른 경로를 택하여 수송하는 것이 보통이다. 화물운송은 여객운송이 주로 낮에 이루어지는 것과 달리 주로 야간에 운송되는 특성이 있다. 예컨대, 주간에 탁송(託送)된 화물이라도 공항의 슬롯이나 공항운영의 효율성을 높이기 위하여 특별한 경우를 제외하고 화물전용기는 야간에 운항토록 하는 것이 세계적인 관행이다.

2) 항공운송과 해상운송과의 차이

(1) 항공운송은 신속한 운송에 유리

항공운송은 해상운송보다 운송시간이 짧아 신속한 운송이 가능하다. 해상운송은 운송시간이 길어 신속성이 요구되는 물품운송에는 부적합하다. 항공운송은 운임부담능력이 높은 중량화물이나 부피가 큰 화물 및 벌크화물 등의 운송에는 부적합하지만, 고부가가치상품과 시한성이나 긴급성을 요구하는 과일, 화훼, 생선, 혈액, 장기, 이식용 장기, 의약품 운송에는 절대적인 우월성을 지니고 있다. 최근에 제품의 소형화와 경박화(輕薄化) 및 고부가가치화 추세와 시간가치의 증대에 따라 항공운송이 증가하고 있다.

(2) 항공운송은 안전성과 경제성이 높은 특성

항공운송과 해상운송의 안전성 · 경제성 · 이용편리성 · 신속성 등을 비교해 보면 다음과 같은 특성이 있다.

첫째, 항공운송은 해상운송보다 빠르게 운송할 수 있고, 적기에 도착할 수 있는 특성이 있다.

둘째, 해상운송은 운송 중 파손, 도난, 변질, 부식 우려로 보험료가 항공운송보다 40배 이상 비싸다.

셋째, 항공운송은 해상운송보다 운임이 비싸지만, 화물을 운송 의뢰하는 화주는 이용이 편리한 장점이 있다.

넷째, 항공운송은 화물의 적재가 제한적이고, 출하 전까지 수요예측이 어려운 특성이 있다.

다섯째, 화물의 항공운송제약으로 화물운송의 97% 이상은 해상운송을 통하여 이루어지고 있다.

〈표 6-1〉 **항공화물운송과 해상화물운송의 비교**

구분	항공운송	해상운송	비고
운송시간(신속성)	짧다(미주 2일, 구주 2일)	길다(미주 15일, 구주 20일)	
적기 도착성	높다	낮다	
안전성	높다	낮다 • 충격에 의한 파손 우려 • 장기 수송에 따른 도난 · 변질 · 부식 우려	보험요율 • 항공: 0.09% • 해상: 0.4%
운임(경제성)	비싸다	싸다	
이용편리성	높다	낮다	
적재용이성	제한적	비제한적	
수요예측	출하 전까지 예측 불확실	예측가능	
화물시장규모	3% 이내	97% 이상	

3) 항공운송의 이점

항공운송의 특성과 화물을 항공편으로 운송할 때 화주가 기대할 수 있는 유통상 또는 경영상의 이점 및 특성을 살펴보면 다음과 같다.

(1) 고객 서비스 향상에 기여

화물의 항공운송은 상품판매자가 상품의 재고부족으로 인하여 고객을 놓칠 위험성을 배제할 수 있다. 물품을 구매자가 요구하는 납기까지 상품을 적기에 공급할 수 있으므로 수요자의 요구에 대처할 수 있을 뿐만 아니라 상품의 재고부족으로 인하여 고객을 잃게 되는 위험을 방지하는 등으로 고객 서비스를 향상할 수 있어 매출을 증대할 수 있다.

(2) 재고관리와 판매촉진에 유리

화물의 항공운송은 다른 교통수단에 비하여 속도가 빠른 항공기를 이용하기 때문에 운송의 신속성을 보장할 수 있으므로 상품의 안전재고율(安全在庫率)을 낮출 수 있어 상품의 재고관리비용을 절감할 수 있다. 특히 상품의 판매예측이 불확실한 지역에서는 많은 양의 상품을 재고로 보관할 수 없으므로 운송시간이 단축되는 항공운송의 효율성이 좋아질 수 있다.

화물의 항공운송은 구매수요가 발생하는 때에 빠르게 공급할 수 있어 상품의 재고량을 확보하기 위한 보관창고의 비용을 절감할 수 있다. 상품의 전시 등이 필요한 경우에도 신속한 운송이 가능하여 상품의 판매촉진에도 유리한 특성이 있다.

(3) 원거리 시장의 경쟁에 유리

화물의 항공운송은 신속한 운송의 장점을 이용하여 어패류 · 야채 · 과일 · 화훼 · 특수의약품 등 쉽게 변질되는 상품도 원거리의 시장까지 확대할 수 있고, 계절성 상품이나 단기유행성 상품과 같이 판매할 수 있는 기간이 한시적이거나 일시적인 상품을 신속히 운송할 수 있어 생산지에서 원거리에 있는 시장에서도 현지의 생산자와 경쟁성을 가질 수 있는 특성이 있다.

(4) 생산량 조절에 기여

화물의 항공운송은 항공사와 복합화물 운송업체 등과 연결된 화물운송 시스템에 의하여 언제라도 자기 상품의 위치와 상태를 파악할 수 있으므로 판매량에 따라 생산량을 적절하게 조정할 수 있어 생산비를 절감할 수 있다. 상품의 생산자가 상품을 미리 만들어 상품을 자체적으로 보관해야 할 재고량을 줄일 수 있어 상품의 자체보관비용을 줄일 수 있다.

2. 항공화물의 분류

항공화물은 화물을 취급하는 방식에 의한 분류와 화물의 특성이나 수요자의 요구에 의한 분류방식으로 나누어 고찰할 수 있는데, 화물을 취급하는 방식에 의한 분류는 다음과 같다.

1) 화물을 취급하는 방식에 의한 분류

항공화물은 취급하는 방식에 따라 예비화물, 정규화물, 긴급화물, 귀금속, 위험화물, 가축 및 금지화물 등으로 분류한다.

첫째, 예비화물은 항공운송을 의뢰한 화물은 아니고 항공운송이 적합하다고 판단되는 화물로서 항공운송의 장점인 안전성 · 정시성 · 신속성이 요구되고, 비교적 운송비용이 저렴하고 부가가치가 높은 화물이다.

둘째, 정규화물은 일반적으로 수출입절차에 의하여 운송되는 화물을 말한다. 정규화물은 비교적 상품주기가 짧아 신속한 운송이 요구되는 화물로서 항공운송이 불가피한 물품이다. 신문, 생화, 어패류, 부식성 물품, 채소, 과일 등을 대상으로 한다.

셋째, 긴급화물은 상품의 수명이 신속한 운송에 절대적인 영향을 미치는 화물이다. 혈액, 혈청, 혈소판, 이식수술을 위한 장기 등이 긴급화물로 분류되고, 기계나 선박의 고장을 수리하기 위한 부품도 긴급화물로 분류한다.

넷째, 귀금속은 운송 중 고도의 안전 및 주의가 필요한 화물을 말한다. 귀금속은 선박운송에 의하여서는 목적달성이 어렵거나, 국제해상강도 등 도난이나 탈취의 가능성이 있는 금괴 · 보석 · 화폐 등으로서 특별한 보안대책이 필요한 화물이다.

다섯째, 위험화물은 운송하는 과정에서 특별한 용기에 담거나 대단한 주의가 필요하고 충격이 있어서는 안 되는 화물이다. 탄약, 화학약품과 같이 폭발성이 있는 물질과 석유류와 같이 인화성이 있는 물질 및 압축가스나 방사성 물질이 위험화물로 분류된다.

여섯째, 가축은 살아 있는 동물이므로 특별한 운송장비가 필요하고 운송 중에 먹이와 식수를 제공할 수 있는 시설이나 장비가 필요한 화물이다.

일곱째, 금지화물은 특별한 보완대책이나 국가의 허가 없이는 일반적으로 운송이 금지된 화물이다. 무기 · 폭약 · 마약 등은 허가 없이 항공운송이 금지되는 화물이다.

2) 항공운송이 요구되는 화물

일반적으로 항공운송이 요구되는 화물로는 긴급하게 사용해야 하는 화물, 장기수송으로 가치를 상실하는 화물, 운임부담능력이 있고 안전성이 요구되는 화물, 여객이 도착 즉시 필요한 화물, 다른 운송수단으로 운송 불가능한 화물 등이다.

첫째, 긴급한 수요에 의하여 발생하는 화물로는 기계나 항공기와 선박의 수리를 위하여 필요한 부속품과 위급환자의 수술을 위하여 필요한 혈액 · 혈청 · 혈소판 및 이식용 장기 등이 이에 해당한다. 납기가 임박한 상품이나 계절별 유행상품도 긴급수요의 화물이 될 수도 있다.

둘째, 운송시간이 길어지면 상품의 가치가 떨어지거나 가치를 상실하게 되어 항공수송의 신속성으로 수요가 발생하는 화물로는 신문 · 잡지 · 뉴스필름 · 원고 · 상업서류 · 어패류 · 생화 · 식료품 및 살아 있는 동물 등이 여기에 해당한다.

셋째, 운송에 안전성이 요구되고 충격에 의한 파손이나 위험을 피해야 하며 고가물품으로서 항공운송으로도 경쟁력이 있는 화물로는 비교적 가격이 비싼 모피 · 미술품 · 귀금속 · 약품 · 전자기기 · 광학기기 등의 물품이 있다.

넷째, 여객이 목적지에 도착함과 동시에 필요로 하여 항공운송이 필요한 물품으로는 홍보나 선전용 견본품 및 이삿짐 · 애완동물 · 승용차 등의 화물이 있다.

다섯째, 해상운송이나 철도 또는 육상운송수단이 파업이나 운송로가 확보되지 못하여 항공운송이 필요한 때도 있다. 내륙의 벽지나 외딴섬에 다른 교통수단으로는 운송시간이 너무 길거나 오히려 운송비용이 더 많이 발생하는 경우 항공운송을 이용하게 되는 것이다.

3. 항공화물운송의 발달

1) 항공기의 발달

항공기에 의한 화물운송은 여객운송과 더불어 항공운송의 양대 축을 이루며, 양적으로 증가하는 한편, 질적으로도 크게 발전하였다.

항공화물운송은 1910년 필립 팔메리 회사에 의해서 최초의 화물운송이 시작되었다. 제2

차 세계대전 기간인 1939년부터 1945년 사이에 군수품의 운송수단 확보를 위한 군사적 필요에 따라 항공운송이 급속히 발전하였다. 제2차 세계대전이 끝난 후에는 군용 수송기가 민간용 항공기로 전환하여 사용되면서 민간항공의 화물운송도 급속한 발전하기 시작하였다.

1958년 B-707 및 DC-8 등 제트항공기가 개발되기 전까지는 화물운송은 여객운송의 부수적인 영역에 불과하였다. 제트항공기의 출현으로 1960년대에는 최초의 화물전용기가 등장하였다. 1970년대에는 B-747급의 대형 화물전용기가 개발되어 화물의 대량운송과 장거리운송이 가능하게 되었으며, 컨테이너 · 팔레트 등 운송장비의 발달로 컨테이너 전용 화물기가 출현하였고, 화물운송전문 항공사도 설립되었다.

화물운송의 수요가 증가하고 화물운송이 발전하게 된 요인을 살펴보면 다음과 같이 분석되고 있다. 최근에는 화물전용기가 늘어나고 Sky-Team, Star Alliance, One World와 같은 항공운송 협력체제가 결성되기도 하였다.

2) 항공화물운송 급성장 이유

(1) 항공운송상품의 수요 증가

산업의 고도화와 소득수준의 향상에 따라 고부가가치의 공산품이 늘어났다. 마이크로 칩의 개발과 기술향상으로 제품의 소형화와 가볍고 얇아지는 경박화(輕薄化)로 고가물품의 중량이 가벼워지고 소규모화되면서 항공운송의 경쟁력증가로 항공운송수요의 증가가 뚜렷해졌다.

국제관계의 긴밀화와 세계화에 맞추어 상품의 생산지와 소비지와의 거리감이 없어지고 유통 및 운송기술의 발달로 어패류나 화훼, 살아 있는 동물 및 과일 등의 시한성 물품의 수송량이 늘어나고, 혈액이나 장기이식을 위한 긴급한 물품의 수송량이 늘어나게 되어 항공화물 운송수요는 증가하고 있다.

(2) 항공운송 서비스의 질 향상

항공운송 서비스는 1970년대 들어 B-747급 대형의 화물전용기가 투입되면서 항공화물운송의 일대 전환점을 맞이하게 되었다. 대형 화물기가 투입되고 탑재용기의 발달로 컨테이너, 팔레트, 이글루, 의류용 · 보온용 · 냉동용 및 생동물 수송용 등 특수탑재용기 등에 의한 운송이 개발되고 보급되었다. 화물의 적재규모가 커지고 수송상의 파손이나 훼손을 방지할 수 있게 되어 항공운송의 안전도를 향상하였으며, 분실이나 도난방지의 역할도 함께 하게 되었다.

화물운송을 위한 지상조업의 발달과 하역 시스템의 합리화로 항공운송 서비스의 질을 향상되었다. 즉 High Loader, Dolly, Conveyor, Forklift, Transfer Vehicle 등 지상조업장비와 하역 시스템의 발달이 항공운송의 안전도를 높여 주고 운송의 질을 향상시키게 되었다.

(3) 화주의 인식 변화

화물을 운송의뢰 하는 화주(貨主)들이 운송의 효율성에 대한 중요성을 재인식하면서 항공화물 운송수요가 증가하게 되었다. 상품생산업자가 화물운송을 물적 유통관리에 포함하여 생산 및 판매체제의 효율성을 도모하고 상품의 생산 및 판매의 순환주기를 단축하는 운송수단을 선택함으로써 시간가치와 회전율이 생산성을 향상할 수 있다는 것을 인식하게 되어 화물운송의 증가요인으로 작용하게 되었다.

상품포장의 규격화로 인한 포장비 · 운반비 · 하역비의 절감 등 물류비의 절감과 운송시간 단축으로 인한 기회비용의 절감 등에 대하여 화주들이 항공운임의 상대적 경쟁력을 인식하면서 항공운송을 선호하는 경향으로 바뀌고 있다.

(4) 항공수요 개발과 Agent의 활약

여객운송수입에 의존하였던 항공사들이 여객운임의 인상억제 등으로 화물운송업무에 관심을 가지면서 항공화물의 혼재(混載) 시스템과 집배(集配) 시스템의 개발 등으로 항공화물 운송의 효율성을 증대시키고 이용의 편리성을 증가시켰다. 항공노선의 확대와 다른 항공사와의 업무제휴 등을 통해 화물운송 시스템을 강화하여 항공화물 운송수요를 증가시켰다.

화물을 취급하는 Agent들이 대량화물을 운송하는 상용화주(常用貨主)에 대한 운임인하 등 서비스의 개선과 해외 Partnership의 강화 및 서비스영역의 확대 등을 통하여 화물운송 시스템을 크게 개선하여 항공화물 유치에 노력한 결과 항공화물 운송수요가 증가하였다.

4. 항공화물의 운송체계

1) 항공화물의 운송경로

항공화물이 운송을 의뢰한 화주(貨主)로부터 소비자인 화물인수자에게 운송되는 과정에서 통상적으로 화물운송업자를 통하여 운송하게 된다. 이는 대기업이나 대량화물의 운송을 의뢰하는 화주라 할지라도 항공화물 취급업무에는 전문적인 지식과 경험이 필요할 뿐만 아니라 화물운송에 관한 업무가 대기업이나 대량화주의 전체적인 업무에서 차지하는 비율이 미미하기 때문이다.

항공화물의 운송체계에서 화주 · 국제물류주선업자 · 항공사 · 공항운영자 · 화물인수자의 관계를 도식화하면 다음 그림과 같다. 화주가 직접 화물을 항공사에 운송의뢰하는 경우와 국제물류주선업자를 통하여 화물을 운송할 수 있으나, 일반적으로 국제물류주선업자를 통하여 운송하는 경우가 많다.

[그림 6-1] **항공화물의 운송체계도**

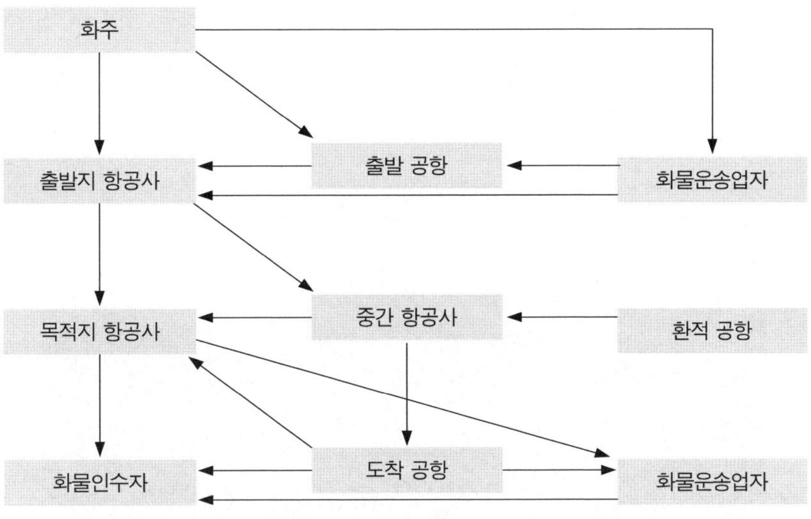

2) 화물운송 항공기

항공화물을 운송하는 항공기의 종류는 여객은 탑승하지 않고 화물만 운송하는 화물전용기와 여객과 화물을 함께 싣도록 설계된 화객혼용 항공기, 여객전용기의 화물칸을 이용한다. 화물을 운송하는 방법으로는 출발지에서 도착지까지 같은 항공기로 직접 운송하는 기종점(起終點) 운송을 하는 방법과 화물을 운송하는 도중에 다른 항공기로 화물을 환적(換積)하여 운송하는 방법의 두 가지가 있다.

첫째, 화물전용기는 화물의 용적과 중량을 고려하여 화물의 운송량이 많은 노선에 투입되기 때문에 주요항공화물시장을 연결하는 항공노선에 운항된다. 화물전용기로 사용되는 항공기는 대형 항공기인 B-747F 또는 MD-11F급의 항공기가 보통이며, 화물적재량은 90～100톤 정도이다.

둘째, 화객(貨客) 혼용 항공기는 일부는 여객탑승 공간으로 사용하고, 일부는 화물탑재용 공간으로 사용하는 항공기로서 화물량이 비교적 많은 항공노선에 운항하고 있으며, 화객 혼용기로 사용되는 항공기는 대형 항공기로서 B-747급 항공기가 보통이다. 화객 혼용기의 화물적재량은 30～40톤 정도이다.

셋째, 여객기에 의한 화물운송은 여객의 수하물운송을 위한 항공기 하부 화물칸에 화물을 같이 운송하는 것으로서 화물운송량이 적은 항공노선에서 운송하는 형태이다. 여객기의 수하물 적재함을 이용하는 형태로서 항공기의 크기에 따라 다르겠지만 대형 여객기의 화물적재량은 보통 10톤 정도가 된다.

[그림 6-2] **화물전용 항공기**

3) 화물의 Unit Load화

항공화물은 Bulk 화물이나 화물을 낱개로 운송하기에 적합하지 않기 때문에 항공운송을 위해서는 화물을 Unit Load 작업이 필요하다. 항공화물의 Unit Load는 컨테이너, 팔레트, Car Transporter, Horse Stall, Garment Hanger 등 특수한 탑재장비에 적재가 가능하도록 화물을 용기에 담거나 용기 단위로 적재하여 운송할 수 있도록 포장하는 것을 말한다. 이러한 업무는 일반적으로 화물운송업자가 담당하는 것이 보통이다. 화물의 Unit Load화는 화물을 항공기에 탑재하거나 하기하는 하역시간을 단축하여 항공기의 가동률을 제고시킬 수 있는 이점과 항공기의 화물칸 공간이용을 극대화할 수 있는 이점이 있으며, 화물의 도난이나 손상을 방지할 수 있는 효과가 있다.

제2절 화물청사 내의 화물처리체계

1. 화물청사의 기능

공항의 화물청사는 화물운송에서 항공사의 운송경쟁력 확보에 결정적인 역할을 담당하는 장소이다. 항공화물은 출발지에서 도착지까지의 운송시간 대부분을 화물터미널에서 소비하는 실정이다.

항공사가 화물터미널을 효율적이고 경제적으로 운영하는 것은 화물운송의 원가절감과 부대비용 절감의 핵심적인 장소이므로 화물운송에서 화물터미널 운영은 제일 관심을 가지고 관리하는 지역이다.

항공사들이 화물운송에 투입되는 항공기나 화물공급능력과 항공기 운항횟수 및 화물운임 등은 항공사 간에 거의 평준화되고 있다. 항공사들은 화물청사에서의 서비스는 독자적으로 개발하여 항공화물 유치증대와 화물처리비용을 절감하는 대상으로 삼고 있다.

화물터미널의 기능으로는 수출화물의 집하(集荷)와 보관, 수출통관, Build-up 및 항공기에 탑재기능과 수입화물을 항공기에서 Un Loading, Break-down, 보관, 수입통관 및 화주에게

[그림 6-3] **화물청사 화물분류작업장**

[그림 6-4] **항공화물 공용정보 시스템**

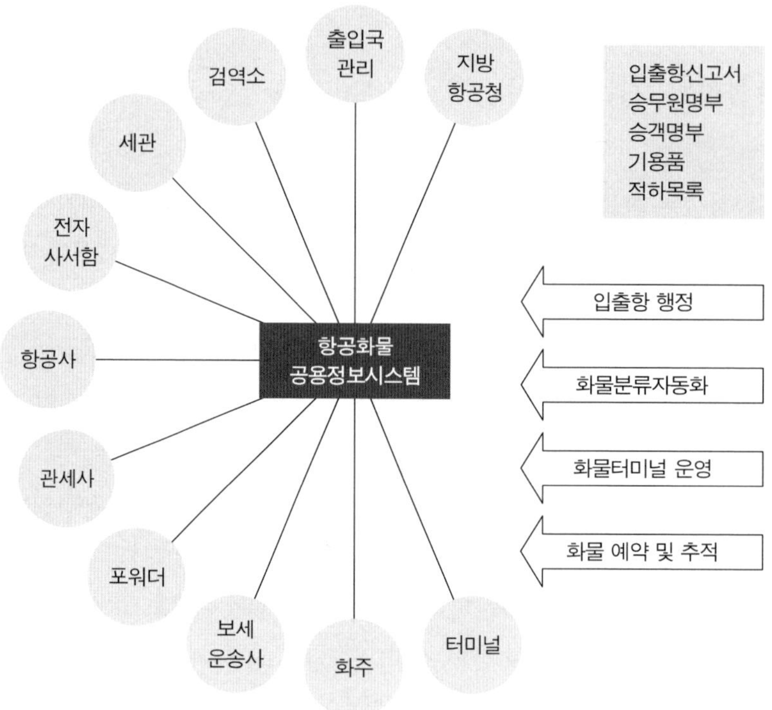

인도하는 등의 기능을 수행하는 장소이다. 그 외에도 T/S 화물의 Un Loading, Break-down, 보관, 이적허가(移積許可), Build-up 및 항공기에 탑재하는 는 기능을 수행한다. 화물청사에는 수출입 항공화물의 공용정보 시스템에 의한 화물정보처리전산망이 구성되어 있다. 화주·국제물류주선업자·보세운송사·관세사·항공사·세관·검역소·출입국관리와 지방항공청을 연결하는 전산망을 통하여 화물의 운송예약, 수송 중인 화물의 위치추적, 화물의 행선지별 또는 품목별 분류, 화물의 수입·수출과 관련된 행정업무, 화물터미널의 시설관리와 운영업무를 수행한다.

2. 화물처리의 흐름

화물청사 내에서의 화물처리의 흐름은 수출화물처리의 흐름과 수입화물처리의 흐름을 구분하여 살펴보아야 한다.

첫째, 수출화물은 화주로부터 화물을 직접 접수하거나 다른 항공사로부터 화물을 접수하여 검사 및 수량을 확인한 후에 무게와 규격을 계측하고 Tag을 부착해 화물을 정렬하여 수송할 항공기별로 분류하고, 선적대기장소로 화물을 운반하여 항공기에 탑재하는 흐름으로 이루어진다.

둘째, 수입화물은 항공기에서 화물을 내린 후에 대기지역에서의 사전검사를 거쳐 화물을 분류하여 보세창고에 입고한 상태에서 세관검사 및 통관절차를 거쳐 출하대기 장소에서 대기한 상태에서 화주에게 인도하는 절차가 이루어진다. 항공기에서 화물을 내린 후에 다른 항공기로 환적해야 하는 화물은 해당항공사로 넘겨지게 된다.

1) 수출화물처리의 흐름

수출화물처리의 흐름은 수출화물을 화주로부터 접수하여 적하목록(積荷目錄)을 작성하고 화물의 수량 확인과 통관검사 등을 거쳐 규격 및 무게를 계측(計測)해 포장된 화물에 꼬리표를 부착한 후 수송할 항공편별로 화물을 분류하여 Build-up 작업을 수행하여 항공기에 탑재하는 절차로 진행된다.

첫째, 적하목록이란 항공기에 탑재되는 화물의 총괄목록을 말하며, 적하목록은 화물의 항공기 탑재·운송·보관·통관의 단계별로 화물의 총괄관리를 위하여 작성하는 화물정보기

[그림 6-5] **항공화물처리 절차도**

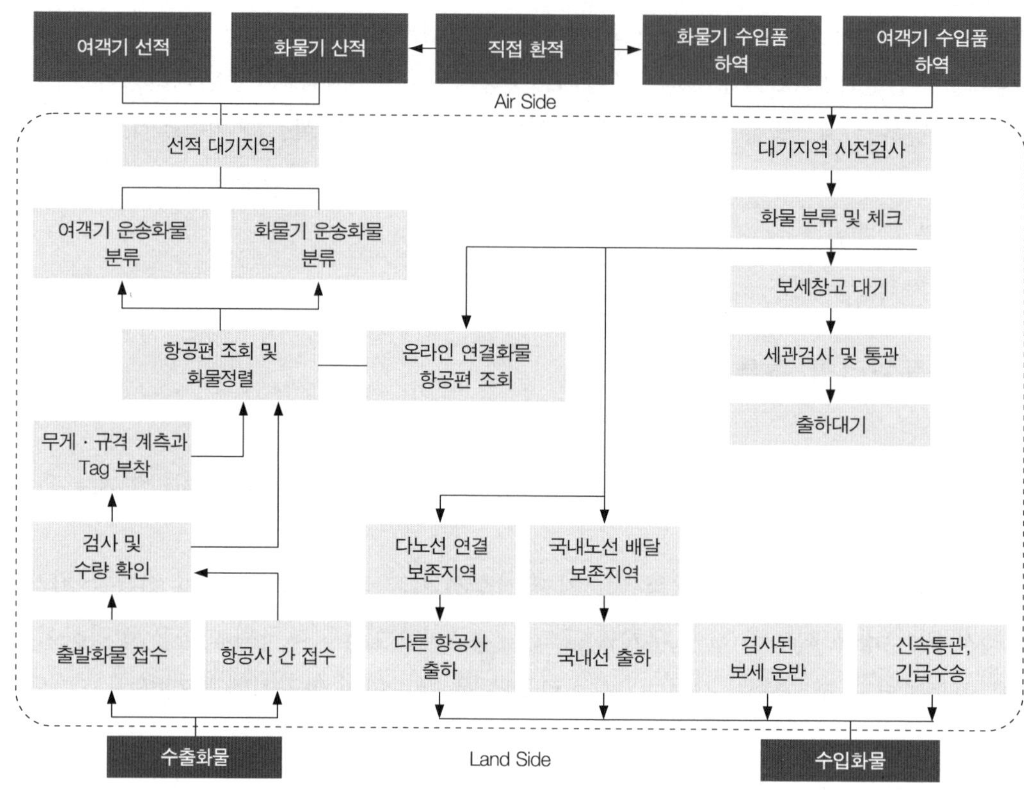

록으로서 항공기가 입·출항을 하는 때에 수출입 관계기관에 제출하는 신고서이다.

둘째, 탑재관리란 항공기의 안전운항을 위한 중량안배(重量按配)와 수평미익(水平尾翼)의 조정값을 산출하여 Load Sheet를 작성하는 것으로서 Load Planning Sheet 작성과 Weight & BaLance 조정을 하는 Load Planning을 수립하는 것을 말한다.

수출화물에 대한 항공기 탑재가 끝난 후 사후조치사항으로는 예약내용과 탑재내용을 비교한 메시지, 특별화물에 대한 정보 메시지, 기타 화물정보 메시지 등 화물처리 메시지의 발송과 수출통관이 이루어지지 못한 부적절한 화물에 대하여는 화주나 대리점에 통보하고 관련기관에 그 내용을 통보해야 하는 절차 등이 있다.

우리나라에서 수출화물 처리업무의 흐름은 인천국제공항에서의 수출절차와 김포국제공항에서의 수출절차가 다소 다름을 알 수 있다.

[그림 6-6] **수출화물처리 흐름도**

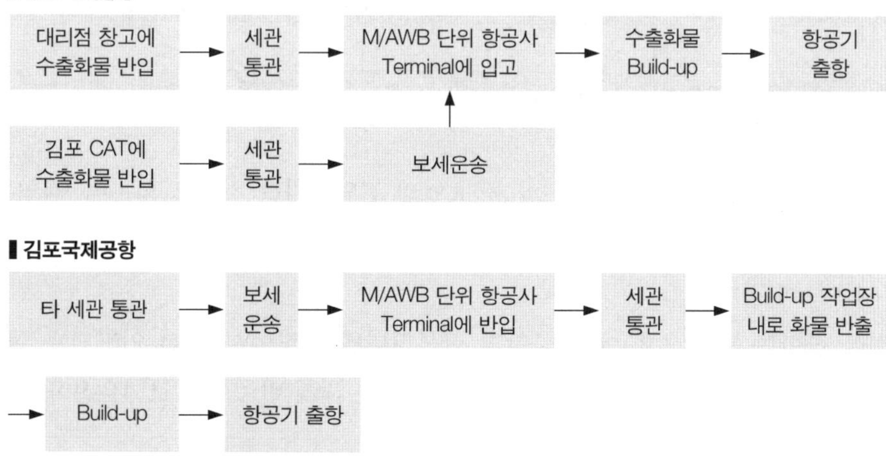

인천국제공항에서는 수출화물을 대리점 창고에 반입한 후 세관통관을 거쳐 항공사터미널에 입고하여 Build-up 과정을 거쳐 항공기에 적재하면 되는데, 김포국제공항에서는 수출화물을 대리점을 거쳐 세관통관을 한 후에 보세운송으로 인천국제공항으로 화물을 이동하여 항공사터미널에 입고하여 다시 세관통관을 한 후에 Build-up 작업을 거쳐 항공기에 적재하는 절차를 거치고 있다. 이는 김포국제공항에서는 국제선 화물의 항공기 운항이 없으므로 이중적 절차를 거치고 있다.

2) 수입화물처리의 흐름

수입화물은 외국에서 항공기에 탑재(搭載)되어 수입국의 공항에 도착한 화물이 수입국의 수입허가나 통관 및 적법한 절차를 거쳐 국내화물로 인정된 화물을 말한다. 통관절차가 완료되지 아니한 화물을 보세화물이라 하고, 수입허가를 받아 통관절차가 이루어진 화물은 수입화물로 취급되어 화물을 수입한 자가 물품인수를 할 수 있는 화물이다.

수입화물처리의 흐름은 일반적으로 수출화물 흐름의 역순으로 처리되는 것이 보통이나 수입절차를 거치는 과정에서 약간의 업무절차에 차이가 있다. 수입화물의 통관절차는 항공기에서 하기한 화물이 화물청사의 보세창고에 반입되면 화물 ULD 장치 확인→수입신고서 작성→세관신고→검사 및 검역→관세납부→수입면장 발부→정산 및 출고의 순서로 진행된다.

[그림 6-7] **수입화물처리 흐름도**

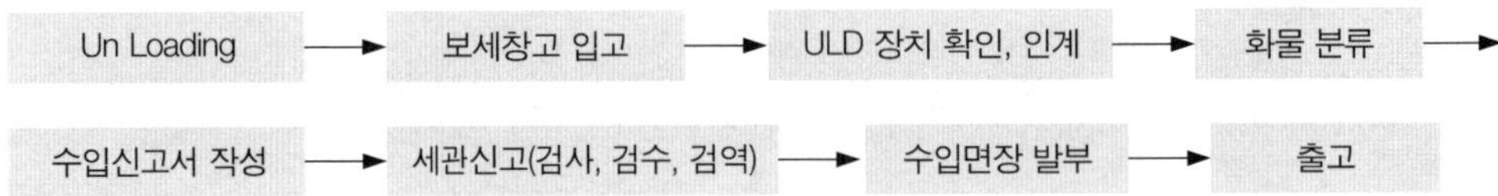

국내로 반입되는 수입화물에는 수출화물과 달리 검역절차를 거치게 되는데, 검역은 식물검역・동물검역・식품검역을 담당하는 관련된 국가기관에서 수행하며, 세관의 수입통관은 검역 후에 이루어진다.

수입화물 중에는 화주(貨主)에게 공항의 화물터미널 현장에서 직접 인도되는 현도화물(現渡貨物)이 있다. 이는 현도화물로 분류된 후 24시간 내에 반출되는 보세운송화물, 외교행낭, 유해 및 유골, 신문 및 잡지 등이 해당된다.

우리나라에서 수입화물 처리업무의 흐름을 알기 쉽게 그림으로 표시하면 [그림 6-7]에서 보는 바와 같다. 항공사가 담당하는 업무, 지상조업체가 처리하는 업무, 국제물류주선업자가 담당하는 업무 등으로 구분되고 있음을 알 수 있다. 항공사는 화물의 수송을 담당하고, 지상조업체는 화물청사와 항공기 사이에서 이루어지는 화물의 분류・탑재・하기 및 Build-up 등의 작업을 담당하며, 국제물류주선업자는 화물의 접수, 지상수송, 배송 및 통관업무를 담당한다.

3. 화물터미널의 시설

항공화물은 여객과 달리 Land Side에서 Air Side로, Air Side에서 Land Side로 이동할 때 자기 스스로 이동할 수 없고 여러 가지 기계장치나 장비를 이용하여 물리적인 힘을 가해야만 이동할 수 있는 특성이 있다.

화물터미널에는 화물운반을 위한 기계장치가 설치되어 있거나 화물운반용 장비가 출입할 수 있도록 출입문의 크기, 건물의 높이, 건물의 기둥이나 보가 이러한 작업을 고려하여 설계되어 있다.

[그림 6-8]은 항공사의 일반적인 화물터미널의 시설배치를 나타낸 것이다. 화물터미널 내에는 수출입화물의 보안검색을 위한 엑스선 검색장비, 화물의 중량계측을 위한 저울, 화물

[그림 6-8] **화물터미널의 시설배치도**

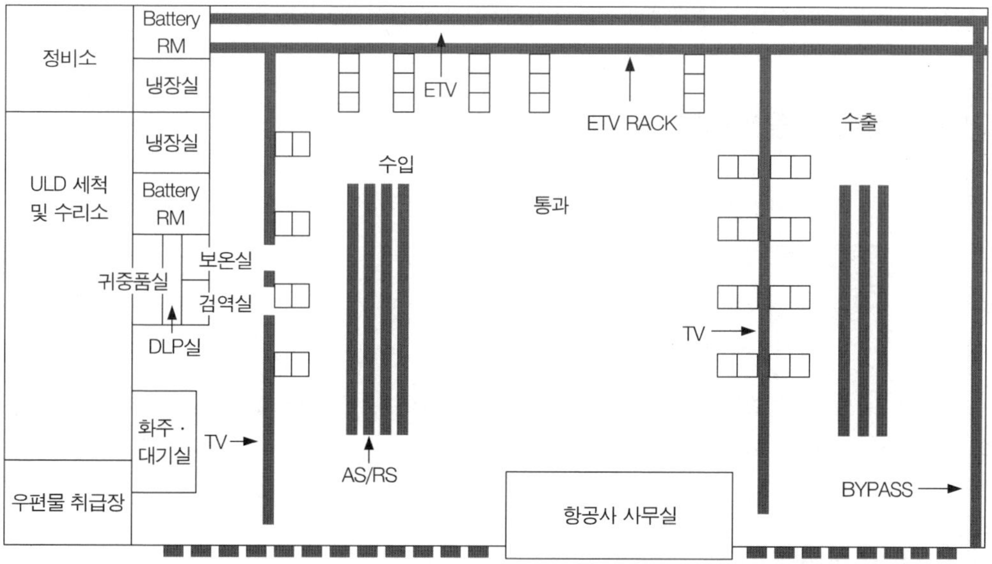

운반을 위한 컨베이어벨트, 화물의 정보처리를 위한 전산기기, 화물의 분류 및 탑재용기에 적재작업을 하는 작업장, 통과화물의 장치장, 냉장창고, 냉동창고, 보온창고, 귀중품 보관창고 등이 설치되어 있다.

최근의 화물터미널은 자동화된 시설이 많이 있으나 아직도 자동화가 이루어지지 않은 공항도 있다. 그러나 화물터미널의 완전자동화만이 효율적인 운영은 아니다. 예를 들면, 화물계류장과 화물터미널이 인접하게 설치된 것은 화물터미널의 기능이 보관기능보다는 화물의 분해 · 조립 등의 작업공간이 많이 소요되므로 완전 자동화된 터미널보다는 자동과 반자동화가 혼용된 터미널이 많이 이용되고 있는 것도 이와 같은 이유라고 보아야 할 것이다. 화물터미널의 기계화 정도에 따른 분류는 다음과 같다.

1) 비자동화 화물터미널

비자동화 화물터미널은 일반적으로 화물터미널 내에서 모든 화물이 무동력 Roller 시스템으로 사람에 의해 조업이 이루어진다. 지게차는 터미널 내에서 탑재용기를 분해하거나 적재하는 데 사용되기 때문에 화물터미널과 계류장의 높이는 동일한 지면으로 설계되고, 무동력 Roller를 이용한 화물의 이동이 가능하도록 설치된다.

이러한 형태는 자동화에 따른 운영비의 고비용보다는 낮은 노동임금과 노동력 확보가 쉬운 개발도상국에서 매우 효과적인 운영형태이다. 이러한 형태는 넓은 작업공간이 요구되고 화물터미널 내에서 많은 비전문인력이 작업하므로 대량의 화물을 처리하기에는 부적합하다.

2) 반자동화 화물터미널

반자동화된 화물터미널은 모든 항공화물의 운반은 적은 하중이거나 무거운 컨테이너 탑재용기를 이동시킬 수 있는 여러 종류의 지게차를 이용한 조업을 할 수 있도록 설계된 터미널이다. 반자동화 화물터미널에서는 높은 Rack 장비보다는 지게차를 이용하므로 저층의 컨테이너 저장장소까지 조업할 수 있도록 배치되어야 한다. 그러나 이와 같은 방식도 넓은 작업공간이 필요하며, 지게차에 의한 작업이 많을수록 컨테이너 및 화물의 파손도 많이 발생할 수 있는 단점이 있다.

3) 자동화 화물터미널

자동화 화물터미널은 항공기의 탑재용기 사용이 늘어남에 따라 항공화물터미널 운영에 있어서 최소의 작업인원과 화물조업을 하는 중에 화물의 파손을 최소화하기 위해 자동으로

[그림 6-9] Transfer Vehicle

화물을 반송·반출할 수 있는 시설이 필요하다.

자동화 화물터미널에는 화물청사 내의 같은 층에서 화물을 이동하는 장치인 Transfer Vehicle과 여러 층의 높은 선반 등으로 화물을 이동시키는 Elevating Transfer Vehicle 등의 장비를 사용하기 때문에 작업인원을 최소화할 수 있고 작업능률도 올릴 수 있으며 화물조업 중 화물파손도 최소화할 수 있는 장점이 있다. 이러한 시스템은 많은 양의 탑재용기를 저장할 수 있고 화물의 파손을 최소화할 수 있으므로 많은 공항에서 이용되고 있다. 최근에 건설 또는 개축된 화물터미널에는 대부분 이러한 시스템을 이용하고 있다.

제3절 항공화물의 조업설비 및 장비

1. 화물조업설비

화물터미널 내의 화물조업을 위한 시설과 설비는 화물의 반출 또는 반입을 위한 운송설비, 화물의 운반과 보관기능을 기계에 의하여 자동으로 처리하는 자동창고시설, 냉장이나 냉동화물 등 특수화물을 보관할 수 있는 특수화물 보관창고와 화물조업시설이 있다.

1) 화물운송 설비

화물운송설비는 화물의 반출 및 반입 때 화물의 적재와 하역을 용이하게 하기 위한 Truck Dock와 Flat Dock 등이 있다.

(1) Truck Dock

Truck Dock은 일반용달이나 보세운송 Truck을 이용하여 운반되는 소형 화물을 반출 또는 반입할 때에 사용되는 운송지원시설로서 Leveler가 부착된 Truck Dock은 Truck의 높이에 따라 적재함의 높이를 조정할 수 있다.

[그림 6-10] Truck Dock과 Flat Dock

(2) Flat Dock

Flat Dock은 대형 Truck이나 Wing Body Truck을 이용하여 운송되는 나무 상자 등 대형화물의 반출 또는 반입 때 사용되는 운송지원시설로서 Flat Dock은 변화하는 물류환경에 능동적으로 대처하기 위하여 설치된 시설이다.

2) 창고시설

화물터미널 내의 창고시설로는 탑재용기(ULD)에 탑재된 화물을 운반할 수 있는 Elevating Transfer Vehicle과 탑재용기의 화물을 입체적으로 보관할 수 있는 ETV Storage Rack 장비가 있다. 소형 화물을 운반 · 보관할 수 있는 Automatic Storage & Retrieval System인 Stacker Crane과 단위화물을 보관할 수 있는 Stacker Rack이 있다.

그 외에도 ULD 단위의 화물을 입고하고 운반하는 Transfer Vehicle과 화물을 Build-up하거나 Break-down하는 데 사용되는 Work Station 등이 있다.

3) 특수화물 보관시설

특수화물의 보관시설로는 항상 0~8℃까지의 온도를 유지해야 하는 냉장창고, 0℃ 이하의 온도를 유지해야 하는 냉동창고, 15℃ 이상의 온도를 유지해야 하는 보온창고, 애완동물의 검역을 위한 생동물(生動物)대기소 및 귀중품보관창고 등이 있다.

2. 화물처리장비

화물처리장비는 화물을 용기에 적재하여 항공기에 탑재하기에 편리하도록 제작된 탑재용기와 용기에 적재된 화물 또는 수하물을 운반하고 항공기에 탑재 또는 하기를 위한 지상조업장비로 구분할 수 있다.

1) 탑재용기

항공화물의 탑재용기로는 항공기의 화물칸에 탑재하기 용이하게 규격화하여 특별히 제작된 컨테이너와 금속평판 위에 화물을 적재 후 Net나 Igloo로 화물을 덮어 고정시켜 항공기에 탑재하는 팔레트 및 특수탑재용기로서 자동차를 탑재하기에 적합토록 제작된 Car Transporter, 말이나 소 등 살아 있는 대형 동물을 수송할 수 있도록 제작된 Horse Stall, 의복이나 모피 등을 원형 상태로 수송할 수 있도록 제작된 Garment On Hanger 등이 있다.

[그림 6-11] **Horse Stall과 Garment Hanger**

2) 지상조업장비

지상조업장비는 규격화된 무거운 화물을 운반하는 데 사용되는 작은 바퀴가 달린 무동력 A장비인 Dolly, 화물을 Build-up 또는 Break-down 작업과 운반을 하는 데 사용되는 지게차, 탑재용기 단위로 적재된 화물을 운반할 수 있는 Tug Car, 화물을 운반 또는 보관하는 작업을

[그림 6-12] Dolly와 High Loader

하는 데 사용되는 Low Lift Truck, Hand Lift Jack, Hand Push Cart 등의 장비가 있으며, 화물을 여러 층으로 높게 적재하거나 항공기에 화물을 탑재하는 장비인 High Loader 등이 있다.

제4절 화물청사관련 영업

공항의 화물청사와 관련된 영업으로는 항공사의 항공화물운송대리점, 국제물류주선업, 상업서류송달업, 항공운송총대리점 등이 있다. 화물운송과 관련된 영업은 항공사를 대리하여 항공사의 운송약관 · 규칙 · 요율에 따라 항공운송의 판매, 즉 항공화물 운송장의 발행을 하며, 이에 부수되는 업무를 수행하고 그 대가로서 소정의 수수료를 항공사로부터 받는 업종을 말한다.

항공사의 화물운송 시스템은 대부분 대리점이 접수한 화물에 의존하고 있다. 대리점은 여러 항공사의 화물판매를 대리하고 있으므로 항공화물의 시장점유율 제고를 위해서는 대리점에 대한 화물운송 · 화물분류 · 포장 · 하역 등을 위한 지상조업 서비스는 중요한 요소가 되고 있다.

1. 화물운송관련 영업의 종류

1) 항공화물운송대리점

항공화물운송대리점은 항공사와 직접 계약을 하거나 항공사의 항공운송총대리점과의 계약을 체결하여 유상으로 항공기에 의한 화물운송계약체결을 대리하는 사업을 말한다. 항공사나 항공운송총대리점을 대리하여 항공사의 운송약관이나 운송규칙·운임표·스케줄에 따라 항공화물의 판매와 항공화물운송장의 발행 및 이에 부수되는 업무를 수행하고 그 대가로서 항공사나 항공운송총대리점으로부터 정해진 대행수수료를 받는 사업을 말한다. 항공화물운송대리점은 화물을 대상으로 한다는 점을 제외하고는 여객에 대하여 항공사를 대리하여 항공권을 판매하고 수수료를 받는 여객운송대리점과 같은 기능을 한다.

[그림 6-13] **화물운송대리점의 업무처리 흐름도**

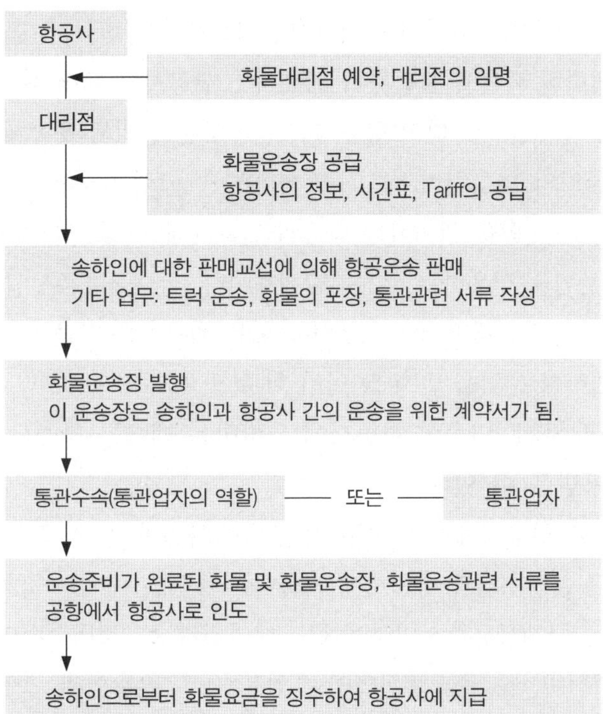

항공화물운송대리점의 업무처리는 항공사로부터 항공화물운송대리점 지정을 받은 후에 항공사로부터 화물운송장과 항공기 운항시간표 및 운임표를 공급받는다. 화물운송을 의뢰하는 사람과 교섭을 통하여 화물의 운송·포장·통관 등을 위한 서류를 작성한다. 화물운송을 의뢰하는 사람과 항공사 간의 운송계약서에 해당하는 화물운송장을 발행한다. 화물의 통관수속을 직접 수행하거나 통관업자에게 의뢰하고, 운송준비가 완료된 화물 및 화물운송장과 화물운송관련 서류를 공항에서 항공사에 인도한 후에 화물수송이 완료되면 화물운송을 의뢰한 사람으로부터 화물운송비용을 받아 항공사에 지불하고 항공사로부터 일정한 수준의 수수료를 받는 업종이다.

2) 국제물류주선업

국제물류주선업이란 타인의 수요에 따라 유상으로 자기의 명의와 계산으로 타인의 물류시설 및 장비를 이용하여 수출입화물의 물류를 주선하는 사업을 말한다. 국제물류주선업자는 자체운송약관과 운임표를 가지고 국제물류주선업자용 화물운송장을 이용하여 화주와 운송약관을 체결한다.

국제물류주선업은 항공사와 유사하게 국제운송화물을 취급하나, 항공기나 운송수단을 갖고 있지 않으므로 집하한 화물을 운송하기 위해서는 항공사가 발행하는 화물운송장에 의해 국제물류주선업자를 송하인으로 하여 항공사의 운송약관에 의해 운송계약을 체결해야만 한다. 이러한 국제물류업의 업무처리흐름을 도식화하면 [그림 6-14]와 같다.

항공사의 화물운임은 운송을 의뢰하는 화물의 킬로그램당으로 적용하되 중량이 많아질수록 더 낮은 비율의 운임을 적용하는 누진체감체제이다. 국제물류주선업자는 이러한 체감운임을 이용하여 영업한다. 즉 개별 화주로부터 운송을 위탁받은 화물을 항공사가 중량단위별로 정한 운임표에 의하여 운임을 받지만, 여러 화주 및 대리점으로부터 집하된 화물을 한데 모아서 한 건의 대형화물로 만들어 항공사에 위탁하는 때에는 항공사로부터 중량에 따른 누진체감운임을 적용받을 수 있다.

국제물류주선업자는 항공사에 대하여는 자신이 송하인이 되어 운송을 위탁하고 화주나 대리점으로부터 받은 운임수입과 항공사에 지불하는 운임의 차액이 국제물류주선업자의 수입이 된다. 항공사는 국제물류주선업자에게도 대리점과 동일한 수수료를 지급하고 있다.

항공화물운송대리점과 국제물류주선업의 운임표 사용, 운송약관, 화물의 수하인, 이익률 등을 비교해 보면 〈표 6-2〉에 나타난 바와 같이 국제물류주선업은 자체운임표와 자체운송

[그림 6-14] **국제물류주선업의 업무처리 흐름도**

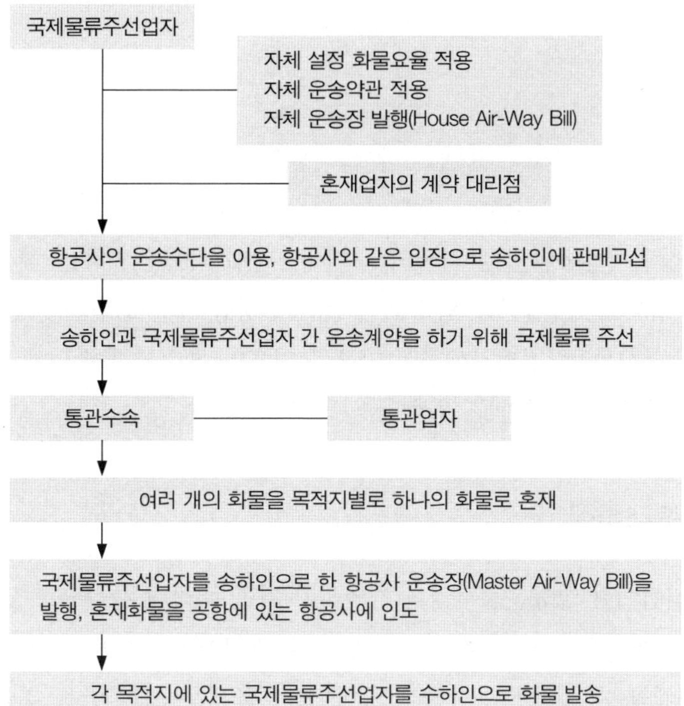

〈표 6-2〉 **항공화물운송대리점과 국제물류주선업 비교표**

내용	항공화물운송대리점	국제물류주선업
1. 자체 Tariff	무	유
	항공사 Tariff 사용	자체 Tariff 사용
2. 운송약관	무	유
	항공사 약관에 준함	자체약관 사용
3. 수하인	매 건당 CNEE(master AWB)	Break Bulk AGT가 CNEE(break bulk 및 reforwarding)
4. 이익률	IATA 5% Comm. 기타	IATA 5% Comm. 외에 • 항공운임 중량체감에 의한 화물수령금 및 항공사 지불운임의 차이가 이익 • 혼재에 의한 Volune Weight의 감소
5. AWB	One AWB 사용 (항공사의 master AWB)	Two AWB 사용 • 항공사용 Master AWB • M/AWB에 부착하여 고객단위 House AWB 사용

약관을 사용할 뿐만 아니라 이익률도 항공화물운송대리점보다 더 높아질 수 있다는 것을 알 수 있다.

3) 상업서류송달업

상업서류송달업이란 타인의 수요에 응하여 유상으로 「우편법」 제2조 2항 단서의 규정에 해당하는 수출입 등에 관한 서류와 그에 부수되는 견본품을 항공기를 이용하여 송달하는 사업을 말한다. 상업서류송달업은 외국의 상업서류송달업체와 계약을 체결하여 상업서류 등을 신속하게 발송 또는 배달하는 업으로 우편법에 정한 제한을 받지 않는 상업서류와 서적 · 잡지 · 견본품 · 신문 등 정기간행물을 자체 운임표와 운송약관에 의해 Door to Door 서비스로 신속하게 운송하는 사업을 말한다.

4) 항공운송총대리점

항공운송총대리점이란 항공운송사업을 경영하는 자를 위하여 유상으로 항공기에 의한 여객 또는 화물의 국제운송계약체결을 대리하는 사업을 말한다. 항공운송총대리점은 여객과 화물의 국제운송계약을 체결하는 점에서 국내 또는 국제운송화물만을 취급하는 항공사의 화물대리점과 다르다. 항공화물운송 총대리점은 정부에 신고 후 영업을 할 수 있지만, 항공화물운송대리점은 해당항공사에 등록함으로써 영업이 가능한 점이 다르다.

2. 화물운송관련 영업

화물운송관련 영업은 업종에 따라 취급하는 품목이나 취급대상 및 서비스의 내용이 다소 다르다. 항공화물운송대리점은 일반적으로 항공화물의 운송과정에서 주로 공항의 화물청사에서 항공화물운송을 위한 준비와 수출입통관수속 및 화물의 운송의뢰 기타 서비스업무를 수행한다.

1) 화물운송을 위한 준비

(1) 운송할 화물의 내역서 작성 지원

화물운송관련 사업자는 항공사를 대신하여 수출입항공화물의 판매 및 유치촉진과 운송을 위한 준비사항을 수행한다.

첫째, 화주 또는 운송의뢰자의 운송을 위하여 화물에 대한 화주 또는 운송의뢰자의 성명·주소 등을 기록한다.

둘째, 화물의 운송목적지와 요구하는 운송 루트 등을 결정한다.

셋째, 화물의 수량·중량·규격, 상품의 종류·분량·가격, 운임지불방법, 보험가입 여부, 화물운송에 동반할 리스트 작성 등 화물운송장의 작성을 지원한다.

넷째, 운송장의 작성·발송 및 출발지 또는 도착지의 세관이 요구하는 각종 통관서류와 기타 무역관계 서류를 작성한다.

(2) 화물운송을 위한 절차

화물운송관련 사업자는 화물운송장이 작성되면 운송장에 기록된 화주의 성명·주소와 일치되게 각 화물의 Package 단위로 식별이 용이하도록 정확히 Marking을 해야 한다. 화물의 내용에 따라 안전하고 정확하게 운송될 수 있도록 상품의 성질에 따라 분류하여 운송할 항공기의 탑재용기에 적합하게 포장하고 운송할 항공기의 적하능력 등을 고려하여 화물의 수송할 양(量)을 결정하여 Labelling을 한 후에 수출입 통관수속을 대행해야 한다.

2) 수출입 통관수속 및 운송의뢰

(1) 수출입 통관수속

일반적으로 수출화물에 대한 통관은 송하인의 요청에 따라 대행되며 그 절차가 간편하지만, 수입화물의 경우에는 그 통관절차가 복잡하다. 도착지 국가에 도착한 모든 화물은 반드시 적법한 절차에 따라 세관에 신고해야 하며, 화물의 신고내용은 정확해야 한다.

세관이 요구한 통관절차에 어긋나는 경우 그것이 고의적인 것이 아니라 하더라도 법적인 제재를 받는 경우가 있다.

통관은 일반적으로 화물을 인도(引渡)하는 항공사로부터 항공화물운송장 등 운송서류를 인수한 후, 수입업자에게 화물의 도착통지를 하고 통관에 지장이 없도록 수입업자로부터 화물의 정확한 내용을 알아보는 절차, 화물의 수량·중량·원산지·수입지·내용·총가격 등을 기재한 관세신고를 한 후 세금을 납부하는 절차로 이루어진다.

(2) 화물의 운송의뢰

화물운송관련 사업자는 화물의 항공운송 이전의 Pick-up과 항공운송 이후의 Delivery를 위해서 지상에서의 Trucking을 주선한다. 실제 화물의 최초 출발이나 최종 도착지점은 출발공항이나 도착지공항이 아닌 제조업자의 공장 또는 수하인이 원하는 특정지점이 될 수 있다. 공항 또는 공항 외에서 이루어지는 효과적인 Trucking 주선이야말로 대리점의 주요한 역할이라 할 수 있다. 항공화물은 Trucking에 의해서 절대 지연되어서는 안 되고, Pick-up, Delivery의 장소, 시간 및 시설 등 제반 요건이 고려되어 가장 저렴한 운임으로 고객에게 서비스되어야 한다.

(3) 기타 서비스

화물운송관련 사업자의 기타 서비스 활동으로는 고객에 대한 상담과 보험가입 및 사고화물에 대한 추적 등이 있다.

고객은 대리점이 수출입규정 등 국제무역에 대한 모든 것을 알고 있기를 기대하며 실제로 많은 자문을 해 오고 있다. 따라서 대리점은 항공화물에 관련된 전문지식은 물론, 세계정치·경제에 관한 끊임없는 연구와 지식습득으로 고객의 상담에 즉각적으로 답변할 수 있어야 한다.

화주 또는 운송의뢰인은 화물을 항공운송 중에 화물의 분실·손실에 대비하기 위해 보험에 가입해야 한다. 보험가입은 화주가 직접 일반보험에 가입하여 Shipper 또는 Consignee가 대리점에 보험부보를 의뢰할 때 대리점이 서비스면에서 보험회사를 주선하여 고객의 이름으로 보험계약을 체결하고 고객으로부터 보험료를 징수하여 보험회사에 납부하는 방법, 고객이 요구할 때에 항공사 화주보험에 가입하여 항공화물운송장의 Amount of Insurance 난에 보험금액을 기입하고 항공사에 보험료를 지불하는 방법이 있다.

항공화물의 증가에 따라 최근 화물사고의 빈도가 높아지고 있다. 대리점은 항상 화물이 정해진 Route에 의해 움직여지고 있는가를 Check하고, 사고가 발생할 때에 즉각적인 추적조치를 취할 수 있어야 한다.

CHAPTER 7

계류장 운영

www.daewangsa.net

제1절 계류장의 설계와 항공기 주기

계류장은 항공기의 주기, 여객과 화물 또는 우편물의 탑재(搭載)나 하기(下機), 항공기의 연료공급과 정비 · 점검을 위해 항공기가 계류하는 공항의 Air Side 지역을 말한다. 주기장은 항공기를 비교적 긴 시간 세워두는 계류장 안의 장소를 말한다. 주기장은 사용하는 용도에 따라 일반주기장, 경항공기 주기장, 헬리콥터 주기장으로 구분하고, 설치되는 위치 · 방법에 따라 탑승교(boarding bridge) 주기장, 원격(remote) 주기장, 원격 탑승시설 주기장, 격리 주기장 등으로 구분된다.

계류장은 항공기의 이동과 이륙준비에 차질이 없도록 배치되어야 한다. 이착륙하는 항공기가 지연되지 않도록 충분한 규모로 건설되어야 한다. 특히 계류장은 항공기의 운항횟수 · 항공기 기종 · 주기방식에 따라 규모가 다르므로 배치에 신중해야 한다.

1. 계류장의 부지선정

계류장은 항공기가 주기하고 여객 · 화물의 취급과 항공기의 급유 등 여러 가지 작업이 수행되는 장소로 작업이 쉽게 수행될 수 있도록 일반적으로 활주로의 중간지점과 여객청사 사이에 배치한다. 계류장은 여객터미널 또는 화물터미널과 인접하여 설치해야 효율적이다. 계류장의 시설배치 및 규모를 계획할 때에 이러한 사항을 고려하여야 한다.

공항건설을 위한 Master Plan에서 계류장의 부지를 선정할 때 고려해야 할 사항은 다음과 같다.

첫째, 활주로와 주기장 사이의 최소유도거리를 제공할 수 있도록 하여 항공기의 공항내 이동에 따른 연료소비와 이동시간 및 계류장 유지 · 보수비용이 최소화되도록 해야 한다.

둘째, 정기항공편의 정시성(定時性) 확보를 위하여 불필요한 지연을 피할 수 있게 항공기 이동이 원활하도록 계류장을 설계하고 운영해야 한다.

셋째, 장래의 공항시설 확장과 항공기술변화에 대비하여 계류장의 부지는 확장이 가능하

[그림 7-1] **공항의 계류장**

도록 충분히 확보해야 한다.

넷째, 계류장 운영에 최대의 효율성이 확보될 수 있도록 하고, 운영상 안전과 총체적 시스템으로서 각 계류장 시설과 공항에 대한 사용자 편의성을 달성할 수 있도록 해야 한다.

다섯째, 항공기의 엔진후풍·소음·대기오염 등과 같은 계류장과 주변환경에 악영향을 미치는 요소를 최소화할 수 있도록 필요에 따라 담장이나 격리된 칸막이 등을 설치해야 한다.

2. 계류장 설계와 항공기 주기방식

1) 계류장 설계 고려사항

계류장의 크기는 항공기 주기방법, 항공기 간의 간격, 항공기와 고정 장애물 및 전이표면과의 관계 등을 고려하여야 한다. 항공기의 대형화에 의한 영향 등을 고려하여 취항하는 항공기의 장기수요에 대처할 수 있도록 계획해야 하는 등 계류장을 건설할 때에 고려하여야 하는 사항은 다음과 같다.

첫째, 현재 운항하고 있는 항공기 기종의 구성과 미래에 운항하는 항공기 기종을 고려하고, 현재에 필요한 주기장의 수와 미래에 필요한 주기장의 수를 예측해야 한다.

둘째, 항공기 1대당 주기면적과 항공기의 이동에 따른 이동통로를 고려하고, 여객청사의 형태와 앞으로 늘어날 가능성 및 항공기의 주기방법을 고려하여 주기장 면적을 결정하여야 한다.

셋째, 항공기와 항공기 사이, 항공기와 건물 또는 고정된 시설물 사이의 장애물에 대한 사항을 고려해야 한다.

넷째, 활주로에서 주기장까지의 항공기 유도방법과 이동거리를 고려하여야 한다.

다섯째, 지상조업장비가 이동하는 도로와 지상조업장비의 활용성을 고려해야 한다.

2) 항공기 주기방식

항공기 주기방식은 계류장의 규모와 탑승 Gate의 수, 청사형태, 지상조업, 항공기 소음 등과 밀접한 관계가 있으므로 항공수요와 처리능력 및 항공기 특성 등을 고려하여 적절한 배치방식을 선정해야 한다. 항공기 소음과 지상의 소음 등으로부터 여객을 보호할 수 있도록 하고, 계류장 운영의 효율성과 장비관리의 효율성도 고려해야 한다. 항공사가 선호하는 주기방식이 있을 수 있으므로 항공사와 협의를 하여 주기형태를 결정하는 것이 바람직하다. 부지여건・소음 등도 고려하여 배치해야 한다.

항공기 주기방식에 따라 계류장의 소요면적, 청사의 형태, 안전거리 확보, 용량의 증감, 각종 지원수준 등에 많은 영향을 주게 되며, 주기방식별 장점 및 단점은 다음과 같다.

(1) Nose-in 및 Angled Nose-in 주기방식

Nose-in 및 Angled Nose-in 주기방식은 항공기 전면이 청사를 향하여 정면 또는 경사되게 주기하는 방식으로 항공기로 인한 청사의 소음 등이 최소화될 수 있는 방식으로서 그 장점은 다음과 같다.

첫째, 항공기가 자체동력에 의하여 스스로 주기장에 진입해 들어오고, 항공기 전면이 청사를 향하도록 주기하므로 항공기의 소음 및 항공기 엔진에 의한 후풍(後風) 영향이 여객청

[그림 7-2] **항공기 주기방식 모형도**

사에 적게 미친다.

둘째, 항공기의 출입구가 있는 항공기의 앞부분이 건물에서 가까우므로 탑승교 사용이 간편하고, 항공기의 주기면적이 최소화될 수 있다.

Nose-in 및 Angled Nose-in 주기방식은 항공기가 새로운 운항을 위하여 활주로로 나가거나 장기주기장 또는 정비주기장으로 이동해야 하는 때에는 토잉카 등 견인차에 의하여 항공기가 주기장 밖으로 이동한다. 지상조업인력과 장비가 반드시 필요하다는 단점이 있어 지상조업장비가 구비되지 않은 소규모 공항에서는 이러한 형태의 주기방식을 사용할 수 없다.

(2) Nose-out 및 Angled Nose-out 주기방식

Nose-out 및 Angled Nose-out 주기방식은 항공기의 후미가 청사에 정면으로 향하거나 청사와 사선으로 주기하는 방식으로서 그 장점은 다음과 같다.

첫째, 항공기가 자력으로 유도로에서 곧바로 계류장으로 진입하여 135도 또는 180도 회전하여 주기가 가능하여 주기시간을 단축할 수 있다.

둘째, 계류장 전체를 주기장으로 활용할 수 있어 계류장의 소요면적을 최소화할 수 있다.

셋째, 주기된 항공기가 새로운 운항을 하고자 할 때에 자력으로 주기장을 벗어날 수 있으므로 토잉카 등 견인장비가 필요 없으므로 소규모 공항에서의 항공기 주기에 유리하다.

Nose-out 및 Angled Nose-out 주기방식의 단점으로는 항공기 주기장이 청사에서 멀리 떨어져 있으므로 청사까지 접근하는 거리가 멀고, 탑승교를 이용할 수 없다. 활주로 등의 주변에 있는 이물질에 의해 항공기 엔진이 손상될 우려가 있고, 청사에 가까이 주기하는 때에는 항공기에 의한 소음 및 후풍의 영향이 있을 수 있다.

(3) Parallel 주기방식

Parallel 주기방식은 항공기를 여객청사에 평행이 되게 주기하는 방식으로 항공기와 청사 간 거리가 최소화되어 여객이 이용하기 가장 편리한 주기방식이다. Parallel 주기방식의 장점은 항공기와 여객청사 간의 동선이 짧아 여객의 편의를 증진시킬 수 있으나, 주기면적이 넓게 소요되고, 항공기 주기 때 인접한 탑승 Gate에 후풍과 소음을 전달하는 단점이 있다.

[그림 7-3] **항공기 주기장**

3. 계류장의 소요판단

1) 계류장의 규모

계류장의 크기는 항공기의 크기와 수에 따라 규모와 주기장의 수가 비례하므로 당해공항을 운항하는 항공기의 기종별 크기 및 주기시간 등을 파악하여 계류장의 규모와 주기장의 수를 결정해야 한다. 계류장의 용량은 일반적으로 항공기의 장·단기 주기수요에 대응하는 처리공간과 수용공간에서 단위시간 내에 최대한 처리 가능한 항공기의 대수를 말한다. 계류장의 용량은 탑승 Gate의 수와 이를 사용하는 수요의 특성으로 다음과 같이 측정된다.

$$G = V \times T / U$$

여기서 G: 소요 Gate의 수
V: 설계수요(첨두시 출발 또는 도착운항횟수)
T: 평균 주기(게이트 점유)시간
U: Gate 가동률(0.6~0.8)

첫째, 설계수요는 첨두시 항공기가 운항하는 횟수를 출발 또는 도착 항공편 중에서 한 방향의 운항수요를 말한다.

둘째, 평균주기시간은 항공기가 Gate에서 평균적으로 주기하는 시간으로 여객의 승하기, 화물의 하역(荷役), 연료주입, 기타 서비스 시간이 포함된 것이다.

셋째, 탑승 Gate의 가동률은 항공기가 탑승 Gate를 점유하고 있는 시간을 고려하여 산출하는 비율로서 Gate의 회전율이라고 볼 수 있다.

2) 주기장의 소요면적

주기장의 면적은 탑승 Gate의 수와 배치형태 및 항공기의 주기방식에 따라 좌우된다. 항공기 1대당 주기장 면적기준은 국제민간항공기구와 항공기 제작회사 및 일본 운수성 자료기준 등이 있는데, 기종별로 각 기관의 기준이 다소 다르다. 예컨대, 국제민간항공기구와 항공기 제작회사의 기준은 항공기 자체가 회전하는 고유면적만을 산출하였고, 일본 운수성의 자료기준은 이 고유면적에 항공기가 주기장에서 주행하는 Taxi-line 면적까지 포함한 면적을 기준으로 하고 있다.

〈표 7-1〉은 항공기의 기종별로 주기장의 소요면적을 국제민간항공기구와 항공기 제작회사 및 일본의 운수성이 제시하는 항공기 1대당 면적과 공항에서 주기장을 설치할 때에 적용되는 실제 시설면적을 비교한 것이다. 국제민간항공기의 기준은 공항에서 실제로 주기장을 설치하는 면적의 절반에 불과하다.

〈표 7-1〉 **항공기별 주기장 소요면적**

기종별	항공기 대당 주기면적(m^2)			
	ICAO	항공기 제작회사	일본 국토교통성	실제면적
B727급	2,976	2,900	4,275	6,279
A300급	4,140	5,248	9,000	9,930
B747급	6,880	9,266	13,300	14,162
비고	Nose-in Power-out	Nose-in Power-out	Nose-in Push-out	Nose-in Push-out

주기장은 항공기가 저속으로 이동 또는 정지하는 경우가 많으므로 활주로보다는 높은 압력을 받는다는 사실을 고려하여 항공기의 저속이동 또는 주기에 견딜 수 있도록 높은 강도로 포장해야 한다.

4. 주기장의 이격거리

항공기의 주기장은 인접한 건물, 다른 주기장의 항공기 또는 그 외 물체 사이에 최저이격거리를 고려하여 설치해야 한다. 항공기 기종에 따른 최저이격거리는 〈표 7-2〉와 같다. 지리적 여건이 불가피한 경우에는 항공기의 등급부호가 D 또는 E인 항공기를 위한 주기장은 'Nose-in' 방식으로 주기하도록 설치된다면 다음 사항을 조건으로 이격거리의 감축이 가능하다.

첫째, 탑승교나 여객청사의 건물과 항공기 앞부분과의 사이에 여유공간이 있는 경우에는 이격거리의 감축이 가능하다.

둘째, 항공기에 접현유도장치가 설치되어 있고, 항공기의 주기장과 주기장 사이에 보수용 도로나 지상의 차량이동 및 대기구역이 있는 경우에는 이격거리의 감축이 가능하다.

〈표 7-2〉 **항공기 기종등급별 주기장 이격거리**

등급부호	간격(clearance)
A	3m
B	3m
C	4.5m
D	7.5m
E	7.5m

신공항의 건설이나 기존공항의 개발에 있어 자체동력으로 움직이는 항공기의 분리 및 진입대의 간격은 개발단계에서 결정되어야 한다. 이는 계류장의 운용계획과 인접한 건물이나 기둥 등의 설계를 하는 때에 가장 기본적 요인이기 때문이다. 일반적으로 적용되고 있는 항공기와 고정 또는 이동물체 간의 간격은 〈표 7-3〉에서 보는 바와 같다.

〈표 7-3〉 **항공기의 날개길이별 주기장 이격거리**

날개의 길이	간격
30m 이상	7.5m
23m에서 30m	6.0m
15m에서 23m	4.5m
15m 이하	3.0m

5. 주기장의 배치형식

항공기의 주기장은 청사계획과 직접 관련이 있는 시설로서 공항계획의 초기에 규모·주기방식 등을 결정해야 한다. 주기장계획은 취항하는 항공기의 기종, 제원, 대수 및 여객, 화물에 대한 수요예측뿐 아니라 장래 확장성도 고려해야 한다. 주기장의 주기방식에 관한 보다 자세한 설명은 제2절에서 다루기로 하고 주기장의 설치형태에 따른 특징은 다음과 같다.

1) 단순형 주기장

단순형 주기장은 Open Apron 또는 Liner Concept 주기장으로서 가장 단순한 형태로서 다음과 같은 특징이 있다.

첫째, 교통량이 적은 소규모 공항에서 주로 사용하는 주기장이다.

[그림 7-4] **단순형 주기장**

둘째, 여객이 청사에서 직접 계류장을 거쳐 항공기에 탑승할 수 있는 주기장이다.

셋째, 주기장의 건설비 및 유지비가 저렴하다는 장점이 있다.

넷째, 단점으로는 여객이 주기장을 이용할 때 비나 눈이 내리는 때에는 여객의 서비스 수준은 매우 낮은 편이다. 여객이 항공기에 탑승할 때 통제와 여객보호에 무리가 있다.

2) Pier형 주기장

Pier형 주기장은 중앙청사와 연결된 Pier에 주기장을 설치한 형태로서 항공기를 피에 수평이나 경사지게 또는 직각으로 탑승 Gate에 주기하는 형태이다. 여러 개의 Pier를 여객청사에 집중시킨 형태의 Pier 주변에 주기장을 설치하는 방법이다.

Pier형 주기장의 특징은 다음과 같다.

첫째, 중앙청사와 연결된 통로 형태의 Pier 양쪽에 탑승구를 설치하여 항공기 주기장을 연결한 형태이다.

둘째, Pier형 주기장의 장점으로는 항공기 주기장 수를 늘려 많은 여객을 여러 개의 탑승 Gate에 분산시킬 수 있다.

셋째, 여객수요가 많은 공항의 혼잡시간대에도 여객의 분산처리가 가능하고 계류장 건설에 경제적인 이점이 있다.

[그림 7-5] **Pier형 주기징**

넷째, 탑승객의 보행거리가 길어진다는 단점이 있다.

다섯째, Pier형 주기장은 연간 국내선 3,500만 명, 국제선 2,500만 명 규모의 여객을 처리하는 공항에서 주로 사용되고 있다.

3) Satellites형 주기장

Satellites형 주기장은 Pier로 연결된 위성형 청사 및 Pier의 탑승 Gate에 설치되는 주기장으로서 위성형 청사와 연결하는 Pier 주변과 위성형 탑승동 주변에 주기장을 설치하는 형태이다. 여객이 항공기에 탑승하기 위한 보행거리가 길어지고, 여객의 검색기능이나 서비스지역과 대기지역이 분산되어 공항관리비용이 증가하여 비경제적이라는 단점이 있으나, 여객을 분산시키고 좁은 공항지역의 공간을 최대한 활용할 수 있다는 장점이 있다.

[그림 7-6] **Satellites형 주기장**

4) Remote 주기장

Remote 주기장은 주된 청사에서 멀리 떨어진 계류장에 주기장을 설치하는 형태로서 주된 청사에서 멀리 떨어진 계류장에 여러 개의 주기장을 설치하되, 탑승구가 없으므로, 항공기 탑승을 위해서는 램프 Bus와 스텝 카 등을 이용해야 하는 형태로서 일명 원격주기장이라 한다. Remote 주기장은 여객청사의 탑승구가 부족할 경우나 항공기가 밀집되는 시간에 주로 사용한다. Remote 주기장은 항공기 유도시간이 절약되고 주기장을 효율적으로 활용할 수 있는 장점이 있으나, 여객청사와 항공기 간의 이동을 위하여 별도의 수송수단이 필요하고,

[그림 7-7] **Remote 주기장**

여객처리시간이 과다하게 소요될 수 있으며, 계류장 내의 차량증가로 혼잡이 발생하는 등 여객에 대한 서비스수준이 낮아진다는 단점이 있다. 공항운영자는 여객청사와 연결된 탑승 Gate가 부족할 때에 활용하기 위하여 Remote 주기장을 확보하고 있다.

5) 탑승동 주기장

탑승동 주기장은 여객에 대한 탑승수속을 여객청사에서 행하고 탑승동으로 이동하여 항공기에 탑승하거나, 탑승동에서도 탑승수속을 할 수 있도록 설계된 형태의 주기장이다. 탑

[그림 7-8] **탑승동 주기장**

승동 주기장은 공항확장 등을 고려한 형태로 최근에 건설되는 초대형 공항에서 많이 볼 수 있는 형태이다. 탑승동 형태의 주기장은 대규모 공항에서 활주로와 활주로 사이에 탑승동을 배치하고, 주기장은 탑승동에 평행한 형태로 배치할 수 있는 장점이 있다. 그러나 여객청사에서 탑승동까지 운송시스템을 마련해야 하는 단점이 있다.

6. 계류장의 관리

1) 계류장의 관리주체

공항의 항공관제업무는 항공기가 이동하는 지역 전체를 대상으로 하지만, 계류장까지 관리해야 한다. 계류장 내의 항공기 · 차량과 장비의 운행 및 활동을 규제하기 위한 계류장의 관리업무가 별도로 필요하다.

계류장의 관리는 공항의 여건에 따라 요구조건에 맞는 방법을 선택할 수 있다. 계류장의 관리주체는 공항의 교통업무를 담당하는 국가기관이나 공항운영자가 담당하기도 하고, 공항운영자가 설립한 조직에서 수행하기도 한다. 항공사가 관리하는 화물청사 등은 항공사가 직접 담당하기도 한다. 계류장의 주요 운용사항에 대해서는 국가기관과 공항운영자 또는 항공사 간의 협의를 통해 관리주체를 정하게 된다. 우리나라 공항의 계류장 관리는 한국공항공사 또는 인천국제공항공사가 담당하고 있다.

2) 계류장 관리

계류장 관리업무의 내용은 항공기 주기장 배정업무, 항공기 주기유도 시스템, 항공기 정렬 서비스, 항공기의 주기장 안내를 위한 선도차량 서비스 등이 있다.

(1) 항공기 주기장 배정

항공기 주기장 배정책임은 공항운영자에게 있다. 주기장의 배정은 항공기 운항의 편의성과 효율성 제고를 위해 이용자가 선호하는 주기장을 배정하는 시스템을 채택해야 한다. 공항운영자가 작성하는 주기장의 운영준칙에는 항공기 또는 항공사가 어떤 주기장을 사용할 수 있는가를 명확히 기술해야 한다. 선호하는 주기장의 이용순서를 정해 두는 기준도 필요하다. 허용할 수 있는 주기장 점유시간과 항공사 등이 운영준칙 준수를 위해 이행해야 할 절차에 대해서도 확실한 지침을 계류장의 운영업무를 담당하는 자에게 제공해야 한다.

(2) 주기유도 시스템

항공기의 주기를 위한 주기유도 시스템은 공항에 착륙한 항공기가 정해진 주기장을 쉽게 찾아갈 수 있는 시스템을 말한다. 어떤 종류의 주기장 유도 시스템을 채용할 것인지는 항공기의 기종과 요구되는 주기의 정확도에 따라서 결정된다. 탑승교가 있는 주기장의 경우에는 항공기를 탑승교에 맞추기 위해 정밀주기가 요구된다. 이때에는 시각적 접현유도 시스템을 사용해야 하고, 주기의 정확도가 필요 없는 때에는 항공기가 주기하는 위치를 나타내는 화살표와 중앙선표지를 그려 두면 된다. 접현유도 시스템이 없는 형태의 주기방식은 항공기에 탑승교를 연결하지 않아도 되고, 급유전(給油栓)을 통한 급유를 수행하지 않는 전방주기에 적합하다. 페인트 표지는 최대한 눈에 잘 띄도록 청결한 상태로 유지해야 하고, 야간기동이 많으면 중심선 등을 설치하여 중심선의 페인트 표지를 보완할 수 있다.

[그림 7-9] **탑승교 주기장 표시**

(3) 정렬 서비스

정렬 서비스는 항공기 주기형태를 정렬하는 서비스를 말한다. 정렬 서비스를 제공해야 하는 경우는 다음과 같다.

첫째, 항공기 주기를 위한 자체유도 시스템이 없거나 작동되지 않을 경우

둘째, 항공기가 주기하는 공간을 최대한 활용하기 위한 경우

셋째, 안전을 위해서 항공기를 주기장까지 유도할 필요가 있는 경우

항공기 정렬 서비스를 수행하기 위해서는 정렬 서비스를 담당하는 직원에 대한 적절한 훈련방안을 마련하여야 한다. 정렬 서비스를 제공하는 공항에서는 다음 내용을 포함하는 종합적인 지침을 작성하여 정렬업무를 담당하는 직원들에게 제공해야 한다.

첫째, 반드시 허가된 신호만을 사용해야 하고, 사용할 주기장에 고정 또는 이동장애물이 없는지 확인한다.

둘째, 정렬 서비스에 직원 1명만 배치해도 되는 경우와 날개 끝에 보조자를 배치해야 하는 경우를 구분하여 운용한다.

셋째, 정렬 서비스 중에 항공기가 손상되었을 때 취할 조치사항을 명시한다.

넷째, 정렬 서비스를 담당하는 직원은 눈에 잘 띄는 색상의 상의를 착용하도록 해야 한다.

[그림 7-10] **항공기 정렬 서비스**

(4) 선도차량 서비스

선도차량(follow me car) 서비스는 유도로를 탈출한 항공기를 주기장으로 안내를 위한 선도차량을 제공하는 것이다. 선도차량을 사용하는 공항에서는 선도차량 운전자에게 무선통신장비의 송・수신 절차, 시각 신호, 계류장 내의 차량 속도, 항공기와 차량 사이의 간격 등에 대해서 적절히 훈련하여야 한다. 계류장 내에서 선도차량을 운전하는 사람은 다른 차량이나 장비의 운행에 지장이 없도록 하여야 할 뿐만 아니라 접촉사고가 발생하지 않도록 주의운전을 해야 한다. 대형 공항은 주기장을 안내하는 선도차량 서비스가 없어지고, 주기장의 좌

[그림 7-11] **선도차량 서비스**

표를 이용한 Navigation 시스템으로 변경되었다. 우리나라 인천국제공항과 김포국제공항도 선도차량 서비스가 없어졌다. 참고로 인천국제공항의 좌표는 N37.4691-0, E126.4505-0이고, 김포국제공항의 좌표는 N37.5583-0, E126.7905-0이다.

(5) 차량과 장비관리

공항의 계류장에는 항공기, 차량, 장비가 이동하는 장소이기 때문에 장비들이 질서정연하게 이동할 수 있도록 통제하지 않으면 충돌사고, 접촉사고, 기물파손 사고가 발생할 수 있다.

계류장 관리자는 계류장의 안전관리를 위하여 다음과 같은 조치가 필요하다.

첫째, 공항운영자는 항공기 이동지역 운영규정을 정하여 계류장의 안전이 확보되도록 하여야 한다.

둘째, 계류장 관리자는 계류장 안에서 사용하는 차량과 장비를 공항운영자에 등록한 후에 운행하도록 하여야 한다.

셋째, 공항운영자는 이동지역에서 사용하는 차량과 장비에 등록번호를 부여하고 부착하여 운행하도록 하여야 한다.

넷째, 이동지역 안전을 위하여 이동지역 안에서 운행하는 차량과 장비의 운행속도, 운행방법을 정하여 준수하도록 하여야 한다.

다섯째, 이동지역 안에서 사고가 발생한 때에 즉시 신고하는 시스템을 구축하여야 한다.

3) 주기장의 배정

공항의 계류장 내에서 항공기의 주기장을 배정할 때에 일반적으로 적용되는 원칙은 다음과 같다.

첫째, 주기장은 적절한 거리가 분리되고, 항공기의 급유 또는 지상조업으로 인하여 인접한 주기장에 영향을 미치지 않도록 설계하고 표시가 되어야 한다.

둘째, 국내선의 1일 주기계획은 항공사의 항공기 배정계획을 접수하여 확정하고, 시행과정에서 필요에 따라 조정해야 한다. 때때로 다른 항공사와 지상조업체로부터 임시편 항공기에 대한 배정협의를 요청받을 수도 있으며, 일반항공기 계류지역에서는 고정익(固定翼)과 회전익(回轉翼) 항공기는 별도로 분리하여 주기장을 배정하고, 배정된 지역의 운영과 주기관리에 대하여는 개별기관과 업체별로 책임이 부여된다.

셋째, 국제선 계류장의 주기장담당자는 주기장 배정계획을 전산입력시키고 관련항공사의 주기장 종사자에게 배포해야 하며, 항공사직원은 도착하는 항공기에 자체무선시설로 주기장의 정보를 전달해야 한다.

넷째, 국내선 취항항공사는 국내선 계류장의 주기장 운영에 대한 책임을 지고, VIP사항, 안전을 위한 재배정 등 계류장관리에 대하여 개입하여 배정・조정・협의할 권리와 책임을 진다.

다섯째, 공항이 비정상운영상황의 발생으로 항공기를 정상적으로 주기가 곤란하다면 대

〈표 7-4〉 **Slot 배정방식**

구분	내용	장・단점
1	기존 Slot 인정 (신규진입 및 조정은 IATA 기준적용)	• 기존운항 스케줄로부터 큰 변동이 없어 항공사의 운항 재스케줄링에 큰 무리가 없음. • 기득권이 인정되므로 신규진입자의 진입을 어렵게 하며, 항공운송시장의 효율성을 저해함.
2	추첨을 통한 배분	• 신규진입이 용이하며, 형평성이 고려됨. • 항공사의 전략에 따른 스케줄 조정이 불가능 → 특히 허브항공사의 Slot 확보가 어려움. • 항공사의 운영효율성 저감을 초래함.
3	경매를 통한 배분	• 항공사의 전략에 따른 스케줄 조정이 가능함. • 시장기능을 도입함으로써 효율성 극대화 • 소수의 거대항공사의 시장 지배력이 강화됨. • 거대항공사・기존항공사의 슬롯판매 억제, 과다보유로 신규진입이 통제됨.

체주기장소를 지정 및 대체주기절차를 수립해야 한다.

여섯째, 주기장 배정담당자는 합리적인 주기장의 배정이 항공기 이동지역 및 여객터미널 시설의 운영효율성에 많은 영향을 줄 뿐만 아니라 항공사 간에 이해가 대립될 수 있다는 점을 인식하여 여객청사의 Check-in Counter와 탑승교운영과 연계하여 결정해야 한다. 참고로 일반적으로 사용되고 있는 Slot 배정방식에는 〈표 7-4〉와 같은 방식들이 사용되고 있다.

4) 계류장 안전업무

계류장의 안전한 운영을 위한 업무에는 항공기의 엔진으로부터 나오는 후풍주의, 항공기 급유 때의 안전, 계류장의 안전을 위한 청소와 세척 등의 업무가 있다.

(1) 항공기 엔진 후풍주의

계류장이용자는 항공기 엔진의 제트기류 분출과 항공기의 프로펠러 후류(後流)로 인한 위험을 숙지하고 있어야 한다. 필요한 경우에는 계류장을 설계할 때에 항공기에 의한 후풍(後風)방지벽을 포함하고, 이를 최대한 활용하여 장비를 보호하도록 해야 한다. 계류장의 차량과 장비에는 제트기의 후풍이나 프로펠러 후류를 받아 움직이는 위험을 최소화하기 위하여 브레이크와 잭으로 고정해야 한다. 노면에 쓰레기가 있으면 후풍이 불 때 위험할 수 있으므로 계류장은 청결하게 유지할 필요가 있고, 항공사 또는 지상조업자는 계류장을 횡단하는 탑승객들을 정렬시킬 책임이 있으며, 공항직원들도 계류장에서 탑승객들에게 일어날 수 있는 제트기 후풍으로 인한 위험을 인지하고 필요에 따라 경고할 준비가 되어야 한다.

(2) 항공기 급유안전

항공기에 급유하는 때에 안전절차를 준수할 책임은 항공사와 급유회사에 있다. 계류장에 근무하는 직원들도 안전주의사항을 숙지하고 있다가 이것이 명백히 위반되는 경우에는 급유작업을 담당하는 감독자에게 보고하여 시정되도록 해야 한다. 항공기에 급유하는 때에 준수해야 할 기본적인 안전사항에는 다음과 같은 것들이 있다.

첫째, 항공기 급유지역 내에서의 흡연이나 불꽃을 일으키는 행위는 절대 금지해야 한다. 급유작업 중에는 항공기의 보조동력장치나 지상동력장치를 시동해서는 안 된다.

둘째, 비상시에 급유장비와 급유작업을 하는 직원이 신속하게 철수할 수 있도록 출입경로에 장애물이 없도록 해야 한다.

[그림 7-12] **항공기 급유**

셋째, 항공기와 급유장치를 올바로 연결해야 하며, 적절한 접지절차를 수립해 두어야 하고, 적절한 종류의 소화장비를 급유지역 가까운 곳에 준비해 두어야 한다.

넷째, 항공기에 급유하는 때에 연료가 유출되면 즉시 급유감독자에게 알리고, 유출된 연료를 처리할 상세한 지침을 사전에 마련해 두어야 한다.

(3) 계류장 청소 및 세척

지상을 활주 중인 항공기의 엔진이 이물질(FOD: Foreign Object Debris)로부터 손상되는 것을 막기 위해서는 포장구역을 반드시 청결하게 유지해야 한다. 계류장과 유도로를 물리적으로 청소하는 정기계획을 마련하여 항공기의 활주 또는 주기에 이용되는 포장구역 전부를 정해진 시간 내에 청소할 수 있도록 해야 한다.

정기적인 청소작업 후에도 이물질이 퇴적되어 항공기 운항에 지장을 줄 만한 위험한 구간은 계류장운영자의 요청이 있을 때마다 이물질을 제거할 수 있도록 해야 한다.

계류장 세척은 항공기 주기장의 사용을 중단시키고 정기적으로 화학용액을 사용하여 오일 · 기름때 · 고무점착물 등을 제거하도록 해야 한다. 주기장의 표지를 새로 페인트를 칠하는 때에는 사전에 세척해야 한다. 세척작업을 하는 때에는 펌프의 분사기로 용액을 살포한 다음 회전 브러시로 주기장을 닦아야 하고, 세척작업 중에는 항공기가 주기장을 이용하지 못하도록 하는 것이 중요하다.

[그림 7-13] **계류장 청소차**

제2절 여객청사 계류장 운영

1. 주기장의 수

여객청사의 주기장은 항공기의 탑승 Gate 점유시간과 항공기 밀집지속시간 및 항공기 크기에 따라 달라질 수 있다. 여객청사 주기장 수는 여객청사의 형태에 따라 정하여지므로 공항 마스터플랜에 따라 결정된다. 여객청사에 필요한 주기장 수는 단기·중기·장기적으로 예측되어야 하며, 여객증가 때 대형 항공기를 투입하면 주기장 수에는 변화가 없을 수도 있다.

공항이 붐비는 시간대에 항공기 주기장 소요를 예측하는 경우에는 첨두일 또는 첨두시간 항공기 이동비율을 지역적 상황뿐만 아니라 과거 기록으로부터 도출해야 한다.

미래의 항공기 기종을 예측하기는 어려우므로 기종 변화의 세계적인 추세를 연구하고 전문가 자문을 통하여 이루어져야 한다.

항공기가 탑승 Gate를 점유하는 시간은 다음 사항에 따라 결정한다.

첫째, 여객의 탑승 또는 하기(下機)에 필요한 시간, 수화물과 화물의 적재 등 하역시간, 항공기 급유시간, 객실청소와 항공기 점검시간 등에 따라 좌우된다.

둘째, 항공기의 크기, 국내선 또는 국제선과 같은 운항형태, 연결항공편 등이 탑승 Gate 점유시간에 영향을 미친다.

항공기의 기종별, 국내선 또는 국제선 항공기, 통과·출발·도착항공기에 따라 탑승구 점유시간이 〈표 7-5〉와 같이 다르게 소요된다.

〈표 7-5〉 **일반적인 탑승구 점유시간**

(단위: 분)

항공기	국내선		국제선
	통과항공기	출발·도착항공기	출발·도착항공기
B737, DC9, F28	25	45	–
B707, B757	45	50	60
A300, DC10, L1011	45~60	60	120
B747	–	60	120~180

주기장의 수요를 예측하는 다음 단계는 주기장의 크기에 따라 현재와 미래의 항공기를 그룹으로 구분하여 신형항공기의 기종이 주기장을 사용할 수 있도록 하기 위한 것이다. 여객청사의 탑승교, 항공기 급유 Hydrant 시스템 등과 같은 계류장 내의 고정된 시설들의 사용방법도 고려해야 한다. 항공기의 그룹을 구분하는 기준은 〈표 7-6〉에서 보는 바와 같이 4개 그룹으로 구분하고 있다.

〈표 7-6〉 **항공기 그룹범주 예**

그룹	항공기
S	F28, B737
M	B707-320, A300, L1011, DC10
L	B747 SP, B747
LL	B747 II(미래항공기)

일반적으로 여객청사에 필요한 항공기 주기장의 수는 다음 공식으로 산출한다.

$$S = \Sigma\left(\frac{T_i}{60} \times N_i\right) + \alpha$$

- S = 필요한 항공기주기장의 수
- T_i = 항공기 그룹 i 의 분당 출구점유시간
- N_i = 첨두시간의 도착항공기 그룹 i 의 수
- α = 여분의 임시 항공기주기장의 수

도착항공기는 사전에 계산된 여객기의 이동수를 2로 나누거나 0.6에서 0.7의 가중요소를 공항에 적용하는 것이다. 0.6에서 0.7의 값이 의미하는 것은 밀집시간에 도착하고 출발하는 항공기 이동의 60%에서 70%가 도착항공기로 가정하기 때문이다. 공항이 국내선청사나 국제선청사 또는 국적항공사나 외국항공사에게 독점적으로 사용되도록 별도의 여객청사를 갖도록 계획된다면, 위에서 언급한 공식은 독립적으로 적용되어야 한다.

2. 주기장과 여객청사의 관계

항공기 주기장은 여객청사와 밀접하게 관련하여 설치되는데, 주기장 운영의 관점에서 여객청사의 형태별 특징을 살펴보면 다음과 같다.

1) 단순형 여객청사 주기장

소규모의 단순형 여객청사는 항공기가 자력으로 주기장을 찾아오거나 자력으로 유도로로 나가기 위하여 보통 사선으로 주기(angled nose-in 또는 angled nose-out) 주기한다. 항공기 엔진후풍의 악영향에 대비하기 위하여 청사의 Air Side 쪽과 항공기가 주기장 사이에는 지상조업장비나 장애물이 없어야 하며, 필요한 경우에는 엔진의 후풍을 막기 위한 방풍벽을 설치하기도 한다.

단순형 여객청사의 주기장은 항공기 운항이 늘어나 주기장이 부족하여 주기장을 확장해야 할 요인이 발생하면 점진적 단계적으로 확장할 수 있는 장점이 있다.

2) 선형 여객청사 주기장

선형 여객청사에서 항공기 주기방법은 항공기 전면이 청사를 향하여 직각형태(nose-in) 또는 사선형태(angled nose-in)로 주기한다. 항공기가 주기장을 벗어나는 때에는 Towing Car 등에 의하여 Push-out 하므로 이러한 장비를 운용할 숙련된 직원이 필요하다. 선형 여객청사의 Air Side 쪽과 주기장 사이에는 장애물이 없어야 한다.

교통량이 많은 선형청사의 공항에서는 Push-out 시 유도로를 막는 일을 줄이기 위해서 주기장과 유도로를 연결하는 항공기 이동통로를 이중으로 만들 필요가 있다. 계류장 내의 차량이나 장비의 이동통로를 계류장과 청사 전면 사이에 교통로를 만드는 것이 보통이다. 선형 여객청사의 주기장은 동체가 가장 긴 항공기에 맞게 계획할 수 있으므로 단순형 여객청사와 같이 주기장의 확장 등에 유연성을 가질 수 있다.

3) Pier형 여객청사와의 관계

Pier형 여객청사의 항공기 주기방식은 항공기를 Pier에 설치된 탑승구의 양쪽에 Angled Nose-in의 사선으로 주기하는 방식과 Nose-in 방식으로 Pier에 직각으로 주기하는 방식 및 Pier에 평행하게 주기하는 Parallel 방식 등 다양하게 주기할 수 있다.

한 개의 Pier만 있는 경우에는 항공기의 Air Side 활동이 자유로우나, 두 개 이상의 Pier가 있는 계류장에서는 Pier 사이에 적정한 공간을 제공하여 항공기 이동에 지장이 없도록 해야 한다. Pier에 몇 개의 탑승구가 있다면 들어오는 항공기와 나가는 항공기의 마찰을 방지하기 위하여 Pier 사이에 이중유도로를 설치해야 한다.

4) 위성형 여객청사 주기장

위성형 여객청사의 항공기 주기방식은 여객청사와 평행으로 항공기를 주기한다. 항공기가 청사에 사선으로 주기한 때에는 항공기가 주기장에서 유도로로 이동할 때에 Push-back은 쉬우나 많은 공간이 필요하다. 주기형태가 V자 형태로 채택된다면 탑승구에서 유도될 때 급격한 회전을 하게 되는 문제가 있을 뿐만 아니라, 위성형 청사주변에 배치된 지상조업 장비가 이동할 때 교통장애를 초래하게 된다.

3. 탑승교 운영

주기장을 계획할 때에는 사용하고자 하는 탑승교 형식을 고려해야 한다. 여객의 항공기에 탑승은 여객청사에 연결된 탑승교에서 탑승하는 방법과 원격주기장까지 도보나 Ramp 버스를 이용하여 Step Car 또는 항공기에 부착된 계단을 이용하여 탑승하는 방법이 있다.

여객청사와 연결된 탑승교를 설치한 경우에는 여객청사의 출발대합실에서 탑승교를 이용하여 직접 항공기에 탑승하는 것이 가능하며, 탑승교는 고정식 탑승교와 이동식 탑승교의 두 가지 형태가 있다.

1) 고정식 탑승교

고정식 탑승교는 여객청사로부터 돌출되어 여객청사 출발대합실의 높이에 맞추어 탑승교가 뻗어 나온 형태이다. 고정식 탑승교는 전·후 이동은 가능하나 좌·우 이동은 탑승교 말단 부분에서 매우 짧은 거리만 이동할 수 있으므로 항공기가 탑승교의 말단돌출부에 정확하게 진입해야 한다.

탑승교 조작자는 항공기가 완전히 정지하였음을 확인한 후에 항공기의 동체나 출입문에 충격을 가하거나 흠이 발생하지 않도록 항공기 출입문에 서서히 정확하게 탑승교를 접현해야 한다. 접현이 완료되면 항공기 내부의 승무원에게 탑승교가 정상적으로 접현되었음을 알린 후 항공기 출입문 개방에 따른 안전사고가 발생하지 않도록 주의를 기울여야 한다.

2) 이동식 탑승교

이동식 탑승교는 탑승교의 한쪽은 여객청사의 출발대합실과 경첩형식으로 붙어 있다. 항공기에 접현하는 쪽은 동력으로 조종이 가능한 이중바퀴에 의해서 전·후, 좌·우로 이동할 수 있어 항공기 출입문에 도달할 때까지 이동할 수 있다. 항공기와 접현되는 말단 부분은 상당한 높이를 올리고 내릴 수 있어서 항공기 출입문의 높이가 다른 항공기라도 탑승교를 조종하여 접현할 수 있다.

탑승교 조작자는 항공기가 완전히 정지하였음을 확인한 후에 탑승교 조작을 시작해야 한

[그림 7-14] **고정식 및 이동식 탑승교**

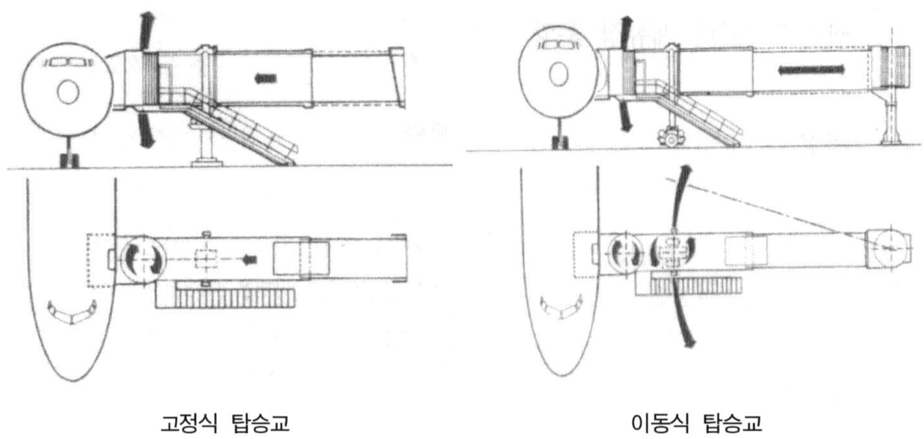

고정식 탑승교 이동식 탑승교

다. 항공기의 동체나 출입문에 충격이나 흠이 발생하지 않도록 서서히 탑승교를 접현하되, 사전에 탑승교의 높이를 항공기의 출입문 높이와 수평이 되도록 해야 한다. 접현이 완료되면 항공기 내부의 승무원에게 탑승교가 정상적으로 접현되었음을 알린 후 항공기 출입문 개방 시 안전사고가 발생하지 않도록 주의를 기울여야 한다.

3) 기타 탑승시설

항공기에 탑승하는 방법은 탑승교 외에 이동식계단을 이용하는 방법, Step Car를 부착한 차량에 의하여 탑승하는 방법, 항공기에 장착된 계단을 밖으로 늘어뜨린 후에 그 계단을 이용하여 탑승하는 방법 등이 있다.

첫째, 이동식 계단은 동력이 부착되지 않은 계단구조물이므로 사람이 밀어서 항공기 출입문에 세워야 하는데, 항공기 동체에 충격이나 흠이 발생하지 않도록 주의해야 한다.

둘째, Step Car는 차량에 부착하거나 동력이 부착된 이동식 계단으로서 원거리 주기장에 주기된 항공기의 출입문에 Step Car를 접현하여 여객이 탑승하거나 하기할 수 있도록 설계된 구조물로서 항공기에 접현할 때에는 항공기 동체나 출입문의 손상이 발생하지 않도록 주의해야 한다.

셋째, 항공기에 장착된 계단을 이용하는 경우에는 항공기에서 계단을 내린 후 이용하게 되는 형태이다.

[그림 7-15] Step Car

제3절 기타 계류장 운영

1. 화물청사 계류장

항공화물의 물량이 적은 공항에서는 화물청사를 별도로 두지 않고 수송을 의뢰하는 화물을 여객기의 화물칸을 이용하여 화물을 운송하기 때문에 화물청사전용 계류장을 건설할 필요는 없다. 화물수송량이 많은 대규모 공항에서는 대부분 화물청사를 보유하고 있으며, 화물청사의 위치는 항공기 또는 공항직원의 이동거리를 최소화하기 위해 여객청사에 가까운 장소에 설치한다.

최근 항공화물의 급격한 증가추세에 따라 대부분 국제공항에서는 화물전용 청사를 계획하거나 건설하여 운영하고 있다. 공항계획자는 항공화물 수요예측을 기초로 화물계류장의 필요성과 규모를 사전 검토해야 한다.

화물청사의 계류장은 화물전용기 주기장으로서 여객청사의 계류장과는 달리 화물의 탑재와 하역을 위한 공간과 이들 업무를 수행하기 위하여 여러 가지의 차량과 장비가 이동하고 작업을 해야 하므로 이에 따른 공간확보가 필요하다. 화물의 임시 야적(野積)에 필요한 공간도 확보되어야 한다. 따라서 화물청사 계류장은 이러한 점을 고려하여 구획되고 설치되어야 한다.

화물청사 계류장에서 화물전용 항공기 주기방식은 화물청사와 직각으로 주기하는 Nose-in방식 또는 평행으로 주기하는 Parallel방식으로 주기하는 것이 보통이나, 공항별로 취급하는 화물의 수량과 화물처리 시스템에 따라 화물처리의 효율성이 높은 주기방식을 채택하고 있다.

2. 항공기 정비계류장

항공기 정비는 항공기의 안전운항과 정시운항을 위하여 반드시 거쳐야 하는 활동으로서 정비계류장은 항공기 정비가 이루어지는 정비격납고에 인접한 지역이다. 항공기 정비는 일반적으로 라인정비 · 기체정비 · 동력장치정비 · 복합정비 등의 범주로 이루어진다. 라인정비는 여객청사 또는 화물청사 계류장에서 이루어진다. 나머지는 정비계류장에서 이루어진다. 정비계류장은 항공기를 정비하거나 항공기가 격납고에 출입하기 위하여 이동하는 지역이다.

항공사의 모기지(母基地) 역할을 하는 공항에서는 격납고와 정비작업장 및 정비계류장을 포함한 정비청사가 필요하다. 정비계류장의 크기는 항공사의 항공기 운항편수와 정비계획에 달려 있으므로 공항기획자는 공항계획단계에서부터 항공사의 정비계류장의 규모에 대한 의견을 반영해야 한다. 공항기획자는 정비계류장 외에도 항공기의 엔진을 정비한 후에 엔진 테스트를 위한 점검장소까지 고려해야 한다. 엔진 Run-up 점검장소는 엔진 테스트 때 발생하는 폭풍과 소음을 줄이기 위한 시설도 함께 설치하도록 해야 한다.

3. 기타 계류장

1) Remote 주기장

Remote 주기장은 항공기가 6시간 이상 장기간 주기 때 또는 탑승교 주기장이 부족할 때 사용되는 주기장이다. 터미널에서 비교적 원거리에 설치되는 주기장이다.

여객청사에 연결된 탑승구는 짧은 시간 또는 일시적으로 사용되는 주기장이다. 한정된 탑승구로는 혼잡시간대에는 도착 또는 출발하는 여객을 모두 처리하기 어렵고, 부족한 탑승구를 확보하기 위해서 새로운 청사를 건설한다는 것은 경제성 면에서도 효용성이 없으므로 혼잡시간대의 항공기 주기와 여객처리를 위한 방안으로 청사에서 떨어진 원격주기장을 혼합하여 사용하게 되는 것이다.

항공기 대기 주기장은 이륙절차 중에 있는 항공기가 활주로 말단에 도착하기 전에 이륙허가를 받기 위하여 유도로 위에서 대기할 때 이용되는 주기장이다. 대기계류장은 피스톤 엔진을 장착한 항공기가 이륙에 앞서 엔진 성능점검과 Run-up을 할 공간을 확보하거나, 다른 항공기를 우회시킬 필요가 있는 경우에 사용하기 위하여 설치되기 때문에 다음 사항이 고려되어야 한다.

첫째, 프로펠러의 기류와 엔진의 후 폭풍이 다른 항공기를 향하지 않도록 한다.

둘째, 접근 및 착륙지원시설의 운용을 방해하지 않아야 한다.

셋째, 항공기가 불법적인 간섭을 받지 않도록 해야 한다.

2) 격리 주기장

격리 주기장은 항공기의 테러 등 불법행위가 발생한 항공기나 급성 전염병 등의 예방을 위하거나, 다른 이유로 통상적인 공항 주기장으로부터 격리할 필요가 있는 항공기를 주기하기 위하여 적절한 지역에 설치되는 주기장을 말한다.

공항운영자는 공항에 도착하는 항공기가 일반주기장에 주기할 수 없는 상황이 발생한 때 격리주기장에 주기하도록 조치하고 이를 관제탑에 통보해야 한다. 격리주기장은 가능한 한 여객청사로부터 최대거리를 두어 위치를 결정해야 한다. 일반적으로는 여객청사로부터 적

[그림 7-16] **인천국제공항 격리주기장**

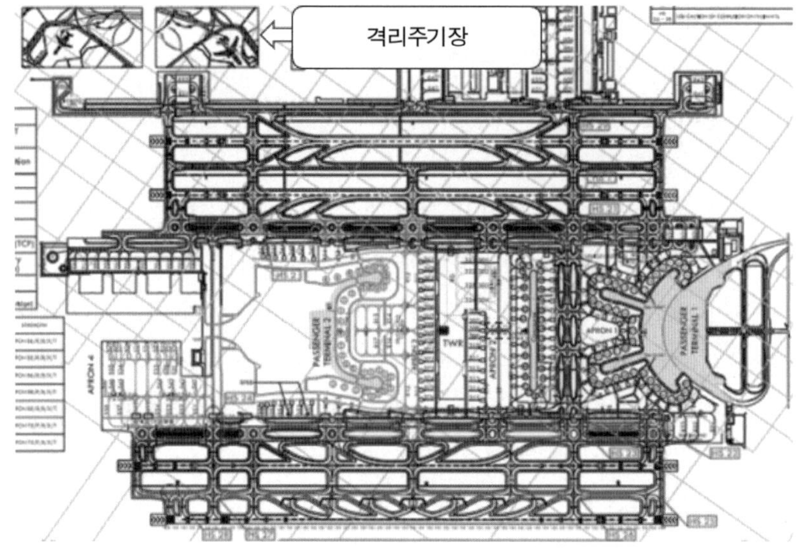

어도 100m 이상 떨어져 설치되어야 한다. 격리주기장은 가스나 항공연료, 전력이나 통신 케이블과 같은 지하에 매설된 시설이 있는 곳에 설치하지 않도록 주의를 기울여야 한다.

3) 계류장의 기타 시설

계류장의 기타 시설로는 항공기의 주기를 유도하는 장치와 항공기 서비스 제공시설로서 항공기에 항공유를 급유하기 위한 Hydrant 시설과 전력을 공급하기 위한 동력시설 등이 있다. 그 외에도 계류장 유도로와 항공기 주기유도 레인, 계류장 내의 지상조업장비의 이동통로인 서비스도로, 지상조업차량, 장비주차장 등이 있다.

계류장 내의 항공기 유도장치는 계류장 내에서의 안전한 항공기 기동과 지정된 주기장에 정확한 주기를 위해 필요하다. 일부 공항에서는 야간의 항공기 운항이나 시정이 좋지 않은 상태에 대비하여 유도장치 외에 항공등화를 설치하기도 한다. 여러 가지 형태의 시각 도킹장치를 사용하기도 하나, 모든 공항에서 시각 도킹장치가 필요한 것은 아니다.

항공기 서비스 제공시설인 Hydrant 시설과 전력공급시설 등은 모두 지하에 매설된 관로(管路)에 의하여 항공유나 전력을 공급하기 때문에 계류장 혼잡을 감소시키고, 서비스 제공시간을 줄일 수 있는 효과가 있다. 이러한 지하공급 시스템이 사용되기 전에는 혼잡한 계류장 내에서 항공유급유차나 보조동력공급장치(APU)를 이용하였기 때문에 계류장의 혼잡이 불가피하였다. 지하공급 시스템의 설치는 항공기 운항횟수 등을 고려한 경제성을 검토하여 설치 여부를 결정해야 한다.

항공기 주기유도 레인은 계류장 내에서의 항공기 충돌을 방지하기 위한 시설이다. 항공기 주기유도 레인은 여객청사의 형태와 탑승구의 수 및 첨두시간 교통량에 따라 소요되는 수량을 예측하고, 미래의 첨두시간대를 가상실험하는 등의 분석을 거쳐 설치되어야 한다.

또한 계류장 서비스도로와 지상장비 주차지역은 계류장 내에서의 안전과 효율적인 계류장 운영을 위하여 매우 중요한 사항이므로 항공기 기동과 청사기능 유지에 지장을 주지 않도록 설치되어야 한다. 여객청사 계류장에서의 서비스도로는 항공기가 Nose-in 형태로 주기하는 때에는 항공기의 뒤쪽 또는 앞쪽에 설치할 수 있으나, 항공기가 평행으로 주기하는 때에는 항공기의 날개 끝선을 따라서 설치하는 형태도 고려해야 한다. 서비스도로가 여객탑승교 아래로 통과할 때는 케이터링 트럭과 같은 지상 서비스장비가 아래로 통과할 수 있도록 충분한 높이를 확보하여 탑승교가 계류장을 이동하는 차량이나 장비의 장애물이 안되도록 해야 한다.

계류장의 서비스도로와 함께 계류장 내에서 사용되는 차량이나 장비의 주차를 위한 공간도 확보해야 하는데, 주기장 근처의 여유공간을 주차지역으로 사용할 수도 있으나 주차나 장비보관을 위해서는 특정한 지역을 할당하는 것이 바람직하다.

제4절 지상조업

지상조업이란 항공기 이동지역인 계류장에서 항공기 운항을 위한 서비스를 제공하는 업무이다. 지상조업의 종류에는 다음과 같은 업무가 있다.

첫째, 항공기의 급유, 하역업무와 항공기의 입·출항에 필요한 유도, 동력지원업무가 있다.

둘째, 승객과 승무원 탑승, 항공기의 기체 및 기내 청소 등의 업무가 있다.

셋째, 여객청사 내에서의 항공권발권·체크인·수하물위탁 등 탑승수속을 위한 업무가 있다.

넷째, 화물청사에서의 화물처리를 위한 업무가 있다.

항공기에 대한 지상조업은 항공운송사업자가 직접 담당하는 경우와 항공기 지상조업체 또는 다른 항공운송사업자에게 위탁하여 시행하기도 한다. 유럽의 Frankfurt공항과 Geneva 공항 등 유럽공항에서는 공항운영자가 지상조업을 직접 수행한다. 미국공항에서는 항공사가 지상조업을 담당하고 있다. LA공항에서는 United Air Line 항공사가 자사의 지상조업은 물론, 영국의 British Airway 항공사의 모든 지상조업을 담당하고 있으며, J.F. Kenedy 공항에서는 자기 청사를 가진 팬암항공사와 TWA항공사가 전적으로 지상조업을 담당하고, 애틀랜타공항은 델타항공사가 지상조업을 담당하고 있다. 우리나라를 포함한 아시아지역 공항에서는 항공사 또는 지상조업체가 이를 담당하고 있다.

최근 세계 각국의 공항에서는 지상조업의 통합운영체제에 관심이 높아지고 있는데, 지상조업을 통합하여 운영하는 경우에 지상조업에 필요한 시설·장비·예비품 및 인력운영의 경제성이 높아지고 계류장 운영의 효율화를 기할 수 있다는 장점이 있다. 그러나 대규모 공항에서는 통합운영이 비합리적이라는 견해와 경쟁성의 저하 및 노동조합의 쟁의가 발생하는 때에 공항의 마비가 우려된다는 단점이 있어 적극적인 추진은 이루어지지 못하고 있다. 그러나 소규모 공항에서는 지상조업의 통합운영에 대한 적극적인 도입을 검토하는 것이 바람직하다고 본다.

우리나라의 「항공사업법」에서는 공항에서 항공기의 급유·하역 및 기타 지상조업을 하는 사업을 '항공기취급업'으로 정의하였으며, 항공기취급업은 항공기급유업·항공기하역업·지상조업사업으로 구분하고 있다. 계류장에서의 지상조업 중에서 항공기 정비업은 항공사가 직접 담당하고 나머지 지상조업은 항공사가 출자한 회사에서 담당하고 있다.

1. 계류장 지상조업

계류장 지상조업은 항공기 유도업무, 항공기의 간단한 보수와 점검, 여객의 탑승 및 하기, 화물의 하역, 항공기의 급유 및 동력지원, 청소 등의 활동과 기내식 및 식수공급 등의 업무를 말한다.

지상조업업무는 항공기의 불필요한 지연을 예방하고 항공기가 다음 목적지로 운항하기 위하여 필수적으로 수행되어야 하는 업무이다. 통상적으로 항공기의 출발통제를 감시하는 임무를 수행하는 계류장조정자에 의해 이루어진다. 계류장 운영상 관련부서 사이에 충분한 협조체제가 구축되어야 효율적인 조업을 할 수 있으며, 계류장 지상조업에 대한 업무를 수

〈표 7-7〉 Air Side 지상조업 표준점검표

구분	담당업무
Ramp 장비 서비스	• 차량 및 장비상태 확인 및 정비 • 차량 및 장비 운행통제 • 차량 및 장비 안전절차와 통신
탑승 · 하기조업	• 항공기 외부 및 내부상태 • 탑승지시의 적절성과 탑승 · 하기감독 • Ramp 안전 및 보안 • 장비의 운용 및 가용성
기내 조업	• 조종석 및 기내 청소 • 기내식, 음료수, 화장실, 소모품 등
하중통제조업	• 하중표의 작성 및 재작성 • 하중계획 · 계산 및 비행준비
운항관리조업	• 운항기록 및 서류관리, 비행계획서, 기상정보 배포 • 출발 · 환승 · 하기감독 • 탑승대기 · 출발시간 기록의 정확성
수출조업	• 예약 · 서류의 절차 및 정확성 • 저장 · 중량 · 적재의 절차 및 성능
통관조업	• Pallet · Container 분해 • 세관 인가서류와 인도절차 및 분실, 파손화물의 처리 • 위험 · 제한 · 고가 동물 · 우편물 등 처리절차
지상조업행정	• 집기 및 장비 보유상태 • 예산, 화재예방, 고충처리 • 교육 · 교재 · 지시서류상태

행하기 위한 표준점검사항은 〈표 7-7〉에서 보는 바와 같다.

첫째, 항공기 유도업무는 항공기의 주기장 근처에서 최초 진출 혹은 최종 진입 때 조종사를 유도하기 위하여 제공된다. 항공기를 정확한 주기장소에 계류시키기 위해서 조종사는 계류장의 수신호자로부터 국제적으로 인정된 수신호의 도움을 받고, 운항을 위하여 계류장을 벗어나는 때에도 유도원의 도움을 받는다. 자동주기 유도장치가 설치된 공항에서는 항공기가 Nose-in 형태로 주기한 경우에 항공기의 조종사는 항공기 주기안내 시스템과 자동주기 유도장치를 이용하여 탑승교에 무리 없이 정확한 위치에 항공기를 주기할 수 있다. 항공기가 주기장에 주기된 때에는 바퀴의 고임목, 착륙기어의 잠금, 엔진과 유속측정기 보호커버 등의 장착 · 탈착업무가 수행된다. 항공기 유도요원에게는 조종사와 교신이 가능한 헤드세트가 제공된다.

둘째, 항공기에 제공되는 지상전원은 지하배관을 통하여 설치된 지상전원 공급장치로 공급된다.

셋째, 여객이 하기한 항공기는 장시간 주기가 필요한 경우에는 탑승교 주기장에서 이현(離懸)하여 원격주기장 또는 격납고 주기장에 이동하여 주기가 이루어진다.

넷째, 계류장에서의 지상조업에는 엔진시동용 장비제공이 포함되고, 안전을 위해 소방장비와 보호장비의 제공 및 보안요원의 배치업무가 있다.

다섯째, 지상조업에는 항공기를 이동시킬 수 있는 견인장비가 확보되어야 한다. 견인 트랙터는 Nose-in 상태로 주기된 항공기를 밀어내거나 견인에 필요한 장비이다. 계류장 내에서 견인할 때에는 반드시 지정된 속도 20km/h 이하로 운행해야 한다.

1) 연료와 윤활유 공급

항공기에 대한 연료와 윤활유 공급은 항공운송사업자가 직접 자가 급유하는 방법과 급유업 등록을 한 자에게 위탁하여 급유하는 방법이 있다. 항공유는 오염되지 않은 연료를 안전한 방법으로 공급될 수 있도록 해야 한다. 항공기 급유는 유조차 또는 계류장에 설치된 Hydrant 시스템을 이용하여 공급한다. 항공유의 품질을 유지하기 위하여 급유하기 전에 철저한 시험과정을 거친다.

대규모 공항에는 Hydrant 시스템을 확보하고 있으나 유사시에 대비하여 유조차에 의한 연료공급체계도 확보하고 있다. 오일공급과 기타 필요한 장비용 유류공급은 연료공급이 진행되는 동안에 함께 이루어진다.

2) 지상전원공급

항공기는 지상에 계류하는 동안 연료비용의 절감과 계류장의 소음을 감소하기 위하여 지상전원공급장치로 전원을 공급한다. 지상전원은 항공사 또는 지상조업체의 이동용 장비로 공급하거나, 계류장 케이블과 연결된 전원공급시설로부터 동력을 공급받는다.

항공기가 장시간 계류하고 있으면 객실 온도를 유지하기 위하여 보조적인 이동용 난방 혹은 냉방장치가 필요하다. 항공기의 연료비용과 환경문제가 증대됨에 따라 최근에는 중앙집중식 공기압축장치와 탑승교에서 이동용 압축기를 운용하는 방법이 도입되고 있다.

공기압축 시스템이 사용되는 경우, 필요에 따라 개별 항공기별로 난방 혹은 냉방을 조종석

[그림 7-17] **지상전원공급 및 하역작업**

에서 조절할 수 있다. 항공기에 장착된 보조동력공급장치를 구동시키는 데 높은 비용이 소요되므로 공기압축 시스템이 경제적이라 할 수 있다.

3) 항공기 하역업무

항공기 하역업무는 공항에서 화물이나 수하물을 항공기에 싣거나 항공기로부터 내려서 분류 · 정리하여 운송하는 업무이다. 화물이나 수하물을 항공기에서 화물청사 또는 여객청사까지 운송하는 업무와 접수된 화물이나 수하물을 분류 · 정리하여 항공기까지 운송하는 업무이다. 이들 업무는 화물청사에서 이루어지는 작업을 제외하고는 대부분 계류장에서 이루어진다. 항공기 하역업무는 항공사가 직접 하는 경우와 항공기하역업 등록을 한 지상조업체에 위탁하며, 유럽의 일부 공항에서는 하역업무를 공항운영자가 담당하기도 한다.

항공기 하역업무는 하역장비에 의하여 수행되고 있다. 하역장비는 화물청사나 여객청사와 항공기 간에 화물이나 수하물을 이동하는 무동력장비인 Dolly가 있고, 자체동력이 없는 Dolly를 견인하기 위한 Tug Car가 있으며, 항공기에 화물을 탑재 또는 하기를 하는 데 사용되는 High Loader, 탑재용기에 화물을 적재하기 위한 ForkLift와 Tomiruc이 있다. 화물을 수평으로만 이동할 수 있는 장비인 Transfer Vehicle과 수평 또는 수직으로 이동할 수 있는 Elevating Transfer Vehicle 등의 장비가 있다.

[그림 7-18] Dolly, High Loader, Tug Car

4) 기타 지상조업

계류장에서 항공기에 대한 기타 지상조업은 위에서 설명한 업무 외에 항공기의 입・출항에 필요한 유도업무, 항공기 탑재관리 및 동력지원업무, 항공기 운항지원업무, 여객과 승무원의 탑승 또는 출입국 관련업무, 기내식 제공업무, 항공기 내의 청소 등을 하는 업무가 있다. 여기서는 기내식 제공업무와 기내에서의 청소업무를 중심으로 설명하고자 한다.

항공기 기내식 제공업무와 기내 청소업무는 탑승여객이 모두 하기한 후 즉시 실시된다. 이 업무 역시 항공사가 직접 수행하는 경우와 항공기 지상조업사업의 등록을 한 자에게 위탁하여 수행하는 방법이 있고, 항공사는 지상조업체에 위탁하여 실시하고 있다.

기내식 제공업무는 음식물과 음료수는 출고에서부터 여객에게 제공될 때까지 모든 과정이 국제적으로 합의된 위생에 관한 표준에 적합해야 하며, 특별한 경우를 제외하고는 항공사의 모기지(母基地) 공항에서 공급한다.

외부에서 항공기 지원업무가 수행되는 동안에 기내에서는 다음과 같은 청소업무가 이루어진다.

첫째, 담요와 베개 그리고 머리 받침대의 교환
둘째, 카펫의 진공청소 및 세제세척
셋째, 재떨이 청소 및 모든 꽁초의 제거
넷째, 좌석 뒷받침에 있는 보관대 물품의 구비
다섯째, 조리실과 화장실의 청소와 필요한 물품의 구비
여섯째, 팔걸이를 포함한 의자 각 부분의 세탁

2. 조업장비 운영

운송용 항공기에 지상조업은 복잡하고 시간이 많이 소요된다. 지상조업이 동시에 이루어져야 하므로 효과적인 절차가 수립되지 않았다면 항공기의 지상계류시간은 과다하게 소요되어 항공사의 수입이 저하되는 결과를 초래한다. 계류장에서의 비효율적인 지상조업은 항공사의 낮은 생산성을 초래하므로 지상조업장비는 항공기 지원업무가 수행되는 장소에서 가까운 곳에 배치되어야 한다. 항공기에 대한 지상조업을 할 때에 장비의 배치와 작업위치는 [그림 7-19]와 같다.

[그림 7-19] **지상조업장비 배치도**

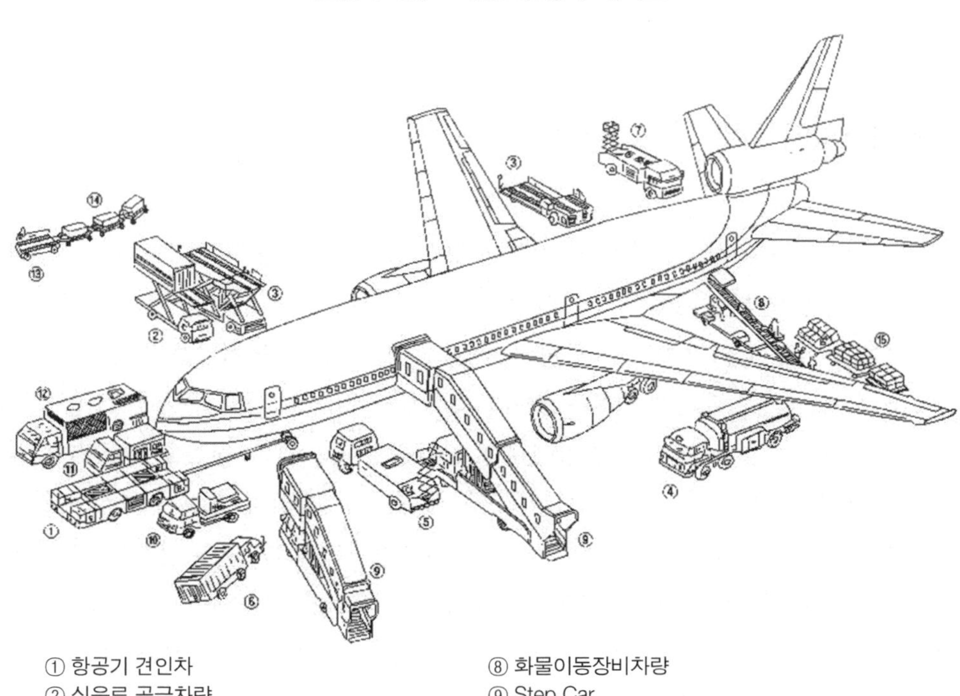

① 항공기 견인차
② 식음료 공급차량
③ Cargo Loader
④ 급유차
⑤ 급수차
⑥ 오물처리차
⑦ 라보에테리 트럭
⑧ 화물이동장비차량
⑨ Step Car
⑩ 기내 전원공급장비(A3000, B747에 사용)
⑪ 항공기 전원공급장비(ground power unit)
⑫ 항공기 냉 · 온방지원차
⑬ 트랜스포터
⑭ 계류장 내 항공화물 운반용 장비

지상조업장비는 작업에 적합하게 설계되어야 한다. 즉 항공기 출입문 턱의 높이에 맞게 여객과 화물의 탑재 시스템이 구성되어야 한다. 계류장 내에서 사용되는 운송장비는 항공기와 청사에 탑재와 하기에 작업능률이 향상될 수 있어야 하며, 화물의 탑재 등 하역장비는 지상조업의 능률이 향상되도록 설치되어야 한다.

지상조업장비는 마모로 인한 문제, 접촉과 이동 시 손상을 입어 빈번한 수리와 교체가 필요하다. 계류장 조업을 성공적으로 수행하기 위하여 장비에 대한 예방정비와 장비운영 중단 때 즉시 투입할 수 있는 대체장비의 확보가 필요하다.

계류장 지역의 안전 또한 지속적인 주의를 요하는 문제이다. 여객청사와 화물청사 지역에 인접한 계류장은 대형의 지상조업장비가 많은 소음을 일으키며 이동하는 복잡한 구역이다. 이동하는 장비의 소음으로 귀마개를 착용한 작업자에게는 소리가 잘 들리지 않아 안전문제가 야기되기도 한다. 지상조업 작업자에 대하여는 매우 세심한 훈련이 요구되며, 지정된 안전절차의 엄격한 준수는 사고의 발생을 사전에 방지하는 데 필요하다.

3. 지상조업에 대한 책임 배분

계류장에서 수행되는 지상조업의 책임에 대하여는 명확한 기준이 없으므로 지상조업에 대한 책임은 국가별로 또는 동일국가 내에서도 공항별로 서로 다를 수 있다. 독일의 프랑크푸르트공항을 포함한 유럽의 대부분 공항과 홍콩의 첵랍콕공항 등에서는 지상조업이 공항운영자의 기능에 속하기 때문에 공항운영자는 계류장 관리와 여객의 수하물조업에 대하여 전적인 책임을 지고 있다. 이러한 공항에서는 공항운영자는 많은 인력을 고용해야 한다.

미국에서는 지상조업의 기능이 대부분 항공사에 의해 수행되며, 상호 운송협정을 맺은 몇몇 항공사는 상대방 항공사를 위한 지상조업을 수행하기도 한다. 일부 공항에서는 지상조업을 전담하는 회사가 설립되어 항공사를 대상으로 지상조업 서비스를 제공하고 있으므로 계류장에서 수행되는 항공기의 유도, 스텝 카 운영, 수하물 및 화물의 탑재와 하기 그리고 엔진시동과 같은 기능을 지상조업체에서 수행하고 있다.

항공기에 대한 지상조업은 규모의 경제가 지닌 이점이 집중화된 업무이기 때문에 공항의 지상조업을 담당하는 조직은 가장 효율적으로 지상조업을 수행할 수 있도록 장비와 시설을 적절한 수준으로 갖추어야 한다. 철저한 예방정비로 자주 사용하지 않는 고가의 장비구매나 다량의 예비장비를 구매함으로써 발생하는 추가비용을 줄여야 한다.

유럽연합은 공항에서 지상조업의 독점적 지위를 금지 혹은 예방하는 규정을 채택하였다. 대형 공항의 경우에는 단일조직이 공항의 모든 지상조업장비를 운용할 수는 없으므로 청사별 또는 항공사별로 지상조업이 이루어지고 있으나, 소규모 공항에서는 하나의 지상조업체가 지상조업장비를 확보하여 모든 항공사의 지상조업을 담당토록 하는 것이 오히려 경제적일 수도 있다.

일반적으로 지상조업은 공항운영자의 수입에 중요한 비중을 차지하는 것은 아니다. 인건비와 장비운영비용은 높은 수준인데, 수입은 비용을 겨우 보전하거나 비용에 미치지 못하는 경우가 있다.

CHAPTER 8

항공보안관리

www.daewangsa.net

제1절 항공보안의 개념과 보안책임

1. 항공보안의 개념

항공보안이란 매우 광범위하고 다양한 의미로 사용되고 있어 한마디로 정의하기는 어려우나, 국제민간항공기구에서는 "항공보안이란 민간항공을 불법적인 방해행위로부터 보호하기 위하여 인적·물적 자원을 결합한 대책이다"라고 규정하고 있다. 항공보안에 관하여 기술한 ICAO 부속서 17에서는 "각 체약국은 불법방해행위로부터 민간항공의 보호와 관련된 모든 문제에 있어서 승객, 승무원, 지상운영요원 및 국민의 안전을 주요목표로 해야 한다"라고 기술하고 있다.

불법방해행위란 민간항공 및 항공운송의 안전을 위협할 수 있는 다음의 행위를 하거나 이러한 행위를 시도하는 것을 말한다.

첫째, 운항 중인 항공기 또는 지상에 주기 중인 항공기의 납치 또는 불법점유

둘째, 항공기 내 또는 공항에서의 인질로 삼는 행위

셋째, 항공기·공항시설·항행안전시설을 파괴, 손상하는 행위

넷째, 항공기, 항행안전시설 및 보호구역에 무단침입 또는 운영을 방해하는 행위

다섯째, 범죄목적으로 기내 또는 공항에 무기 또는 위험물품을 반입하는 행위

여섯째, 항공기·승객·승무원·지상조업요원을 위협하거나 이와 관련하여 거짓정보를 제공하는 행위

일곱째, 사람을 사상에 이르게 하거나 재산 또는 환경에 심각한 손상을 입힐 목적으로 항공기를 이용하는 행위

항공보안의 목표는 불법방해행위로부터 민간항공을 보호하는 것이기 때문에 항공보안은 승객과 재산을 보호하기 위한 것이다.

첫째, 항공보안의 보호대상은 항공기에 탑승하는 승객과 승무원이다. 항공 테러의 대상이 주로 항공기를 목표로 하고 있으므로 항공보안에서는 항공기에 탑승한 승객과 승무원을 가

장 먼저 보호대상으로 삼아야 한다.

둘째, 공항직원과 공항을 출입하는 사람도 항공보안의 보호대상이다. 공항에는 항공여객을 환송하거나 마중을 나오는 환・송영객이 많이 출입하고, 항공기 운항을 지원하기 위하여 많은 직원이 근무하기 때문에 테러범들이 공항시설을 공격하는 경우에 많은 사람이 피해를 볼 수 있다. 이들 또한 항공보안의 보호대상이다.

셋째, 항공보안의 보호대상은 사람의 보호가 우선이지만, 항공 테러가 있는 경우에 고가의 항공기와 공항의 첨단장비가 파손되면 막대한 재산손실을 가져오므로 항공기・공항시설 등의 재산보호도 항공보안의 중요한 보호대상이다.

넷째, 항공보안은 기내에서의 난동・인질극・승객위협행위 등 기내에서의 범죄행위를 예방하고, 기내에서의 농성행위나 하기를 거부하여 항공기의 안전운항을 저해하는 행위를 예방하기 위한 활동도 포함된다.

2. 항공범죄의 유형과 대응

1) 항공범죄의 유형

공중에서의 해적행위라고 일컬어지는 항공범죄는 항공운송사업이 시작된 1930년대부터 있었다. 항공운송이 시작된 초기에는 항공범죄도 비교적 단순하여 항공기를 납치하는 Hi-jacking이 있었다. 1960년대에는 항공범죄가 홍수를 이룰 정도로 늘어났고, 1970년대 후반부터는 국제테러조직 사이에 협조체제가 이루어져 테러의 양상이 대형화되고 방법도 다양하게 변하기 시작하였다. 이와 같은 항공범죄의 유형에는 항공기 납치, 항공기 폭파, 항공기 자살테러, 공항시설 공격, 항공기 내 불법행위 등이 있다.

첫째, 항공기 납치는 비행중인 항공기를 테러범이 납치하여 기내를 장악함으로써 항공기가 본래의 비행계획대로 정상적인 운항을 할 수 없도록 하는 상태를 말한다.

둘째, 항공기 폭파는 승객을 가장하여 항공기에 탑승하여 기내에 폭발물을 설치하여 항공기를 폭파하거나, 운항중인 항공기를 지상의 미사일이나 전투기가 공격하여 폭파하는 방법 등을 말한다.

셋째, 항공기 자살테러는 테러의 가장 참혹한 형태로서 테러범들이 항공기를 납치하여 납치한 항공기를 지상의 건축물에 충돌시킴으로써 항공기 탑승객은 물론 지상의 건물에 있는 사람까지를 사망케 하려는 것을 말한다.

넷째, 공항시설 공격은 테러범들이 자동소총, 수류탄, 폭발물, 미사일 등으로 공항시설이나 항행안전시설을 파괴함으로써 인명을 살상하고, 공항을 정상적으로 운영할 수 없도록 하는 불법행위를 말한다.

다섯째, 항공기 내 불법행위로는 기내에서 폭언, 고성, 소란행위, 과도한 음주 및 약물복용 등으로 다른 승객 또는 승무원에게 피해를 주거나 성적인 수치심을 주는 행위와 하기거부, 기내농성 등 항공기의 정상운항을 방해하는 행위 등을 말한다.

2) 항공범죄의 대응

항공보안은 항공범죄의 양상이 달라짐에 따라 동일한 범죄의 재발방지대책을 강구하면서 발전되어 왔다. 항공보안은 미래에 일어날 수 있는 항공범죄를 예측하여 사전에 대응책을 마련하는 것이 최고의 방법이나, 이는 현실적으로 불가능한 사항이므로 새로운 유형의 항공범죄가 발생하면 그러한 범죄가 재발하지 않도록 대응책을 마련하는 것이 최상의 방법이 될 수밖에 없는 것이다.

항공범죄를 예방하기 위한 항공보안에 관한 국제협약의 변화과정은 다음과 같다.

첫째, 1963년에 체결된 도쿄협약은 항공기와 여객에 대한 안전협약으로서 항공기 내의 범죄행위는 범죄가 발생한 장소를 불문하고 항공기 등록국가가 관할권을 행사하여 처벌할 수 있도록 하였고, 항공기의 이륙을 위한 시동한 순간부터 착륙활주가 끝난 순간까지의 비행 중에는 기장에게 기내 안전저해와 기내 질서위협행위 방지 및 하기명령 권한을 부여하였다.

둘째, 1970년에 체결된 헤이그협약은 항공기 납치사건처리와 납치범 인도협약에 관한 협약으로서 비행 중인 항공기의 납치행위, 기내 혼란을 초래하는 무질서행위, 공갈 · 협박 · 승객안전위협행위에 대한 통제권 행사에 관하여 전 세계적인 관할권을 확립하도록 의무화하였다.

셋째, 1971년의 몬트리올협약에서는 헤이그협약의 내용을 일부 확대하고, 항공범죄에 항공시설 파괴행위를 추가하였으며, 1974년의 시카고협약에서는 불법방해행위로부터 민간항공을 보호하기 위하여 체약국이 노력하도록 하였다.

넷째, 1988년의 몬트리올 추가협약에서는 국제공항에서의 불법적인 폭력행위 진압을 위한 내용이 추가되었다.

다섯째, 1990년에는 미국에서 '항공보안증진법'을 제정하여 항공보안을 강화하였고, 1991년에는 가소성(plastic) 폭발물의 제조 · 표시 · 탐지기술협약을 체결하여 표시 없는 폭발물의 제조와 이동을 금지하는 내용을 추가하였다.

여섯째, 2001년 9월 11일 미국의 뉴욕과 워싱턴에서 항공기를 지상의 건축물에 충돌시키는 새로운 형태의 범죄행위가 발생한 후에는 기내 반입물품의 엄격한 제한, 기내 반입물품의 정밀보안검색, 승객 및 위탁수하물에 대한 보안검색 강화, 항공보안요원의 증원배치 등의 조치가 이루어졌다.

3. 항공보안의 책임

공항운영업무가 다수의 국가기관 · 공항운영자 · 항공사 · 지상조업체 · 공항구내업체 등으로 복잡하게 얽혀 있는 것과 마찬가지로 항공보안업무도 다수의 기관과 업체가 복잡하게 얽혀 있어 여러 가지의 조건이 충족되어야 효율성을 높일 수 있다. 항공보안에서 가장 중요한 것은 누가 무엇을 해야 하는가에 대한 명확한 업무분장이다. 보안업무는 관계기관과 업체 사이의 명확한 책임분담을 하지 않으면 효율적인 업무수행을 할 수 없다. 항공보안에 대한 명확한 업무분장은 항공보안업무의 효율성 확보를 위하여 선결되어야 할 중요한 과제이다. 이와 같은 항공보안에 대한 책임은 크게 나누어 국가기관 · 공항운영자 · 항공사 등의 차원에서 다루어지고 있다.

1) 국가의 보안책임

국가는 국가안전보장과 관련한 인원 · 문서 · 자재 · 시설에 대한 보안책임을 지고, 그 지역을 관리하는 자와 관계기관장도 보안에 대한 책임을 진다. 국가중요시설과 장비, 자재를 관리하는 자는 시설 · 장비 · 자재보호에 필요한 장소를 보호구역으로 지정할 수 있다. 보호구역은 그 범위 및 중요도에 따라 제한지역 · 제한구역 · 통제구역으로 설정할 수 있다. 보호구역에는 보안상 불필요한 인원의 접근이나 출입의 제한 및 금지를 할 수 있다.

국가중요시설인 공항과 항공기에 대한 보안을 위하여 국가기관의 항공보안에 대한 업무한계와 책임은 다음과 같다.

첫째, 국가정보원은 항공안전 및 보안과 관련하여 항공 테러정보의 수집 및 배포업무, 항공시설 · 항공기 · 공항지역에 대한 보안업무의 기획 및 조정, 항공보안사고의 조사, 항공불법행위 대응능력 배양을 위한 교육훈련 지원업무 등을 수행한다.

둘째, 국토교통부의 항공정책실과 지방항공청은 민간항공의 안전 및 보안에 관한 사항, 항공분야의 비상계획 · 보안장비개선계획, 항공보안교육훈련계획, 항공보안 증진을 위한 국제협력, 공항운영자 · 항공사 등의 항공안전 및 보안에 관한 업무를 수행한다.

셋째, CIQ 기관으로서 공항세관(Customs)은 국제공항에서 출국 또는 입국하는 승객과 휴대품 및 수하물에 대한 세관검사업무와 수출 또는 수입하는 항공화물의 세관검사업무를 담당하고, 출입국관리(Immigration)사무소는 국제여객의 출국 및 입국과 관련된 출입국관리업무를 담당하며, 검역소는 항공기를 이용하여 출국 또는 입국하는 사람의 검역(Quarantine)업무를 담당한다.

넷째, 공항에서 동물검역과 식물검역 업무는 출국 또는 입국하는 동물과 식물에 대한 검역업무를 담당하는 농림축산검역소에서 담당한다. 문화재관리사무소는 우리나라에서 반출되는 문화재의 적법성 여부를 판단하는 업무를 수행한다.

다섯째, 공항의 방호 및 경비기관으로서 국방부는 항공기 납치와 공항시설 점거 등 테러상황이 발생하는 때에 특공대와 장비를 투입하여 테러범을 진압하는 업무를 담당한다. 경찰청은 항공안전을 위협하는 범죄예방과 대응조치 및 범죄의 수사 그리고 보안검색에 필요한 조치업무를 수행한다. 해양경찰청은 공항에 상주하고 있지는 않지만 공항과 인접한 해상에서의 항공기에 대한 불법행위의 예방 및 항공기 사고에 대한 구조업무를 수행한다.

2) 공항운영자의 보안책임

공항운영자는 항공안전에 대한 불법적인 방해행위를 방지하기 위한 항공보안절차를 수립하고 시행하는 책임을 진다. 공항운영자는 보안책임자 지정, 공항보안계획 수립, 공항경비대책의 수립과 경비인력 투입, 항공기에 탑승하는 승객 및 수하물에 대한 보안검색, 상주직원에 대한 보안교육 등의 업무를 수행한다.

3) 항공사 등의 보안책임

항공기 운항책임을 맡는 항공사는 항공기가 운항하는 공항의 보안 프로그램에 따라 항공보안절차를 수립하고 시행하는 책임을 지며, 보안책임자의 지정, 항공기 · 정비시설 · 기내식 · 기내저장품에 대한 보안대책 수립, 화물청사의 보세구역 · 화물분류작업장의 보안대책 수립, 승무원에 대한 보안교육 및 보안대책 등의 업무를 수행한다. 항공기취급업체는 항공사와 업무지원에 관한 용역계약을 체결하여 항공기의 지상조업체와 구내업체는 공항의 항공보안 프로그램 및 항공사의 보안 프로그램에 적합한 자체항공보안 프로그램을 작성하여 시행해야 한다.

제2절 항공보안법규

1. 항공보안 국제협약

항공보안에 관한 국제협약은 국제민간항공의 기본질서를 형성하고 있고, 이들 국제협약은 1944년에 체결된 시카고협약이 출발점이 되었으며, 항공보안에 관한 국제협약의 내용을 간추려 보면 다음과 같다.

1) 국제민간항공협약 부속서 17

국제민간항공협약 부속서 17은 항공보안에 관한 국제협약의 기본이 되는 국제법의 역할을 하는 부속서이다. 항공보안은 불법방해행위로부터 국제민간항공을 보호하기 위해 1974년 ICAO 총회의 결정에 따라 체약국이 이행하여야 하는 국제표준과 권고사항을 규정하고 있다.

부속서 17은 항공보안에 필요한 다음 사항을 규정하고 있다.

첫째, 공항시설 운영, 항공기 운영, 항공관제업무 제공자가 지켜야 할 수칙과 조직에 관한 사항

둘째, 승객, 화물, 우편물, 수하물의 보안대책에 관한 사항

셋째, 불법방해행위의 예방과 대응, 정보교환 및 보고에 관한 사항

2) 항공기 내에서 범한 범죄행위에 관한 협약

이 협약은 1963년 9월 일본 도쿄에서 개최된 국제민간항공기구의 국가대표자 회의에서 채택된 협약으로서 일명 '도쿄협약'이라고 한다. 항공기 내에서 발생한 범죄행위는 범죄가 발생한 장소를 불문하고 항공기의 등록국가에서 관할권을 행사할 수 있도록 정하였기 때문에 항공기 내에서 발생한 범죄행위에 대해서는 항공기의 등록국가에서 범인을 처벌할 수 있도록 제정되었다.

항공기 내에서 발생하는 범죄행위는 기내의 질서를 위협하고 항공기의 안전운항을 크게 저해할 뿐만 아니라 승객에게 치명적인 영향을 미치기 때문에 항공기가 이륙을 위하여 출발지공항에서 시동이 된 순간부터 도착지공항에서 착륙을 위한 활주가 끝나 멈춰서는 순간까지의 비행 중에 항공기의 기장에게 범죄행위의 발생을 예방하기 위하여 범죄행위를 일으킬 가능성이 있는 승객의 하기를 명령할 수 있는 권한을 부여하였다.

3) 항공기의 불법 납치억제를 위한 협약

이 협약은 1970년 12월 네덜란드 헤이그에서 개최된 국제민간항공기구의 항공법에 관한 외교회의에서 채택된 협약으로서 일명 '헤이그협약'이라고 한다. 비행 중인 항공기의 기내에서 무질서한 소란행위를 유발하거나, 승객 또는 승무원에 대한 무력적 협박, 항공기의 조종실에 침투하는 행위, 승객의 안전을 위협하는 등의 행위로 항공기를 납치하려는 행위에 대한 통제권은 국가별 지역적인 것이 아니라 전 세계적으로 관할권을 인정하여 불법납치를 방지하기 위한 협약이다.

4) 민간항공안전에 대한 불법행위 억제를 위한 협약

이 협약은 1971년 9월 캐나다 몬트리올에서 개최된 국제민간항공기구의 항공법에 관한 국제회의에서 채택된 협약으로서 일명 '몬트리올협약'이라고 한다. 항공안전에 대한 불법행위의 개념을 확대하여 운항 중인 항공기에 대한 불법행위뿐만 아니라 계류된 항공기와 항행안전시설 등 민간항공의 안전에 반하는 행위까지 항공범죄에 포함하였다. 이 협약은 불법행위

가 발생한 항공기의 관할권, 범죄인의 인도, 불법행위가 발생한 당사국의 권리와 의무 등에 관하여는 헤이그협약과 내용을 같이 하고 있다.

5) 공항에서의 불법폭력행위 억제를 위한 의정서

이 의정서는 1988년 2월 캐나다 몬트리올에서 개최된 국제민간항공기구의 항공법에 관한 국제회의에서 채택된 의정서로서 일명 '몬트리올협약 추가의정서'라고 한다. 항공범죄에 대한 처벌범위를 더 확대하여 공항에서 공항시설을 파괴하거나 공항안전을 위협하는 행위, 공항에서의 인명 및 재산에 피해를 주는 범죄행위도 항공범죄에 포함하여 이러한 범죄행위에 대하여 체약국은 다른 범죄보다 중형으로 처벌하도록 한 의정서이다. 이 의정서는 1986년 9월 14일 우리나라 김포국제공항 국제선청사에서 발생한 시한폭탄이 폭발하여 5명이 사망하고 32명이 부상한 테러가 계기가 되었다.

6) 가소성폭발물 표시에 관한 협약

이 협약은 1991년 3월 국제민간항공기구의 항공법에 관한 회의에서 채택된 협약으로서 가소성(plastic) 폭발물의 사용에 의한 범죄행위의 방지를 목적으로 폭발물 표시방법 등에 관한 구체적인 규정을 마련한 협약이다. 국제 테러범들에 대처하기 위하여 체약국은 자국의 영토에서 표시 없는 가소성(plastic) 폭발물의 제조와 이동을 금지하도록 의무화하였으며, 저장 중인 표시되지 않은 가소성 폭발물은 운송을 금지해야 한다는 규정을 두고 있다.

7) 2001년 이후 항공보안 강화

2001년 미국에서 발생한 9·11테러 이후 강화된 보안내용은 다음과 같다.
첫째, 기내 반입물품의 엄격한 제한과 정밀보안검색을 실시하였다.
둘째, 승객과 휴대 수하물, 위탁수하물에 대한 보안검색이 강화되었다.
셋째, 보안검색장비의 개발과 보안검색장비를 신형으로 교체하였다.
넷째, 미국의 경우 보안검색인력을 대폭 증가시켰다.

2. 항공보안법

1) 입법목적

「항공보안법」은 국제민간항공협약 등 국제협약에 따라 공항시설과 항행안전시설 및 항공기 내에서의 불법행위를 방지하고 민간항공의 보안을 확보하기 위한 기준·절차·의무사항 등을 규정함을 목적으로 한다. 따라서 「항공보안법」은 국제민간항공기구에서 정하고 있는 항공보안에 관한 협약을 준수하고, 국가가 민간항공의 보안에 관한 책임을 지며, 공항운영자·항공운송사업자 및 공항의 입주업체와 공항이용자 등은 항공보안을 위한 국가의 시책에 협조해야 한다.

2) 항공보안협의회

항공보안협의회는 항공보안에 관련되는 사항을 협의하기 위하여 국토교통부 항공정책실장을 위원장으로 한다. 위원은 외교부·법무부·국방부·문화체육관광부·농림축산식품부·보건복지부·관세청·경찰청의 고위 공무원단과 항공보안에 관한 학식과 경험이 풍부한 자 20명 이내로 구성한다. 항공보안협의회에서는 항공보안계획 협의, 관계행정기관과의 업무협조, 항공보안 시행계획승인을 위한 협의 등의 업무를 수행한다.

항공보안에 관련되는 사항을 협의하기 위하여 공항별로 지방항공보안협의회를 둔다. 지방항공협의회 위원장은 지방항공청장으로 하고, 위원은 공항 내 보안기관 및 업체의 담당자로 구성한다. 지방항공보안협의회에서는 항공보안 시행계획 수립, 공항시설 및 항공기 보안, 공항의 비상계획에 관한 사항을 협의한다.

3) 항공보안 기본계획

국토교통부장관은 항공보안에 관한 기본계획을 5년마다 수립해야 한다. 기본계획에는 항공보안에 관한 종합적이고 장기적인 방향이 포함되어야 한다. 공항운영자·항공운송사업자 등은 국토교통부장관이 수립한 기본계획을 수행하기 위하여 소관사항에 대하여 해당 공항이나 업체의 실정에 적합한 항공보안 시행계획을 수립해야 한다.

4) 공항시설 보안

공항운영자는 공항시설 및 항행안전시설에 대한 항공보안을 위하여 필요한 조치를 해야 하며, 보안검색이 완료된 승객과 보안검색이 완료되지 못한 승객 사이의 접촉을 방지하기 위한 대책을 수립하여 시행해야 한다. 보안검색이 완료된 구역이나 활주로·계류장 등 공항시설의 보호를 위하여 필요한 구역을 지방항공청장의 승인을 얻어 보호구역으로 지정해야 하며, 보호구역을 출입하고자 하는 자 또는 차량은 공항운영자의 출입허가를 받아야 한다.

5) 승객안전 및 항공기 보안

항공기에 탑승하는 자는 신체·휴대물품·위탁수하물에 대한 보안검색을 받아야 한다. 공항운영자는 항공기에 탑승하는 승객과 승객의 휴대물품 및 위탁수하물에 대한 보안검색을 실시하고, 항공운송사업자는 항공화물에 대한 보안검색을 실시해야 한다. 항공운송사업자는 승객과 항공기의 보안을 위하여 항공보안요원 탑승, 항공기 조종실 출입문 안전강화, 항공기 경비, 기내식 및 기내저장품의 기내반입통제, 비행서류의 보안 관리대책 등을 실시해야 한다.

6) 기내 보안

항공기 운항의 안전을 위하여 항공기에는 탄저균·천연두균 등 생화학무기를 포함한 무기·도검류·폭발물·독극물 및 연소성이 높은 물건을 휴대하거나 탑재할 수 없다. 기장은 운항 중인 항공기의 안전을 해치거나 기내의 질서를 문란하게 하는 자에 대하여 저지에 필요한 조치를 할 수 있다. 항공기 내에 있는 자는 기장의 요청이 있는 때에는 기장의 조치에 협조해야 한다. 운항 중인 항공기 안에 있는 승객은 항공기와 승객의 안전한 운항과 여행을 위하여 폭언·고성방가 등 소란행위, 흡연, 주류를 음용하거나 약물을 복용하고 타인에게 위해를 초래하는 행위, 성(性)적 수치심을 유발하는 행위, 항공법을 위반하여 전자기기를 사용하는 행위, 기장의 승낙 없이 조종실 출입을 기도하는 행위를 하여서는 안 된다.

7) 항공안전보안장비

공항운영자와 항공운송사업자는 항공정책실장이 기준을 정하여 고시하는 항공안전보안장비를 사용해야 하고, 보안검색업무를 감독하거나 수행하는 자는 지정된 교육기관에서 검색방법, 검색절차, 검색장비 운용 등 보안검색에 필요한 교육훈련을 이수해야 한다. 공항운영자, 항공운송사업자 또는 보안검색을 위탁받은 보안검색업체는 검색요원의 검색 및 교육에 관한 내용을 작성하여 1년 이상 보존해야 한다.

8) 안전위협에 대한 대응

국토교통부장관은 항공안전을 해하는 정보를 안 때에는 관련된 행정기관 및 국가에 그 정보를 제공해야 하고, 공항운영자와 항공운송사업자 등은 항공안전 및 보안에 위협을 주는 불법행위에 대응하기 위하여 다음의 내용이 포함된 행동요령과 통신체제 구축 및 교육훈련 등에 대한 비상계획을 수립하여 국토교통부장관의 승인을 얻어 시행해야 한다.

첫째, 공항운영자의 비상계획에는 관련 국가기관의 역할, 공항시설 위협 시의 대응대책, 항공기납치 시의 대응대책, 폭발물 또는 생화학무기 위협의 대응대책이 포함되어야 한다.

둘째, 항공운송사업자 및 항공기취급업체의 비상계획에는 공항시설 위협 시의 대응대책, 항공기 납치 방지대책, 폭발물 또는 생화학무기 위협의 대응대책이 포함되어야 한다.

3. 항공보안관련 지침

항공보안과 관련된 국토교통부의 예규·고시 등은 국가기관이 직접 관리하는 지침, 항공보안장비 관련 지침, 항공기 내 보안규정, 공항보호구역 안전관리기준, 화물보안 및 위해물품 관련 규정 등으로 다음과 같이 다음과 같이 구분할 수 있다.

첫째, 국가기관이 관리하는 지침은 국가 항공보안계획, 국가 항공보안수준 관리지침, 국가 민간항공보안 교육훈련지침이 있다.

둘째, 항공보안장비 관련 지침은 항공보안장비 종류, 운영 및 유지관리에 관한 기준, 항공보안장비 성능인증 및 성능검사 기준이 있다.

셋째, 항공기 내 보안규정은 항공운송사업자의 항공기 내 보안요원 운영지침, 액체·분무·겔류 등 항공기 내 휴대반입금지물질 운영기준, 항공기 내 반입금지 위해물품 등이 있다.

넷째, 공항시설 및 폭발물 보안관련 규정은 공항건설 및 유지보수에 관한 보안지침, 공항에서의 폭발물 등 처리기준, 공항에서의 귀빈예우에 관한 규칙이 있다.

다섯째, 화물보안 및 위해물품 관련 규정은 상용화주 항공화물 보안기준, 공항 화물터미널 보안통제 기준, 항공위험물운송 기술기준 등이 있다.

제3절 보안검색 프로그램

1. 보안검색의 발전

1) 보안검색의 개념

보안검색이란 항공기의 안전운항을 불법으로 방해하거나 인명을 살상하는 행위에 사용될 수 있는 무기나 항공기를 폭파할 수 있는 폭발물 등을 탐지하여 색출하는 행위를 말한다. 불법방해행위에는 항공기의 안전운항을 방해하는 행위, 항공기·공항시설·항행안전시설 등을 파괴 또는 손상하는 행위, 이들 시설의 정상적인 운영을 방해하는 행위 등이 포함된다.

공항의 보호구역으로 들어가는 승객이나 승객의 수하물에 대하여 보안검색을 실시하는 목적은 다음과 같다.

첫째, 항공기의 안전운항을 위하여 불법무기와 폭발물의 기내 반입을 방지하기 위한 것이다.

둘째, 승객과 승무원의 인명과 재산을 보호하기 위한 것이다.

셋째, 승객의 신체 또는 수하물에 은닉한 무기·폭발물, 위해를 가할 수 있는 물건을 찾아내기 위한 것이다.

항공기에 탑승하는 승객에 대한 보안검색은 항공보안의 가장 필수적인 절차 중의 하나인데, 보안검색을 실시함으로써 테러범이 위해물품을 은닉하여 항공기에 탑승한 후에 승객이나 승무원을 인질로 삼아 불법행위를 저지르거나 항공기를 폭파하는 것을 미리 방지하기 위한 것이다.

2) 보안검색의 발전과정

항공기의 안전운항을 위한 보안검색은 항공기 납치나 공중폭파와 같은 항공보안사고가 발생함에 따라 항공범죄를 예방하기 위하여 실시되는 것이다. 항공범죄의 발생과 항공범죄 유형의 변화 등에 따라 보안검색의 방법 및 검색장비도 발전되어 왔다.

첫째, 세계 최초로 발생한 항공범죄는 1931년 남아메리카의 페루에서 발생한 항공기 납치 사건이었다.

둘째, 제2차 세계대전이 종료된 후 1940년대에는 자유민주주의와 공산주의의 정치적 · 이념적 대립으로 인하여 공산주의 국가에서 탈출하기 위한 항공기 납치사건이 자주 발생하였고, 미주지역에서도 High Jacking이라 불리는 항공범죄가 자주 발생하였다.

셋째, 1960년대에는 월남전을 반대하는 운동이 확산하면서 극좌세력인 서독 적군파, 이탈리아 붉은 여단, 일본 적군파, 팔레스타인해방기구(PLO) 테러조직이 활약하였다.

넷째, 1970년대에 들어서면서 항공보안사고가 급격히 증가하게 되자 항공기 내에 총기 · 도검류 등 불법무기로 사용될 수 있는 물건의 반입을 금지하기 위한 보안검색이 강화되어 1980년대 이후에는 테러 등 항공범죄발생이 다소 주춤하였다.

다섯째, 2001년 9월 11일 미국의 뉴욕과 워싱턴에서 발생한 9 · 11 테러 이후에는 보안검색을 거치지 않은 주스나 음료수 등 액체 종류의 기내 반입도 금지되었다. 사람의 신체에 대한 보안검색도 신발의 굽과 혁대 및 장신구에 이르기까지 정밀검색을 하는 등 보안검색을 강화하고 새로운 항공보안 프로그램을 개발하여 운용하고 있다.

2. 보안검색 프로그램

보안검색 프로그램은 주로 항공기의 안전운항과 승객의 안전을 보장하기 위한 보안 프로그램으로서 항공기에 무기를 반입하거나 항공기에 폭발물 등 불법물질을 설치하여 항공기의 안전운항을 위협하는 것을 예방하기 위한 것이다. 보안검색 프로그램은 항공기에 탑승하는 승객에 대하여 탑승 전에 문형 금속탐지장비 및 휴대용 금속탐지장비로 보안검색을 받고, 승객이 휴대하는 물품과 위탁수하물에 대해서는 엑스선 검색장비에 의한 보안검색을 받도록 하여야 한다. 항공기에 탑재되는 화물에 대하여는 보안장비가 설치된 화물청사에서 분류 및 포장작업이 이루어지도록 하고, 도착화물에 대한 보안검색을 위해서는 엑스선 검색장비에 의한 보안검색이 이루어질 수 있도록 화물검색용 엑스선 검색장비도 확보되어야 한다.

승객에 대한 보안검색의 효율성을 높이기 위하여 여객청사의 대합실을 누구나 출입할 수 있는 일반대합실과 보안검색이 완료된 사람만 들어갈 수 있는 격리대합실로 분리하여 운영되어야 한다. 의심되는 승객에 대하여는 별도 검색을 할 수 있는 차폐된 공간이 마련되어야 한다.

승객의 휴대물품과 위탁수하물 중 의심되는 물품에 대해서는 개봉검사와 촉수검사를 할 수 있도록 해야 한다. 보안검색원이 검색 중에 이상이 발생한 경우에 공권력을 가진 경찰관에 즉시 통보할 수 있는 보고체제가 확립되어 있어야 하고, 보안검색에 실패한 경우에 대한 안전조치 및 보고체제 등이 보안검색 프로그램에 포함되어야 한다.

보안검색 프로그램에는 보안검색원에 대한 업무처리숙련도를 높일 수 있는 교육훈련에 관한 사항이 포함되어야 하고, 공항보안을 효율적으로 운영하기 위한 내부품질관리가 확보되도록 해야 한다. 공항보안의 내부품질관리를 위해서는 보안점검과 보안현장의 조사 및 보안 테스트 등이 실시되도록 해야 한다.

공항의 보안검색 프로그램은 이 외에도 승객의 프로필을 이용하여 불법행위자로 의심되는 승객을 선별하여 그 승객 및 수하물에 대하여 정밀보안검색을 하는 일련의 과정인 승객 프로파일링 기법이 있다.

3. 보안검색의 원칙

1) 승객의 권리보호

항공기에 탑승하기 위하여 공항의 격리된 출발대합실에 들어가려는 승객은 자신의 신체와 자신이 휴대하는 물품 및 위탁수하물에 대하여 공항운영자가 보안검색장비 또는 보안검색원에 의한 검색을 받아야 한다. 보안검색원은 보안검색장비 또는 촉수검색의 방법으로 승객의 신체 및 승객이 휴대하는 물품에 대한 보안검색을 실시하는 때에 승객의 인권이나 자존심 또는 사생활 등 승객의 권리가 침해되지 않도록 해야 한다. 승객은 공항운영자가 실시하는 보안검색을 거부할 권리가 있지만, 보안검색을 거부한 승객과 휴대물품 및 위탁수하물은 검색완료구역으로 들어갈 수 없으므로 결국 항공기 탑승을 할 수 없게 된다.

보안검색원은 검색기법과 고객 서비스기법 및 문제해결기법 등의 훈련을 충분히 받아서 정밀검색을 해야 하는 승객 · 노인 · 장애인 · 어린이 · 임산부 등에 대한 배려로 자존심이 상하지 않도록 해야 한다.

2) 승객흐름의 파악

승객에 대한 보안검색을 하는 때에 승객의 흐름은 공항운영자 · 항공사 · 경찰당국 · 보안검색원의 행동에 따라 결정된다. 보안검색으로 인하여 승객이 장시간 대기하거나 승객의 흐름을 방해하여 승객이 정해진 시간에 항공기에 탑승하지 못하는 등 보안검색의 지체로 인하여 항공기 운항이 지연된다면 공항운영에 영향을 미치게 되고, 이는 연쇄적인 작용으로 공항운영이 마비까지 이르게 될 것이다.

보안검색에 따른 승객의 흐름을 방해하지 않기 위해서는 다음과 같은 조치가 필요하다.

첫째, 공항운영자는 당해 공항을 이용하는 승객의 수와 운항하는 항공기의 크기를 고려하여 승객의 보안검색을 원활하게 처리할 수 있는 충분한 공간과 검색장비를 확보해야 하고, 보안검색원도 충분히 배치해야 한다.

둘째, 항공사는 당해 공항의 승객흐름과 운항하는 항공기의 크기를 고려하여 체크인시간

[그림 8-1] **출발승객 보안검색절차**

일반 대합실	⇨	Ticketing, Check-in, 수하물 위탁
격리대합실 입구	⇨	탑승권 및 신분증 확인
문형 금속탐지장비 엑스선 검색장비	⇨	신체 및 휴대수하물 보안검색
휴대용 금속탐지장비	⇨	신체부위 세부 보안검색
탑승구	⇨	탑승권 확인
항공기 내	⇨	탑승좌석 안내

을 정해야 하며, 승객이 미리미리 보안검색을 받을 수 있도록 체크인과정에서 승객에게 안내해야 한다.

셋째, 경찰관서는 보안검색으로 인하여 승객의 흐름이 방해되거나 대기승객이 많은 경우에 질서유지와 혼잡해소를 위한 조치를 하여야 한다.

넷째, 보안검색원은 보안검색으로 출발승객의 흐름에 악영향을 미치지 않도록 노력해야 하고, 보안검색을 예의 바르고 공정하며 전문적으로 실시하여 승객이 보안검색에 대한 거부감을 느끼지 않고 안정된 분위기에서 보안검색에 응하도록 해야 한다.

4. 보안검색장비

1) 문형 금속탐지장비

문형 금속탐지장비는 사람이 탐지장비를 통과할 때 금속물질이 있는 경우에 장비의 양쪽에서 전기자기장을 발사하여 양방향으로 탐지할 수 있도록 제작된 대인검색장비이다. 문형 금속탐지장비는 금속물질을 탐지하기 위하여 출입문처럼 제작되었으며 최근에는 금속물질 탐지기능뿐만 아니라 폭발물이나 마약을 탐지할 수 있는 기능이 추가되고, 엑스선 검색기능이 추가되어 장비를 통과하는 사람의 신체를 투시할 수 있도록 제작된 장비들이 출시되고 있다.

(1) 장비의 규격

문형 금속탐지장비의 외부형태는 장비를 제작하는 회사에 따라 약간씩 다르나 일반적인 외부형태는 [그림 8-2]에서 보는 바와 같으며, 장비의 규격은 장비의 안쪽은 가로폭 76cm, 높이 201cm, 기둥 옆면의 폭 59cm이고, 장비의 전체 높이는 217cm로서 무게는 약 60kg으로 제작되며, 주로 총기류・도검류・위장한 금속물품 등을 탐지할 수 있다.

[그림 8-2] **문형 금속탐지장비의 모형 및 규격**

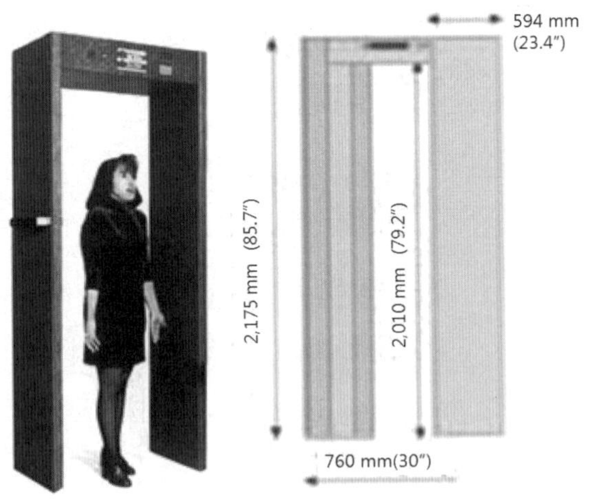

(2) 장비의 성능

문형 금속탐지장비는 장비의 양쪽 기둥에서 양방향으로 발사되는 전기자기장을 이용하여 장비를 통과하는 물체에 금속물이 감지되면 경보음과 함께 위험물의 위치정보를 제공하는 램프가 작동하도록 제작된 장비이다.

문형 금속탐지장비의 탐지구역은 장비에 따라 다르나, 보통 6개의 구역 또는 8개의 구역으로 구분하여 탐지하도록 설계되어 있고, 탐지속도는 1분에 약 50명 정도를 탐지할 수 있다. 탐지감도는 0에서 99까지의 단계로 감도 레벨을 조정할 수 있으므로 이를 조정하여 작은 금속물체도 탐지할 수 있는 성능을 가지고 있다. 금속탐지장비는 자기장을 이용하여 금속물질을 탐지하는 장비이므로 인체에 영향은 없는 장비이다.

[그림 8-3] **문형 금속탐지장비의 구조와 성능**

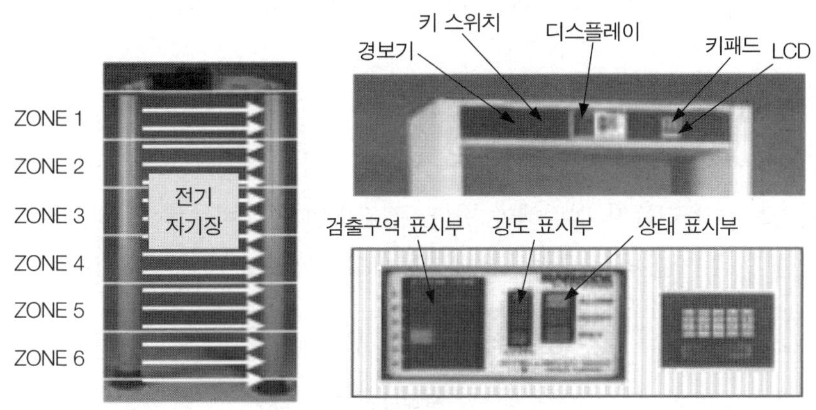

2) 휴대용 금속탐지장비

(1) 장비의 종류

휴대용 금속탐지장비는 문형 금속탐지장비의 보조장비로서 신체의 세밀한 검색을 하는 데 사용되는 검색장비이다. 작은 물체도 탐지할 수 있고, 장비를 휴대하여 검색대상물을 정밀하게 탐지하는 데 편리하게 사용된다. 휴대용 금속탐지장비는 금속물질이 감지되면 경보음으로 표시해 주며, 자기장을 이용하여 금속물질을 탐지하는 장비이기 때문에 인체에 영향은 없다.

[그림 8-4] **휴대용 금속탐지장비 종류**

휴대용 금속탐지장비는 장비를 제작하는 회사에 따라 여러 종류의 모델이 있으나 그 성능은 비슷하며, 현재 우리나라의 공항에서 사용되는 장비는 미국의 Ranger사 제품, L-3사 제품, GaRrett사 제품, 우리나라의 제원상역사 제품의 JI-89B 모델이 주로 사용되고 있다.

(2) 장비의 사용

휴대용 금속탐지장비를 사용하는 때에는 장비의 전원을 켜고 금속물체에 근접시킬 때 경보음이 정상적으로 울리는지 점검해야 한다. 점검방법은 장비를 작동시킨 배터리의 소모 여부를 확인한 후 주변에 있는 금속물질에 3회 이상 5~10cm 근접시켜 작동 여부를 확인하였을 때 신호음이 울리면 정상이다.

[그림 8-5] **신체부위 검색순서**

휴대용 금속탐지장비의 전원은 건전지를 사용하므로 사용 중에 배터리의 소모 여부를 주기적으로 확인해야 하고, 이 장비는 외부충격에 약하므로 사용 중에 떨어뜨리거나 다른 물체와 부딪히지 않도록 주의해야 한다. 휴대형 금속탐지장비의 감도는 최적의 상태로 설정되어 있으므로 함부로 조정하여서는 안 되며, 감도의 조정이 필요할 때에는 장비를 보수할 수 있는 자 또는 보안검색감독자의 허락을 받아 조정해야 한다.

3) 원형 검색장비

원형 검색장비는 문형 금속탐지장비 및 휴대용 금속탐지장비로 탐지하기 어려운 플라스틱과 같은 비금속물질의 위해물과 폭발물 등을 신체접촉을 하지 않고 탐지하여 그 내용을 모니터에 영상으로 표시하는 장비다. 원형 검색장비는 문형 금속탐지장비에 비해 장비를 설치할 수 있는 공간이 더 필요하므로 여객청사에 원형 검색장비를 설치할 수 있는 충분한 공간을 제공할 수 있어야 한다.

원형 검색장비는 최소한 다음과 같은 기능 및 성능을 갖추어야 한다.

첫째, 금속탐지장비에 의하여 탐지하기 어려운 무기 또는 폭발물 등 위험성이 있는 물건을 신체에 대한 접촉 없이 신속하게 탐지할 수 있는 기능이 있어야 한다.

둘째, 위해물품을 자동으로 분석한 후 시각 및 청각으로 위험물의 위치를 자동 표출해주는 기능이 있어야 한다.

셋째, 검색장비가 위해물을 탐지하여 위치를 자동으로 표출해 줄 때 인체모형의 마네킹 이미지에 앞면과 뒷면이 표출되는 기능이 있어야 한다.

넷째, 검색대상자의 사생활이 최대한 보호될 수 있도록 신체 이미지를 보관·출력·전송 및 저장할 수 있는 기능이 없어야 한다.

다섯째, 검색장비가 정상적인 상태인지를 스스로 확인하는 자가진단기능이 있어야 하며, 장비에 이상이 발생한 경우 자동으로 정지하는 기능이 있어야 한다.

여섯째, 공인기관으로부터 인체에 안전하다는 적합성 인증을 받은 장비여야 하고, 제작사가 권고하는 성능검증을 받아야 한다.

[그림 8-6] **원형 검색장비와 신발검색장비**

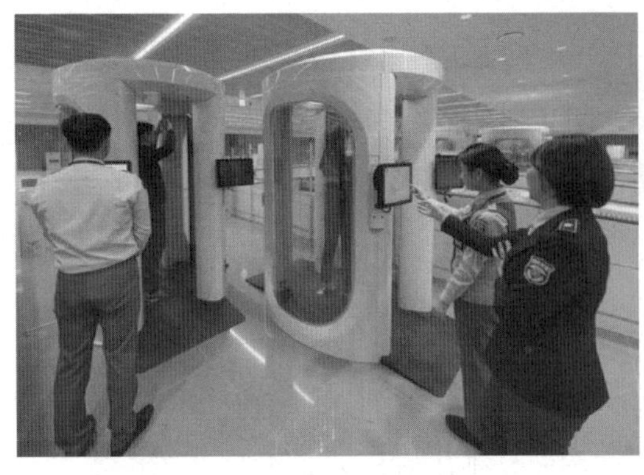

4) 신발검색장비

신발검색장비는 문형 또는 휴대용 금속탐지장비로 보안검색이 어려운 신발 아래쪽과 발목 등에 은닉한 위험물을 탐지하는 검색장비이다. 신발검색장비는 신발의 밑창 또는 굽에 은닉한 폭발물이나 마약 또는 칼과 같은 무기를 검색하기 위한 장비이다. 신발검색장비는 최소한 다음과 같은 기능 및 성능을 갖추어야 한다.

첫째, 신발의 밑창, 굽 등에 숨겨진 칼, 총기, 폭발물 등 위험물을 탐지할 수 있는 기능이 있어야 한다.

둘째, 금속물질이나 폭발물 등 위험물을 인식한 경우 알람 또는 시각적으로 표시되는 기능이 있어야 한다.

셋째, 신발 한 족당 5초 이내에 보안검색이 완료되는 성능이 있어야 한다.

넷째, 장비제작사가 권고하는 성능검사를 시행하여 성능을 검증해야 한다.

5) 엑스선 검색장비

(1) 장비의 특성

엑스선 검색장비는 승객의 휴대품 및 위탁수하물, 화물, 컨테이너 등을 검색하기 위한 장비로서 검색대상물의 크기와 용도에 따라 여러 종류가 있으며, 검색대상물에 총기류나 폭발물 등 위해물품이 포함되어 있는지를 식별할 수 있는 장비로서 검색대상물을 투시할 수 있는 엑스선 투시장치와 판독용 영상 모니터, 투시장비를 조작할 수 있는 조작 패널 등으로

[그림 8-7] **엑스선 검색장비 작동 시스템**

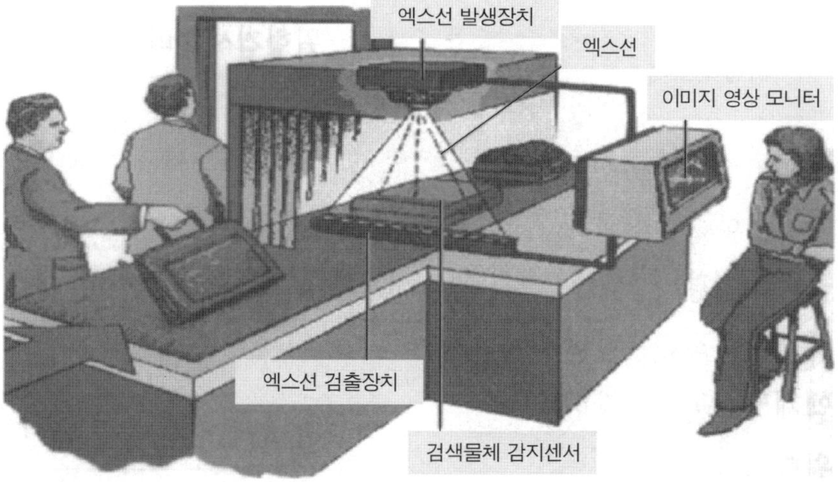

구성되어 있다.

엑스선 검색장비는 방사선을 이용하여 검색대상물을 투시하기 때문에 장비를 사용할 때 방사선 안전을 우려할 수 있으나, 모든 엑스선 검색장비는 외부로 방사선을 유출하는 양에 대한 기준을 0.5mR/h 이하로 규정하고 있다. 공항에서 사용하고 있는 엑스선 검색장비의 방사선유출량은 이보다 작은 0.1mR/h 이하로 유지하고 있으므로 인체에 영향을 미치지 않고 안전하다.

엑스선 검색장비는 엑스선을 발생시키는 Tube를 수직 또는 수평 Tube 1개로 구성된 단방향 검색장비와 수직 Tube 1개와 수평 Tube 1개 등 2개의 Tube로 구성된 양방향검색장비로 구분되고 있다. 단방향 검색장비는 물체가 장비에 인입되는 터널을 기준으로 해서 수평 또는 수직방향 중 어느 한쪽 부분의 헤드만 있는 장비로서 물체를 한쪽 방향에서만 투시할 수 있고, 양방향 검색장비는 물체가 장비를 통과하는 터널을 기준으로 수평과 수직의 헤드를 모두 갖추고 있어 물체를 양쪽 방향에서 투시할 수 있도록 제작된 장비이다.

(2) 장비의 구성

엑스선 검색장비는 물건을 이동시키는 장치, 물체를 감지하는 센서, 엑스선 빔 발사장치, 신호발생장치, 영상표출장치 등 여러 가지 기술과 부품들이 조합되어 구성되는데, 일반적으로 다음과 같은 5개 부분으로 구성되어 있다.

[그림 8-8] **엑스선 검색장비 구성**

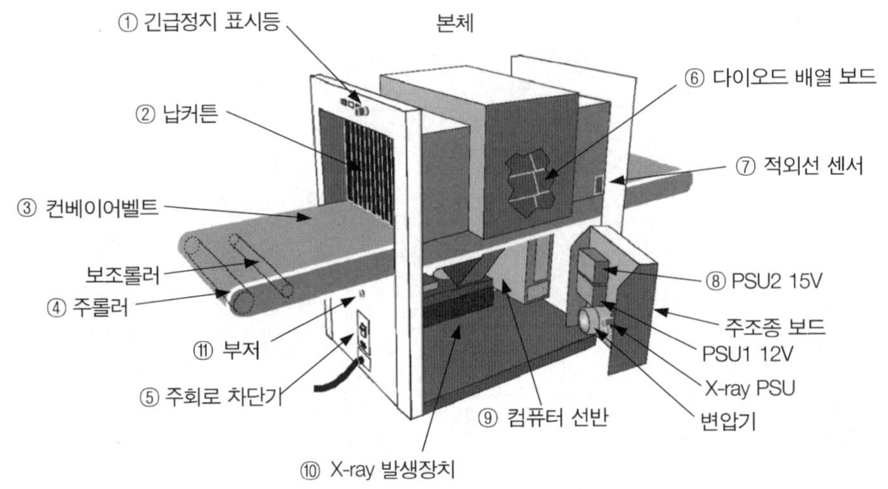

첫째, 검색할 물체를 장비 안으로 이동시키는 컨베이어벨트

둘째, 검색장비 안에 들어온 물체를 인식하는 감지 센서

셋째, 엑스선 빔을 발생시켜 방사하는 장치

넷째, 물체의 형상과 성분을 검출해주는 L자형으로 된 검출기

다섯째, 엑스선 검색장비로 검출된 정보를 컴퓨터로 전달하여 모니터에 영상으로 표출해 주는 장치

(3) 장비의 작동원리

공항에서 검색용으로 사용되는 엑스선 검색장비는 Tube에 140~160KV의 전압을 가하여 발생하는 엑스선을 검색대상물에 투사하여 감지된 물리적 신호와 물리학적 원자번호에 따라 유기물 · 무기물 · 혼합물 · 탐지불가물질로 구분하여 물체의 형상을 영상 모니터에 표출해 주며, 물질에 따라 색상으로 분리하여 영상 모니터에 그 색깔을 표시해 준다.

엑스선 검색장비는 컨베이어벨트를 통하여 일정한 속도로 통과하는 검색대상물에 대하여 엑스선을 투사하여 투과된 엑스선의 빔을 감지기로 흡수하여 이를 영상정보로 변환시켜 모니터에 형체와 색깔을 표출해 줌으로써 검색대상물품을 개봉하지 않고도 물품의 내부물체를 확인할 수 있도록 제작된 장비이다. 엑스선 검색장비가 작동하는 원리와 순서는 [그림 8-9]에서 보는 바와 같다.

[그림 8-9] **엑스선 검색장비 작동절차**

컨베이어벨트에 수하물 올려놓기 → 검색장비센서가 수하물 감지 → 엑스선 빔 발사 → 검출기에서 신호 검출 → 검출된 신호 컴퓨터에 전달 → 컴퓨터 모니터에 영상 표출

(4) 장비의 판독성능

승객의 휴대품 보안검색을 위하여 공항에서 사용되는 엑스선 검색장비는 검색대상물체를 앞과 뒤는 물론, 위쪽과 아래쪽 어느 방향에서도 투시할 수 있어 검색물체가 놓여 있는 상태와 관계없이 내용물을 투시하여 볼 수 있다.

엑스선 검색장비는 검색요원이 검색대상물품을 식별할 수 있도록 다음과 같은 성능을 지니고 있다.

첫째, 검색대상물의 이미지를 투시하여 컬러 또는 흑백의 영상으로 모니터에 표시해 주며, 영상 이미지를 저장하고 재생할 수 있는 기능을 지니고 있다.

둘째, 검색요원이 검색과정에서 의심되는 검색대상물품에 대하여는 물품을 전후로 이동하여 다시 볼 수 있는 기능과 화면을 정지하여 볼 수 있는 기능 및 화면을 8배까지 확대하여 볼 수 있는 기능이 있으므로 내용물을 세밀하게 관찰할 수 있다.

셋째, 검색대상물을 탐지하여 물질의 성질에 따라 유기물은 오렌지색, 무기물은 청색, 혼합물은 녹색으로 표시하고, 탐지불가물질은 흑색으로 표시해 주기 때문에 검색대상물의 성질까지도 검색할 수 있다.

6) 폭발물 탐지장비

공항에서 사용되는 폭발물 탐지장비는 미량의 폭약과 마약을 동시에 탐지할 수 있는 장비이다. 금속물질의 포장재에 은닉된 폭약이나 마약, 자동차 · 화물 · 컨테이너 등에 숨겨진 폭약이나 마약을 탐지할 수 있다. 장비의 벽체와 밑바닥 등에 숨겨진 폭약이나 마약, 비품이나 기계류의 부속 또는 사람의 신체에 숨겨진 폭약이나 마약 등도 탐지할 수 있는 장비이다. 이 장비는 폭약이나 마약 등을 용기에 담는 과정에서 필연적으로 용기의 표면에 미세하게 묻은 아주 작은 양의 폭약이나 마약도 검색할 수 있기 때문에 아무리 철저하게 포장하여 숨겨도 검출해낼 수 있다.

[그림 8-10] **폭발물 탐지장비**

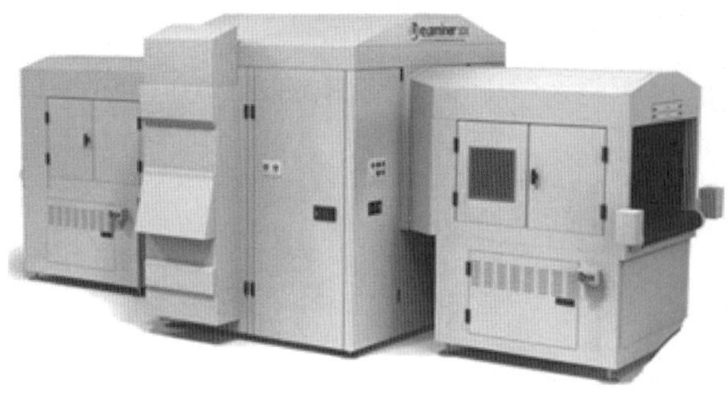

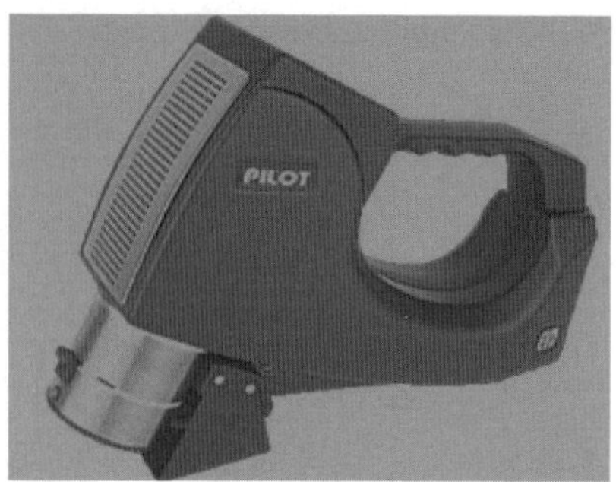

폭발물 탐지장비는 표본채취용 종이를 사용하여 검사대상물에서 폭약성분이 있는지를 탐지하는데, 부피가 큰 탐지물은 휴대용 진공흡입장치를 사용하여 표본을 채취하기도 한다. 이 장비가 폭약 또는 마약을 탐지하게 되면 경고표시등에 불이 켜지고, 탐지된 물질의 성분을 색깔로 식별해주며 경보음이 울리게 된다. 폭약 및 마약탐지장비는 고정식 장비와 이동식 장비가 있다.

7) 폭발물흔적 탐지장비

폭발물흔적 탐지장비(ETD: Explosives Trace Detection)는 엑스선 검색장비에서 폭발물로 의심되는 물품을 정밀하게 검색하는 장비이다. 폭발물흔적 탐지장비는 맨눈으로 확인할 수 없는 전자제품 및 수하물 등 검색대상물에 묻어 있는 화학성분을 흡입하여 화학적인 이온분석방법을 이용하여 폭발물 및 폭발성분의 흔적을 탐지하는 검색장비이다. 폭발물흔적을 탐지하면 탐지장비에 경고표시등이 켜지고 탐지된 폭발물질의 성분을 분석한 결과를 표출해 준다.

폭발물흔적 탐지장비는 다음과 같은 기능 및 성능을 지녀야 한다.

첫째, 새로운 폭발물 또는 폭약에 관련된 자료를 입력하여 운영할 수 있는 기능이 있어야 하고, 권한을 부여받은 사용자만 설정 및 수정할 수 있어야 한다.

둘째, 탐지된 폭발물질의 종류를 표시하는 기능이 있어야 하고, 시각 또는 청각으로 경보를 제공할 수 있어야 한다.

셋째, 폭발물 탐지 및 분석 결과를 저장 및 재생할 수 있는 기능이 있어야 한다.

[그림 8-11] **폭발물흔적 탐지장비와 액체폭발물 탐지장비**

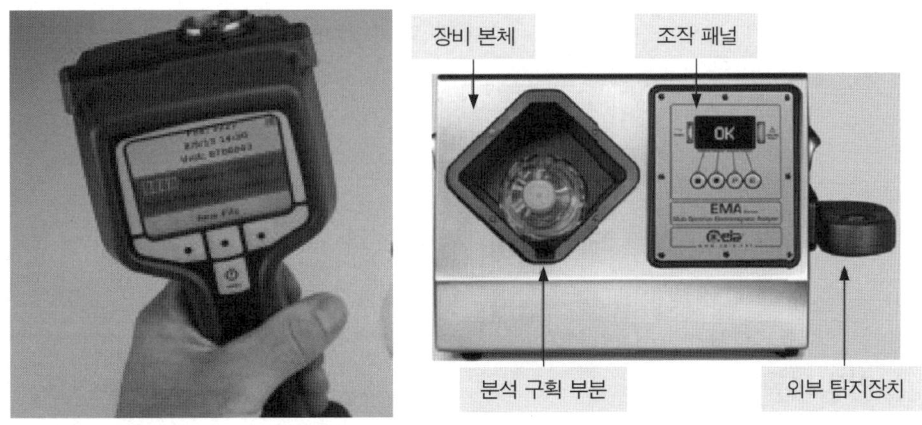

넷째, 폭발물흔적 탐지장비는 '폭발물흔적 탐지장비 탐지시험'에서 정하고 있는 폭발물을 탐지할 수 있는 성능이 있어야 한다.

다섯째, 폭발물흔적 탐지장비는 '폭발물흔적 탐지장비 오경보율 시험'에서 정하고 있는 오경보율 기준을 만족해야 한다.

여섯째, 폭발물흔적 탐지장비는 탐지물질을 10초 이내에 분석할 수 있는 성능이 있어야 한다.

8) 액체폭발물 탐지장비

액체폭발물 탐지장비는 폭발성이 높거나 연소성이 높은 액체종류의 위험물 및 액체상태의 폭약성분을 탐지하는 검색장비이다.

액체폭발물 탐지장비는 최소한 다음과 같은 기능 및 성능을 지니고 있어야 한다.

첫째, 액체폭발물 탐지장비는 '액체폭발물 탐지장비 탐지시험'에 따른 위해물질을 탐지할 수 있어야 하고, 10가지 이상의 액체종류 폭발물질은 탐지할 수 있는 기능이 있어야 한다.

둘째, 검색대상물이 들어 있는 용기의 마개를 개봉하지 아니한 상태에서 위험성 여부를 분석할 수 있는 기능이 있어야 한다. 다만, 불가피하게 개봉하는 경우 내용물의 일부를 가지고 위험성을 분석할 수 있어야 한다.

셋째, 탐지장비는 위험물질을 탐지하면 즉시 영상으로 표시하고 경고음을 발생할 수 있어야 하고, '액체폭발물 탐지장비 오경보율 시험'에 따른 오경보율 기준을 만족해야 한다. 탐지물질의 자동분석시간은 최대 10초 이내이어야 한다.

넷째, 장비제작사가 권고하는 성능을 검증해야 하고, 장비제작국가의 항공보안장비 인증 공인기관으로부터 성능을 인증받은 장비이어야 한다.

제4절 보안검색 서비스와 고객응대

1. 보안검색원

1) 보안검색원

보안검색원은 항공기 또는 공항시설 등에 불법방해행위를 하는 데 사용될 수 있는 무기 또는 폭발물 등 위험성이 있는 물품을 탐지 및 수색하는 보안검색을 수행하는 자를 말한다. 보안검색원에는 공항운영자가 승객과 휴대수하물 및 위탁수하물에 대한 보안검색을 실시하는 보안검색원과 항공운송사업자가 항공화물에 대한 보안검색을 실시하는 보안검색원으로 구분된다. 이들 보안검색원은 보안교육기관으로부터 보안검색 초기교육 및 직무교육을 이수한 후에 검색업무를 수행해야 한다.

[그림 8-12] **보안검색 현장**

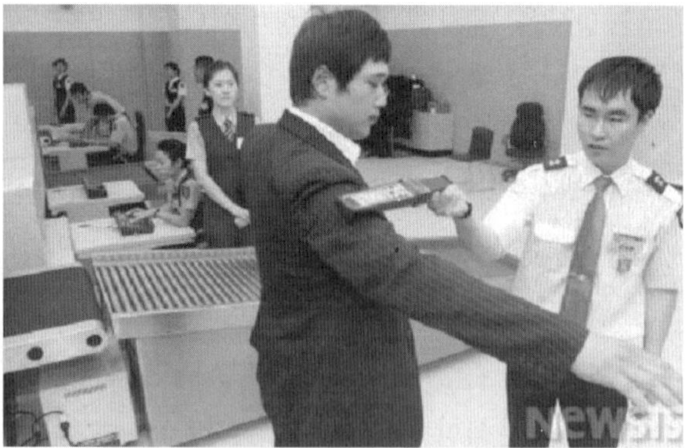

2) 보안검색원의 자격기준

공항운영자와 항공운송사업자 및 보안검색업무를 위탁받았거나 받으려는 보안검색업체가 보안검색원을 채용할 수 있는 자격기준은 다음과 같다.

첫째, 대한민국 국적을 가진 자로서 나이는 만 18세 이상이어야 한다.

둘째, 건강상태는 정신적 · 육체적으로 양호한 상태이어야 한다.

셋째, 신체조건은 다음과 같아야 한다.

① 두부(머리 부분), 안면(얼굴), 경부(목 부분), 몸통 또는 사지(팔다리)에 보안검색업무수행에 지장을 주는 변형, 기형 또는 기능장애가 없어야 한다.

② 양쪽 눈이 교정하지 않은 상태에서 0.2 이상이거나, 교정한 경우 0.8 이상이어야 한다.

③ 색맹 또는 색각(色覺)이 아니어야 한다.

④ 후각 및 청력이 정상이어야 한다.

⑤ 말하고 쓰는 능력이 정상이어야 한다.

⑥ 약물의존 또는 알코올중독이 없어야 한다.

넷째, 채용 전 반드시 신원조사를 실시하고, 신원조사와는 별도로 최근 5년 사이의 경력을 조회해야 한다.

다섯째, 보안검색 업무수행 전 최소 80시간 동안 보안검색 현장에서 직무교육(OJT)을 받아야 한다.

3) 보안검색원의 채용

보안검색원은 채용대상자의 신원 및 범죄사실 등을 포함한 과거 경력을 확인하기 위하여 신원조사를 실시해야 한다. 따라서 보안검색원을 채용하고자 하는 자는 지원자로부터 다음의 내용이 포함된 신청서를 제출받아 신원조회를 실시해야 한다.

첫째, 지원자의 성명 · 주민등록번호 · 주소 · 전화번호 등 일반사항

둘째, 지원자의 최근 5년 이내의 경력

셋째, 지원자가 이수한 보안관련 교육내용

넷째, 지원자가 과거에 범죄(경범죄, 경미한 교통사고 제외)를 저지른 사실이 없다는 서약서

다섯째, 지원신청서에 기록한 정보가 완전하고 정확하다는 서약과 지원자의 서명

보안검색원을 채용할 때에는 다음 내용을 확인하기 위한 면접과 신체 및 건강에 대한 요건을 심사해야 한다.

첫째, 지원자의 성격

둘째, 신청서 서약의 의미

셋째, 이전 직장의 퇴직 사유

넷째, 확인되지 않은 과거 직장경력 여부

다섯째, 항공보안당국에서 요구하는 추가정보의 유무

여섯째, 지원자의 경력 또는 제출한 정보의 확인이 곤란한 경우에 증빙을 확보할 수 있는 보증인 또는 확인 가능한 증빙서류

4) 보안검색원의 교육

보안검색원에 대한 교육훈련은 초기교육과 직무교육 및 정기교육으로 구분하여 다음과 같이 시행한다.

첫째, 초기교육은 보안검색원의 신규채용 또는 최초 임용자 등에게 직무와 관련한 기본적인 지식과 기량을 전수하기 위한 교육이다.

둘째, 직무교육은 초기교육을 이수한 자를 대상으로 업무시범, 관찰과 실제 업무실습을 통하여 배우는 교육이다.

셋째, 정기교육은 업무내용의 변경 또는 신기술의 도입 등에 따라 필요한 지식과 기량을 전수하기 위하여 정기적으로 행하는 교육을 말한다.

항공기 탑승객, 휴대수하물, 위탁수하물에 대한 보안검색을 실시하는 보안검색원 또는 항공사의 화물에 대한 보안검색을 실시하는 보안검색원이 되기 위해서는 보안검색 교육기관이 실시하는 보안검색원 초기교육과정과 현장 직무교육을 이수해야 하고, 보안검색업무에 종사하는 동안에는 매년 정기적인 교육을 받아야 한다.

5) 보안검색원의 직무

보안검색원은 항공기 승객의 신체 및 수하물 보안검색원과 화물보안검색원으로 구분된다. 항공기 승객의 신체 및 수하물에 대한 보안검색원은 다음과 같은 직무를 수행한다.

첫째, 여객청사 출발대합실 입구의 보안검색대에서 승객의 신체 및 수하물에 대한 보안검

색을 실시한다.

둘째, 승객의 신체 및 수하물에 대한 보안검색은 승객의 신체에 대해서는 문형 금속탐지장비, 휴대용 금속탐지장비, 원형 검색장비 등을 사용하고, 수하물에 대해서는 엑스선 검색장비를 이용하여 보안검색을 실시한다.

셋째, 보안검색에서 의심이 되는 경우 폭발물 탐지장비와 폭발물 흔적 탐지장비 및 액체 폭발물 탐지장비, 또는 해당 승객에 대해서는 촉수검색 또는 개봉검색을 해야 한다.

항공화물에 대한 보안검색을 실시하는 보안검색원은 다음과 같은 직무를 수행한다.

첫째, 항공사에 운송을 의뢰한 항공화물에 대한 보안검색을 실시한다.

둘째, 항공화물에 대한 보안검색은 엑스선 검색장비와 폭발물 탐지장비 등을 이용하여 검색한다.

셋째, 보안검색에서 의심이 되는 때에는 개봉검색을 해야 한다.

보안검색원은 국토교통부장관이 인정하는 보안평가기관의 불시 보안평가, 공항공사 또는 항공사 자체에서 실시하는 불시 보안평가에서 불합격한 경우에는 보안검색 교육기관에서 4시간 이상의 재교육을 받은 후에 보안검색업무를 수행해야 한다.

6) 보안검색원의 자세

보안검색원은 승객과 항공기의 안전을 지키는 파수병 역할을 한다는 사실을 명심하고 항상 자신의 맡은 바 임무를 성실하게 수행해야 한다. 자신의 용모와 복장을 단정하게 하여 보안검색원의 품위를 지키면서 승객에게 친절한 태도로 임무를 수행해야 한다. 업무처리에서 공명정대하고 규정을 준수하여 신뢰받는 검색요원이 되도록 해야 한다.

공항은 국가의 관문 또는 교통 거점지역이기 때문에 사람이 많이 모이는 장소이다. 보안검색원은 국가 또는 지역을 대표한다는 긍지를 가지고 다음과 같은 기본자세를 가져야 한다.

첫째, 친절하고 예의 바르게 근무에 임함으로써 국가나 지역의 이미지를 향상할 수 있다는 사실을 잊어서는 안 된다.

둘째, 항상 승객을 배려하는 자세로 행동하고, 승객을 대할 때 미소를 잃지 않도록 해야 한다.

셋째, 검색 때에는 승객과의 논쟁을 피하고, 승객에게 절대로 명령조의 말을 하여서는 안

된다.

넷째, 검색을 시작한다는 인사말을 한 후에 검색하고, 검색이 끝난 후에도 인사말을 해야 한다.

다섯째, 검색과정에서 승객의 수하물에 손상이 없도록 소중하게 다루어야 한다.

여섯째, 에티켓을 지키는 서비스 종사원의 매너 있는 언어사용과 행동으로 보안검색을 받는 승객이 혐오감이나 거부감을 느끼지 않도록 해야 한다.

2. 서비스 종사원의 자세

서비스 종사원은 고객에게 서비스를 제공하는 고객과 접점 현장에서 고객을 상대하는 사람을 말한다. 서비스 종사원은 상대하는 고객을 감동시켜 상품을 구매하거나 서비스를 받으려는 마음이 생기도록 하는 역할을 담당한다.

1) 서비스 종사원의 기본정신

서비스업무에 종사하는 사람이 가져야 할 기본적인 정신은 다음과 같다.

첫째, 봉사의 마음을 가져야 한다. 서비스 종사원은 고객을 대할 때 형식에 치우치거나 사무적이고 수동적인 자세로 서비스를 해서는 안 되고, 실질적이고 적극적이며 마음에서 우러나오는 친절로 고객을 대하는 봉사의 마음을 가져야 한다.

둘째, 청결을 유지하여야 한다. 서비스 종사원은 고객을 대할 때 본인의 신체 · 복장 · 근무환경에 대해 철저한 위생으로 청결을 유지해야 한다.

셋째, 능률성을 확보하여야 한다. 서비스 종사원은 적극적이고 능동적인 자세로 업무를 수행하되, 업무의 성격과 흐름 및 내용을 숙지하여 능률성이 확보되는 서비스를 제공해야 한다.

넷째, 정직성을 가져야 한다. 서비스 종사원은 정직한 행동과 태도로 고객에게 신뢰감을 주도록 정직성이 강조되어야 한다.

다섯째, 환대하는 마음을 가져야 한다. 서비스 종사원은 정중하고 반가운 태도로 고객을 환대하는 마음으로 맞이하는 사명감이 있어야 한다.

2) 서비스 종사원의 자세와 태도

서비스 종사원이 가져야 할 기본자세와 태도는 다음과 같다.

첫째, 고객의 말에 귀를 기울여야 한다. 고객을 접하는 과정에서 고객의 말을 경청하는 것은 서비스 종사원의 기본자세이며 태도이다. 서비스 종사원은 고객과의 대화에서 고객의 말을 다 듣고 충분히 생각한 후에 꼭 필요한 말만 하도록 해야 한다.

둘째, 고객을 칭찬하여야 한다. 서비스 종사원은 고객의 비위를 맞춰주는 것이 매우 중요하다. 우리 속담에 "칭찬은 거래도 춤을 추게 한다"는 말이 있다. 고객의 성격에 맞는 칭찬은 고객을 즐겁게 할 것이다.

셋째, 항상 긍정적인 태도를 보여야 한다. 서비스 종사원은 고객을 대할 때 긍정적인 자세와 태도를 보이도록 노력해야 한다. 긍정적인 태도는 고객의 첫인상에 큰 영향을 미치게 된다.

넷째, 서비스 정신으로 인사하여야 한다. 서비스 정신의 기본은 고객에게 정겨운 인사를 하는 것이 기본적인 자세이다. 우리 속담에 "말 한마디로 천 냥 빚을 갚는다"는 말이 있다. 첫 만남에서 정겨운 인사는 고객을 즐겁게 할 것이다.

3) 서비스 종사원의 몸가짐

(1) 서비스 종사원의 용모

용모는 그 사람의 인격을 나타낸다고 한다. 중국의 당나라 때에는 관리를 뽑을 때 신언서판(身言書判)이라는 기준을 적용했다고 한다. 즉 신체적 용모, 말솜씨, 문필능력, 판단능력의 4가지 기준을 적용하여 심사했다고 한다. 고객은 서비스 종사원의 용모를 보고 품격을 미루어 짐작한다. 용모와 복장은 사람의 개성을 표현하는 수단이다. 센스(sense) 있는 옷차림과 개성을 살린 용모는 이 시대에 필요한 감각이다. 서비스 종사원은 각양각색의 고객들을 서비스 접점에서 접하게 되므로 시간과 장소 및 상황에 맞는 감각의 용모와 복장을 갖추어야 한다.

서비스 종사원의 몸가짐은 서비스 종사원이 가져야 하는 기본적이고 필수적인 사항이며 행동예절의 기초가 된다. 예컨대 항공사의 스튜어디스가 제공하는 서비스는 항공사 서비스의 기초가 되고 생활예절의 표준이 되고 있다. 이와 같은 예절에는 안과 밖이 있다. 서비스 종사원이 예절을 행사할 때 가지고 있는 속마음이 안에 있다면 밖으로 나타나는 몸가짐은 얼굴의 표정이나 복장 및 용모 등의 차림새가 있다. 용모나 옷차림에 나타나는 몸가짐도 마음속에서 우러나오는 행동임은 두말할 나위가 없다. 꾸밈없는 진실한 몸가짐은 바른 마음가짐에서 나오고, 고객에 대한 서비스의 시작도 바른 몸가짐에서 출발한다. 서비스 종사원의 바른 몸가짐은 서비스의 기본이다.

(2) 서비스 종사원의 복장

사람을 대할 때 옷치장으로 상대방을 판단하는 것은 자칫 선입견에 빠질 수 있으나, 겉으로 나타나는 옷치장은 그 사람의 첫인상을 좌우하게 되기도 한다. 사람을 대할 때 복장은 자기 내면의 속마음과 일치하거나 일치하지 않거나 그 사람의 의사가 표시되는 하나의 징후이다. 즉 사람의 복장은 그 사람의 인품을 드러내는 기준이 되기도 한다. 우리는 일상생활에서 사람의 직업 · 생활양식과 환경 · 개인의 성품과 취미 및 교양수준을 몸가짐을 통해 엿볼 수도 있다.

서비스 종사원의 복장은 고객 접점에서 고객에게 다음과 같은 영향을 미친다.

첫째, 복장은 서비스 제공에 대한 고객의 첫인상에 큰 영향을 준다. 첫인상은 사람의 뇌리에 오랫동안 남게 되어 기억을 되살리게 된다.

둘째, 깔끔한 복장은 고객에게 신뢰감을 준다. 아무리 전문적인 서비스기술을 갖고 있다고 하더라도 몸가짐이 단정치 못하면 훌륭한 서비스 종사원이 될 수 없다.

셋째, 서비스 제공에서 복장을 강조하는 이유는 바른 몸가짐이 대고객 서비스의 출발점이기 때문이다.

넷째, 단정한 복장은 서비스 조직집단의 전체적인 분위기에 신선미를 줄뿐만 아니라 서비스 종사원 자신의 기분을 전환하는 역할을 한다.

공항의 보안검색원은 대부분 회사에서 유니폼을 제공한다. 제공되는 유니폼을 세탁 및 다림질을 하고 규정에 맞게 착용하여 보안검색 서비스를 받는 승객이 불쾌감을 느끼지 않도록 해야 할 것이다.

(3) 올바른 서비스 자세

자세는 고객에게 시각적으로 보여주는 몸을 가진 모양이며, 태도로서 외면적인 의사표시이다. 올바른 자세는 올바른 마음가짐에서 나온다. 사람은 올바른 자세와 동작을 습성화해야 하고, 바른 행동 및 질서 있는 행동을 실천하도록 해야 한다. 같은 행동이 계속 반복되면 버릇이 되기 때문이다. 나쁜 행동을 계속하면 나쁜 버릇이 생긴다. 버릇은 행동의 결과로 나타나며 미래의 행동을 결정하는 기준도 된다. 교육과 훈련을 통해 좋은 버릇을 길들여 올바른 자세와 동작이 나오도록 노력해야 한다. 길들인 버릇은 고치기가 쉽지 않다. "세 살 때 버릇이 여든까지 간다"고 하는 말이 있듯이 자기의 행위 가운데 나쁜 자세와 동작이 없는가를 찾아서 나쁜 자세와 동작은 과감하게 제거하고 좋은 자세와 동작은 계속 발전시켜 나가야 한다.

(4) 삼가야 할 자세

서비스 종사원이 삼가야 할 자세는 다음과 같다.

첫째, 서 있을 때 뒷짐을 지거나 몸을 기대어 서 있거나 몸을 꼬지 않아야 하고, 기지개를 켜거나 하품을 늘어지게 하지 않는다.

둘째, 의자에 앉아 있을 때 다리를 꼬거나 무릎을 떨거나 몸을 뒤로 젖히고 등받이에 기대지 않으며, 의자에 몸을 기댄 채 흔드는 행동을 삼가야 한다.

셋째, 걸으면서 담배를 피우거나 껌을 씹지 않고, 이쑤시개를 입에 문 채 보행하지 않으며, 이곳저곳을 두리번거리며 걷지 않는다.

넷째, 근무 중에 귀를 후비거나 손톱 손질을 해서는 안 되고, 사적인 전화를 길게 하거나 다른 사람의 근무지에서 잡담은 안 된다.

다섯째, 휴식시간에 책상이나 탁자에 걸터앉아 잡담하거나 다리를 벌리고 앉아 눈을 감은 채 조는 행동을 해서는 안 된다.

3. 보안검색 고객응대

1) 기본 매너

공항에서 보안검색을 수행하는 보안검색원이 갖추고 지켜야 할 기본 매너는 다음과 같다.

첫째, 「항공보안법」 및 보안검색 관련규정에서 정하고 있는 보안검색에 필요한 교육과정을 이수하고 보안검색을 수행해야 한다.

둘째, 보안검색원은 검색업무규정 및 절차서 등을 준수하여 검색업무를 성실히 수행해야 한다.

셋째, 보안검색원은 보안검색을 수행하는 데 자긍심과 책임감으로 직무를 수행해야 한다.

넷째, 보안검색원은 규정된 복장을 착용하고 단정한 용모를 갖추어 직무를 수행해야 한다.

다섯째, 보안검색원은 감독자 또는 관리자의 지시를 받아 지정된 임무를 수행하며 보안검색원으로서의 품위를 유지해야 한다.

2) 고객응대 태도와 언어

보안검색원이 검색대상자인 항공기 승객을 응대할 때의 태도와 사용해야 하는 언어는 다음과 같다.

첫째, 보안검색에 대한 승객의 입장을 고려해야 한다. 승객은 보안검색을 낯설게 생각하고 당혹해하며 신경이 날카로워진 상태임을 간과해서는 안 된다.

둘째, 보안검색원은 엄격하지만 당황스러워하는 고객을 역지사지로 생각하는 태도를 보여야 한다.

셋째, 보안검색원은 언어를 통한 고객과의 교감을 위해 "죄송하지만," "불편하시겠지만," "번거로우시겠지만" 등의 마음을 표현하는 언어를 사용해야 한다.

넷째, 보안검색원이 사용하지 말아야 하는 말투는 아무런 설명도 없이 "이 물건은 가지고 들어갈 수 없습니다" 또는 "신발을 바구니에 담아주세요" 등의 고압적이고 지시적인 말을 사용해서는 안 된다.

CHAPTER 9

환경관리 및 비상지원업무

제1절 공항의 환경관리

공항에서의 환경관리는 공항에 이착륙하는 항공기로부터 발생하는 항공기 소음, 항공기의 정비 및 결빙방지를 위한 물질의 사용에 따라 발생하는 폐기물, 항공기의 기내에서 나오는 쓰레기 등에 대한 관리를 말한다. 공항에서의 환경관리 대상은 폐기물에 의한 토양오염, 항공기의 운항이나 공항 내에서 차량 등의 운행에 따라 발생하는 대기오염 등으로 인한 환경오염피해를 줄이거나 예방하고 오염된 환경을 개선함과 동시에 쾌적한 공항환경을 유지하고 조성하는 행위를 말한다. 공항에서 환경관리는 공항운영상 발생하는 환경오염이나 공해문제를 해결하는 것으로서 공항을 환경오염으로부터 보호하고 오염된 환경을 개선함과 동시에 쾌적한 상태의 공항환경을 유지하고 조성하는 업무이다.

1. 소음관리

1) 소음에 의한 피해

소음(騷音)이란 사람이나 동물에게 생리적인 장해를 일으키게 하는 소리로서 일상적인 생활에 영향을 미치는 큰 소리 또는 음색이 불쾌한 소리 등을 말한다. 항공기 소음문제는 세계의 모든 공항에 공통으로 해당하는 문제이다. 항공기 소음은 새로운 공항건설의 제약요소로 작용하거나, 공항의 야간운항제한 또는 공항시설 확장제한 요소로 작용하여 공항시설의 경제적 및 효율적 운영을 심각하게 제한할 수 있다.

항공기 소음은 기체 주위를 흐르는 공기의 역학적인 문제에서도 발생하지만, 대부분은 항공기의 엔진에서 비롯되고 있다. 엔진에서 고속으로 배출되는 배출가스와 압축기 팬에서 공기의 흐름에 의하여 발생한다.

항공기 소음에 의한 피해는 다음과 같다.

첫째, 사람의 육체적·정신적 장애로서 청력감퇴, 고혈압 유발, 위장장애 발생, 두통, 발육장해, 노이로제 발생 등의 피해를 들 수 있다.

둘째, 생활환경장해로서는 공부, TV시청, 전화수신, 집중력, 강의 등에 상당한 영향을 줄 수 있다.

셋째, 가축이나 농작물에 영향을 주는 장해로는 가축의 성장, 출산, 산란, 우유생산 및 농작물 수확 등에 영향을 줄 수 있다.

넷째, 건물 및 시설물에는 벽체균열, 유리창 파손 등에 영향을 줄 수 있다.

2) 소음의 측정 및 영향

공항에서 항공기 소음은 세계 각 공항이 공통적인 문제로서 새로운 공항의 개발을 곤란하게 하고, 현존하는 시설을 효율적이며 경제적으로 운영하는 것을 심각하게 제한할 수 있다.

국제민간항공기구는 1968년 총회에서 항공기 소음문제의 심각성과 새로운 형태의 항공기 출현은 상황을 더욱 악화시킬 것이라는 점을 인식하고, 이사회에서 공항 인근에서의 항공기 소음이라는 주제로 국제적인 회의를 소집할 것을 지시하여 1969년에 개최되었다. 1971년에는 국제민간항공협약 부속서 16에 항공기 소음에 관한 기본적인 자료를 기술하였다. 이 부속서는 항공기 소음에 대해 국제적으로 표준화된 기준의 권고사항이지만 공항의 소음관리에 대한 국제적인 중요지침의 기능을 하고 있다.

미국은 공항운영에 문제가 되는 공항소음에 대처하기 위하여 별도의 항공기 소음기준을 갖고 있는데, 국제민간항공기구의 권고내용보다 약간 더 엄격하다.

(1) 항공기 소음 발생원

원하지 않는 소리라고 정의할 수 있는 소음은 장비운영에 따른 필수적인 부산물이다. 항공기운항으로 인하여 소음을 유발하는 내용은 다음과 같다.

첫째, 항공기의 회전부품인 팬, 압축기, 터빈에서 소음을 발생한다.

둘째, 항공기의 제트엔진의 배기하는 과정, 연소기, 엔진 시운전 때 소음이 발생한다.

셋째, 항공기는 이착륙 때 동체 및 날개 표면 위를 흐르는 공기의 역학적인 흐름으로부터 소음이 발생한다.

넷째, 교통수단 중 항공기의 소음이 크고 가장 괴로운 소음이다. 공항의 소음은 거의 모든 공항에서 중요하고도 말썽 많은 문제점으로서 공항운영자는 소음에 관한 지식이 없으면 안 된다는 사실을 깨닫게 된다.

[그림 9-1] **소음 및 소리의 척도**

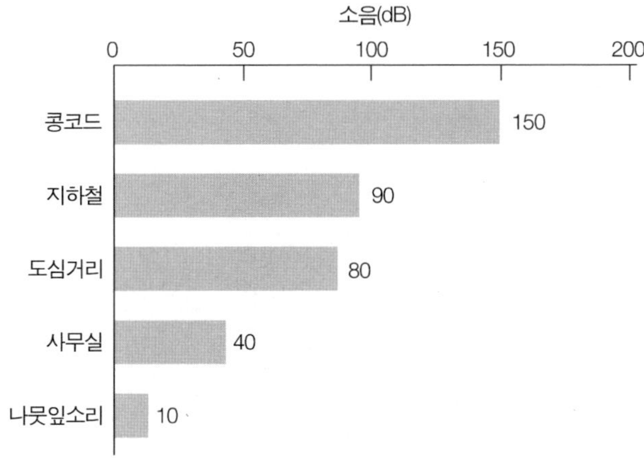

소리 비교	소리발생 비교
496	20,000,000
8	1,000
4	100
1/4	0.01
1/32	0.00001

소리의 세기는 소리의 주관적인 크기를 의미하는데, 이것은 통상적으로 소리의 강도가 10데시벨 증가할 때마다 두 배로 증가한다고 여기고 있다. 사람의 소리를 들을 수 있는 범위는 20~20,000Hz이고, 소리는 통상적으로 데시벨을 사용하여 측정한다.

소음은 원하지 않는 소리로서 소음에 대한 느낌이나 피해에 대하여 서로 다른 감정을 가질 수 있으므로 주관적인 면이 강한 요소가 있다. 소리의 강도만으로는 적절한 측정이 될 수 없고, 소음이 지속시간과 소음이 반복되는 횟수 및 소음이 발생하는 시간대에 따라 소음 평가에 영향을 미친다. 즉 같은 소음이라도 주간에 들리는 소음과 야간에 들리는 소음의 느낌은 전혀 달라질 수 있다.

(2) 항공기 소음측정

항공기 소음은 소리의 강도를 측정함으로써 표시할 수 있는데, 소음측정은 데시벨 측정방법만으로는 완전하게 충족될 수 없다.

제트항공기의 출현에 따라 뉴욕의 J.F. Kennedy 공항에서 수행한 연구결과, 인간의 귀는 데시벨로 측정된 범위보다 훨씬 더 복잡한 방법으로 소음을 감지한다는 사실이 밝혀졌다. 그 결과 또 다른 소음의 측정방법이 고안되었는데, 이것이 감각소음으로서 신뢰성 있는 컴퓨터 계산에 의지할 정도로 복잡한 계산방법으로 산출한다.

감각소음측정은 데시벨 측정방법을 보완하기 위해 개발된 소음측정 방법이다. 이 방법은 국제민간항공기구가 항공기 소음평가단위를 국제적으로 통일하고 소음측정의 실효성을 높이기 위해 새로운 측정방법을 제시하여 세계 각국의 공항이 공통적으로 사용하도록 권장하고 있다. 실효감각소음 측정방법은 낮과 밤의 소음을 구분하여 측정한 후 밤의 소음에 대하여는 일정한 가중치를 부여하여 소음도의 기준을 정하는 방법인 가중평균실효감각소음(WECPNL)에 의한 평가단위를 사용하고 있다.

가) 단일소음측정

소음의 세기 정도만으로 소음을 완전하게 측정하는 방법이 될 수 없고, 소음의 세기가 지속되는 기간이 소음측정의 요소로 필요하다. 소음이 지속하는 기간이 소음에 대한 주관적인 반응에 강력한 영향력을 미친다는 사실이 밝혀졌다. 단일소음에 대한 측정방법은 실효감각소음과 소리노출(SEL: Sound Exposure Level) 두 가지가 있다.

국제민간항공협약 부속서 16은 감각소음의 지속기간과 각 시간단위마다 최대 소음의 높이를 고려하여 조정한 실효감각소음의 사용을 권고하고 있다. 순간소음을 측정한 후에 소리의 수준과 주파수 분포 및 지속기간을 측정하여 이를 통합하여 실효감각소음을 정하는 것이다. 미국 연방항공청에서는 소리가 감지되는 시간대에 따라 가중치인 소리노출에 기초한 방법을 사용하고 있다.

나) 누적소음측정

누적소음측정은 공항에서 발생하는 소음을 단일소음 크기가 환경에 미치는 영향을 측정하는 것이 아니라, 소음의 수준, 주파수, 지속시간, 소음이 발생하는 시간대 등을 종합하여 계량화하는 소음측정이다.

공항이 운영되는 시간대에 따라 수많은 소음이 발생하므로 항공기 소음만을 단순하게 측정하는 것은 유용한 방법이 될 수 없다. 소음피해를 계량화함에 있어 순간적인 소음수준, 소음의 주파수, 소음의 지속기간, 하루 중에서 소음이 발생하는 시간대, 소음의 반복횟수에 따라 소음이 측정되어야 한다. 지역사회가 이러한 모든 소음요소에 어떻게 반응하는가를 규명하기 위하여 많은 조사가 수행되고 있다.

미국에서 사용되고 있는 누적소음에 대한 측정방법의 형태는 낮과 밤의 평균소음수준(Ldn)으로서 다음 계산공식으로 측정한다.

$$Ldn(i,j) = SEL + 10 \log(Nd + 10Nn) - 49.4$$

Nd=07 : 00~22 : 00 시간대의 운항횟수
Nn=22 : 00~07 : 00 시간대의 운항횟수
SEL=평균소음노출수준
i=항공기 기종분류
j=운항형태

영국에서 사용되고 있는 소음측정방법은 소리의 수준인데, 이 방법은 훨씬 간단한 측정방법으로서 아래의 등식은 그에 대한 계산공식이다. 영국에서 사용되고 있는 누적소음측정방법은 영국 내에서는 광범위하게 사용되고 있지만, 기타 지역에서는 사용되지 못하고 일부 국가에서 제한적으로 사용되고 있다.

$$NNI = Lpn + 15 \log N - 80$$

Lpn=최고소음수준의 대수적 평균
N=80감각소음수준(PNdb: 약 4,000m 고도에서 보잉 707 항공기가 풀 파워로 운항할 때 발생되는 소음수준)

(3) 항공기 소음에 대한 지역사회의 반응

소음은 사람들이 원하지 않는 소리이기 때문에 공항 인근에서의 항공기 운항으로 인한 소음에 대한 개인적인 반응은 천차만별이다. 어떤 사람에게는 극단적으로 괴로운 수준의 소음이라 할지라도 다른 사람에게는 거의 방해를 초래하지 않을 수도 있기 때문이다.

소음을 느끼는 정도의 차이에 대한 이유는 복잡하다. 대부분이 사회적인 차원에 기반을 두고 있다는 연구조사결과를 보면 개인적인 반응과는 달리 지역사회 전체의 반응은 다수의 인원에 대한 반응을 종합하면 예측할 수 있다. 소음은 낮과 밤의 다르게 나타나고, 소음의 정도에 따라 지역사회의 개인에 미치는 고충도 다르게 나타난다. 같은 소음이라 할지라도 개인에게 미치는 영향과 고충은 상당한 차이로 나타난다. 소음이 85데시벨을 넘지 않으면 참을 수 있는 정도의 소음으로 약 10%의 주민은 소음을 인식하지 않거나 간헐적으로만 고충을 느낀다고 한다.

[그림 9-2] **소음수준과 지역사회 고충 정도**

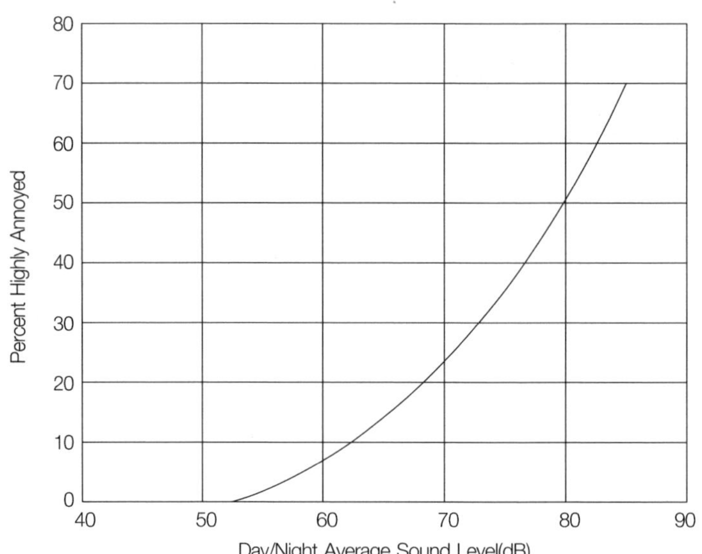

3) 항공기 소음규제대책

(1) 소음발생원 규제대책

가) 소음이 적은 항공기 운항

항공기 소음은 항공기 기체 위를 흐르는 공기역학적인 흐름에서도 발생하지만, 대부분은 엔진에서 비롯되고 있다. 엔진소음의 두 가지 요소는 고속으로 분사되는 배출가스와 압축기 팬 시스템에서의 공기 흐름이 원인이다. 소음의 강도는 항공기 속도에 대단히 민감하다. 초기의 터보 제트엔진은 압축기 끝과 제트 배기가스의 높은 속도로 인하여 극한적인 소음을 발생시켰다.

최근에 개발된 2세대 엔진은 다음과 같은 소음감소장치를 장착하였다.

첫째, 엔진 닥트의 인입구와 배출구에 소음을 흡수할 수 있는 재질 부착

둘째, 엔진 블레이드의 간격을 증대시키는 장치와 고정축과 회전축 간의 소음에 대한 상호작용을 최소화하기 위한 인입구의 가이드 바람개비를 제거하는 장치의 결합

셋째, 엔진의 팬과 압축기 및 가스 배출지역을 통과하는 유속의 제어

항공기의 소음은 폭이 좁은 터보 제트기에서 측정되는 소음에 비해 폭이 넓은 제트기는 상당히 개선되었다. 오래되고 소음이 심한 항공기를 새로운 폭넓은 항공기로 교체함에 따라 소음으로 인한 고충은 감소하였다. 항공기 기종의 교체는 항공유의 인상으로 인해 촉진되고 있으며, 오래된 터보 제트항공기의 교체를 절대적인 것으로 만들었다. 1970년대에 Hush Kits로 엔진을 개량하는 가능성은 초기의 터보 제트를 고도의 통과율을 가진 엔진으로 교체하고자 하는 목적으로 검증되었다.

미국 환경보호청은 아음속(亞音速) 터보 제트 민간항공기가 미국 내에서 운항하는 때에 엔진을 개조하여 연방항공청이 정한 제한에 따를 것을 요구하였다. 4개의 엔진을 장착한 제트항공기는 이에 따르도록 하였다. 〈표 9-1〉은 항공기를 저소음항공기로 개조하는 것이 항공기 소음발생을 개선한 중요한 조치였음을 나타내고 있다. 맨체스터 · 프랑크푸르트 · 브뤼셀 · 암스테르담 등 공항에서는 공항운영자가 소음발생이 적은 항공기의 운영자에게 착륙료 부과에 특혜를 부여함으로써 보다 조용한 항공기의 운항을 장려하고 있다.

〈표 9-1〉 **항공기 기종별 엔진의 소음발생량**

항공기	위치	FAR36*	비취급	Quiet Nacelle	Refaaned
B727	접선	104	99	100	92
	이륙**	99	100	97.5	93
	이륙***	99	107	106.5	98
	접근	104	108	100	101
B737	접선	103	101	101	86
	이륙**	95	92	92	82.5
	이륙***	95	100	100	-
	접근	103	109	102	101
DC9	접선	104	101	101.5	92
	이륙	96	97	94.5	85
	접근	103	108	99	98

주: * US 인증 필수사항
** 동력감축 시 US 인증 필수사항
*** 동력비감축 시 US 인증 필수사항
자료: Reference 5.

나) 소음발생을 고려한 활주로 배치

운송용 항공기가 이착륙할 때에 측풍에 특별히 민감하지는 않지만 측풍상태에서 운항이 지역사회에 미치는 소음의 고충이 증가할 수 있다. 암스테르담 스키폴공항은 밀집된 주거지역에 미치는 소음의 고충을 감소시키기 위하여 가장 적절한 활주로의 사용을 포기한 공항의 대표적인 사례이다.

로스앤젤레스공항의 경우에 대형 항공기는 일반적으로 단지 두 개의 주요활주로 중 하나를 사용하며, 이륙은 주로 바다 상공을 향하는 쪽으로 한다.

항공기 소음을 고려한 활주로 배치는 저소음활주로 배치방식 또는 소음의 영향을 감소하는 활주로 배치방식이다. 이 방법은 출발하는 항공기가 사전에 결정된 낮은 인구밀도 지역의 상공을 비행하도록 지시하는 것으로 고안되어 있다. 항공기 소음의 영향이 미치는 지역의 크기는 변화되지는 않아도 고충을 받는 대상은 줄일 수 있다.

소음의 영향이 적은 활주로 배치방식은 많은 사람을 보호하기 위하여 소수의 사람이 심한 소음에 노출되는 것을 감수하게 함으로써 사회정의 차원에서 극심한 갈등을 겪고 있다.

다) 소음감소를 위한 비행절차 개선

공항에서 항공기 운항과 관련한 소음피해를 감소하기 위한 저소음 운항절차란 소음대책지역에서 운항하는 항공기에 대해 소음피해를 최소화하도록 지방항공청장이 고시하는 절차를 말한다. 저소음 운항절차에는 심야시간(23~06시)에 항공기 비행통제, 이륙절차 개선, 접근절차 개선 등이 있다.

이륙절차 개선

공항에서 소음감소를 위한 항공기의 이륙 절차개선 방법에는 소음저감 이륙 절차 적용, 급상승 이륙, Rolling Take-off, 활주로 중간 이륙 등이 있다.

첫째, 소음저감 이륙절차는 활주로 인접지역에서 항공기 출력을 감소하여 이륙 후 사람이 거주하지 않는 지역에 이르러 최대출력으로 상승을 재개하는 방법이다.

둘째, 급상승 이륙은 항공기가 기동할 수 있는 최대 상승률로 이륙 상승하여 항공기와 지상의 수직 이격거리를 높여 소음저감효과를 얻는 이륙방식이다.

셋째, Rolling Take-off는 항공기가 유도로에서 활주로에 진입하여 정지하지 않고 엔진을 이륙 출력으로 Setting하여 이륙하는 방식이다.

넷째, 활주로 중간 이륙은 항공기가 출발 활주로 끝까지 가지 않고 활주로 중간에서 이륙하는 방법이다.

항공기가 이륙하는 과정에서 출력을 감소하여 운항하는 경우에 소음을 줄일 수 있으므로 이륙의 비행절차를 세심하게 계획함으로써 지역사회에 노출되는 소음을 감소시킬 수 있다.

항공기의 비행로 밑의 지점들에서 최대소음량에 미치는 출력감소절차의 영향을 손쉽게 계산하여 나타내고 있다. 항공기가 이륙할 때에 단계별로 상승하도록 비행절차를 계획하는 방법은 전 세계에 걸쳐 많은 공항에서 보편적으로 시행되고 있다.

접근절차 개선

공항에서 항공기의 소음감소를 위한 접근절차 개선방법에는 연속강하접근 절차, Flap Setting, 진입각도 조정, 활주로 시단 지점변경, 엔진 역추력 제한 등이 있다.

첫째, 연속강하 접근절차는 기존의 Step Down 접근방식에서 최초 접근단계에서 최종 접근단계까지 일직선으로 하강하여 접근하는 방법이다. 예컨대, 대형 터보제트 항공기가 1,500피트가 아닌 3,000피트의 고도로 접근하는 경우에 지상에 치는 소음감소는 약 8PNdb이다. 5,000피트에서 운항하는 경우에는 약 16PNdb까지 감소시킬 수 있으므로 항공기가 공항에 접근할 때 높은 고도를 유지하다가 급강하하여 착륙하기 위하여 다음과 같은 절차가 사용되고 있다.

둘째, Flap Setting은 항공기가 공항에 접근할 때 안전운항을 저해하지 않는 범위 안에서 Flap의 조작을 가능한 늦추는 방식이다.

셋째, 진입각도 조정은 항공기가 활주로에 접근할 때 ILS 신호를 받아 3°의 각도로 접근하여야 하나, 3°보다 큰 각도로 접근하는 방법이다. 비행안전을 이유로 아주 제한적으로 사용하는 방법이다.

넷째, 활주로 시단 지점변경은 항공기의 착륙 시단을 활주로 안쪽으로 옮겨 소음영향을 감소시키는 방법이다.

다섯째, 엔진 역추력 제한은 항공기가 착륙거리 단축목적으로 사용하는 엔진 역추력을 안전운항에 영향이 없는 범위에서 제한적으로 사용하는 방법이다.

공항에 착륙하는 항공기의 소음을 감소시키기 위하여 엔진출력을 낮춘 접근절차는 세계 각국에서 여러 가지의 방법으로 시도되고 있다. 독일 프랑크푸르트공항에서 이와 같은 방법을 채택하여 상당한 성공을 거두고 있다. 프랑크푸르트공항은 도심지역에 위치함으로 인하여 공항에서 항공기가 이륙하거나 항공기가 공항에 착륙할 때에 불가피하게 도시환경 차원의 극심한 소음문제를 겪고 있다.

[그림 9-3] **항공기 소음감소를 위한 연속강하 접근절차**

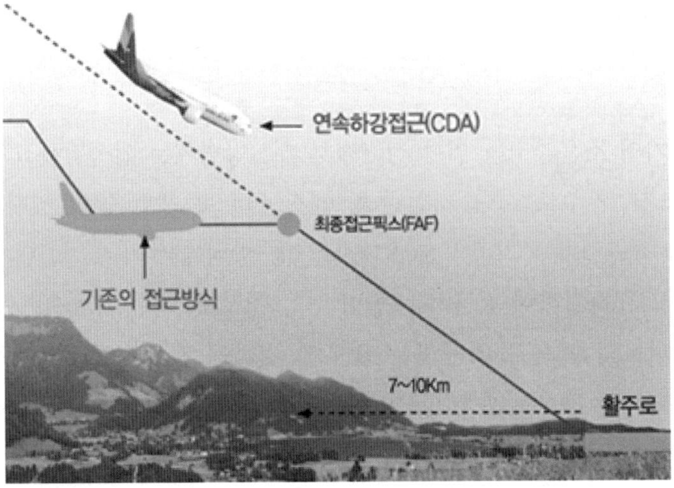

연속하강접근(CDA)
최종접근픽스(FAF)
기존의 접근방식
7~10Km
활주로

항공기가 공항에 착륙할 때에 소음을 감소시킬 수 있는 표준절차는 공항으로부터 약 4km 지점에서 항공기를 급강하 착륙하게 함으로써 항공기 소음을 최소화하도록 한 것이다. 세계 각국의 공항에서는 항공기 소음감소를 위하여 이착륙절차의 개선과 함께 높은 소음을 유발하는 항공기의 운항을 규제하거나 항공기 운항에 따른 소음부담금을 징수하는 등의 다각적인 방법이 강구되고 있다.

(2) 지상 소음방지대책

가) 지상 소음방지시설 설치

항공기 소음방지를 위해서는 공항의 구조를 개량하거나 지상에서 이동하는 항공기나 장비의 소음저감을 위하여 필요한 지역에 방음벽을 설치하여 공항의 소음을 최소화하는 방법이 있고, 항공기 정비에 따른 엔진의 시운전장을 별도로 설치하여 공항소음을 최소화하는 방법들도 있다.

공항소음이 감당할 수 없는 지경에 이르면, 항공기의 소음이 적은 지역으로 공항을 이전하는 방법이 동원되기도 하는데, 공항을 소음이 적은 지역으로 이전한 사례로는 미국의 뉴덴버공항, 홍콩의 첵랍콕공항과 중국의 푸동공항, 한국의 인천국제공항이 그 예라고 볼 수 있다.

나) 공항의 격리와 소음지역의 토지매입

항공기 소음으로 인한 고충의 정도는 소리를 차단하는 방법을 사용함으로써 완화할 수 있다. 소음지역 주민들은 소음으로 인한 고충에 대하여 정부 혹은 공항운영자로부터 지원금을 받기도 한다. 지원금은 건물의 2중창과 기타 소리를 차단하는 용도에 사용되어야 한다. 소음지역에 대한 지원제도는 런던의 히드로공항과 암스테르담 스키폴공항이 채택하고 있으며, 우리나라의 김포국제공항·김해국제공항·제주국제공항 등에서도 채택하고 있다.

다) 한국의 공항소음방지대책

우리나라 공항의 항공기 소음방지대책은 「공항소음방지 및 소음대책지역 지원에 관한 법률」에 따라 항공기에 의한 소음피해를 방지 또는 감소시킬 필요가 있는 경우에는 공항운영자가 소음피해방지대책을 수립·시행하도록 할 수 있다.

국토교통부장관은 「공항소음방지 및 소음대책지역 지원에 관한 법률」에 따라 공항의 소음피해지역 또는 소음피해 예상지역을 미리 지정·고시해야 한다. 고시하는 때에는 항공기 소음영향도에 따라 구역을 정하여 고시해야 한다.

항공기 소음피해대책을 수립해야 하는 공항은 군용 비행장을 민간항공용으로 겸용하고 있는 공항을 제외하고, 순수민간항공용으로 사용되는 모든 공항에 대하여 항공기 소음피해대책을 수립해야 한다. 항공기 소음피해대책은 그 범위가 넓을 뿐만 아니라 대책사업에 비용이 많이 소요된다.

〈표 9-2〉 **항공기 소음피해지역 등의 구분**

구분	구역	소음영향도(WECPNL)	
소음피해지역	제1종 구역	95 이상	
	제2종 구역	90 이상~95 미만	
소음피해 예상지역	제3종 구역	가 지구	85 이상~90 미만
		나 지구	75 이상~85 미만

국토교통부와 한국공항공사가 시행하고 있는 항공기 소음대책사업은 〈표 9-3〉에서 보는 바와 같이 항공기에 의한 소음의 정도에 따라 제1종 구역인 95 WECPNL 이상인 지역에 대하여는 주민이 거주할 수 없을 정도로 소음에 의한 피해가 크기 때문에 이주단지를 만들어 이

주대책사업을 시행하였다. 2종 구역과 3종 구역에 대하여는 항공기에 의한 소음을 감소시킬 수 있도록 다음과 같은 사업을 시행하고 있다.

첫째, 주택에 대하여는 2중창, 벽체보수 등 주택방음시설을 설치해 주고 있다.

둘째, 항공기에서 발생되는 전파 등으로 TV 수신장애가 발생하는 지역에는 공동안테나 설치 등 TV 수신장애 해소대책사업을 시행하였다.

셋째, 소음피해지역 학교에는 냉난방시설을 설치해 주고 있다.

넷째, 주민과의 유대를 위하여 마을회관이나 노인정 등 공동이용시설을 설치해 주었다.

〈표 9-3〉 **항공기 소음대책사업의 구분**

구분	소음기준(WECPNL)	사업내용	시행 주체
1종 구역	95 이상	이주대책사업	국토교통부
2종 구역	90 이상~95 미만	주택방음시설 설치 등	한국공항공사
3종 구역	75 이상~90 미만		

2. 수질 및 대기관리

1) 수질관리

공항에서 수질오염을 발생시키는 원인으로는 다음과 같은 행위들이 있다.

첫째, 항공기 및 장비의 세척과 정비에 따른 수질오염 유발

둘째, 항공기의 결빙을 방지 또는 결빙을 제거하기 위한 De-icing 작업

셋째, 항공기에 음식물을 제공하기 위하여 운영되는 케이터링 등에서 발생하는 오・폐수 또는 폐기물

수질오염을 발생시키는 공항에서는 각 시설에 정화조나 오수와 폐수처리시설을 갖추고 있다. 수질오염 방지시설이 원활하게 작동하지 않거나 폭우 등으로 인하여 오수 또는 폐수를 처리할 수 없게 되는 때에는 공항 인근의 하천・호수・지하수・농수로・하구・해양 오염의 주범이 될 수 있다. 공항의 수질관리는 주로 수소이온농도, 용존산소, 생물학적 산소요구량 및 화학적 산소요구량을 분석하여 수질을 관리한다.

2) 공항의 대기관리

공항에서 대기오염이 발생하는 원인으로는 다음과 같은 행위들이 있다.

첫째, 지상조업장비 및 공항을 드나드는 자동차의 배기가스와 매연

둘째, 항공기가 이륙 또는 착륙할 때에 발생하는 먼지

셋째, 공항 내에서 발생하는 쓰레기 등을 노천에서 소각할 때 발생하는 연기나 매연, 휘발성 유기화합물에 의한 대기오염

공항의 대기관리는 매 분기 1회 실시하는 대기질(大氣質) 측정조사와 공항 주변에 설치된 대기질의 자동측정장치 및 차량의 배출가스 점검 등의 방법이 있다. 이와 같은 대기오염 관리대책으로는 먼지 등의 흡착·흡수·집진·여과를 할 수 있는 대기오염방지시설을 설치하는 등의 방법이 사용되고 있다.

3. 토양오염 및 폐기물관리

1) 토양오염관리

공항 주변에 토양오염이 발생할 가능성은 다음과 같은 행위들이 원인으로 작용한다.

첫째, 공항 내에 설치된 석유류 등의 저장시설에서 기름이 흘러나오는 경우

둘째, 항공기의 정비나 차량과 장비를 정비할 때에 관리소홀로 인하여 폐윤활유 등이 흘러나가는 경우

셋째, 항공기 사고가 발생하여 항공유나 윤활유 등의 기름이 유출되는 경우

공항 주변의 토양오염 방지를 위하여 평상시에는 토양오염상태를 측정하고, 토양오염 발생가능성이 있는 시설은 등록하도록 관리하고 있다. 토양오염도 측정결과 기준을 초과할 때에는 다음과 같이 조치하고 있다.

첫째, 토양의 오염상태를 정밀조사 한다.

둘째, 토양오염 방지를 위하여 오염발생물질을 제거한다.

셋째, 오염유발시설의 가동을 중단하거나 이전시킨다.

넷째, 오염방지시설의 설치 등을 조치한 후에 오염물질 투기금지, 오염유발시설의 설치를 제한한다.

다섯째, 토양보전지역을 지정하여 관리하고, 오염된 토양의 개선사업을 한다.

2) 폐기물관리

공항운영 및 항공운송과 관련하여 발생하는 폐기물의 종류는 다음과 같다.

첫째, 항공기의 기내에서 발생하는 폐기물

둘째, 항공기의 정비 또는 제빙과 방빙의 작업을 할 때에 발생하는 폐기물

셋째, 공항의 청사 내에서 발생하는 생활폐기물

넷째, 공항 내에서 시행하는 각종 공사를 할 때에 발생하는 건설폐기물

공항운영 및 항공운송과 관련하여 발생하는 폐기물은 「폐기물관리법」에 따라 폐기물의 종류별로 다음과 같이 처리한다.

첫째, 일반폐기물은 재활용·매립·소각·해양배출 등의 방법으로 처리한다.

둘째, 지정폐기물인 폐유(廢油) 등은 재생하거나 소각의 방법으로 처리한다.

셋째, 폐유기용제나 페인트는 소각한다.

넷째, 항공기의 제빙 또는 방빙 때 발생하는 폐기물은 전용 패드를 설치하고 제빙 또는 방빙 때 발생한 폐기물을 전용 흡입차량으로 수거하여 폐기한다.

제2절 공항비상 지원업무

공항에서는 다음과 같이 다양한 형태의 비상사태가 발생할 수 있다. 공항에서 발생할 수 있는 비상사태는 항공기 비상, 건물화재, 인화성 물질 또는 독극물의 누출, 폭발물에 의한 위협 및 테러분자에 의한 테러사고, 항행안전시설 장애로 인한 사고 등이 포함된다.

공항의 비상사태 중에서 항공기 비상은 다음과 같은 특성이 있다.

첫째, 항공기 비상은 항공교통에서만 발생하는 것으로서 바로 재앙으로 이어질 수 있는

규모의 인명살상과 연루될 수 있다.

둘째, 항공교통은 철도교통 다음으로 안전한 교통수단이지만 사고가 발생하면 피해가 크다는 특징이 있다.

셋째, 공항운영자는 공항 내에서 발생하는 항공기 비상사태는 물론 공항인근지역에서 발생하는 항공기 사고에도 대비해야 한다.

넷째, 공항운영자에게는 항공기 비상에 대비하여 일정기준 이상의 화재진압과 구조업무를 제공할 수 있는 계획을 수립하는 특별한 책임을 부여하고 있다.

1. 항공기 사고발생률과 비상사태의 유형

1) 항공기 사고발생확률

항공기 사고는 발생하지 않을 것 같으면서도 발생한다. 미국의 연구결과, 미국에서 사고가 발생하는 통계적 확률은 77,200회의 운항에 한 번꼴이라고 밝혀졌고, 영국에서는 67,000회의 운항에 한 번꼴로 사고가 발생한다는 통계가 있다. 한 사람 이상이 생명을 잃는 치명적 사고의 확률은 345,000회의 운항에 한 번꼴이라는 통계적 확률이 나왔으며, 프랑스의 자료에 의하면 매 100,000회당 한 번의 사고와 매 200,000회당 한 건의 화재가 발생하였음을 지적하고 있다.

운송용 항공기의 사고원인은 항공기 결함에서 비롯된 것이 많다. 항공사고의 90% 이상이 몇 가지 형태의 인간오류에 기인한 것이다.

항공기 사고는 낮은 사고율에도 불구하고 항공기 사고가 발생하면 많은 인명과 재산손실을 초래하고 있다. 1977년 3월 27일 북대서양의 카나리아제도 테네리페공항에서 짙은 안개속에서 지상을 이동하는 KLM 소속 B747 항공기와 팬암 항공사 소속 B747 항공기가 충돌하였다. 총 555명의 여객과 25명의 승무원이 생명을 잃었고, 이것은 민간항공역사상 최악의 항공재앙으로 기록되었다.

2) 공항의 비상사태유형

국제민간항공기구는 항공기 사고가 발생하는 때에 구조 및 화재진압업무가 요구되는 항공기 비상사태의 유형을 다음과 같이 항공기 사고, 실제 비상, 지역대기 등 세 개의 범주로 구분하고 있다.

(1) 항공기 사고

항공기 사고가 공항 내 또는 공항 인근에서 발생하는 때에 항공교통관제기관은 공항의 구조 및 화재진압부서에 경고를 발하여 항공기 사고의 발생시간과 위치 및 사고항공기의 기종에 대한 상세한 사항을 통보한다. 통보를 받은 공항의 구조 및 화재진압부서는 항공기 사고지역으로 즉시 출동하게 되고, 지역의 소방관서와 의료기관 등의 조직은 공항비상계획에 따라 통보를 받아 항공기 사고에 대비하게 된다.

[그림 9-4] **불시착한 항공기**

(2) 실제 비상

공항에서의 실제 비상은 공항에 접근하는 항공기가 사고의 위험에 처해 있거나 사고의 위험이 의심되는 경우에 구조 및 화재진압부서는 접근활주로 방향에 따라 미리 결정된 대기할 장소로 출동할 것이 요구되는 비상사태이다. 관제기관은 구조 및 화재진압부서에 항공기의 기종, 탑승인원, 사고의 형태, 사용할 활주로, 예상착륙시간, 탑재된 위험물의 위치와 수량에 대한 자세한 사항을 통보해야 한다. 실제 비상사태의 경우 공항비상계획에 설정된 절차에 따라 지역의 소방부서와 의료기관도 경계상태에 놓이게 된다.

(3) 지역대기

지역대기는 항공기가 약간의 장애를 일으키거나 일으킬 위험이 있다고 의심되지만 그러한 장애가 착륙에 어려움을 일으킬 정도로 심각하지 않은 상태이다. 지역대기의 경우에는 구조 및 화재진압부서는 관제기관으로부터 해당 항공기에 대한 세부사항을 통보받고, 접근활주로 방향에 따라 미리 결정된 대기할 장소로 소방차를 출동시켜야 한다. 〈표 9-4〉는 1994년 영국 히드로공항에서 비상사태가 발생한 횟수를 나타내고 있다.

〈표 9-4〉 **히드로공항의 비상사태 발생횟수**

비상사태유형	비상사태빈도(히드로공항)
항공기 사고	0
실제 비상	63
지역대기	243
총운항횟수	411,172

2. 공항비상 대비수준

1) 비상대비수준을 결정하는 공항의 등급

항공기 사고에 대한 구조 및 화재진압 대비수준은 그 공항에 취항하는 최대항공기의 크기와 운영빈도에 따라 좌우되는데, 〈표 9-5〉에서 아홉 가지 서로 다른 대비수준은 1993년 국제민간항공기구에 의해 지정된 내용이다.

공항의 등급은 연중 연속된 가장 혼잡한 3개월간에 있어서 항공기 운항횟수에 기초한 다음 기준에 따라 결정된다.

첫째, 길이가 가장 긴 항공기의 운항횟수가 총 700회 이상의 경우 해당범주가 채택된다.

둘째, 길이가 가장 긴 항공기의 운항횟수가 총 700회 미만의 경우 채택되는 공항범주는

〈표 9-5〉 **항공기에 따른 공항의 등급범주**

공항등급	항공기 전체 길이	기체 최장폭
1	0~9m 미만	2m
2	9m 이상~12m 미만	2m
3	12m 이상~18m 미만	3m
4	18m 이상~24m 미만	4m
5	24m 이상~28m 미만	4m
6	28m 이상~39m 미만	5m
7	39m 이상~49m 미만	5m
8	49m 이상~61m 미만	7m
9	61m 이상~76m 미만	7m

길이가 가장 긴 항공기가 정상적으로 사용하는 공항에 해당하는 범주보다 한 단계 이상으로 낮아서는 안 된다.

셋째, 항공기의 길이가 다양한 경우 길이가 가장 긴 항공기에 해당하는 범주보다 두 단계 이상으로 낮아서는 안 된다.

2) 공항등급별 최소비상대비수준

취항하는 항공기의 크기 및 운항횟수에 따라 결정된 공항의 등급을 기초로 하여 구조 및 화재진압용 장비에 탑재되는 소화약품의 양은 〈표 9-6〉에서 보는 바와 같다. 공항등급에 따른 소방차량과 장비의 최소 보유대수는 〈표 9-7〉에서 보는 바와 같다.

소화약품에는 두 가지 주요형태가 있는데, 주된 소화약품은 화재를 궁극적으로 소화시키는 데 사용되는 것이다. 보조소화약품은 화재를 압도할 수 있는 능력이 있으나 공식적인 대비수준에는 포함되지 않는다.

주된 소화약품은 공기공급을 차단하는 막을 제공함으로써 화재를 진압하는 방법으로서 국제민간항공기구는 다음과 같은 소화약품의 사용을 권고하고 있다.

첫째, 단백질 폼은 기계적으로 생성된 폼으로서 장기간 계속되는 수성막을 형성할 수 있다.

〈표 9-6〉 **최소 소화제의 양**

공항등급	A등급 포말		B등급 포말		보조재		
	물(L)	분사율/분	물(L)	분사율/분	화학분말재	하론	CO_2
1	350	350	230	230	45	45	90
2	1,000	800	670	550	90	90	180
3	1,800	1,300	1,200	900	135	135	270
4	3,600	2,600	2,400	1,800	135	135	270
5	8,100	4,500	5,400	3,000	180	180	360
6	11,800	6,000	7,900	4,000	225	225	450
7	18,200	7,900	12,100	5,300	225	225	450
8	27,300	10,800	18,200	7,200	450	450	900
.	36,400	13,500	24,300	9,000	450	450	900

〈표 9-7〉 **최소 차량보유대수**

공항등급	1	2	3	4	5	6	7	8	9
차량대수(대)	1	1	1	1	1	2	2	3	3

둘째, 수성막 형성 폼은 누출된 인화성 액체에 발생한 화재에 효과가 있으며, 단백질 폼에 비해 보다 빠른 소화능력을 제공하지만, 기름표면 위의 액체로 형성되는 막은 고온에 의해 파괴되고, 수성막을 형성하는 폼은 대규모의 뜨거운 금속류에 발생한 화재에는 적당하지 않다.

셋째, 형광단백질 폼은 기본적인 단백질 폼을 개량한 것으로서 단백질 폼에 형광탄소를 추가함으로써 거품의 표면 위에 연료가 부착되는 양을 감소시킬 수 있다. 단백질 폼보다 비싸기는 하지만, 상당한 깊이의 연료가 있는 곳에서 발생한 화재진압에 적절한 소화약품이다.

주된 소화약품과 양립할 수 있는 보조소화약품을 선정하는 데에는 주의를 기울여야만 한다. 보조소화약품이 화재가 발생한 액체와 기타 물체를 냉각시키는 데 중요한 효과가 없다고 할지라도 이들 보조소화약품은 화재를 신속히 진압하도록 하는 역할을 한다. 완전한 화재진압이 주된 소화재료로 이루어지기 전에 화재가 통제범위 외의 지역으로 확산하지 않도록 하는 기능을 할 수 있으므로 항공기에 의한 화재진압에는 탄소이산화물, 드라이 케미컬, 할로겐화 탄소와 같은 보조소화약품을 사용하고 있다.

주된 소화약품 및 보조소화약품의 여유분을 충분히 확보함으로써 구조 및 화재진압용 장비의 재충전을 원활하게 하여 항공기 사고 후에 계속되는 항공기 운영에 대비할 수 있는 능력을 구비하는 것이 필요하다.

3. 공항비상계획

「국제민간항공협약」의 부속서 14에 설정된 내용에 의하면, 공항은 항공기 운영 및 다른 활동수준에 알맞은 비상계획을 수립할 것을 요구하고 있다. 공항비상계획의 목적은 비상으로 야기되는 인명피해를 줄이고 항공기의 운영효과를 높이고 공항과 지역사회를 연결하는 협조체제를 수립함으로써 항공기 사고에 대한 피해를 최소화함에 있다.

비상사태가 발생한 때에 합의되고 인정된 지휘구조를 설정하는 것에 추가하여 공항비상계획에는 즉각적인 구조 및 화재진압업무, 법규의 적용, 비상계획의 시행, 의료지원업무, 그리고 공항 내·외의 인력활용계획과 기관별 행동지침 및 임무가 포함되는 지침서가 되어야 하며, 광범위한 내용의 공항비상계획은 다음과 같은 사항을 고려하여 수립해야 한다.

첫째, 비상사태 전의 사전계획에는 비상사태 관련조직의 권한·책임과 점검의 규정화 및 계획의 실행에 관한 사항이 포함되어야 한다.

둘째, 비상사태기간 중 운영사항에는 단계별로 수행해야 할 사항과 비상사태가 진전됨에 따른 책임구조에 대한 구체적인 내용이 포함되어야 한다.

셋째, 비상사태 후의 조치에는 공항의 지휘 및 운영을 정상적인 상태로 환원시키는 이관절차에 관한 내용이 포함되어야 한다.

공항비상계획은 공항 안에서와 공항 밖에서의 사고를 관장해야 한다. 통상적으로 공항운영자는 공항 내의 사고에 대하여 지휘권을 행사하며, 공항 외에서 발생한 항공기 사고의 경우에는 지방항공청장이 지휘권과 책임을 지도록 하고 있다.

공항비상계획의 목적은 다음과 같은 사항을 확실하게 함에 있다.

첫째, 공항운영조직을 정상적인 운영상태에서 비상운영상태로의 전환을 신속하고 정연하며 효율적으로 하기 위함이다.

둘째, 공항비상에 대한 권한의 이양과 책임의 지정을 명확히 하기 위함이다.

셋째, 공항비상계획에 포함된 핵심인력에 대한 권한을 부여해 주기 위함이다.

넷째, 공항비상사태에 대처하는 수단의 조정을 원활하게 하기 위함이다.

다섯째, 공항이 안전한 항공기 운영상태로 가능한 한 조속히 복귀하도록 하고 정상적인 공항운영을 하기 위함이다.

공항 내에서 발생한 항공기 사고라 할지라도 사고의 규모가 너무 커서 공항의 지원조직 및 인력만으로는 대처할 수 없는 때가 있어 공항운영자는 공항비상사태가 발생할 것에 대비하여 지역사회를 관할하는 기관과 각 기관의 책임과 임무를 명확히 하는 쌍무적인 지원협정을 체결하는 것이 필요하며, 협정내용에는 다음의 사항이 포함되어야 한다.

첫째, 공항의 비상사태에 참여하는 기관별로 권한과 책임을 명확히 해야 한다.

둘째, 비상사태수습을 위한 지휘체계는 명확하게 설정해야 한다.

셋째, 사고현장에서의 통신우선순위를 지정해야 한다.

넷째, 비상수송조정관을 지정하고 비상수송시설의 조직적 구조를 적시해야 한다.

다섯째, 협조 및 지원되는 모든 비상인력의 권한과 책임을 사전에 결정해야 한다.

여섯째, 동원이 가능한 모든 가용자원으로부터 구조장비의 사용을 할 수 있도록 사전에 조치해야 한다.

국제민간항공기구에서 권고하고 있는 공항비상계획에 포함되어야 하는 공항구역 내의 기관으로는 항공교통관제기관, 공항운영자의 구조 및 화재진압부서, 정부기관, 항공기운영자, 공항 내의 의료지원부서와 입주업체가 있고, 공항 주변의 기관으로는 소방서 · 경찰서 · 공항운영자 · 병원 · 통신기관 · 수송기관 · 민방위기관 · 해안경비대 · 성직자 · 공공정보사무소 등이 있다.

국제민간항공기구는 추가로 비상계획을 모든 시설과 관련된 기관을 동원하여 1년을 초과하지 않는 간격으로 완전한 규모의 비상훈련을 통해 점검되어야 하고, 훈련종료 후에는 모든 참여기관이 참석한 가운데 강평이 뒤따라야 한다고 권고하고 있다.

4. 항공기 사고수습절차

1) 사고수습 지휘

(1) 지휘체제

공항 내에서 항공기 사고가 발생하는 때에 운항 중이거나 추락 직후인 항공기의 지휘는 기장이 담당하나, 공항의 소방차가 도착하고 비행승무원이 여객을 대피시킴에 따라 지휘체제는 변화한다. 미국에서는 최고위 소방관이 재난현장의 지휘를 담당하고, 항공기 사고조사는 국립교통안전위원회(NTSB)에서 수행하는데, 일부 국가에서는 최고위 경찰관이 항공기 사고의 수습을 위한 지휘를 담당하기도 한다.

이러한 상황은 모든 화재가 진화되고 모든 사상자가 처리되어 병원으로 후송될 때까지 계속되며, 그 후 사고현장은 사고조사팀이 도착할 때까지 공항운영자의 통제하에 보존되고 유지되어야 한다.

[그림 9-5] **사고현장 배치도**

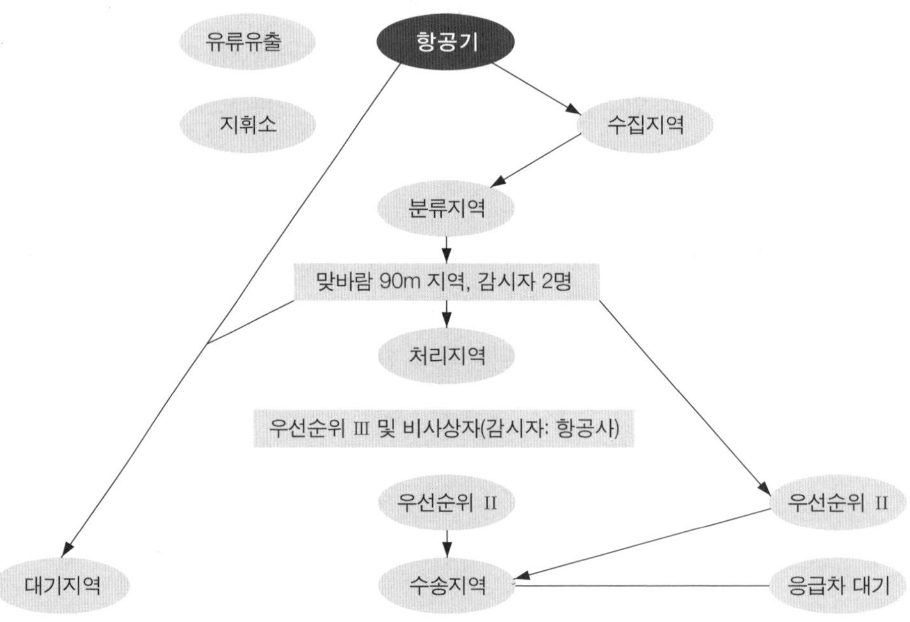

항공기 사고수습을 위한 부상자조치 등을 하는 때에 의료책임자가 도착할 때까지 준의료 활동 종사자는 사상자를 치료 및 후송의 우선순위가 책정되는 선별장소로 옮기는 것을 관장해야 한다. 이상적으로는 비상계획에 따라 지정된 의료조정관은 정신적인 충격에 대하여 수련한 의사가 되는 것이 바람직하다.

사고항공기의 여객은 처음에는 치료 및 후송 우선순위를 책정하는 지역으로 옮겨지는데, 이 지역은 사고현장에서 바람이 불어오는 쪽으로 최소한 100m 이상 떨어져 있어야 하며, 항공기 사고수습을 위한 현장의 배치는 지휘소 · 처리지역 · 대기지역 · 수송지역 등으로 구분되어야 한다.

(2) 지휘 · 통신체제

공항의 항공기 사고현장에서의 통신은 사고현장에 있는 사고수습 지휘통제소를 통하여 이루어진다. 장비가 잘 갖추어진 공항의 지휘통제소는 특히 라디오, 무선전화, 확성기, 높낮이의 조정이 가능한 연단, 그리고 조명용 등화시설이 갖춰진 야전용 트레일러가 될 수 있다. 소방 및 경찰관서와 공항운영자 사이의 통신에는 별다른 문제가 없으나, 통신에 있어서 주된 어려움은 사고수습 지휘통제소와 의료협조부서, 병원, 그리고 구급차 간에서 발생된다.

(3) 관계기관 협조체제

공항에 비상사태가 발생할 때 또는 항공기 사고가 발생한 때에 참여하는 많은 기관과 개인 사이의 협조는 계획수립과 인내심 및 팀워크를 요구한다. 공항 내외를 막론하고 참여하는 개개인은 비상사태가 선포되었을 때 자신의 책임이 무엇인지를 숙지하는 것이 매우 중요하다. 많은 모의재난훈련이 수행되고 있는 샌프란시스코 국제공항은 재난빌딩용으로 지정된 별도의 건물을 갖고 있다. 개조된 항공기 화물용 트레일러는 재난용 공급물자를 수송하는 데 사용되며, 이동용 지휘통제소와 통신용 트레일러의 기능에 맞게끔 되어 있다.

2) 항공기 화재진압과 구조절차

구조 및 화재진압업무의 목적은 항공기사고 때 인명을 구조하는 것이다. 항공기 사고에는 대단히 많은 양의 인화물이 있으므로 화재가 발생할 수 있으며, 항공기 화재의 특성은 발화로부터 짧은 시간 내에 치명적인 수준에 도달한다.

[그림 9-6] **항공기 화재진압**

항공기는 고속으로 운항하기 때문에 항공기 추락사고로부터 효과적인 인명구조는 다음과 같아야 한다.

첫째, 화재진압 및 구조팀은 잘 훈련되어 있고, 구조장비의 사용절차에 익숙해야 한다.

둘째, 구조장비는 구조목적 수행에 효과적이어야 한다.

셋째, 구조팀은 항공기 사고현장에 정해진 시간 내에 출동해야 한다.

사고항공기의 화재진압에 대한 상세한 내용은 복잡하여 설명할 수 없으나, 인명구조의 기술에 대해서 기본적으로 이해해야 할 사항은 다음과 같다.

첫째, 인명구조는 항공기로부터 탈출통로를 확보하는 것이 우선이다. 사고항공기 내의 생존자에 대한 구조행위가 수행될 수 있는 조건을 조성하는 것을 뜻한다. 구조차량을 사고현장에 즉각적으로 투입하는 것이 희생자구조에 가장 필요한 조치이다. 사고항공기가 4분 동안 화재에 노출되면 항공기의 유리는 녹기 시작하고, 1분 이상 더 지속하면 객실기온이 상승하여 생존자가 남아 있지 않게 된다. 화재를 진압하거나 누출연료에 대하여 차단막을 조치하는 데 실패하는 경우에는 많은 생명이 위험에 처하게 된다.

둘째, 인명구조요원의 도움 없이 사고항공기를 탈출할 수 없는 탑승자의 구조는 시간이 소요되므로 이들을 구출하기 위해서는 추가적인 화재에 대한 안전대책이 필요하고, 가능하다면 동체 안으로 환기용 공기를 주입해 주어야 한다.

긴급구조차량은 화재진압과 함께 중요한 지역, 특히 기름으로 젖어 있는 지역에 예방차원의 보호막을 조치하여야 한다. 긴급출동하는 차량은 항공기 출입구와 창문이 개방되었을 때 화재가 동체 안으로 번지는 것을 차단해야 한다.

구조장비가 도착하면 긴급구조차량 운용요원은 다음과 같은 기능을 수행하게 된다.

첫째, 인명구조팀을 구성하여 사고항공기 내로 진입해서 탈출에 도움이 필요한 탑승자를 지원해야 한다.

둘째, 사고항공기 내의 화재를 진압할 장비를 제공해야 한다.

셋째, 사고항공기 동체 내의 조명과 환기를 할 수 있도록 지원한다.

항공기 사고의 피해를 최소화하는 것은 구조 및 화재진압을 담당하는 요원이 얼마나 빨리 대응했느냐에 따라 좌우되므로 평소에 항공기 사고발생 시 구조 및 화재진압에 대한 적절한 훈련과 적합한 계획수립이 중요하다. 구조인력은 사고현장에 도착하면 사고가 재난으로 급속히 전개되는 상황변화에 대처할 능력을 갖추어야 한다.

첫째, 1976년 4월 5일 알래스카항공사의 B-727 항공기가 Ketchikan 국제공항에서 추락하였으나, 이 공항에는 항공기 사고전담구조 및 화재진압인력을 운용하고 있었으나 화재진압기술이나 추락사고에 대비한 장비운영에 관한 훈련을 하지 않았다. 화재진압활동을 지휘하는 데 필요한 훈련과 경험이 없었으며, 그럴 만한 능력을 지닌 사람도 없었기 때문에 사고가 발생한 때에 초기의 화재진압이 거의 이루어지지 못하였다. 시내 소방관서가 현장에 도착하였으나 20분 만에 폼과 물이 동이 나버렸다. 공항은 미국연방항공청의 공항운영 증명계획에 따른 검사를 거의 12개월 동안 받지 않았다.

둘째, 1976년 4월 27일 아메리칸항공사 소속의 B-727 항공기가 Virgin 군도의 St. Thomas 공항에 착륙실패로 이륙하던 중 추락하였다. 화재진압과 구조인력이 즉각적으로 투입되었으나 모든 이용이 가능한 장비를 준비하지 못하였다. 구조 및 화재진압 팀의 지휘자는 항만공단의 당직책임자였기 때문에 전반적인 구조 및 화재진압(CFR)업무를 장악할 능력이 없었다. 그 후에 판명된 사실은 공항에서 외부의 비상지원기관과 연락하는 직접적인 회선은 미국연방항공청도 모르는 사이에 제거되었고, 상업적 회선만이 남아 있었다.

셋째, 1978년 3월 1일 로스앤젤레스 국제공항에서 승객 183명과 14명의 승무원이 탑승한 콘티넨탈항공사의 DC-10 항공기가 이륙실패 후 추락하였을 때, 잘 훈련되고 조직된 인력에 의해 제2차 재난을 회피할 수 있었던 사고와 비교해 보면 대조적이다.

넷째, 1980년 11월 19일 김포국제공항에서 226명이 탑승한 KE015편 항공기가 착륙하는 과정에서 조종사의 착오로 사고가 발생하여 항공기가 전소되었으며, 16명이 사망하고 30명이 부상하였다.

[그림 9-7] **김포국제공항 항공기 착륙실패**

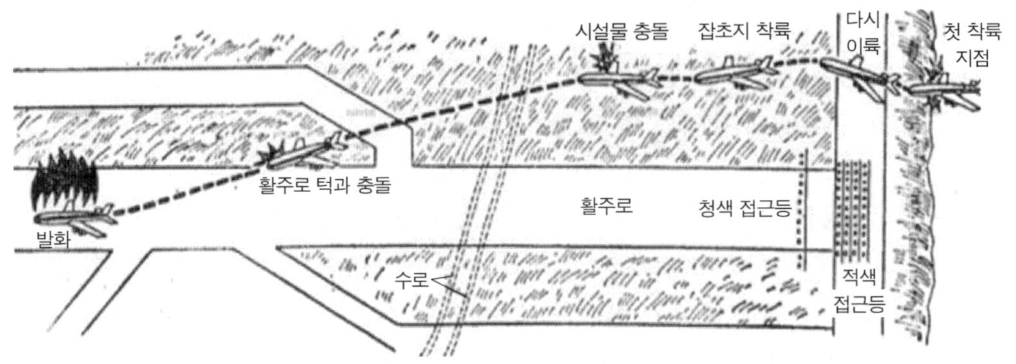

로스앤젤레스공항의 항공기 사고는 날개에 있는 연료탱크가 찢어지면서 발생한 화재를 항공기가 추락한 후 단지 90초 이내에 소방대의 분소에서 출동한 소방인력에 의해 진화되었고, 현장에서 약 4km 떨어진 공항의 주소방대에서 출동한 장비는 4분 만에 도착하였다. 여섯 개의 항공기 출구는 개방되었고, 탑승객의 탈출에 5분이 소요되었다. 첫 번째 폼탑재 소방차가 도착하였을 때 100명 이상의 인원이 아직도 기내에 있었고, 43명이 부상했지만 단지 2명만이 사망하였다. 사망자 2명은 객실승무원의 권고를 무시하고 왼쪽날개 쪽의 출구를 이용하여 화재발생지역으로 뛰어내렸다. 공항의 구조 및 화재진압요원의 신속한 개입은 많은 생명뿐만 아니라 1,000만 달러 이상의 가치가 있는 항공기 내부의 장비와 비품을 구했다.

3) 활주로 표면의 폼 방사

단백질 폼은 항공기 착륙이 안전한 방법으로 수행될 수 있다는 희망하에 수많은 비상착륙이 시행되는 활주로에 사용되었는데, 단백질 폼은 보통 동체착륙이나 앞바퀴가 작동하지 않는 항공기의 착륙에 사용된다.

이론상으로 몇 가지 검사결과에 따르면 폼 사용에 따라 다음의 네 가지 이점이 있다.

첫째, 폼이 형성된 활주로상에 사고항공기가 착륙할 경우 폼을 형성하지 않은 때에 비해 항공기 손상을 줄이고, 항공기 연료누출로 인한 위험을 감소시킨다.

둘째, 폼을 형성하지 않은 동체착륙의 경우에는 활주로와 항공기의 마찰에 의한 화재발생이 높아지나, 폼을 형성하여 활주로 표면이 젖어 있는 경우에는 화재발생을 감소시킨다.

[그림 9-8] **활주로 폼 방사 차량**

셋째, 항공기의 제작에 사용되는 마그네슘합금과 스테인리스, 티타늄이 마찰할 때의 불꽃은 효과적으로 억제할 수 없다는 것이 실험결과 나타났으며, 폼 형성막은 불꽃발생을 억제할 수 있다고 입증되었다.

넷째, 폼 형성막 위의 증기상태는 외부충격에 영향을 받지 않으며, 항공기에서 누출된 연료는 폼 형성막을 통과하여 밑으로 스며들기 때문에 화재지역을 감소시키는 효과가 있다.

활주로에 폼 방사를 하는 때에는 다음과 같은 기준이 충족되어야 한다.

첫째, 조종사는 폼 운영이 어떻게 수행되는지, 그리고 어떠한 대비태세가 지원되는지에 대하여 완전하게 정보를 제공받아야 한다.

둘째, 폼을 제공하는 차량은 요구되는 공항의 최소대비수준을 감소시켜서는 안 된다.

셋째, 사용되는 폼은 필요한 양의 최소수준에 해당하는 양이어야 한다.

넷째, 폼 형성막이 설치되는 위치를 결정할 때에는 동체착륙 항공기의 접지지점은 통상적인 지점보다 활주로 말단에서 멀어진다는 점을 인식하여야 한다.

다섯째, 감소된 시정하에서 조종사는 폼 형성막의 시작점을 가리키는 지점에 대하여 통보를 받아야 한다.

여섯째, 폼 형성막의 깊이는 약 5cm 정도이고, 폼 형성막은 계속 유지되어야 한다.

일곱째, 폼은 10분 정도 숙성을 시켜 배수와 표면을 적실 수 있도록 해야 하고, 폼 형성막을 깐 후에 불필요한 인력과 장비는 비상대기지점으로 철수해야 한다.

4) 기동불능항공기의 제거

국제민간항공협약 부속서 14에서는 공항의 이동지역 내에 또는 공항의 인접지역에 기동불능항공기가 있는 경우에 이를 제거하는 계획을 수립할 것을 요구하고, 그러한 계획을 실행할 조정자를 지정할 것을 권고하고 있다.

항공기의 기동이 불가능한 이유는 타이어 펑크 또는 브레이크 불능과 같은 상대적으로 가벼운 사고로부터 항공기의 불시착이나 항공기의 대형 사고로 인하여 항공기 자체를 해체하거나 항공기의 동체를 제거해야 하는 작업이 따르는 경우가 있다. 최근에는 대형 항공기의 도입에 따라 기동불능항공기의 제거작업은 특별한 장비와 조직을 요구하게 됨에 따라 기술적으로 어렵고, 경비가 많이 소요된다.

항공기가 공항운영에 지장을 초래하는 지역에서 움직일 수 없게 되는 때에 기동불능항공기의 제거가 신속히 이루어져야 하는 것은 공항운영자, 항공관계자와 여객의 관심 사항이다.

기동불능항공기 제거는 대형 항공기의 경우에는 제거작업은 복잡하고, 위험이 잠재해 있으며, 제거작업절차를 이행하면서 항공기에 추가 손상이 발생하지 않도록 주의하여야 한다.

[그림 9-9] **사고 항공기 제거작업**

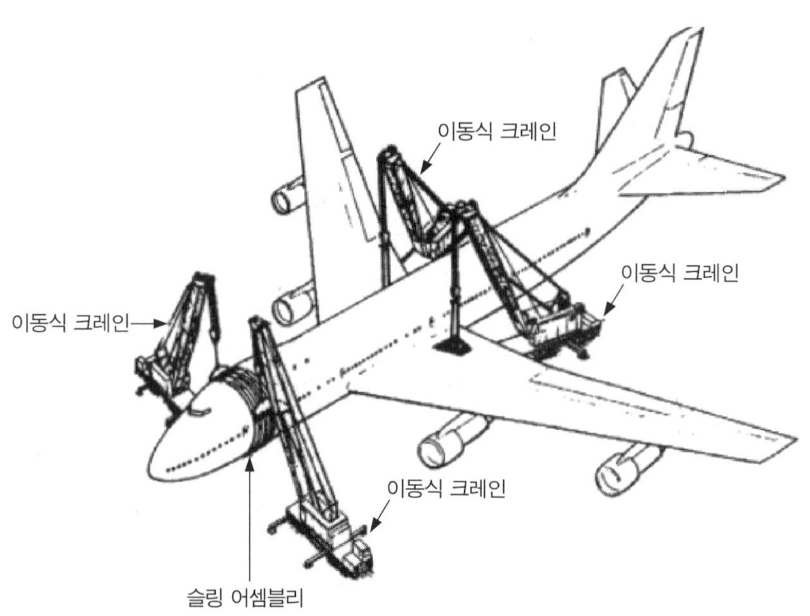

주: 기수 쪽에 크레인 한 대만을 사용한다면 동체 파손을 막기 위해 일종의 스프레더를 사용해야 할 것이다.

기동불능항공기의 제거를 통제하는 책임은 근본적으로 항공기운영자에게 있으나, 소형 항공기는 항공기운영자와의 협정을 통하여 공항운영자가 제거작업을 수행하는 것이 가능하다. 기동불능항공기가 대형인 경우에는 제거작업에 따른 2차적인 손상이 발생하지 않도록 제거작업을 신속하고도 안전하게 수행하는 데 필요한 전문가 또는 경험을 가진 자를 공항운영자는 보유하지 못하고 있으므로 항공기운영자가 제거작업을 수행하게 된다.

기동불능항공기 제거계획의 목적은 항공기 사고가 발생한 현장에서 제거장비와 전문가를 신속하게 동원할 수 있도록 하여 공항이 신속하게 정상적으로 운영될 수 있도록 하는 것이다.

제거계획은 통상적으로 공항에 취항이 예상되는 항공기 형태에 따른 특성에 기초를 두어야 하며, 다음과 같은 사항이 포함되어야 한다.

첫째, 제거장비가 공항에 도착하는데 요구되는 위치・시간과 함께 필요한 장비・인력의 항목별 기재

둘째, 중장비의 이동에 필요한 접근경로와 사고위치・접근출입구 등을 표시하는 공항의 그리드 맵

셋째, 항공기 사고지역에 대한 보안조치와 항공기의 잔여연료 제거조치

넷째, 사고항공기 제거조치에 관한 제작업체 자료와 제거장비 활용을 위한 조치

다섯째, 지원인력과 조사관의 도착을 원활히 하는 조치

기동불능항공기를 제거하기 위해서는 대형의 부양장비와 일반적인 제거장비에 추가하여 압축공기를 이용한 부양 백 및 잭과 같은 특별한 부양장비를 보유하고 있는 회사나 조직과

[그림 9-10] **사고 항공기 부양 에어백**

〈표 9-8〉 **기동불능항공기 처리방법**

상태	처리방법
노스 기어 및 메인 기어 파손	잭, 공기부양 백, 크레인을 이용하여 부양
메인 기어 일부 비포장지역 위치	권양기, 공기부양 백, 크레인을 이용하여 견인
노스 기어와 메인 기어 한쪽 불능	잭, 공기부양 백, 크레인 이용
타이어 또는 바퀴 손상	잭, 부분교체

자료: ICAO.

의 사전협약을 통하여 항공기 사고가 발생하는 때에 지원될 수 있도록 하는 사전조치가 필요하며, 기동불능항공기의 처리방법은 〈표 9-8〉에서 보는 바와 같다.

국제항공운송협회에서는 국제항공사 간의 기술공동협약을 통하여 세계적인 차원에서 기동불능항공기의 처리를 위한 장비를 활용할 수 있게 조치하는 것이 필요하다는 점을 알게 되었다. 부양 키트와 air bag, 대형 유압잭, 견인장비 등으로 구성되는 키트는 팔레트에 보관되어 세계적으로 11군데에 배치되어 있고, 숙련된 인원과 함께 즉각적으로 사고지점에 운송된다.

CHAPTER 10

공항방호 및 경비시스템

제1절 공항의 방호시스템

1. 방호의 개념과 체계

방호란 국가의 중요시설을 적의 공격이나 침범으로부터 방어하여 보호하는 것을 말한다. 방호의 개념에 대하여 국가 중요시설 지정 및 방호 훈령에서는 "방호란 적의 도발과 위협으로부터 인원, 시설과 장비의 피해를 방지하고 제반 기능을 정상적으로 유지할 수 있도록 보호하는 활동을 말한다"라고 정의하였다. 공항시설은 사회간접자본시설로서 국가의 중요시설이기 때문에 국가 차원에서 보호가 필요한 시설이다. 공항의 방호체계는 공항을 중심으로 핵심방어지대, 주방어지대, 경계지대로 구분하여 3단계의 방호체계를 구축하고 있다.

[그림 10-1] **인천국제공항 방호시스템**

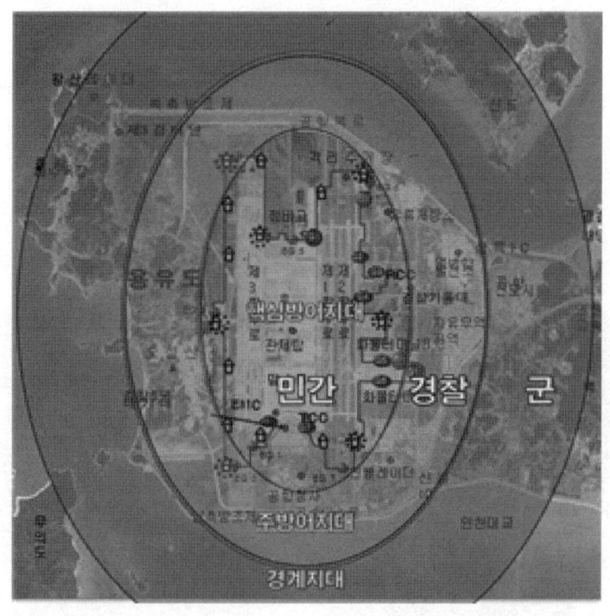

1) 핵심방어지대

핵심방어지대는 공항시설을 보호하기 위하여 공항의 외곽경계를 중심으로 울타리와 담장을 설치하고 경비인력이 배치된 지역으로 제3지대 방어지역이라고 불리는 지역이다. 핵심방어지대에는 공항에 침투하는 적을 최종적으로 방어하기 위한 지역이다.

[그림 10-2] **핵심방어지대 경비시설**

2) 주방어지대

주방어지대는 공항에 침투하는 적의 공격을 방어하기 위하여 공항 울타리 외곽 1~2km 지역에 진지구축, 방어인력 배치, 차량을 이용한 순찰, 주기적인 수색 및 감시활동이 이루어지는 지역으로서 제2지대 방어지역이라고 불리는 지역이다. 주방어지대 방호계획은 농수로,

[그림 10-3] **주방어지대 농수로와 배수로**

배수로, 하수관, 맨홀 등의 방호 취약시설과 키 큰 나무 또는 지형적인 취약점에 대한 대책이 마련되어야 한다.

3) 경계지대

경계지대는 항공기가 이착륙하는데 사용되는 시설과 장비를 방어하기 위한 지역이다. 경계지대 방호계획에는 계기착륙시설, 레이더시설, 전방향무선표지시설 등 활주로 말단으로부터 공항 외곽에 설치된 시설과 장비를 보호하는 계획이 포함되어야 한다. 경계지대는 공항으로부터 8~12km 내에 있는 지역으로서 경비개념으로는 제1지대 방어지역으로 불리고 있다.

경계지대에서의 방호활동을 위해서는 관찰이 가능한 지역에 관측소 설치, '목 검문'이 가능한 지역에 검문소 설치, 불시에 수색 및 정찰, 검문 및 검색이 이루어진다. 경계지대의 방호지휘체계는 방호책임자가 공항 주변의 지형, 공항시설 규모 및 시설여건을 고려하여 방호지휘를 하되, 공항에 상주하는 군, 경찰, 청원경찰, 특수경비원, 직장예비군을 통합하는 통합 방호지휘체계가 이루어지고 있다.

2. 공항의 경비시스템

공항의 경비체계는 항공기 운항에 위험을 초래할 수 있는 가축이나 야생동물이나 허가받지 아니한 사람이 항공기 이동지역으로 들어가는 것을 방지하기 위하여 울타리 또는 담장을 설치하고 있다. 항공기 이동지역에 출입하는 자를 감시 및 통제하기 위하여 출입문의 설치와 경비인력에 의한 출입자 통제시스템을 갖추고 있다. 무단침입자를 감시하기 위하여 울타리에 CCTV, 적외선 감시시설, 장력 감지시설, 진동 감지시설 등의 감시시스템을 설치하고 있다.

1) 외곽 경비시설 설치

공항시설을 보호하고 항공기 이동지역에 무단침입을 방지 및 출입자를 통제하기 위한 1차 경비시설은 공항의 외곽경계선에 설치된 울타리이다.

첫째, 울타리는 담장 또는 철조망 형태로 설치되며, 그 높이는 기본적으로 2.4m 이상이어야 한다.

둘째, 울타리 상단에는 Y자형 가시철조망과 윤형 철조망을 설치하여 무단침입자가 넘어오지 못하도록 해야 한다.

셋째, 울타리에는 주변의 지형 또는 장애물을 고려하여 100~500m마다 유·무선 통신시설과 경보장치를 갖춘 경비초소 또는 망루를 설치해야 한다.

넷째, 울타리 안쪽과 바깥쪽에는 각각 순찰용 도로가 설치되어야 한다.

다섯째, 야간경비를 위한 보안등이 일정한 간격으로 설치되어 있어야 하고, 사람 또는 차량의 출입이 필요한 지역에는 출입통제를 할 수 있는 출입문을 설치해야 한다.

[그림 10-4] **공항 외곽울타리**

2) 경비인력 운용

공항시설을 보호하기 위하여 담장 또는 철조망 울타리와 경비초소 또는 망루를 설치하는 외에 경비인력을 투입하여 공항시설을 보호하고 있다. 공항 경비인력은 청원경찰법에 의한 청원경찰 또는 경비업법에 의한 특수경비원으로 구성되어 있다.

공항 경비에는 다음과 같은 업무를 수행할 수 있는 경비인력이 필요하다.

첫째, 공항 경비는 24시간 운영할 수 있는 인력이 필요하다.

둘째, 울타리 안쪽과 바깥쪽을 순찰할 수 있는 인력이 필요하다.

셋째, 유사시에 출동할 수 있는 인력이 필요하다.

넷째, 통제구역 출입문을 통과하는 사람과 차량을 검색 또는 통제하는 인력이 필요하다.

다섯째, CCTV 카메라, 적외선 감지기, 장력 감지시설, 진동 감지시설 등 침입 감시시설의 모니터를 운영할 수 있는 경비상황실 인력이 필요하다.

3) 침입 감시시설 설치 및 운영

공항시설의 방호시스템은 경비인력에 의한 방호 외에도 CCTV 카메라, 적외선 감지시설, 장력 감지시설, 진동 감지시설 등 경비과학화시설을 설치하여 경비의 효율성을 높이고 있다.

첫째, CCTV 감시카메라는 울타리 인접 외곽지역 및 울타리 상단을 감시할 수 있는 카메라를 설치하여 경비상황실의 모니터에서 실시간으로 감시할 수 있는 시설이다. 감시카메라는 한 방향을 감시하는 장비와 카메라의 방향과 각도를 조정할 수 있거나 줌으로 피사체를 확대하여 볼 수 있는 장비도 있다.

둘째, 적외선 감지시설은 울타리 상단을 통과하는 물체를 적외선 카메라로 탐지하여 경비상황실에 신호를 보내주는 시설이다. 적외선 감지시설은 적외선 방사 지역을 통과하는 물체가 적외선을 차단하는 경우에 신호를 보내주는 시설이다.

셋째, 장력 감지시설은 울타리 안쪽에 울타리와 평행하게 일정한 간격으로 설치된 철선을 침입자가 일정한 범위 이상으로 벌리면 경비상황실에 경보신호를 보내주는 시설이다.

넷째, 진동 감지시설은 울타리 안쪽 바닥에 감지 철선을 설치하여 일정한 중량 이상의 물체가 접촉되면서 진동이 발생하면 경보신호를 보내주는 시설이다.

3. 청사 및 계류장 경비시스템

1) 여객청사 보안

여객청사는 일반지역과 보호구역을 명확히 구분하여 운영하고 있다. Air Side 지역의 계류장과 연결된 통로 부분에서는 명확한 경계선을 설정하여 운영한다.

여객청사의 일반지역은 누구라도 통제를 받지 않고 출입할 수 있는 지역이기 때문에 승객, 환송객 등 많은 사람이 쉽게 접근하거나 모여 있을 수 있는 지역이다. 따라서 테러리스트들이 대량의 살상을 목적으로 범죄를 일으킬 수 있는 지역이나, 직접적인 통제를 할 수 없어 이 지역에 대하여는 다음과 같은 방법으로 경비시스템을 운영하고 있다.

(1) CCTV 감시시스템

여객청사의 중요 지점에 CCTV 카메라를 설치하여 감시하는 시스템이다. 카메라가 설치되는 지역은 체크인카운터, 휴게실, 화장실 입구, 계단이나 이동통로, 탑승구 출입문 등이다. CCTV 감시시스템은 감시카메라의 모니터 영상을 종합상황실에서 감시할 수 있는 시스템으로 구성되어 있다. 감시카메라는 카메라의 방향을 알지 못하도록 검은색의 유리 덮개로 덮어 두는 것이 보통이다. CCTV 모니터를 감시하는 보안요원은 거동이 수상하거나 이상한 행동을 하는 자가 이동하는 방향을 따라 카메라를 조정하여 감시할 수 있도록 해야 한다. 여객청사에 배치된 경비요원이나 순찰요원에게 연락하여 거동수상자를 감시하고 필요한 경우에는 불심검문 등을 할 수 있도록 하는 시스템을 갖추고 있어야 한다.

[그림 10-5] **CCTV 카메라와 순찰팀 운영**

(2) 순찰 및 수색 시스템

여객청사는 많은 사람이 이동하고 운집하는 장소로서 CCTV 감시시스템만으로 거동수상자나 위험물품을 모두 감시할 수 없으므로 경비인력에 의한 순찰과 수색이 이루어진다. 순찰 및 수색은 통상적으로 2인 1조로 편성하여 방치된 가방, 대형 재떨이, 쓰레기통, 화장실 등에 숨겨진 폭발물 등을 수색한다. 수색에는 폭발물탐지를 위하여 폭발물 탐지견을 활용하기도 한다.

여객청사에 대한 보안활동의 방법으로 쓰레기통은 투명한 비닐로 설치하고 청소원이 2시간 간격으로 쓰레기통을 비우도록 하고 있다. 재떨이는 폭발성이 약하도록 견고하지 않은 재질로 된 개방형으로 설치하고 있다.

(3) 안내 및 공지 시스템

여객청사에는 승객이나 승무원, 환송영객, 상주직원 등 많은 사람이 모이는 장소이므로 CCTV 감시카메라나 순찰만으로 완벽한 안전을 보장할 수 없다. 여객청사를 이용하는 일반 다중의 협조가 없으면 사람들 사이에 숨어서 활동하는 테러리스트들의 테러를 막을 수 없을 것이다. 공항을 이용하는 사람은 방치된 가방이나 이상한 물건을 발견한 경우 경찰이나 공항 운영자에게 신고하는 방법과 절차를 알고 있다면 테러리스트들의 행동반경은 좁아지게 될 것이다.

공항을 이용하는 사람들의 보안에 대한 의식을 높이고, 신고의식을 함양하기 위하여 공항 운영자나 항공사에서는 다음과 같은 내용의 안내표지판을 설치 또는 부착하고 안내방송을 하는 경비시스템을 갖추고 있다.

첫째, 본인의 수하물을 장시간 방치하지 마시고, 위험물을 수하물에 넣지 마십시오.

둘째, 모르는 사람으로부터 수하물운송 부탁을 받지 마시고, 모르는 사람의 수하물운송을 부탁받은 때에는 즉시 항공사에 신고하십시오.

셋째, 다른 사람의 물품을 부탁받아 휴대하였을 때에는 탑승수속 또는 입국신고 때에 신고하십시오.

넷째, 위험물이나 마약 등의 운송을 위탁받아 휴대하거나 운송하였을 때에는 공범자로 오해받을 수 있습니다.

2) 화물청사 및 계류장 경비

(1) 화물청사 경비시스템

화물청사는 여객청사보다 사람의 이동은 적으나 차량 출입이 많은 장소이다. 항공사가 운영하는 화물청사의 경우에는 공항운영자나 공항의 경비원이 상대적으로 경비에 소홀히 할 우려가 있는 지역으로서 테러리스트들이 오히려 이러한 취약점을 이용할 가능성이 있는 지역이다.

화물청사에 대한 경비시스템은 화물을 접수하거나 수취하는 지역에 대하여는 여객청사와 마찬가지로 CCTV 감시시스템과 순찰 및 수색을 통하여 감시가 이루어진다. 화물을 분류하거나 포장작업을 하는 지역에 대하여는 작업인력에 대한 신원조사와 보안교육을 강화하여

[그림 10-6] **화물보안검색장비**

보안의식을 높이도록 하고 있다. 작업장에 인가되지 않은 자의 출입을 통제한다. CCTV 카메라를 설치하여 화물을 분류하고 포장하는 작업의 모든 과정을 감시할 수 있는 경비시스템으로 이루어져야 한다.

화물청사는 화물을 항공기에 탑재하거나 항공기로부터 하기한 화물을 화물청사로 이동하기 위한 차량이 Land Side 지역과 Air Side 지역을 수시로 출입하기 때문에 출입구에는 경비인력을 배치하여 출입하는 차량과 사람들에 대한 감시활동이 이루어진다.

(2) 계류장 경비시스템

계류장은 항공기 이동이 많고 항공기 운항을 지원하기 위하여 램프 버스, 급유차량, 하역장비, 화물운반 차량과 장비의 이동이 빈번하여 경비가 특히 요구되는 지역이다.

계류장에 대한 경비시스템은 다음과 같다.

첫째, 출입통제 시스템으로 Land Side 지역에서 사람 · 차량 · 장비 등이 계류장을 출입할 수 있는 출입구를 최소화해야 한다. 출입을 인가받은 자는 지정된 출입구를 이용하여야 한다.

둘째, 항공기에 탑승하려는 승객과 도착한 승객이 서로 교차하지 않도록 출입통로를 달리하거나 교차지역에 경비인력을 배치하여 통제해야 한다.

셋째, 계류장에서 이동하는 차량과 장비는 공항운영자에게 등록하도록 하고, 지정된 통로로만 이동하도록 해야 한다. 계류장 안에서 이동하는 차량과 장비의 운행속도를 제한해야 한다.

넷째, Land Side 지역과 인접한 곳에는 구조물이나 시설물 또는 수목을 이용하여 담장을 넘어 계류장으로 진입하는 것을 방지하도록 철조망 또는 차단시설을 설치해야 한다.

다섯째, 지상조업이 끝난 항공기의 출입문은 반드시 잠금장치를 하고, 탑승교나 스텝 카 등의 시설과 장비를 항공기에서 격리하여야 한다. 항공기 보호를 위하여 야간에는 조명시설과 경비인력을 투입해야 한다.

(3) 중요시설 경비

공항시설은 모두 항공기의 안전운항과 관련되는 중요한 시설로서 국가의 보안목표에 해당하는 시설이다. 공항시설 중 손상되거나 파괴되어 본래의 기능을 유지하지 못하는 때에 항공기 안전운항이나 공항의 기능에 치명적인 영향을 미치는 시설을 공항의 중요시설이라 한다. 중요시설에는 관제탑, 전력변전소와 동력시설, 유무선 통신설비, 계기착륙 시설과 전방향무선표지 시설 및 레이더 시설과 같은 항행안전시설, 유류 탱크 등이 있다.

공항의 중요시설에는 인가받지 아니한 자가 무단출입하는 것을 방지하고, 시설을 보호하기 위하여 철조망 등으로 울타리를 설치하고 있다. 필요한 경우에는 경비인력을 배치하여 출입자 통제와 경비순찰을 해야 한다.

4. 보호구역 경비시스템

1) 보호구역 지정

공항의 보호구역에 대하여 「국가 항공보안계획」에서는 "보호구역이란 공항의 이동지역과 이동지역에 인접한 지형 및 건물 또는 그 일부로서 일반인의 출입이 통제되는 지역을 말한다"고 규정하였다. 공항의 보호구역은 여객청사의 보안검색이 완료된 구역과 활주로·유도로·계류장 등이 설치된 항공기 이동지역을 말한다. 공항의 보호구역은 「항공보안법」에 따라 공항운영자가 지방항공청장의 승인을 받아 10개 이내의 구역으로 구분하여 지정한다.

보호구역을 지정하는 대상은 다음 지역이 포함되어야 한다.

첫째, 여객청사의 보안검색이 완료된 구역이다. 이 구역은 격리대합실 또는 출발대합실이라고 말한다. 보안검색 완료구역에는 CIQ 기관인 세관 검사, 출입국심사 및 검역을 위한 시설이 설치되어 있다.

둘째, Air Side지역이다. 이 지역에는 관제탑과 활주로, 유도로 및 계류장이 설치되어 있다.

셋째, 항행안전시설 설치지역이다. 항공기의 항행을 돕는 항행안전무선시설, 항공등화 및 항공정보통신시설이 설치된 지역을 말한다.

넷째, 화물청사의 보세구역이다. 항공화물의 운송을 위하여 수출입화물의 접수・분류・포장・보관 등의 업무를 수행하는 화물청사 지역을 말한다.

2) 보호구역의 출입허가

공항운영자는 보호구역의 출입구에 출입하는 사람과 차량을 통제할 수 있는 시설을 설치하고 경비요원을 배치해야 한다. 공항시설 보호구역을 출입하려는 사람 또는 차량은 공항운영자의 허가를 받아야 한다.

다음 중 하나에 해당하는 사람은 공항운영자의 허가를 받아 공항시설 보호구역에 출입할 수 있다.

첫째, 공항시설 보호구역에서 상시적으로 업무를 수행하는 사람

둘째, 공항 건설이나 공항시설의 유지・보수 등을 위하여 공항시설 보호구역에서 업무를 수행할 필요가 있는 사람

셋째, 업무수행을 위하여 공항시설 보호구역에 출입이 필요하다고 인정되는 사람

보호구역에 출입하는 사람은 출입증을 달아야 하며, 차량을 운행하여 출입하는 경우에는 차량의 운전석 앞에 차량 출입증을 붙여야 한다. 공항운영자와 화물터미널 운영자는 보호구역에 출입하는 사람 또는 차량에 대하여 기록하고, 이를 작성한 날로부터 1년 이상 보존하여야 한다.

3) 보호구역의 출입제한

공항운영자는 보호구역의 안전을 위하여 보호구역 출입자 및 차량에 대하여 다음과 같은 출입제한을 할 수 있다.

첫째, 공항시설 보호구역에 출입하는 사람과 차량 및 장비는 공항운영자가 지정한 장소 외에 출입하여서는 안 된다. 다만, 사전에 공항운영자의 허가를 받은 때에는 그러하지 아니하다.

둘째, 공항운영자는 공항시설 보호구역을 출입하는 사람 또는 차량 등이 안전에 저해된다고 판단될 때에는 출입을 제한할 수 있다.

셋째, 활주로 등 항공기의 이착륙 및 지상주행을 위해 사용되는 기동지역에 출입하려는 자는 지방항공청장으로부터 허가를 받아야 한다.

넷째, 기동지역 출입허가를 받은 자는 지방항공청장이 인정하는 인솔자와 함께 출입해야 하며, 인솔자는 관제탑과 상시 통신이 가능한 무전기를 휴대해야 한다.

4) 출입지역 구분과 출입증 발급

공항운영자는 보호구역 관리를 위하여 상주직원에 대하여 출입증을 발급하여 출입자를 통제 또는 감시해야 한다. 공항의 보호구역은 통상 10개 이내의 지역으로 나누어 해당 지역에 상시 근무를 하거나 출입이 필요한 자에게 출입증을 발급하고 있다.

보호구역은 항공기 이동지역, 여객청사 출발 CIQ 지역 및 도착 CIQ 지역, 화물청사의 출발화물 및 도착화물 보세구역, 관제탑 지역, 항행안전시설 지역 등으로 구분한다. 출입증은 알파벳이나 숫자 등으로 출입지역을 구분하여 해당 보호구역의 출입인가자를 쉽게 구별할 수 있도록 하였다. 출입증의 색깔을 국가기관, 공항운영자, 항공사, 구내업체 직원 등으로 다르게 함으로써 신분에 대한 식별이 쉽게 하였다.

(1) 출입증 구분

공항의 보호구역은 출입을 허가받은 사람 또는 차량과 장비에 대해서만 출입이 허용된다. 보호구역에 근무하는 상주직원이 자기가 근무하는 업무장소에 출입하기 위해서는 공항운영자로부터 해당 보호구역의 출입증을 발급받아야 한다. 출입증은 공항에 상주하는 직원에게 발급하는 정규출입증과 일시적으로 보호구역을 출입할 필요가 있는 자에게 발급하는 임시

[그림 10-7] **보호구역 출입증**

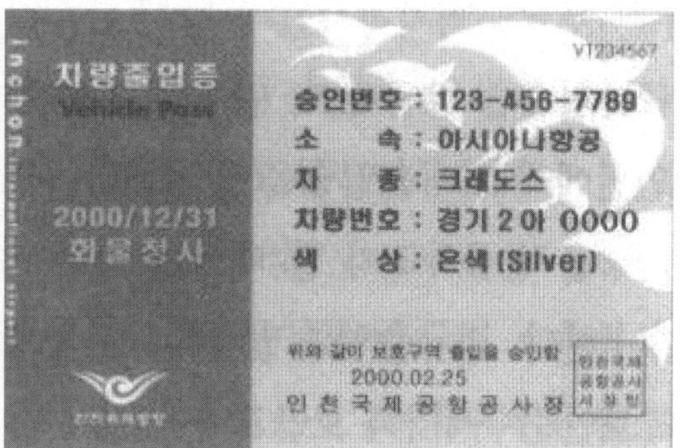

출입증으로 구분된다. 출입증은 출입증에 출입구역을 지정하여 표시된 보호구역에만 출입이 허용된다.

정규출입증은 출입자의 신분에 따라 국가기관, 공항운영자, 항공사, 구내업체 등으로 구분하여 색깔을 달리하여 식별을 쉽게 할 수 있도록 하였다. 정규출입증 앞면에는 출입자의 사진, 유효기간, 출입허가구역을 나타내는 알파벳 또는 아라비아 숫자, 소지자 성명과 소속기관명, 출입증 일련번호가 표시되어 있다. 뒷면에는 소지자의 생년월일, 근무부서, 담당업무, 출입증 소지자 준수사항 등이 표시되어 있다.

임시출입증은 보호구역에 일시적으로 출입할 필요가 있는 자에게 출입할 때마다 발급한다. 임시출입증의 발급은 신원조사를 거칠 수 없는 관계로 해당 보호구역에 근무하는 상주직원의 신원 확인이나 보호구역 출입의 필요성 등을 참작하여 발급한다. 임시출입증을 발급받은 자가 보호구역을 이동하는 때에는 상주직원의 안내를 받아야 한다.

공항의 Air Side 지역을 출입하는 차량과 장비에 대한 출입증은 보호구역 안에서 사용하거나, 출입이 필요한 차량과 장비에 대하여 발급된다. 차량출입증은 식별이 쉽도록 사람에 대한 출입증보다 규격이 크다. 출입증에는 출입지역, 승인번호, 차량소속회사, 차종, 차량등록번호, 차량의 색상, 발급일자, 출입증 유효기간, 출입할 수 있는 출입문 등이 표시되어 있다.

(2) 출입증 발급절차

정규출입증 발급절차는 상주기관 또는 업체의 장이 소속 직원의 담당업무, 보호구역 출입의 필요성을 서면으로 작성하고, 해당 직원의 신원진술서를 첨부하여 공항운영자에게 신청해야 한다. 공항운영자는 신원진술서를 첨부하여 경찰관서에 신원조사를 의뢰해야 한다. 신원조회 결과 문제점이 없는 때에는 담당업무와 출입의 필요성을 심사하여 정규출입증을 발급해야 한다.

정규출입증을 발급할 때에는 발급대상자에 대한 출입증 발급의 필요성 여부를 심사하고, 신원조사를 실시하여 신원조회 결과 문제점이 없는 자에 대하여 출입증을 발급한다. 신원조회 결과 문제점이 있는 자에 대해서는 출입증 발급을 위한 보안심사위원회 심의를 거쳐 발급여부를 결정한다. 세관의 보세구역에 대한 출입증을 발급하고자 하는 때에는 미리 세관장과 협의해야 한다. 정규출입증발급 대상자에 대해서는 보안준수 서약과 보안교육을 거친 후에 출입증을 발급한다.

(3) 출입증 관리

공항의 보호구역을 출입하는 자는 보호구역 내에서는 항상 출입증을 패용하여야 한다. 보호구역에 대하여 출입증을 발급하는 목적은 인가되지 않은 자의 보호구역 출입을 통제하기 위한 것이다. 보호구역을 출입할 때나 보호구역 안에서 출입증을 달도록 하는 것은 해당 보호구역에 대한 출입이 인가되지 않은 자를 확인하려는데 그 목적이 있다.

출입증 소지자는 출입증의 분실이나 도난을 당하지 않도록 주의해야 하고, 출입증을 다른 사람에게 빌려주거나 훼손하여서도 안 된다. 출입증을 분실하였을 때에는 즉시 분실한 날짜와 시간·장소·분실하게 된 경위 등을 발급기관에 보고해야 한다. 출입증이 훼손되어 못쓰게 된 경우에는 발급기관에 반납하여 재발급을 받아야 한다. 출입증을 발급받은 자는 출입이 허가된 보호구역 외의 다른 보호구역을 출입해서는 안 된다.

5) 보호구역 출입통제방법

공항의 보호구역에 대한 출입통제방법은 경비인력에 의한 인적 출입통제, 시설물에 의한 물리적 출입통제, 경비과학화시스템에 의한 출입통제 등으로 구분될 수 있다. 출입통제를 위해서는 보호구역을 다른 지역과 격리할 수 있는 시설이 있어야 하고, 출입문은 출입에 지장이 없는 범위에서 설치를 최소화해야 한다. 출입문에는 출입을 통제할 수 있는 인력을 배치하거나 경비과학화시스템에 의한 장비가 설치되어야 한다.

(1) 인적 출입통제

인적 출입통제 방법은 보호구역 출입문에 경비인력을 배치하여 출입하는 사람, 차량, 장비 등에 대하여 출입인가 확인과 비인가자에 대한 출입을 통제하는 것이다.

첫째, 여객청사의 격리대합실에 대한 출입통제는 격리대합실 입구에서 승객은 항공기 탑승권과 신분증 일치 여부를 확인하고, 승무원은 신분증을 확인해야 하며, 그 외 출입자는 출입증 패용을 확인해야 한다.

둘째, Air Side 지역에 대한 출입통제는 출입초소에서 출입하는 사람, 차량, 장비에 대하여 출입증을 소지 여부를 확인해야 한다. 차량과 장비에 대하여는 운전자의 출입증과 함께 차량 또는 장비의 출입증을 확인해야 한다.

(2) 물리적 출입통제

공항의 보호구역에 대한 물리적 출입통제 방법은 다음과 같다.

첫째, Air Side 지역의 외곽 울타리에는 2.4m 이상의 담장이나 철조망을 설치하여 외부와 차단되도록 하여야 한다. 외곽 울타리에는 CCTV 카메라, 적외선 감지시설, 장력 감지시설, 진동 감지시설 등 경비과학화시설을 설치하고 있다.

둘째, Air Side 지역에서 외부로 통하는 하수로 · 지하배관 · 맨홀 등에는 철망이나 차단시설을 설치해야 한다.

셋째, Land Side 지역에서 Air Side 지역으로 출입할 수 있는 장소에는 출입초소를 설치하고, 경비인력을 배치하여 출입하는 사람 · 차량 · 장비 등에 대하여 의하여 인가되지 않은 자의 출입을 통제하여야 한다. Air Side 출입이 인가된 자도 지정된 출입초소만을 이용하도록 함으로써 Air Side 지역의 보안을 강화하고 있다.

넷째, 여객청사나 화물청사의 보호구역에 대한 출입통제를 위해서는 출입구의 설치, 문형금속탐지장비 및 엑스선 검색장비를 설치하고, 보안검색원의 검색을 받은 자만 출입할 수 있도록 하여야 한다. 그 외에 경비인력이 배치되지 않는 출입통로에는 한 방향으로만 회전하는 철제문과 같은 자동출입통제시설을 설치하고 있다.

(3) 과학시스템 출입통제

공항의 보호구역에 대한 출입통제를 위한 첨단과학 시스템으로는 전자카드 시스템, 손가락 지문인식 시스템, 손바닥 장문 인식시스템, 안구 홍채 인식시스템, 손등 정맥 인식시스템 등이 있다.

첫째, 전자카드 시스템은 보호구역 출입허가를 받은 사람에게 신용카드와 같은 전자카드를 발급하여 출입할 때마다 전자카드 인식기에 접촉하면 출입문이 열리도록 하는 시스템이다. 이 시스템은 출입자가 출입한 날짜와 시간이 자동으로 기록되고, 동반자를 대동하여 출입하는 때에 대비하여 CCTV 카메라를 설치하여 출입자의 수를 확인할 수 있도록 하고 있다.

둘째, 지문인식 시스템은 사람마다 가지고 있는 손가락의 손금을 이용하여 보호구역의 출입을 통제하는 시스템이다. 보호구역 출입이 인가된 자의 지문을 미리 장비에 저장한 후에 보호구역을 출입할 때에 지문인식 장비에 손가락을 접촉하면 지문인식 장비가 자동으로 저장된 지문과 비교하여 출입 인가자로 판명되면 출입문이 열리도록 하는 시스템이다. 이 시스

[그림 10-8] **전자카드 및 지문인식 장비**

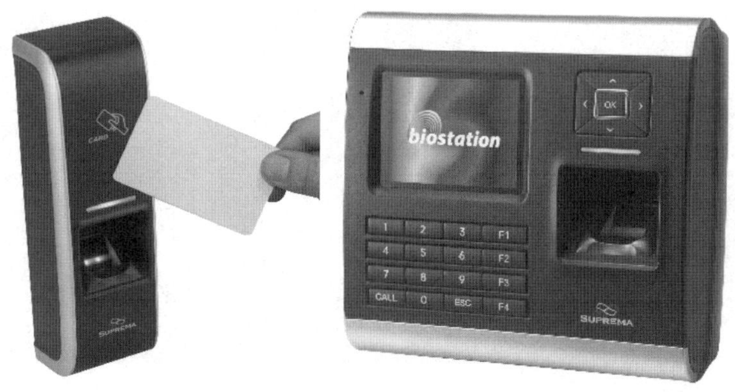

템은 설치비용이 비교적 저렴하여 일반적으로 많이 사용되고 있으나, 지문이 지워지거나 수분이 적은 노인들의 손가락은 인식오류가 발생할 수 있는 단점이 있다.

셋째, 장문인식 시스템은 사람마다 다르게 나타나는 손바닥의 손금을 이용하여 보호구역의 출입자를 통제하는 시스템이다. 보호구역의 출입이 인가된 자의 장문을 미리 장비에 저장한 후에 출입허가를 받은 사람이 보호구역을 출입할 때에 장문 인식기에 손바닥을 접촉하면 장비가 저장된 장문과 비교하여 출입허가를 받은 사람으로 판명되면 출입문이 열리도록 하는 시스템이다. 이 시스템도 지문인식 시스템과 같이 설치비용은 비교적 저렴하나, 다른 생체인식시스템에 비하여 오작동이 자주 발생하는 단점이 있다.

넷째, 안구 홍채인식 시스템은 사람마다 안구 홍채의 실핏줄이 다른 점을 이용하여 보호구역의 출입을 통제하는 시스템이다. 보호구역의 출입이 인가된 자의 홍채를 미리 장비에 저장한 후에 출입허가를 받은 사람이 보호구역을 출입할 때에 검색기에 얼굴을 대하면 홍채인식 장비가 저장된 홍채와 비교하여 출입허가를 받은 사람으로 판명되면 출입문이 열리도록 하는 시스템이다. 이 시스템은 탐지성능이 높아 신뢰성을 갖추고 있으나 설치비용이 비교적 고가이고 홍채를 인식하는 소요시간이 많이 걸리는 단점이 있다.

다섯째, 손등정맥인식 시스템은 사람마다 손등의 정맥 실핏줄이 각각 다른 점을 이용하여 보호구역의 출입을 통제하는 시스템이다. 보호구역 출입이 허가된 자의 손등 정맥을 미리 시스템에 저장한 후에 출입허가를 받은 사람이 보호구역을 출입할 때에 손등을 정맥인식 장비에 접촉하면 장비가 저장된 정맥과 비교하여 출입허가를 받은 사람으로 인식되면 출입문이 열리도록 하는 시스템이다.

[그림 10-9] **장문 · 홍채 · 손등정맥 인식장비**

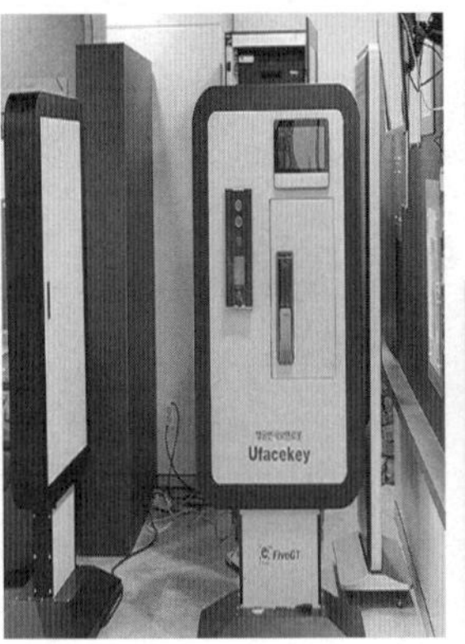

제2절 공항의 경비프로그램

공항의 경비프로그램은 공항의 시설과 장비를 보호하기 위하여 수립하는 기본적인 프로그램이다. 공항시설을 보호하고 경비의 명확한 책임분장과 보호구역을 지정하고 관리하기 위한 것이다.

1. 공항시설의 보호와 경비

1) 공항시설경비

공항시설경비는 불순분자의 침범으로부터 공항시설을 보호하기 위한 대책과 그 이행을 말한다.

공항시설경비는 다음과 같은 목적으로 수행한다.
첫째, 공항시설과 구조물을 보호하기 위한 것이다.
둘째, 공항시설이 지닌 기능이 정상적으로 수행되도록 하기 위한 것이다.
셋째, 공항시설이 지닌 유형 및 무형의 가치를 보호하기 위한 것이다.

공항시설의 경비는 공항시설이 정상적으로 운영될 수 있도록 다음과 같은 내용을 수행하기 위한 것이다.

첫째, 테러 등으로 공항시설의 기능이 마비되거나 연쇄적 혼란을 초래하는 것을 막기 위한 것이다.

둘째, 공항시설이 지닌 경제적이고 정보 및 보안상의 가치가 상실되지 않도록 하는 것이다.

셋째, 공항시설의 기능 마비로 공항에 미치는 영향과 안전사고 위험을 방지하는 것이다.

2) 공항시설의 경비원칙

공항시설의 보호를 위한 경비원칙은 다음과 같다.

첫째, 종심성(縱深性) 원칙이 적용되어야 한다. 종심성 원칙은 공항시설 보안을 위해 설치되는 방어시설이 지휘통솔체계와 같이 종심적으로 작용하여야 한다. 하나의 방어시설이 무너지면 다음의 방어시설로 대체할 수 있어야 한다.

둘째, 유기성(有機性) 원칙이 적용되어야 한다. 유기성 원칙은 공항시설의 보호를 위한 외부침입 방어시설 사이에 유기성을 상실하면 실질적 의미의 시설보안이 상실하게 된다. 예컨대, 높은 울타리를 설치했는데 울타리 주변을 순찰하는 경비인력이 배치되지 않는다면 울타리 기능을 효율적으로 발휘할 수 없다.

셋째, 과신(過信) 금지의 원칙이 적용되어야 한다. 공항시설에 대한 보호대책은 물리적인 것과 정신적인 것이 겸비될 때 효과가 있다. 예컨대 3m의 울타리도 3.1m의 사다리가 있다면 넘을 수 있다. 물리적 보호대책에 자만심을 가지면 시설보안은 실패할 수 있다.

공항의 경비시스템은 항공기 운항에 위험을 초래할 수 있는 야생동물이나 허가받지 아니한 사람이 항공기 이동지역으로 침입하는 것을 방지하기 위하여 다음과 같은 경비시스템을 운영하고 있다.

첫째, 공항시설을 보호하기 위해 외곽지역에 울타리 또는 담장을 설치하고 경비인력을 배치한다.

둘째, 항공기 이동지역에 출입하는 자를 감시 및 통제하기 위하여 출입문을 설치하고 경비인력에 의한 출입자 통제시스템을 갖춘다.

셋째, 무단침입자를 감시하기 위하여 울타리 지역에 외부침입 감시시설을 설치한다.

3) 경비보안 프로그램

경비보안 프로그램은 공항시설 보호에 필요한 국가, 공항운영자, 항공사의 역할과 임무 및 책임에 관한 사항 등에 대하여 다음과 같은 내용이 기술되어야 한다.

(1) 명확한 책임분장과 절차의 표준화

국제공항에는 많은 국가기관과 항공사 및 공항운영자가 각각 맡은 업무를 수행하기 때문에 이들 기관 및 업체들에 대한 업무한계와 책임이 모호한 경우에 보안사고가 발생하면 즉시 적절한 대응을 효과적으로 시행하기 어렵다. 경비보안의 목적을 효율적으로 달성하기 위해서는 관련된 기관과 업체가 각각 담당할 명확한 보안책임에 대한 구분이 있어야 한다. 경비보안과 관련된 사고는 대형사고로 이어질 수 있으므로 관련 기관 및 업체가 평상시와 다른 비상체제로 돌입해야 한다. 경비보안사고에 대응하기 위한 표준화된 절차가 없는 때에는 우왕좌왕하는 사태가 발생할 수 있다. 공항의 경비보안 프로그램에는 보안사고가 발생한 때 즉시 효과적으로 대응할 수 있는 표준화된 대책과 절차가 미리 수립되어야 한다.

(2) 공항의 경비와 출입자 통제

공항은 테러 · 파괴 · 절도 · 무단침입 등의 범죄가 발생할 수 있는 지역이므로 이들 범죄를 방지하기 위한 활동이 필요한 지역이다. 공항의 경비보안 프로그램에는 공항에 무단으로 침입하거나 접근하려는 불순세력을 방지하기 위한 대책을 포함하여야 한다. 경비보안 대책에는 공항의 경계지역에 담장 또는 철조망 설치, 자동경보장치 설치, 경고문 부착, 경비인력 배치 등의 방법이 있다. 무단으로 침입하는 자의 식별이 용하도록 담장의 상단에 CCTV 카메라, 적외선 감시시설, 장력 및 진동 감지시설 등 경비과학화 장비를 설치하고 있다.

출입을 통제할 필요가 있는 지역에는 출입문을 설치하고 경비원을 배치하여 출입자를 통제해야 한다. 보호구역에 출입하는 사람이나 차량에 대하여는 출입증을 발급하고 보호구역을 출입하거나 보호구역 안에서는 항상 출입증을 달아야 한다.

(3) 보호구역의 지정 및 관리

공항은 일반인이 누구나 출입할 수 있는 Land Side의 주차장, 일반 대합실 등의 일반 업무지역과 출입허가를 받지 아니한 사람이나 차량은 출입이 통제되는 지역을 보호구역으로 지정하여 관리하고 있다. 여객청사에는 보안검색이 완료된 사람이 항공기 탑승을 위하여 출입할 수 있는 출국심사장, 세관 검사장 등 격리대합실과 도착대합실 등이 보호구역으로 지정되었다. 그 외에도 관제탑 등 항공관제시설, 항행안전시설이 설치된 지역, 화물청사의 보세창고, 화물을 분류·포장하는 장소 등을 보호구역으로 지정해야 한다.

보안검색을 받은 후 보호구역에 들어간 자가 보호구역을 벗어난 때에는 다시 보안검색을 받아야 보호구역으로 들어갈 수 있도록 해야 한다. 승객이 아닌 자는 허가를 받아 보호구역을 출입하도록 해야 하며, 이 경우 반드시 출입증을 패용하도록 해야 한다. 통과여객이나 환승승객이 보호구역을 벗어난 후에 다시 항공기에 탑승하는 때에는 반드시 승객과 휴대물품에 대한 보안검색을 실시해야 한다.

계류장은 넓은 면적에 항공기가 밀집되어 주기하고, 항공기 운항지원을 위하여 수많은 차량과 장비 및 인원이 출입하기 때문에 보안통제가 이루어져야 한다. 계류장은 여객청사나 화물청사와 연결되어 있으므로 보안통제가 이루어지지 않는다면 경비보안이 의미를 상실할 수 있다. 계류장에는 인가된 사람과 차량 및 장비만 출입을 허용하여야 하고, 출입할 때에는 반드시 출입증을 제시하도록 해야 한다. 출입통제를 위해서는 계류장에 출입문을 설치하고 보안요원을 배치하여 출입을 통제해야 한다. 주기 항공기의 보호를 위하여 항공사에서는 야간에 경비원 배치 및 순찰 등을 해야 한다.

2. 공항의 경비인력

공항시설 보호 및 경비를 위한 인력은 청원경찰과 특수경비원이 담당한다. 청원경찰은 「청원경찰법」에 따라 채용된 경비인력이고, 특수경비원은 「경비업법」에 따라 채용된 경비인력이다. 공항의 경비인력이 이처럼 2중 체제로 운영되는 것은 공항경비를 청원경찰이 담당하였으나, 특수경비원으로 전환하는 과정에서 불가피하게 발생한 현상이다. 앞으로는 공항의 경비를 특수경비원이 담당하게 된다.

1) 청원경찰

「청원경찰법」에서 정하고 이는 청원경찰이란 다음 중 하나에 해당하는 기관장 또는 시설이나 사업장 경영자가 비용을 부담할 것을 조건으로 경찰배치를 신청하는 경우 그 기관, 시설, 사업장의 경비를 담당하기 위하여 배치하는 경찰을 말한다.

첫째, 국가기관 또는 공공단체와 그 관리하에 있는 중요시설 또는 사업장

둘째, 국내 주재 외국기관

셋째, 다음에 정하는 중요시설, 사업장 또는 장소

① 선박, 항공기 등 수용시설

② 금융업, 보험업 시설 또는 사업장

③ 언론, 통신, 방송, 인쇄업 시설 또는 사업장

④ 학교 등 육영시설과 의료기관 등

청원경찰은 직무수행에 있어 「경찰관직무집행법」에서 정하고 있는 경찰관의 직무에 관한 규정을 준용하여야 한다. 청원경찰은 근무지역 내에서는 경찰에 준하는 직무권한이 부여되어 있으므로 다음과 같은 직무를 수행해야 한다.

(1) 범죄의 예방과 진압업무

청원경찰이 근무지역 내에서 범죄의 예방 및 진압업무를 수행하는 것은 청원경찰을 배치하는 가장 큰 목적 중의 하나이다. 청원경찰은 자신의 근무지 내에서 범죄예방을 위하여 거동수상자를 정지시켜 불심검문이나 범죄의심자의 연행 또는 심문할 수 있다. 다만, 청원경찰에게는 직접적인 사법권이 부여된 것이 아니고 경찰관 도착 때까지 경찰관직무를 대행하는 것이며 경찰관이 도착하면 경찰에게 범인을 인도하고 조사내용을 이관해야 한다.

(2) 위급환자의 호송과 보호

청원경찰은 자기가 근무하는 공원, 놀이시설, 동물원, 박물관, 이벤트 행사장과 같은 많은 대중이 모이는 시설에서 임산부나 심장질환자, 그 밖에 신속한 치료를 원하는 환자가 발생하게 되면 이를 신고하거나 본인이 직접 수송수단을 이용하여 이송해주는 역할을 한다. 따라서 청원경찰은 사전에 응급환자 발생에 대한 응급처치요령과 대응방법, 간단한 치료가 이루어질 수 있도록 교육을 받아야 한다.

(3) 요인경호 및 위험발생 예방

청원경찰의 직무는 시설에 대한 경비와 관할구역 내에 있는 요인경호업무가 포함되므로 주변 상황 등을 고려하여 이들 업무를 수행해야 한다. 청원경찰은 가스시설의 경우에는 가스

폭발위험, 공장의 경우에는 안전사고, 금융시설의 경우에는 현금도난 등의 위험을 사전에 발견하여 이를 예방하는 조치를 해야 한다.

2) 특수경비원

특수경비원에 대하여 「경비업법」에서 정하고 있는 특수경비원이란 공항(항공기를 포함한다), 항만, 원자력발전소 등의 국가 중요시설에서 경비업무를 수행하는 사람을 말한다.

(1) 직무

특수경비원은 경비구역 안에서 경찰서장, 공항경찰대장 등 국가중요시설의 경비책임자와 국가중요시설 시설주의 감독을 받아 다음의 직무를 수행해야 한다.

첫째, 공항시설을 경비하고 도난·화재 그 밖의 위험 발생을 방지하는 업무를 수행해야 한다.

둘째, 경비업무수행 중에 국가중요시설의 정상적인 운영을 해치는 장해를 일으켜서는 안 된다.

셋째, 특수경비원은 정당한 사유 없이 무기를 소지하고 배치된 경비구역을 벗어나서는 안 된다.

넷째, 특수경비원은 국가중요시설의 경비를 위하여 무기를 사용하지 아니하고는 다른 수단이 없다고 인정되는 때에는 필요한 한도 안에서 무기를 사용할 수 있다.

(2) 신체조건 및 결격사유

특수경비원의 신체조건은 팔과 다리가 완전하고 두 눈의 맨눈시력이 0.2 이상, 교정시력이 0.8 이상이어야 한다.

특수경비원이 될 수 없는 결격사유는 다음과 같다.

첫째, 18세 미만이거나 60세 이상인 사람 또는 피성년 후견인(질병·장애·노령 등의 사유로 인한 정신적 제약으로 사무처리능력이 결여된 사람에 대하여 가정법원으로부터 성년후견개시 심판을 받은 자를 말한다)

둘째, 파산선고를 받고 복권되지 아니한 자

셋째, 금고 이상의 실형 선고를 받고 그 집행이 종료되거나 집행이 면제된 날부터 5년이

지나지 아니한 자

넷째, 금고 이상의 형의 집행유예선고를 받고 유예기간 중인 자

다섯째, 「형법」, 「폭력행위 등 처벌에 관한 법률」, 「성폭력범죄의 처벌 등에 관한 특례법」, 「아동·청소년의 성보호에 관한 법률」에서 정하고 있는 하나의 죄를 범하여 벌금형을 선고받은 날부터 10년이 지나지 아니하거나, 금고 이상의 형을 선고받고 그 집행이 종료된 날 또는 집행이 유예·면제된 날부터 10년이 지나지 아니한 자

제3절 공항의 침입감시시설

1. 침입 감시시스템

1) 침입 감시시스템의 종류

일반적으로 사용하는 외부침입 감시시스템은 경비과학화시설을 이용하여 보호시설에 대한 외부침입을 원격으로 감시하는 경비시스템이다.

외부침입 감시시스템은 독립형, 펜스형, 매립형의 3가지 종류가 있다.

첫째, 독립형 외부침입 감시시스템은 마이크로웨이브, 열선 감지센서, 정전기 감지센서 및 적외선 감지센서 등이 있다.

[그림 10-10] 외부침입 감시시스템의 종류

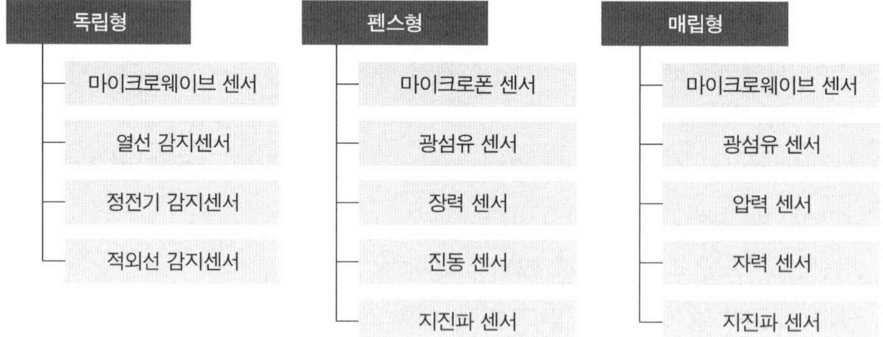

둘째, 펜스형 외부침입 감시시스템은 마이크로폰 센서, 광섬유 센서, 장력 센서, 진동 센서, 지진파 센서 등이 있다.

셋째, 매립형 외부침입 감시시스템은 마이크로웨이브, 광섬유 센서, 압력 센서, 자력 센서, 지진파 센서 등이 있다.

2) 침입 감시시스템의 원리

외부침입 감시시스템의 작동 및 감시시스템과 감지된 정보를 전달하는 시스템의 원리 중에서 많이 사용되는 형태에 대하여 설명하면 다음과 같다.

(1) 마이크로웨이브 센서

마이크로웨이브 센서 시스템은 무선주파수(RF) 기술을 이용한 '도플러 레이더 이론'을 기반으로 개발되었다. 10GHz 대역의 초고주파를 이용하여 물체의 움직임을 감지하여 보내는 송신부와 받아주는 수신부가 하나로 되어 있는 일체형과 송신부와 수신부를 서로 마주 보게 설치하는 분리형으로 구분된다.

첫째, 일체형의 경우에는 마이크로웨이브를 송신부에서 발사해주면 수신부에서는 마이크로웨이브가 물체로부터 반사된 전자파를 수신하는 시스템이다. 침입자가 마이크로웨이브가 발사되는 영역으로 침범하면 마이크로웨이브의 특성이 변화하는 것을 감지하는 시스템이다.

둘째, 분리형의 경우에는 송신부에서 마이크로웨이브 신호를 수신부로 보내주는 사이로 침입자가 통과하면 수신부에서 수신된 신호가 변하게 되는 원리를 이용하여 침입자를 감지하는 시스템이다.

마이크로웨이브 센서는 주변의 온도변화에 영향이 없고, 장비의 오작동이 비교적 적으며, 감지할 수 있는 거리가 다른 시스템에 비하여 긴 것이 장점이다.

(2) 일반적으로 사용되는 감지센서

외부침입 감시시스템 중에서 마이크로웨이브 센서 시스템을 제외한 일반적으로 많이 사용되는 감지 센서는 열선 감지 센서, 정전기 감지 센서, 적외선 감지 센서, 광섬유 감지 센서, 장력 감지 센서, 진동 감지 센서, 지진파 감지 센서, 압력 감지 센서 등이 있다.

첫째, 열선 감지 센서는 인체의 적외선을 광적외선 소자에서 감지하여 침입 여부를 판단하는 감시장비이다. 열을 방출하는 동물, 직사광선, 바람을 받을 때 오작동할 수 있다.

둘째, 정전기 감지 센서는 울타리에 정전기를 감지하는 강철선(wire)을 설치하여 침입자가 강철선을 만지거나 가까이 접근하면 강철선의 정전기에 미세한 변화가 발생하는 것을 감지하는 시스템이다.

셋째, 적외선 감지 센서는 감지 영역 내에 침입자가 진입하면 침입자로부터 방출되는 원적외선을 감지하여 침입자를 감시하는 시스템이다. 이 시스템은 신호를 받아들이는 수신부만 있고 송신부는 없어 수동형 센서라고도 한다.

넷째, 광섬유 감지 센서는 울타리에 부착하여 침입자가 펜스를 올라타게 되면 이로 인해 발생하는 미세한 진동 패턴을 감지하여 침입자를 인식하는 센서이다.

다섯째, 장력 감지 센서는 울타리에 수평으로 설치된 철선을 침입자가 벌리거나 절단할 때 발생하는 장력의 변화를 감지하는 센서이다.

여섯째, 진동 감지 센서는 침입자가 울타리를 흔들거나 울타리를 타고 올라갈 때 또는 울타리를 절단할 때 발생하는 진동을 감지하는 센서이다.

일곱째, 지진파 감지 센서는 울타리 안쪽에 매설하여 설치하며, 울타리 앞을 지날 때 발생하는 발자국의 진동을 감지하는 센서이다.

여덟째, 압력 감지 센서는 기계적 압력이나 유체의 압력을 측정하는 센서를 말한다. 작동원리에 따라 기계식 · 전자식 · 반도체식으로 구별한다. 터치스크린이 화면에서 손가락이나 터치 펜의 위치를 식별하는 장치로 정보를 입력하는 장치의 한 형태로 볼 수 있다.

2. 침입 감시시설

공항시설의 보호와 공항시설 경비의 효율성을 높이기 위하여 공항의 외곽울타리에 설치되는 외부침입을 감시하는 경비시설로는 CCTV 감시시설, 적외선 감시시설, 장력 변화 감시시설, 진동 감시시설 등이 있다.

1) CCTV 감시시설

CCTV(Closed Circuit Television)는 폐쇄회로 텔레비전이라는 뜻이다. 텔레비전 시스템은 폐쇄회로 시스템과 회로 시스템의 2가지로 분류된다. 우리가 일상생활에서 시청하는 유선

[그림 10-11] **울타리 CCTV 감시카메라**

또는 무선 텔레비전을 회로 시스템이라 하고, 이에 대비하여 특정한 화면의 영상정보를 특정인에게 전송하는 텔레비전을 폐쇄회로 시스템(CCTV)이라 한다. CCTV 시스템은 일정한 공간에 설치된 카메라로 수집한 영상정보를 폐쇄적인 유선 또는 무선 전송 회로를 통하여 전송함으로써 특정인만이 영상을 수신할 수 있는 통신장비 일체를 말한다. CCTV 감시시설은 방범, 감시, 화재예방 등 안전을 위해 설치한다.

(1) CCTV 감시시설의 구조 및 카메라

CCTV 감시시설은 영상을 촬영할 수 있는 카메라와 카메라용 전원 어댑터, 영상을 송수신할 수 있는 시청각 AV(Audio Visual) 케이블과 영상을 보여주고 녹화할 수 있는 DVR(Digital Video Recorder)과 DVR 전원 어댑터 등으로 구성된다.

CCTV 감시시설에 사용하는 카메라는 PTZ 카메라, 돔형 카메라, 박스형 카메라, Bullet 카메라, 파노라마 카메라 등이 사용된다.

첫째, PTZ 카메라는 Pan(파노라마 촬영), Tilt(카메라를 상하로 움직이는 촬영), Zoom(영상의 확대 또는 축소) 등 카메라의 동작 옵션기능이 장착된 카메라를 일컫는 것이다. 카메라의 방향조절, 화면의 확대 및 축소를 원격으로 제어할 수 있다. PTZ 카메라는 방범, 화상회의, 강의 녹화 등에 주로 사용되는 카메라이다.

둘째, 돔형 카메라는 주로 실내 또는 승강기 내부에 설치하는 카메라로서 특정한 장소를 촬영하기 위한 카메라이며 비교적 가격이 저렴하다.

셋째, 박스형 카메라는 특정한 기능을 제공할 수 있는 카메라로서 방수기능이 없어서 주로 실내 주차장 등에 설치하며 열 영상을 감지하거나 매우 밝은 곳 또는 매우 어두운 곳을 촬영하기 위한 기능을 부착하여 사용할 수 있다.

넷째, Bullet 카메라는 박스형 카메라와 비슷한 형태로서 방수·방진 설계로 제작되어 주로 실외에 설치가 가능한 카메라이다.

다섯째, 파노라마(panorama) 카메라는 전후·좌우·고저로 자유자재로 움직여 다양한 영상을 포착할 수 있는 카메라이다. 일반 카메라로는 촬영하기 힘든 조감화면과 망원렌즈를 이용한 클로즈업 화면 촬영이 가능하다. 화면의 연속적인 변화를 마이크로컴퓨터를 이용하여 원격으로 조작할 수 있는 것이 특징이다.

(2) AV 케이블과 DVR 화질

CCTV의 영상을 송·수신하는 시청각(AV: Audio Visual) 케이블을 말한다. CCTV 영상을 무선으로 송·수신하는 경우에는 「전파관리법」에 따라 전파송출에 관한 규제를 받기 때문에 케이블로 영상을 송·수신한다. 영상을 송·수신하는 케이블은 과거에는 동 케이블을 사용했으나, 최근에는 고화질의 광파이버 케이블로 대체되어 가고 있다. 그리고 영상을 전송하는 방식도 아날로그 방식에서 디지털 전송방식으로 전환되고 있다.

DVR(Digital Video Recorder)은 영상신호를 디지털 신호로 변환하여 하드디스크에 저장하는 방식을 말한다. DVR은 CCTV 시스템의 핵심장비로서 카메라로부터 전송된 영상을 분석, 코드화 및 저장하여 실시간으로 영상을 송출해주며 촬영된 영상을 다시 볼 수 있도록 해주는 장비이다.

CCTV의 화질은 판독 가능한 수준으로 유지하는 것이 보통이다. 화질이 너무 좋으면 영상을 보관하는 자원이 많이 소요되기 때문에 과거에는 판독할 수 있는 수준의 화질로 유지해왔다. 그러나 2000년대 이후에는 고화질(HD: Hi Definition) 유지는 물론 확대, 안면인식, 동작인식 기능까지 갖춘 최첨단 CCTV까지 보급되고 있다.

(3) 공항의 CCTV 감시시설

공항의 CCTV 감시시설은 울타리 인접 외곽지역 및 울타리 상단을 감시할 수 있는 카메라를 설치하여 경비상황실의 모니터에서 실시간으로 감시할 수 있는 외부침입 감시시설이다. 감시카메라는 한 방향을 감시하는 장비와 카메라의 방향과 각도를 조정할 수 있거나 줌으로 피사체를 확대하여 볼 수 있는 장비도 있다. 공항에 설치되는 CCTV 감시시설은 외곽울타리 상단에 카메라를 설치하고, 영상을 경비상황실로 송신하는 시스템이다.

CCTV 감시시설의 장점은 다음과 같다.

첫째, 외곽울타리를 중단 없이 상시 감시할 수 있는 시스템을 갖추게 된다.

둘째, 외곽울타리의 경비인력을 감소시킬 수 있다.

셋째, 경비상황실에서 감시상황을 직접 확인하고 비상출동 팀을 출동시킬 수 있다.

넷째, 감시상황에 대한 의사전달의 시간과 오류를 줄일 수 있다.

2) 적외선 감시시설

(1) 적외선 감시시설의 원리

적외선 감시시설은 울타리 또는 울타리 상단을 통과하는 물체를 적외선 카메라로 탐지하여 경비상황실에 경보신호를 보내주는 외부침입 감시시설이다. 적외선 감시시설은 적외선을 방사하는 구역을 통과하는 물체가 적외선을 차단하는 경우에 경보신호를 보내주는 시설이다. 적외선 감시시설은 침입물체를 탐지하는 방법에 따라 전자파 차단 감시방식과 원적외선 감시방식으로 구분된다.

첫째, 전자파 차단 감시방식은 감시가 필요한 구역에 한쪽에서 적외선 전자파를 송신하고 다른 쪽에서 수신하도록 설치하여 침입자가 두 지점 사이의 적외선 전자파를 차단할 때 수신되는 정보를 이용하여 침입자를 감시하여 경비상황실에 경고음이나 경광등으로 신호를 보내주는 경비 시스템이다. 적외선 감시시설은 일직선으로 된 구간에만 탐지할 수 있다.

[그림 10-12] **적외선 감시시설의 원리**

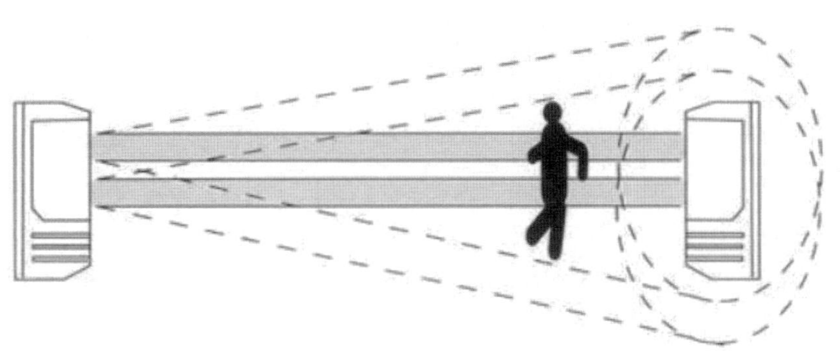

둘째, 원적외선 감시방식은 접근물체가 방출하는 열에너지가 원적외선의 파장을 바꾸는 원리를 카메라가 감지하여 이미지화하는 원리이다. 감지 성능은 양호한 날씨에서는 200m 거리의 구역 안에서 정상적인 보행을 하는 사람을 감지할 수 있는 성능이 있다.

(2) 전자파 차단 적외선 센서

전자파 차단 적외선 센서는 근적외선 센서와 마이크로파 레이더 센서로 구분된다.

첫째, 근적외선은 가시광선에 가까워 투명체에만 투과성을 지니고 있다. 따라서 불투명체는 투과할 수 없어 사람 외에도 낙엽, 눈, 안개 및 빛의 산란 등으로 인하여 오경보가 발생할 수 있다.

둘째, 마이크로파 레이더 센서는 24.125GHz 주파수를 사용하여 파장이 길고 전자파로 사람이나 금속 등 투과성이 없는 물체는 완전하게 차단되나 낙엽·눈·안개 등에 의해서는 차단되지 않고 투과하기 때문에 오경보가 발생하지 않는다.

최근 생산되는 적외선 시스템은 레이더 센서 모듈을 이용한 제어, 작은 동물 회피 기능, 눈·비·안개·폭풍 등 자연환경 면역기능, 신호를 탐지할 수 있는 거리와 무관하게 일정한 송신기능, 센서의 훼손이나 통신·전원 장애를 자동으로 관리하는 기능이 추가된 장비가 개발되고 있다.

(3) 적외선 감시시설의 취약점

적외선 감시시설은 설치가 간편하고 설치비용이 저렴하다는 장점이 있으나 다음과 같은 취약점이 있다.

첫째, 적외선 차단 센서를 이용하는 방식은 낙엽·새·동물에 의한 오작동과 안개·악천후 등 일기가 불순할 때에는 오작동이 발생할 수 있다.

둘째, 원적외선 감시방식은 침입자가 느린 속도, 낮은 포복 등으로 접근할 경우와 악천후 및 고온의 기온에서는 감시기능이 떨어진다.

셋째, 적외선 감시장비는 바람·안개·눈·비·낙뢰·정전기 등에 의한 오경보 및 오작동이 발생할 수 있다.

공항에 설치되는 적외선 감시시설은 침입물체가 적외선을 송신하는 장소와 수신하는 장소 사이를 통과할 때 적외선 차단 센서가 작동하여 경비상황실로 경보 신호를 송신하는 시스템이다. 설치장소는 주로 울타리 상단에 설치하고 있다.

3) 장력변화 감지시설

장력변화 감지시설은 울타리 안쪽에 일정한 간격으로 평행하게 설치된 철선의 중간에 장력변화 센서를 부착하여 침입자에 의하여 팽팽한 철선을 당기거나 미는 힘이 작용하면 장력변화감지 센서가 반응하여 침입자를 감지하여 경비상황실에 경보신호를 보내주는 외부침입감시 경비시설이다.

장력변화 감지시설은 평지나 직선구간에만 설치가 가능한 시설로서 산악지형이나 일교차가 큰 지역에서는 사용하기에 적합하지 않다. 산악지형은 설치비가 많이 소요되고, 시공이 까다로우며, 일교차가 큰 지역은 온도변화에 따라 오경보가 발생할 수 있다. 장력변화 감시시설은 팽팽한 철선을 잡아당기거나 벌리면 전기저항이 변화하는 것을 감지하여 침입사실을 전달하는 방식이다.

장력변화 감지시설은 이스라엘 Yael 시스템과 영국의 Sabre Tape 시스템이 있다. 장력변화 감지 시스템의 성능은 다음과 같다.

첫째, 탐지성능은 평지에서는 감지 철선을 벌리거나 절단하여 침입할 때 경보신호를 보내며, 200~300m의 거리를 감지할 수 있다.

둘째, 장력변화 감지시설의 취약점은 검출기 철선의 좌우를 균형으로 절단할 때 또는 검출기 철선의 하단으로 침투하는 경우에는 경보신호가 발생하지 않을 수 있다.

셋째, 장력변화 감지시설은 바람, 비, 기온의 급격한 변화, 낙뢰, 정전기 등에 의하여 오경보 또는 오작동이 발생할 수 있다.

공항의 외곽경비를 위하여 설치되는 장력변화 감지시설은 울타리 안쪽에 설치하여 침입자가 평행으로 설치된 철선을 절단 또는 벌리거나 누르면 감지 센서가 작동하여 경보신호를 경비상황실로 송신하는 시스템이다.

4) 진동 감지시설

진동 감지시설의 원리는 울타리를 넘어오거나 밑으로 기어서 들어올 때 발생하는 진동을 탐지하거나 울타리를 넘을 때 또는 울타리를 절단할 때에 발생하는 진동을 감지하여 무단침

[그림 10-13] **장력변화 및 진동감지시설**

입자를 탐지하는 시설이다. 감지방식은 광케이블의 진동 센서를 이용하여 침입자에 의한 진동이나 충격을 감지하는 시설이다. 진동 감지시설은 침입자에 의한 진동이나 충격을 감지하여 경비상황실에 경보 신호를 보내주면, 경비상황실에서는 이 경보신호를 받아 5분대기조의 경비인력이 출동하여 확인한다. 진동 감지시스템은 자기유도방식과 광망센서 방식으로 구분된다.

(1) 자기유도방식 진동 감지시스템

자기유도방식 진동 감지시스템은 침입자에 의해 외곽울타리에 가해지는 진동이 전류 또는 주파수가 변화되는 데이터를 감지하고 알람경보신호를 경비상황실에 전송하여 원격으로 제어가 가능한 시스템이다.

자기유도방식 진동 감지시스템은 다음과 같은 특징이 있다.

첫째, 월담 · 진동 · 절단 · 합선 등에 따라 발생하는 주파수 파형을 원격으로 제어하는 방식으로 경비상황실에서 감시 센서의 감도 및 제어를 일괄 통제할 수 있다.

둘째, 기상변화 때 원격으로 자동 감도조절이 가능하여 감시 및 통제가 편리하고 오작동이 비교적 적다.

셋째, 설치비용이 비교적 저렴하고 유지보수 비용도 적게 들며, CCTV 감시시스템과 연동하여 자동추적이 가능하다.

(2) 광망센서 진동 감지시스템

광망센서 진동 감지시스템은 광센서 케이블로 망을 구성하여 기존의 담장에 부가적으로 설치하여 침입자에 의해 광센서 망에 가해지는 충격, 절단, 진동 등에 의하여 광센서 망에 흐르는 광신호가 변화되는 것을 이용해 감지하는 방식이다.

광망센서 진동 감지시스템은 다음과 같은 특징이 있다.

첫째, 온도 · 기후 등의 변화에도 진동 감지가 가능하며, 산악지형 등 설치장소에 제약조건이 없다.

둘째, 감지방식은 광센서에 가해지는 충격 · 절단 · 절곡 등에 의한 광센서 망에 흐르는 광신호의 변화를 감지하여 경비상황실에 신호를 보내준다.

셋째, 광망센서 방식은 전자기파 간섭을 받지 않으며, 감지성능이 양호하고 오경보율은 낮다.

5) 통합형 경비 시스템

공항의 외곽경비 시스템은 앞에서 설명한 외부침입 감시시스템을 통합하여 경비상황실에서 통제할 수 있도록 설치되어 있다. 울타리 상단에는 CCTV 감시카메라와 적외선 감시카메

[그림 10-14] **통합형 울타리 경비시스템**

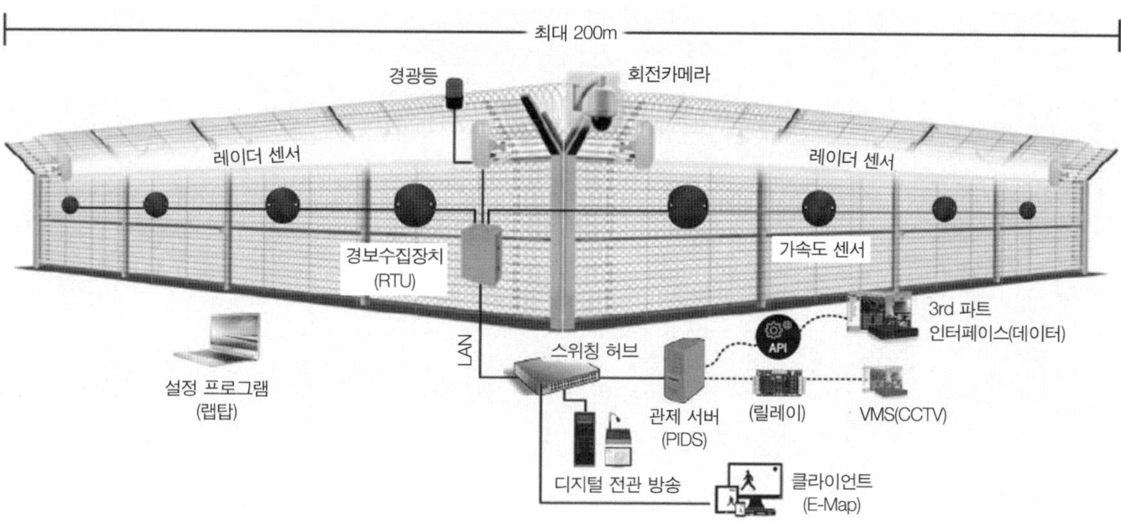

라가 설치되어 있고, 울타리 중간에는 장력 변화 감시시스템이 설치되어 있으며, 울타리 하단이나 바닥에는 진동 감지시설이 설치되어 있다.

이들 외곽경비 시스템은 경보정보를 경비상황실로 전송하면 경비상황실에서는 대기하고 있던 출동팀을 출동시켜 침입자에 대응하는 시스템으로 운영된다. 이와 같은 통합형 울타리 경비시스템의 설치로 경비인력 소요는 대폭 줄이면서 경비의 효율성을 높이도록 하고 있다.

CHAPTER 11

공항사용료 관리

제1절 공항사용료의 역할과 영향

1. 공항사용료의 개념 및 부과원칙

공항사용료는 항공기·여객 등 공항이용자가 공항시설을 이용하거나 공항운영자로부터 서비스를 제공받은 대가를 지불하는 서비스용역비의 개념이다. 공항운영자는 공항시설이나 서비스를 제공함에 따라 발생하는 비용을 회수하기 위한 수수료성격의 수입항목이다.

공항사용료에 대하여 국제민간항공기구의 시카고협약 제15조에서는 항공기 운항과 관련된 사용료의 부과에 대하여 다음과 같은 기본원칙을 정하고 있다.

첫째, 항공기가 공공용으로 이용할 수 있도록 개방된 공항에서는 자국의 항공기가 사용하는 조건과 동일한 조건으로 협약국의 항공기가 사용할 수 있도록 공개되어야 한다. 즉 항행안전과 공항에서의 신속한 처리, 항공무선시설과 항행안전시설의 사용, 기상정보의 제공에 있어서 자국의 항공기와 동등한 조건을 적용해야 한다.

둘째, 협약국의 항공기가 공항시설이나 항행안전시설을 사용하는 데 대한 사용료는 자국의 국제선을 운항하는 항공기가 지불하는 사용료보다 높은 금액을 부과해서는 안 된다.

셋째, 협약국의 항공기가 자국의 영공을 통과하거나 영공으로의 진입이나 영공에서 벗어나는 데 대한 운항허가 대가로 독단적 또는 차별적으로 사용료를 부과해서는 안 된다.

공항을 운영하려면 공항시설을 관리·운영하고 공항에 설치된 시설과 장비를 유지·보수하기 위한 비용을 충당해야 한다. 공항운영자는 이러한 비용을 충당하기 위하여 공항시설을 이용하는 자로부터 다음과 같은 사용료를 징수하여 충당하고 있다. 공항운영자는 공항사용료에 대하여 항공기, 여객으로부터 징수하는 사용료를 항공수입으로 분류하고, 공항에 상주하는 항공사나 구내업체로부터 징수하는 임대료와 영업료 등을 비항공수입으로 분류하고 있다.

첫째, 공항을 이용하는 항공기에 대하여는 착륙료·정류료·조명료·격납고사용료·항행안전시설사용료·소음부담금 등의 사용료를 징수하고 있다.

둘째, 여객은 공항시설을 이용하거나 공항운영자로부터 서비스를 제공받은 대가로 여객이용료를 납부해야 한다.

셋째, 공항에 상주하는 국가기관이나 항공사 등은 공항의 사무실을 사용하는 데 따른 임대료를 납부해야 한다.

넷째, 공항 내에서 상업활동을 하는 면세점이나 판매점 및 음식점 등 구내업체로부터 공항운영자가 임대료와 구내영업료를 징수하고 있다.

다섯째, 공항의 주차장을 이용하는 자로부터 주차장사용료를 징수하는 등 여러 종류의 공항시설사용 대가를 받아 공항운영비용으로 사용하고 있다.

공항사용료를 일반기업의 상품판매행위와 비교하면, 공항사용료는 공항이용자가 공항시설이나 서비스를 제공받은 대가를 지불하는 것으로서 기업으로부터 상품을 구매한 소비자가 상품의 대금을 지불하는 것과 같다. 공항운영자는 상품판매대금을 받는 것과 같은 것이다. 따라서 공항사용료의 수준은 제공되는 공항시설이나 서비스를 생산하는 데 소요된 비용을 회수할 수 있는 수준이 되어야 함은 물론, 공항이 미래투자에 대비할 수 있는 수준으로 결정되어야 할 것이다. 이와 같은 사용료 결정에 대한 이론은 경제학적 측면과 회계학적 측면 및 감정평가의 방법 등이 있다.

공항에서의 일반적인 사용료 결정에는 서비스를 생산하여 공급하는 데 소요되는 원가를 기준으로 하여 다음과 같은 방법을 사용하고 있다.

첫째, 서비스를 제공받은 자가 부담할 요금을 결정하는 총괄원가주의를 사용한다.

둘째, 시설과 장비에 투입된 투자원가를 기준으로 사용료를 산출한 후에 나머지 비용을 다른 수입에서 충당하는 잔여원가배분방식을 사용한다.

셋째, 인근시설 또는 유사시설의 사용료를 참고하여 사용료를 결정하는 시장요율결정방식을 사용한다.

넷째, 실제로 사용한 시설에 대한 원가를 계산하여 사용료를 결정하는 공정투자보수방식을 사용한다.

공항사용료는 공항이용자에게는 공항시설의 이용이나 서비스를 제공받은 대가를 지불하는 것이고, 공항운영자는 제공한 공항시설이나 서비스의 대가를 받아 공항운영비용으로 충당하기 위한 수입금의 역할을 하므로 사용료는 공항운영에서 매우 중요한 재원이 되는 것이다.

2. 공항사용료의 영향

1) 공항사용료가 공항운영자에게 미치는 영향

공항사용료는 항공기 운항과 관련된 사용료와 상업시설과 관련된 사용료로 구분된다. 세계 각국의 공항에서 과거에는 항공기 운항과 관련된 사용료인 항공수입을 중시하였으나, 최근에는 상업시설과 관련된 사용료인 비항공수입에 관심이 집중되고 있는 등 공항운영의 세계적인 추세가 공항에서 상업수입을 극대화하는 방향으로 나가고 있다.

착륙료나 여객이용료 등에서 발생하는 항공수입은 다음과 같은 이유로 앞으로도 공항의 재무구조에서 중요한 수입원 위치를 차지하게 될 것이다.

첫째, 공항에서 착륙료나 여객이용료와 같은 공항의 시설사용료에 대한 항공수입은 총수입의 절반을 넘기 때문이다. 특히 규모가 작은 공항이나 국제선운항편이 없어 상업수입이 적은 공항에서는 이러한 착륙료나 여객이용료와 같은 항공수입이 더 중요하게 여겨질 것이다. 공항의 수입구조를 보면, 유럽공항의 평균수입구조는 비항공수입이 44%인 데 비하여, 항공수입이 56%를 차지하고 있으며, 우리나라 지방공항의 수입구조는 항공수입비율이 60%를 넘고 있다.

둘째, 공항운영자에 의하여 항공수입으로 분류되는 착륙료나 여객이용료 등은 공항운영의 비용이 증가하거나 수입이 감소할 때에 가장 신속하게 대응할 수 있는 수입의 원천이기 때문이다. 상점이나 다른 영업시설의 수입은 수송량이 증가하거나 계약의 재협상 혹은 새로운 시설이 신축되어도 그 수입이 서서히 증가하지만, 착륙료나 여객이용료와 같은 공항사용료는 필요하다면 몇 개월 전에 항공사에 통고하면 일시에 인상할 수가 있기 때문이다.

공항수입의 근간인 항공교통처리와 관련된 착륙료나 정류료 및 여객이용료 등의 항공수입에 대한 사용료를 결정하는 방법과 원리에 대하여는 공항운영자가 특별한 관심을 가져야 한다. 사용료를 인상할 때에 이해관계자를 논리적으로 설득할 수 있어야 하고, 인상요인에 대해서도 확실한 근거를 제시할 수 있어야 한다.

최근에는 세계 각국의 공항들이 항공수입에 의존하는 공항수입에는 한계가 있음을 깨닫고 공항의 상업시설과 관련된 비항공수입에 대한 관심이 높아지면서 면세점 · 판매점 · 음식점 등의 시설을 더 많이 설치하려고 노력할 뿐만 아니라 공항에 호텔 · 골프연습장 · 헬스클럽 · 영화관 · 오락장 · 마트시설 등을 설치하여 이와 같은 상업시설에서 임대료와 영업료의 수입을 높이려는 추세가 뚜렷해지고 있다. 결론적으로 공항사용료는 항공수입이든 또는 비항공수입이든 공항운영자에게는 중요한 경영자금이 될 것이다. 공항사용료의 수준은 항공사나 항공여객이 높은 사용료로 인하여 그 공항이용을 피하지 않는 수준에서 공항운영비용을 충당하는 한편, 미래투자가 가능한 수준이 되어야 할 것이다.

2) 공항사용료가 공항이용자에게 미치는 영향

공항사용료에 대하여 공항을 이용하는 항공사 입장에서는 공항사용료가 항공사의 비용에 직접 영향을 미치기 때문에 민감하게 반응하는 분야이다. 공항사용료가 항공사 운영비용의 3% 정도라는 가설을 인용한다면, 공항사용료의 인상액수는 항공사의 운영비용에 미치는 영향이 적을 것이다. 착륙료를 자주 납부해야 하는 단거리 항공노선의 항공사나 여객이용료를 여객이 직접 공항운영자에게 납부하지 않고 항공운임에 포함하여 징수하고 항공사가 이를 공항운영자에게 납부하는 공항의 경우에는 항공사의 비용구조에 3%보다 높게 영향을 미칠 것이다.

항공기 착륙료나 정류료 및 여객이용료를 포함하는 공항사용료는 항공사마다 항공사의 비용구조에 미치는 영향이 다를 것이다. 공항사용료가 항공사의 비용구조에 영향이 큰 단거리 항공노선을 운항하는 항공사와 공항사용료가 높게 책정된 유럽지역에서는 전세항공편을 운항하는 항공사는 공항사용료가 항공사의 비용구조에 미치는 영향이 클 것이다. 유럽지역에서 단거리 항공노선을 운항하는 일부 항공사와 전세항공편을 운항하는 항공사의 경우에는 공항사용료가 항공사 운영비용의 약 15%를 차지하고 있다. 유럽지역에서 장거리 항공노선을 운항하는 항공사나 미국국적의 항공사의 경우에는 공항사용료가 항공사 운영비용의 2% 이하를 차지하고 있는 것으로 나타나고 있다. 이처럼 항공노선의 형태나 항공사의 운항방법에 따라 항공사의 비용구조에 미치는 영향이 다름에도 불구하고 항공사들은 공항사용료의 인상에 대해서는 부정적이며 주요관심으로 지켜보는 대상이다.

여객에게 공항이용료는 사실상의 항공운임에 해당하므로 여객은 공항운영자의 여객이용료 인상에는 부정적이다. 심지어는 대체공항의 이용이 가능하다면 높은 여객이용료를 징수하는 공항에 대하여 여객은 그 공항을 이용하기를 꺼리게 될 것이다. 항공사가 지불하는 착륙료 등의 공항사용료나 여객이 납부하는 여객이용료는 결국 최종소비자인 여객에게 전가되기 때문에 어떠한 형태의 공항사용료가 인상되든 최종소비자로서 항공운임을 지불해야 하는 여객은 공항사용료 인상에 부정적일 것이다.

제2절 공항사용료의 종류

항공교통의 운송기지로서 공항이용자에게 제공하는 공항시설 및 서비스에는 항공교통처리를 위하여 제공하는 것과 항공교통처리와는 직접적인 관련이 없는 공항의 상업활동으로 제공하는 것으로 나눌 수 있다. 〈표 11-1〉에서 보는 바와 같이 공항운영자가 항공교통처리와 관련되어 제공하는 시설 및 서비스에 대하여 부과하는 사용료를 항공수입이라 한다.

상업활동과 관련되어 제공하는 시설 및 서비스에 대하여 부과하는 사용료를 비항공수입이라고 한다. 공항운영자가 부과하는 항공수입항목은 항공기에 대하여 부과하는 착륙료・정류료・조명료・계류장사용료・관제사용료・격납고사용료・항행안전시설사용료・소음부담금 등과 여객에게 부과하는 국제여객이용료와 국내여객이용료 등이 있다. 비항공수입 항목은 공항에 상주하는 국가기관이나 항공사 등의 사무실임대료와 공항 구내업체의 임대료 및

〈표 11-1〉 **공항이 부과하는 사용료의 구분과 종류**

구분	사용료의 항목
항공활동분야 (aeronautical charges)	• 착륙료(landing charges) • 여객이용료(passenger service charges) • 주기료 및 행거사용료(parking and hangar charges) • 보안 서비스료(security charges) • 소음부담금(airport noise charges) • 지상조업료(ground handling charges) • 공항관제료(terminal area air navigation charges) • 항로관제료(route air navigation charges
비항공활동분야 (non aeronautical charges)	• 항공유 급유영업료(concession fees for aviation fuel and oil) • 임대료(rentals for airport land, premises and equipment) • 구내영업료(concession fees for commercial concerns catering to the public) • 직영수입(fees derived from airports own operation of shops and service) • 공항시설관람료(fees charges for tours, admission to reserved area, etc) • 시설사용료(fees derived from provision of service, utilities, etc. by airport)

영업료, 공항의 주차장을 이용하는 자로부터 징수하는 주차료와 공항에 설치된 각종 시설과 장비를 사용하는 자로부터 징수하는 시설사용료 등이 있다.

1. 항공교통처리 관련 사용료

항공교통처리와 관련된 사용료의 징수목적은 항공교통처리에 필요한 공항시설과 서비스를 제공하는 비용을 회수하는 데 그 목적이 있다. 투입된 비용의 완전회수는 항공교통량이 공항시설을 효율적으로 이용할 수 있는 정도의 수준에 도달해야 하므로 항공교통처리와 관련된 사용료의 부과에는 다음과 같은 어려움이 있다.

첫째, 항공교통량이 적정수준에 도달하지 못한 상태에서 투입된 비용을 회수하려면 사용료가 엄청나게 높아지기 때문에 완전회수를 위한 사용료를 부과하기는 현실적으로 불가능하다.

둘째, 공항시설은 국가기반시설로서 투자의 규모가 크고 유지비용도 많이 소요되므로 투입된 비용을 단순하게 항공기 운항횟수 등으로 사용료를 책정할 수 없는 현실적인 어려움이 있다.

셋째, 세계 각국은 항공교통처리와 관련된 공항시설의 운영에 대하여 낮은 사용료에 의한 공항의 적자운영보다는 공항사용료의 인상으로 국가경제에 미치는 영향에 더 많은 관련을 가지는 정책을 펴므로 공항운영자의 사용료 인상에 대하여 부정적이다.

넷째, 대부분 국가에서는 항공교통사용료의 수입이 투입된 비용을 회수하지 못하면 비항공수입으로 충당하라고 압력을 가하거나 정부의 보조금으로 해결하려는 경향이 있다.

항공기의 착륙과 관련된 공항사용료의 종류와 부과기준은 다음과 같다.

첫째, 착륙료는 항공기가 공항에 착륙할 때마다 활주로나 유도로 등을 사용하는 대가로서 항공기 소유자가 공항운영자에게 수수료 성격으로 내는 공항사용료이다. 착륙료는 항공기가 공항의 활주로에 착륙할 때마다 항공기의 중량을 기준으로 부과하고 있다.

둘째, 주기료는 항공기가 공항에 주기하는 시간에 따라 내는 사용료이다. 주기료는 항공기의 중량 또는 항공기가 차지하는 면적과 주기시간을 기준으로 부과하고 있다.

셋째, 계류장사용료는 계류장 안에서 지상조업을 하는 차량과 장비가 계류장을 사용하는 대가로서 차량 또는 장비소유자가 공항운영자에게 지불하는 사용료로서 차종 또는 중량을 기준으로 부과하고 있다.

넷째, 조명료는 항공기가 공항에 착륙하거나 공항을 이륙할 때 항공등화시설이 점등되었을 때에 사용된 전기료 등으로서 등화시설의 설치원가와 전기료를 합산하여 부과하고 있다.

다섯째, 항행안전시설 사용료는 전파・불빛・색채 또는 형상에 따라 항공기의 항행을 돕기 위하여 설치된 시설에 대한 사용료이다. 항로용 무선시설인 VOR, 거리측정시설인 DME, 계기착륙시설인 ILS・MLS 등에 대한 시설 및 장비의 설치원가와 유지비용을 합산하여 부과하고 있다.

여섯째, 항공기 소음부담금은 항공기가 공항에 착륙하거나 이륙할 때에 발생시키는 소음에 대한 일종의 환경비용부담금으로서 항공기의 기종에 따라 착륙횟수에 따라 부과하고 있다.

일곱째, 여객의 공항이용료는 여객이 공항의 대합실, 화장실 등을 사용하는 대가로서 여객청사의 전기료, 냉난방료, 급수료, 화장실 등의 소모품비 등에 대한 비용을 충당하기 위한 사용료로서 투입된 원가를 기준으로 부과하고 있다. 일반적으로 국제선여객과 국내선여객으로 구분하여 차등하여 부과하고 있다.

2. 상업활동관련 사용료

공항사용료 중에서 상업활동을 위한 시설 및 서비스 제공에 따른 사용료의 종류와 부과기준은 다음과 같다.

첫째, 공항에 상주하고 있는 국가기관이나 항공사의 사무실 등에 대한 임대료는 토지에 대하여는 정부가 고시한 공시지가를 기준으로 하고, 건물에 대하여는 감정가를 기준으로 사용하는 면적비율에 의하여 부과하고 있다.

둘째, 공항구역 안에서 면세점・일반상점・음식점 등의 상업활동을 위한 상업시설에 대한 임대료는 토지는 공시지가를 기준으로 한다. 건물은 감정가를 기준으로 하되, 상업시설의 구내영업료를 포함한 예정가격을 사용면적에 따라 정한 후에 공개경쟁입찰의 방법에 의하여 최고가격을 제시한 자가 사용할 수 있는 경매제도를 채택하고 있다.

셋째, 구내영업료는 공항구역 안에서 영업활동을 하는 데 대하여 부과하는 사용료로서 공항영업이 독점 또는 과점적 지위에 있는 점과 영업장의 위치나 업종 및 임대면적으로부터 발생하는 부가소득에 대하여 부과하는 사용료이다.

넷째, 주차료는 여객 등이 공항의 주차장을 이용하는 대가로서 주차장의 설치원가·운영비용 등을 합산한 비용을 부과한다. 인근지역 또는 도심의 주차료를 참작하여 주차료를 결정하기도 한다. 주차료의 부과기준은 대형차와 소형차로 차종을 구분하여 차등요금을 적용하는 것이 일반적인 관행이며, 사용시간을 기준으로 하되, 성수기와 비수기로 구분하기도 하고, 일반여객과 상주직원으로 구분하여 차등요금을 부과하기도 한다.

다섯째, 공항에 설치된 탑승교·엘리베이터·에스컬레이터·전기통신시설 및 장비를 사용하는 대가로 징수하는 시설사용료는 투자된 원가와 운영비용을 합산한 금액을 이용한 횟수나 임대면적에 따라 부과하는 것이 일반적인 관행이다.

3. 우리나라의 공항사용료

우리나라의 공항사용료는 「공항시설법」 시행규칙 제20조의 규정에 따라 공항시설을 사용하는 자가 공항운영자에게 납부해야 한다. 따라서 한국공항공사가 운영하는 공항과 인천국제공항공사가 운영하는 공항의 사용료가 각각 다를 수 있다.

우리나라 공항에서 공항사용료의 산출기준을 정하거나 부과하는 방법은 다음과 같다.

첫째, 항공기의 중량을 기준으로 하는 때에는 항공기의 최대이륙중량으로 산출한다.

둘째, 계류장을 사용하는 장비와 차량에 대하여는 장비 또는 차량의 자체중량으로 산출한다.

셋째, 사용료를 부과하는 기준은 착륙료는 착륙할 때마다, 항행안전시설사용료는 착륙 또는 통과할 때마다 부과한다.

넷째, 조명료는 공항의 항공등화가 점등된 상태에서 항공기가 이륙 또는 착륙할 때마다 부과한다.

공항사용료는 다음과 같은 기본원칙에 따라 합리적이고 공평하게 부과하기 위하여 원가보상주의에 의한 공정투자보수방식과 잔여원가배분방식 및 시장요율결정방식을 혼합하여 사용하고 있다.

첫째, 공항시설사용료는 차별 없이 공평하게 부과되어야 하며, 사용료 산정방식 및 징수제도는 단순하여야 한다.

둘째, 공항운영비용은 수익자부담의 원칙에 따라 사용자가 부담하여야 하며, 사용하지 않은 원가를 부담시켜서는 안 된다.

셋째, 공항시설사용료의 원가에는 완전한 경제적 비용(토지 · 건물의 자본비용 등)을 고려하여야 한다.

공항사용료를 부과하는 기준은 다음과 같다.

첫째, 착륙료 · 정류료 · 계류장사용료 · 조명료 등 항공수입은 잔여원가배분방식을 사용한다. 이 방식은 투자원가를 보상하는 원가보상주의를 근간으로 하여 투입된 총원가를 계산하여 사용료를 산정한 후에 공항경영의 나머지 비용의 충당을 비항공수입으로 맞추어 산출하는 방법이다.

둘째, 여객이용료는 원가보상주의에 기초하여 부과한다. 이 방법은 여객이 대합실의 전기시설과 운송시설 및 화장실 등을 사용하는 데 투입된 비용과 보안검색에 사용된 비용을 합산한 금액을 기준으로 부과하기 때문에 여객이 늘어나면 공항운영자가 이익을 보게 될 것이고, 여객이 줄어들면 공항운영자가 비용충당을 못 하게 될 것이다.

셋째, 임대료의 부과방법은 임대면적에 대하여 토지는 공시지가를 기준으로, 건물은 감정가를 기준으로 산출된 금액을 합산하여 예정가격을 산출한다. 임대료는 상업시설의 업종과 위치 및 면적을 기준으로 산출된 영업료를 합산해 공개경쟁입찰방식에 의하여 최고가격을 제시한 자에게 사용권을 주고 있다.

넷째, 주차료는 주차장시설에 대한 토지와 주차장건설에 투입된 원가와 운영비를 기초로 하여 사용료를 산출한다. 인근지역 주차료를 고려하여 결정하기 때문에 원가보상주의와 시장요율결정방식을 혼합한 부과기준이라고 볼 수 있다.

다섯째, 전기시설사용료와 냉 · 난방시설사용료 및 운송시설사용료 등 각종 시설사용료는 원가보상주의에 기초해 실제 점유 또는 사용하고 시설에 대한 체계적인 원가계산을 통해 사용료를 책정하는 공정투자보수방식을 사용하여 투자한 원가를 회수하는 방식으로 산출하고 있다.

여섯째, 항행안전시설사용료는 국제선 항공노선에 취항하는 항공기에 대하여 공항에 착륙하거나 공역을 통과할 때마다 부과한다. 항행안전시설사용료는 착륙료에 포함하여 징수하기도 하고, 별도로 징수하기도 하는데, 항행안전시설사용료 부과기준은 항공기의 엔진형식에 따라 공항에 착륙하는 경우와 공역을 통과하는 경우로 구분하여 부과하고 있다.

일곱째, 항공기 소음부담금의 부과기준은 우리나라의 공항을 이용하는 국제선항공기에 대하여 항공기의 기종과 운항횟수에 따라 부과하고 있다.

제3절 항공교통사용료의 산출방법

1. 착륙료 산정방법

착륙료를 산정하기 위해서는 공항사용료에 대한 원가기준을 설정하기 위한 다음과 같은 사전조치가 필요하다.

첫째, 착륙료를 결정하기 위해서는 공항사용료의 대상이 되는 항목에 대한 완전한 비용이 결정되어야 한다. 여기서 말하는 완전한 비용은 공항에서 일상적으로 기록하는 비용이 아니라 공항시설에 대한 직접비용뿐만 아니라 공항운영자의 다른 부서의 지원비용이나 간접비용 및 일반관리비를 포함하는 비용을 말한다.

둘째, 공항운영을 담당하는 조직체가 독립되어 있으면 국가기관 등 다른 조직체가 제공한 서비스에 대한 대체비용을 고려해야 한다.

셋째, 항공교통처리와 관련된 사용료의 원가계산을 위한 공항비용에는 비항공수입인 상업활동 및 서비스에 기인한 비용과 항로이용에 기인한 비용은 제외되어야 한다.

넷째, 공항사용료의 공평성 차원에서 군사용 또는 관용 항공기의 교통처리비용도 비용산정에서 제외되어야 한다.

공항사용료를 산출하기 위하여 이러한 형태의 원가를 완전하게 설정하기는 쉬운 일이 아니나, 비용을 체계적으로 기록하는 시스템이 정착된다면 개별항목에 대한 비용의 크기를 파악할 수 있으므로 원가의 기준을 먼저 정리하여야 한다.

1) 착륙료의 원가구성요소

착륙료는 항공기가 공항에 착륙할 때 징수하고, 이륙하는 항공기에 대한 별도의 요금징수는 없는 것이 보통이다.

세계 각국의 공항에서 착륙료는 일반적으로 다음 시설의 사용료로 부과한다.

첫째, 항공기가 공항에 접근·착륙·출발할 때 사용되는 관제시설의 사용료로 징수하고 있으며, 일부 공항은 항행안전시설사용료를 별도로 부과하기도 한다.

둘째, 활주로와 유도로 등 이착륙시설의 사용료로 징수하고 있다.

셋째, 계류장 또는 주기장의 사용료를 징수하지 않는 경우 이들 시설의 사용료를 포함하여 징수하고 있다.

넷째, 탑승교사용료를 따로 징수하지 않는 경우, 도착 또는 출발하는 여객들을 위하여 사용하는 탑승교 또는 탑승시설의 사용료를 포함하여 징수하고 있다.

우리나라 공항의 항공기 착륙료의 원가구성요소와 원가의 구성비율은 〈표 11-2〉에서 보는 바와 같이 다음과 같다.

첫째, 착륙료의 원가 중 활주로와 유도로의 토지·시설에 대한 자본비용의 비율이 77.2%로서 가장 높다.

둘째, 활주로와 유도로에 대한 감가상각비와 유지·보수비용의 비율이 10.8%로서 그 다음의 비중을 차지하고 있다.

셋째, 정류장시설의 자본비용과 인건비 등이 12.1%를 차지하고 있다.

〈표 11-2〉 **착륙료의 원가구성비율**

착륙료의 원가구성요소	원가구성비율
• 활주로와 유도로의 토지 · 시설에 대한 자본비용	77.2%
• 활주로와 유도로시설의 감가상각비와 유지 · 보수비용	10.8%
• 정류장의 토지 · 시설의 자본비용, 감가상각비, 유지 · 보수비용	4.2%
• 활주로와 유도로시설의 유지관련직원의 직접인건비	3.3%
• 활주로 · 유도로관련 공통인건비와 경비 및 일반관리비	4.6%

착륙료는 일정한 중량까지는 기본요금으로 정하고 중량이 커짐에 따라 비용의 할증 및 할인이라는 복잡하고 다양한 시스템이 여러 공항에서 운영되고 있다. 착륙료를 산정할 때 항공기의 비행거리·소음수준·야간착륙 등 차별을 두는 때도 있다. 국내선 또는 단거리운항에 대한 할인은 일반적이며, 반대로 국제선에 할증요금을 적용한다. 영국을 제외한 유럽의 공항들은 더 높은 국제선 착륙료체제를 가지고 있으나, 이러한 국제선의 착륙료 할증은 점

차 사라져 가는 경향에 있다. 최근에 유럽의 일부 공항은 더 조용한 항공기의 사용을 장려하기 위하여 소음과 관련한 할증 또는 할인 요금체제를 도입하고 있다. 항공기의 기종에 따른 아주 복잡한 소음관련 할증요금체제를 가지고 있다. 이에 대해 프랑스의 고등법원은 드골공항의 소음관련 할증요금은 실제로 여객을 위해 공항이 제공하고 있는 서비스와 관련이 없으므로 재량권을 넘는 것이라고 선고했다.

일부 공항에서는 한정된 피크시간의 착륙에 대해 할증요금을 부과하고 있는데, 아테네공항의 경우에 7월부터 9월까지 11~17시 사이에 도착하는 항공편에 대하여는 25%나 할증된 착륙료를 받고 있다. 영국의 공항들은 수년 동안 여러 가지 가격결정원칙에 근거한 더 복잡한 구조이다.

이탈리아 및 그리스와 같은 일부 국가들은 몇 개의 주요공항을 제외하고 모든 공항에서 착륙료의 구조와 수준이 같으나, 다수의 국가에서는 활주로나 청사시설의 수준 및 특성에 따라 착륙료를 2개 이상의 종류로 구분하여 각각의 구분에 따라 다른 착륙료의 수준을 달리하여 적용하고 있다.

2) 착륙료 산정방법

대부분 공항에서의 주요수입원은 전통적으로 항공기에 부과되는 착륙료에서 발생하는 수입이며, 특히 소규모의 공항에서는 착륙료가 공항의 주요한 수입원이 되고 있다. 착륙료는 항공기의 무게, 즉 최대이륙중량에 기준을 두고 있다. 미국공항에서는 항공기의 최대착륙중량이 사용되고 있다.

착륙료는 항공기의 단위중량당 요금을 부과하고 요금기준을 산정하는 방법으로는 다음과 같이 여러 가지가 있다.

첫째, 항공기의 총중량과 관계없이 톤당 또는 중량단위를 기준으로 고정요금을 부과하는 때가 있다.

둘째, 항공기의 무게분기점에 의한 중량단계별로 톤당 요금을 부과하는데, 이 경우에는 항공기의 총무게가 증가하면 단위당 요금도 단계별로 증가하여 요금은 항공기의 무게단계별 톤당 요금에 중량을 곱하여 산출한다.

셋째, 항공기 총중량 중에서 처음 기준이 되는 톤수까지는 높은 단위당 요금을 적용하고, 다음부터 조금 낮은 단위당 요금을 적용하는 경우로서 일부 공항에서는 항공기 중량이 증가함에 따라 톤당 요금은 실제 감소하는 현상이 나온다. 이 방법은 택시의 기본요금이 주행요금의 단위당 요금보다 높은 것과 비슷한 요금산출방법이다. 이 방법은 항공기의 총중량이 증가할수록 활주로 파손비율이 높아진다는 이론과는 배치되는 방법이다.

넷째, 항공기의 톤당 요금은 고정해 놓고 운항내용에 따라 국내선과 국제선을 구분하는 방법과 항공기의 운항거리에 따라 단위요금을 구분하는 방법을 사용하고 있다. 이 방법은 장거리 취항노선의 항공기가 더 높은 단위비용을 납부하는 방법으로서 장거리를 운항하는 항공기가 더 높은 수익을 올리므로 더 많은 사용료를 납부해야 한다는 이론으로 보아야 할 것이다.

다섯째, 항공기의 착륙료를 톤당 단일요금으로 고정하고, 피크시간에 착륙하는 항공기에 대해 별도의 할증요금을 적용하여 부과하는 방법이 있다. 이 요금산출방법은 항공기의 이동지역 사용료를 시간대별로 구분하여 차등 사용료를 부과함으로써 피크시간대에 항공기가 집중하는 것을 분산시키기 위한 사용료 부과방법이다.

우리나라 공항의 착륙료 산출방법은 항공기의 감항증명서에 표기된 최대이륙중량을 기준으로 하여 항공기의 착륙 1회마다 다음의 구분에 의한 요율을 적용하여 계산한 금액으로 산출한다. 국제선과 국내선 항공기의 착륙료가 다르고, 한국공항공사가 운영하는 공항과 인천국제공항의 착륙료의 산출기준이 다르다.

첫째, 국내선에 취항하는 항공기의 착륙료 산정방법 중에서 한국공항공사가 운영하는 공항의 국내선 착륙료는 공항을 A그룹 · B그룹 · C그룹으로 구분하여 그룹별로 착륙료에 차등을 두고 있다. A그룹에 해당하는 김포국제공항 · 김해국제공항 · 제주국제공항 등의 국내선 착륙료의 산출방법은 항공기의 최대이륙중량 10톤까지 고정금액으로 하고, 최대이륙중량 25톤까지는 10톤을 초과하는 매 1톤에 대하여 정해진 금액을 곱한 후 고정금액을 더한 금액으로 산출하며, 최대이륙중량이 25톤을 초과하는 때에는 그 초과하는 매 1톤에 대하여 정해진 금액을 곱한 후 25톤까지 금액을 더하여 산출한다. 항공기 중량이 무거울수록 톤당 가격이 누증되는 착륙료 가격체제이다. 인천국제공항의 국내선 착륙료는 항공기의 최대이륙중량에 따라 국제선 착륙료로 산출된 금액의 70%를 납부한다.

둘째, 국제선에 취항하는 항공기의 착륙료 산정방법 중에서 한국공항공사가 운영하는 공항의 국제선 착륙료는 공항을 3개 그룹으로 구분하여 착륙료에 차등을 두고 있다. 김포국제공항의 국제선 착륙료는 인천국제공항의 국제선 착륙료 산출기준과 동일하고, B그룹에 해당하는 김해국제공항 · 제주국제공항의 국제선착륙료는 항공기의 최대이륙중량 10톤까지는 고정금액으로 하고, 최대이륙중량 45톤까지는 10톤을 초과하는 매 1톤에 대하여 정해진 금액을 곱한 후 고정금액을 더한 금액으로 한다. 최대이륙중량이 45톤을 초과하는 때에는 초과하는 매 1톤에 대하여 정해진 금액을 곱한 후 45톤까지의 산출된 금액을 더하여 산출하여 항공기 중량이 무거울수록 톤당 가격이 누증된다.

인천국제공항의 국제선 착륙료는 항공기의 최대이륙중량 100톤까지는 톤당 정해진 금액으로 하고, 100톤 초과 200톤까지는 100톤을 초과하는 매 1톤에 대하여 정해진 금액을 곱한 금액에 100톤까지 산출된 금액을 더한 금액으로 산출하며, 200톤을 초과하는 때에는 200톤을 초과하는 매 1톤에 대하여 정해진 금액을 곱한 후 200톤까지 산출된 금액을 더한 금액으로 산출하여 항공기 중량이 무거울수록 톤당 가격이 체감되는 구조이다.

2. 정류료 및 조명료 산정방법

1) 정류료의 산정방법

정류료는 항공기가 여객이나 화물을 싣고 내리거나 항공기의 급유나 정비를 위하여 계류장에 정류하는 때에 납부하는 사용료이다. 착륙료에 포함된 무료주기시간(2~6시간)을 초과하여 주기하는 때에 정류료를 납부해야 한다. 정류료는 통상적으로 시간당 일정금액을 징수하는 것이 보통이나 시간대별로 차등요금을 적용하는 공항도 있는데, 24시간 단위로 징수하는 공항이 많아 무료주기 후에는 1시간을 주기하던 23시간을 주기하던 사용료는 동일한 경우가 많다. 항공사는 일단 24시간짜리 주기장을 사용한다면 주기장을 빨리 비워 주어야 할 이유가 없으므로 공항운영자가 주기장의 이용효율을 높이기를 원한다면 무료주기시간을 줄이고 항공기의 주기요금을 시간당 사용료로 해야 할 것이다.

정류료는 일반적으로 항공기의 중량을 기준으로 징수하지만, 항공기가 차지하는 면적을 기준으로 징수하기도 한다. 중량을 기준으로 하는 경우에도 더블린공항이나 프랑크푸르트공항에서처럼 단위중량당 고정금액으로 산출하는 방법과 아테네공항처럼 항공기 중량이 증가할수록 사용료가 누증되는 방법이 있다. 카이로공항과 요르단공항에서처럼 항공기의 중량이 무거워질수록 단위당 사용료를 감소하는 방법도 있다. 다른 방법의 정류료의 산출방법은 중량을 기준으로 산정된 착륙료의 일정비율로 징수하는 방법이다. 예를 들어 텔

아비브공항은 착륙료의 25%를 정류료로 받고 있고, 빈공항은 착륙료의 7%를 정류료로 받고 있다.

항공기의 중량을 기준으로 한 정류료는 경제적 합리성이 없다고 생각하고 최근에는 항공기의 점유면적에 의한 접근방식이 경제적으로 합리적인 방법이라고 생각하여 말레이시아의 쿠알라룸푸르공항, 싱가포르공항 등이 면적을 기준으로 정류료를 부과한다. 일부 공항에서는 주기위치에 따라 정류료를 다르게 징수하는 곳도 있는데, 청사에서 가까운 주기장을 더 비싸게 받고 청사에서 먼 주기장은 싸게 받는 방법으로서 이 방법은 항공기의 이동비용과 시간을 고려하여 책정한 사용료이다.

우리나라 공항의 정류료는 계류장 설치 및 운영에 따른 원가보상주의를 채택하고 있는데, 원가구성요소는 계류장의 토지 및 시설에 대한 자본비용(80.3%), 계류장시설의 감가상각비(1.3%), 계류장시설에 대한 유지·보수비용, 계류장시설의 유지·보수관련 직원의 직접인건비(1.7%), 일반관리비 및 기타 비용(4.7%)으로 구성된다. 정류료의 징수체계는 한국공항공사가 운영하는 공항의 정류료는 최초 6시간까지는 정류료를 징수하지 아니한다. 정류시간은 매 24시간 단위로 요율을 적용하며, 주기시간의 계산은 항공기의 착륙시간부터 이륙시간까지로 계산한다. 인천국제공항의 경우에는 최초 3시간까지는 정류료를 징수하지 아니하고 그 이후에는 매 30분 단위로 요율을 적용한다.

한국공항공사가 운영하는 공항의 국내선정류료는 A그룹에 해당하는 김포국제공항·김해국제공항·제주국제공항 등은 항공기의 이륙중량을 50톤, 100톤, 100톤 초과로 구분하여 중량이 무거울수록 톤당 정류료는 체감하는 구조로 이루어져 있다.

국제선정류료의 산정방법은 한국공항공사에서 운영하는 김포국제공항의 경우에는 인천국제공항의 국제선정류료 산출기준과 같고, B그룹에 해당하는 김해국제공항·제주국제공항의 국제선정류료는 항공기의 최대이륙중량을 50톤, 100톤, 100톤 초과로 구분하여 항공기의 중량에 대하여 톤당 정해진 금액을 징수하는데 항공기 중량이 무거워질수록 톤당 정류료가 체감되는 구조이다.

인천국제공항의 경우에는 항공기의 최대이륙중량을 100톤, 200톤, 200톤 초과로 구분하여 정류시간 매 30분마다 톤당 정해진 금액으로 징수하는데 항공기 중량이 무거워질수록 톤당 가격에 체감되는 구조이다.

2) 조명료 산정방법

조명료는 항공기의 야간운항이나 날씨가 좋지 않은 상태에서 항공기의 착륙이나 이륙을 할 때에 활주로접근 표시등화, 활주로 및 유도로 표시등화, 활주로중심선등화를 사용한 대가이다. 일반적으로는 이와 같은 항공기 운항에 필요한 조명비용을 착륙료에 포함하여 징수하고 있지만, 착륙료에 이러한 조명료를 포함하지 않고 별도로 징수하는 공항에서의 조명료를 부과하는 방법은 착륙료를 결정할 때와 같은 방법을 사용한다.

조명료는 항공등화가 점등된 상태에서 이륙 또는 착륙한 항공기의 중량을 기준으로 부과하는 방법과 항공등화가 점등된 상태에서 이륙 또는 착륙한 항공기의 운항횟수를 기준으로 부과하는 방법 등이 있다. 24시간 운영을 하지 않는 공항에서는 심야시간에 착륙 또는 이륙을 하려는 항공기에 추가할증요금을 부과하고 있다. 공항이 24시간 운영을 한다고 하더라도 야간의 조명시설 유지비용을 보전하기 위해 아테네공항이나 로마공항은 특별비용을 징수하기도 한다. 일반적으로 유럽 또는 북미지역의 공항은 다른 지역보다 훨씬 비싼 조명료를 징수하고 있다.

우리나라 공항에서의 조명료는 항공기가 이륙 또는 착륙할 때에 항공등화시설을 운영한 데 대한 전기료와 그 부대비용 및 항공등화시설에 투자된 자본의 원가보상 차원에서 부과하는 사용료이다. 항공기 중량톤수를 기준으로 1회 운항할 때마다 부과한다. 한국공항공사가 운영하는 공항의 국내선항공기에 대한 조명료의 산출기준은 공항을 A그룹과 B그룹으로 나누어 차등된 사용료를 부과한다. A그룹에 속한 김포국제공항·김해국제공항·제주국제공항 등을 예로 들면, 항공기의 중량톤수를 10톤, 25톤, 25톤 초과로 구분하여 조명료를 부과하고 있다.

한국공항공사가 운영하는 공항의 국제선 조명료는 김포국제공항의 경우에는 항공기의 중량톤수에 관계없이 정해진 금액을 부과하고, 김해국제공항과 제주국제공항의 경우에는 항공기 중량톤수를 10톤, 25톤, 25톤 초과로 구분하여 정해진 조명료를 징수한다.

3. 여객이용료 산정방법

여객의 공항이용료는 제2차 세계대전 이후 항공기 중량에 따른 착륙료에 추가하여 공항의 수입원으로서 부과되기 시작했다. 이후 여객이용료는 특히 공항의 시설이용자인 여객으로부터 공항의 시설에 대한 투자금액을 보전하는 것을 목적으로 하였다는 주장이 있었다. 공항의 주요 수익원인 여객이용료는 미국공항을 제외하고 전 세계에 걸쳐 폭넓게 채택되었다. 미국은 1990년 의회가 새로운 여객이용료를 연방예산의 일부로 승인할 때까지 법률에 따라 여객으로부터 공항이용료를 받는 것이 금지되었다. 미국의 국제선공항에는 전통적으로 공항에서 부과하는 여객이용료가 없었던 반면, 전국적으로 동일한 공항이용료가 있다.

여객이용료는 일반적으로 대부분 출발여객에게만 부과하지만, 일부 영국공항은 도착여객을 기준으로 부과하고 있다. 이처럼 항공기의 착륙료는 도착 때에 지불하는 데 반해, 여객이용료는 출발할 때에 납부하고 있다. 이것은 여객이 공항에 도착한 후에 공항청사를 바로 빠져나가는 도착여객보다 청사에서 더 많은 시간을 보내는 출발여객이 청사의 크기나 처리능력과 청사운영비용에 더 영향을 미친다는 이유로 설명될 수 있을 것이다.

여객이용료는 다음의 3가지 방법으로 징수되고 있다.

첫째, 출발여객이 공항운영자에 직접 지불하는 방법으로 마닐라공항처럼 체크인지역에 별도의 징수용 책상이나 시설이 필요하다.

둘째, 공항운영자를 대신하여 여객이 항공권을 사거나 체크인을 할 때 항공사가 징수하는 방법으로 항공사는 나중에 공항에 이것을 지불한다. 아시아 · 아프리카 · 남미 · 호주 등의 대부분 공항이 이 방법이나 앞의 방법을 사용하고 있다.

셋째, 공항운영자에 의해 항공운임에 포함하여 직접 부과하는 방법으로 별도의 이용료가 여객에게 부과되지 않으며, 이 방법은 유럽공항에서 일반적으로 사용하고 있다.

여객이용료는 항공사가 여객이용료를 징수하여 이를 공항운영자에 납부하는 형태로 운영되는 공항에서는 항공사와 공항운영자 사이에 주요갈등의 원인이 되고 있다. 국제항공운송협회를 통해 항공사들은 여객이용료는 출발여객에게 직접 부과되어야지 항공사가 이를 징수하면 항공료 인상요인이 되므로 항공사에 부과해서는 안 된다고 강력하게 주장하면서 항공료에 여객이용료를 포함하는 것을 부정적으로 말하고 있다. 즉 여객이용료를 항공운임에 포함하면 항공사는 항공운임이 높아지기 때문에 더 많은 수수료를 항공권 판매대리점에 지불해야 한다. 여객이용료를 취급하는 과정에서 발생하는 관리비용을 보전하기 위해 그만큼 항공료를 인상해야 하므로 여객은 공항이 실제로 징수하는 것보다 더 많은 금액을 부담하게 된다.

국제민간항공기구는 대규모의 공항에서 출발여객으로부터 여객이용료를 징수하는 것은 청사혼잡을 악화시키고 여객의 수속절차가 지연될 가능성을 증가시킨다고 주장해 오고 있다. 여객이용료의 수준은 아주 여러 가지인데, 국제선보다 국내선의 여객에게 여객이용료를 면제하거나 아주 낮은 금액만을 부과하고 있다. 일부 국가에서는 시설이 미흡한 공항에 대해서는 이용료를 면제해 주고 있으며, 유아와 통과여객에 대해서는 면제해 주고 있는 것이 일반적인 관행이다.

국제선여객이용료와 국내선여객이용료의 차이는 소요시설과 여객이 차지하는 면적의 관점에서 볼 때 국제선여객을 위한 서비스비용이 더 들기 때문이라고 설명할 수 있다. BAA plc를 포함한 공항들은 국내선여객의 청사관련비용은 국내선여객이 국제선여객보다 청사면적이 적게 소요되기 때문이라고 볼 수 있다.

국내선여객은 국제선여객이 점유하는 청사면적의 약 40~50% 수준이라고 예상해 왔었다. 그러나 일부 공항들은 비용의 관점에서 볼 때 설명하기 곤란한 차별적인 여객이용료를 도입하고 있다. 이것은 때때로 역사적인 배경에 의해 발생하며, 말레이시아공항과 싱가포르공항 사이를 오가는 여객에 대하여 아주 낮은 여객이용료를 부과하는 것이 그 예이다. 여객이용료의 차등부과는 특정지역의 교통의 흐름을 자극하기 위한 시도일 수도 있다. 더블린공항은 유럽행 여객의 경우에 대서양을 횡단하는 여객보다 여객이용료를 덜 부과하고 있으며, 북아일랜드의 벨파스트공항은 그 반대의 경우이다. 시리아의 다마스쿠스공항은 3종류의 여객이용료구조를 가지고 있다. 아랍국가로 여행하는 국제선여객의 여객이용료는 다른 지역으로 여행하는 국제선여객이용료의 절반 이하로 낮다. 아랍국가로 여행하는 여객이 시리아 사람이라면 여객이용료는 다른 지역으로 여행하는 국제선여객이용료의 20% 이하로 떨어진다. 이러한 여객이용료의 차등은 공항의 비용구조와 관계없이 운영되고 있다. 이스라엘과 이탈리아의 일부 공항은 화물 kg당 화물이용료를 부과하고 있다.

우리나라 공항의 여객이용료에 대한 원가구성요소는 여객청사의 공용부분에 대한 토지·건물과 공항진입도로 및 조경지역에 대한 자본비용(48.8%), 이들 시설에 대한 감가상각비(15.5%), 여객청사의 공용부분에 대한 직접인건비와 유지관리비(21.1%), 공항운영자의 공통적인 인건비·경비·일반관리비 및 기타 비용 중에서 여객청사에 배분되는 금액(14.6%)으로 구성된다.

여객이용료의 징수금액 및 징수체계는 국내선을 이용하는 여객에 대하여는 인천국제공항은 출발여객 1인당 5,000원을 징수하고, 그 외의 공항에서는 4,000원을 징수한다. 항공사가 항공권을 팔 때 항공운임과 통합하여 징수한 후 공항운영자에게 납부하고 공항운영자로부터 수수료를 받고 있다. 국제선을 이용하는 여객에 대하여는 인천국제공항과 김포국제공항은 출발여객 1인당 17,000원을 징수하고, 그 외의 공항에서는 12,000원을 징수한다. 국제여객공항이용권을 공항 내에 입주한 은행에 위탁하여 판매하도록 한 후에 은행으로부터 판매대금을 납부받은 후 판매수수료를 은행에 지급하는 체제이다. 환승여객이나 통과여객은 공항이용료가 면제된다.

4. 항행안전시설사용료 산정방법

항행안전시설사용료는 항공로에 설치하는 VOR/DME와 ILS 등 항행안전시설에 대한 사용료이다. 항행안전시설사용료는 자국의 공역을 통과하는 항공기나 접근관제 서비스를 받는 항공기에 대한 사용료가 착륙료에 포함되지 않는 일부의 공항에서 부과된다. 공역관리나 접근관제 서비스의 업무를 대부분 정부에서 담당하고 있으므로 대부분 공항에서는 항행안전시설사용료를 징수하여 이 서비스를 제공하는 공항운영자에 넘겨주고 있다. 런던의 히드로공항과 개트윅공항 그리고 주요 프랑스공항이 이에 해당된다. 우리나라에서도 항행안전시설사용료를 징수하고 있는데, 이 사용료는 모두 정부에 납입되고 있다.

우리나라의 항행안전시설사용료 부과기준은 항공기가 공항에 착륙하거나 우리나라의 공역을 통과할 때마다 항공기의 엔진형태와 항행방법으로 구분하여 다음과 같이 부과하고 있다.

첫째, 피스톤항공기는 도착의 경우에 항로를 통과하여 비행하는 경우와 항로가 아닌 곳을 비행한 경우로 구분하여 항로를 비행한 항공기에 더 많은 금액을 징수하며 엔진형태 중 가장 낮은 금액이다.

둘째, 터보항공기는 도착의 경우에 항로를 통과하여 비행하는 경우와 항로가 아닌 곳을 비행하는 경우로 구분하여 항로를 통과한 항공기에 더 많은 금액을 징수하며, 피스톤 항공기보다 많은 금액이다.

셋째, 제트항공기는 도착의 경우에는 항로를 통과하여 비행하는 경우와 항로가 아닌 곳을 비행하는 경우로 구분하여 항로를 통과한 항공기에 더 많은 금액을 징수하며, 터보엔진 항공기보다 많은 금액이다.

제4절 상업활동관련 사용료의 산정방법

1. 임대료 및 영업료 산정방법

임대료는 공항의 상업수입을 증대시킬 수 있는 원천이다. 공항상업시설의 임대료는 구내영업료를 포함하여 징수하고 있다. 공항임대료는 항공사·화물운송업자·지상조업체와 같이 직접적으로 공항에서 상업활동을 하는 이용자와 호텔·기내식회사·제조회사 등과 같이 공항에서 간접적으로 상업활동을 하는 이용자에게 공항시설을 임대하거나 리스를 함으로써 발생한다. 공항임대수입은 임대인이 점유한 공간의 크기나 체크인 카운터와 같이 특정시설이 점유한 면적을 근거로 하여 부과한다. 영업료는 공항의 토지 및 건물에서 영업을 할 수 있는 권한을 부여받은 대가로서 공항운영자에게 지불하는 일종의 사용료이다. 영업료에는 사용된 토지나 건물의 면적에 대한 임대료를 반영하여 산출되나 점유한 면적에 대한 임대료보다 구내업자의 매출액에 따라 결정되는 금액이 더 큰 경우가 많다.

공항에서 발생하는 임대수입 또는 리스수입은 다음과 같은 활동으로부터 창출될 수 있다.

첫째, 공항에 있어야 할 필요가 있는 회사, 즉 공항에 있어야 할 대상으로는 항공사, 지상조업자, 화물운송업자, 여행사대리점, 창고 및 운수사업자 등이 포함된다. 이들은 사무실, 격납고, 차량의 주차공간, 여객전용 라운지, 청사유지를 위한 토지 등으로 다양하다. 이들은 체크인시설, 수하물 컨베이어의 사용, 버스와 같은 공항이 소유한 장비 등에 대해 사용료를 지불한다. 세관업무, 출입국관리, 검역 등의 정부기관이 점유한 공간에 대한 임대료도 여기에 해당된다.

둘째, 공항에 위치하는 것이 유리하나 필수적으로 공항 내에 위치해야 하는 것이 아닌 회사들을 위한 시설이나 공간 및 건물 또는 토지로는 기내식, 제조업 또는 조립산업, 항공운송의 손쉬운 이용이 이익을 줄 수 있는 사업들이 포함될 수 있다.

1) 공항임대료의 중요성

공항시설의 임대료는 영업료 다음으로 상업수입의 두 번째로 중요한 수입원이다. 유럽공항들 중에서 공항시설의 임대료수입은 공항의 총수입의 8~10%를 차지하고 있으며, 미국의 대규모 공항에서의 임대료수입은 공항 총수입의 25%에 달하고 있다.

공항의 규모와 교통량이 증가함에 따라 나타날 수 있는 공항사용료의 특징은 다음과 같다.

첫째, 비항공수입이 공항의 총수입에서 차지하는 비율이 커지고 있다.

둘째, 구내영업수입이 비항공수입에서 차지하는 비율이 커지고 있다는 것이다.

셋째, 소규모 공항이나 고정된 영업료를 적용하는 공항들에 있어서 임대료는 특히 중요하게 여겨지고 있다.

임대료는 체크인 카운터나 컨베이어벨트와 같은 특별장비의 사용이나 사무실 또는 그 밖의 임대시설의 청사면적을 사용하는 대가로 지불된다. 임대료는 사용면적을 기준으로 결정된다. 공항에서 면적과 시설을 임차하기를 원하는 자는 다수이나, 공항시설은 한정되어 있으므로 그들이 공항시설을 선택할 여지가 적다. 업체가 원하는 대로 시설을 이용할 수 없게 되어 사실상 공항운영자는 독점적 공급자로 작용하고 있다. 공항운영자는 이러한 독점권을 남용하지 않도록 주의해야 한다. 특히 전용고객인 항공사들은 그들이 지불하고 있는 공항사용료를 통해 상당히 많은 임대료를 공항운영자에게 제공하기 때문에 공항운영자는 항공사의 영업활동을 위해 싼 임대료를 제공할 수 있도록 노력해야 할 것이다.

일부 공항에서는 인근지역의 유사한 형태의 재산과 토지에 부과되는 임대료와 비슷한 수준으로 임대료를 결정하는 것이 더 바람직하다고 생각하고 있다. 그러나 항공수요 증가로 공항시설 개선과 교통량 증가에 따른 시설투자 등을 고려할 때 공항의 임대료는 인근지역의 유사시설과는 다른 별도의 가격정책이 필요하게 된다. 공항임대료가 너무 낮게 책정되면 임대시설 유지를 위한 비용보다 낮을 수가 있다. 따라서 공항들은 임대료를 비용회복수준으로 결정하려는 제3의 선택으로 돌아서고 있다. 즉 전통적인 비용계산방법을 사용하여 공항은 각 청사와 사무실 건물 또는 화물청사를 건설하고 유지하는 데 드는 비용을 완전히 반영하는 기준으로 연간 임대료를 산정하고 있다.

임대료에는 건설자금이 선(先)임대를 통해 임차인에 의해 사전에 제공되지 않는 때에 건설투자비의 이자를 반드시 포함해야 한다. 선(先)임대는 어떤 시설을 단일항공사나 특정임차인을 위해 전용으로 건설될 때 사용되고 있다. 보통 업계에서 사용하는 비용에 근거한 임대료의 산정은 상당히 간단하나 공항청사의 임대를 위하여 이러한 비용회복방식을 적용하는 것은 여러 가지 문제를 야기한다. 예를 들면, 청사비용의 몇 %를 임대면적으로 보전해야 하는가의 문제이다. 이론상으로 청사비용의 일부는 임대료에 반영되고 여객이용료와 구내업자로부터 징수되는 영업료로도 상당부분의 청사비용을 회수하게 된다. 그렇다면 임대료는 여객이용료와 영업료 수입으로 보전되지 않는 나머지 비용을 갚는 용도로만 사용되는 경우에 임대료는 임대면적의 제공에 드는 비용을 훨씬 하회하는 수준이 될 것이다. 실제로 많은 공항들은 만약 비용기준이라면 이들 다른 수입이 대합실과 같은 임대할 수 없는 지역의 면적의 소요비용을 보전하는 데 사용될 것이라는 이유로 이들 수입의 효과를 무시하고 모든 비용이 반영된 임대료를 결정하려고 노력할 것이다.

일부 공항들은 임대료를 결정하기 위해 위의 방법 또는 그 밖의 방법을 사용하지만, 공항들은 이러한 방법을 둘 또는 그 이상을 혼합하여 사용한다. 그들은 임대료수준을 시설들의 실제 비용에서 출발할 수도 있으나 시장평가가치를 고려하여 협상할 수도 있다. 국제민간항공기구(ICAO)의 연구에 의하면 〈표 11-3〉에서 보는 바와 같이 전세계 61개 국가의 100개 공항에서 25%는 비용으로 임대하고 있고, 다른 34%는 시장가치를 포함한 여러 가지 요소에 비용을 혼합하여 사용하고 있었다. 임대료산정요소로서 시장가치의 사용은 증가하고 있는데, 공항들이 더욱 상업중심적으로 되어감에 따라 수요와 공급의 상호작용에 따른 시장가치에 근

〈표 11-3〉 **공항시설 임대료의 부과기준(ICAO)**

(단위: %)

구분	
• 독점적 기준	
(1) 유지보수, 관리 및 자본비용	25
(2) 시장가치 평가	19
(3) 공항 주변 임대	2
(4) 기타	9
• 조합적 기준	
(1), (2)와 (3) 또는 (4)	31
(1)+(3) 또는 (4)	3
(2)+(3)	10
(3)+(4)	1
	100

거한 임대료는 재정적으로 의미가 있으며, 시장가치 지향적 임대방법은 비용을 기준으로 한 것보다 더 높은 임대수입을 제공하나 공항운영자는 독점권을 남용하지 않도록 주의해야 한다.

공항들은 임차인에게 공항시설 또는 서비스를 제공하고 사용료를 징수하는데, 이것이 공항시설사용료이다. 청사의 임대에 따른 서비스로는 난방 또는 냉방, 급수, 전기, 청소, 쓰레기 처리, 전화 서비스 등이 포함된다. 공항이 해결해야 할 주요문제는 공항이 이러한 서비스 비용을 임차인에 대해 실비용만 징수해야 하는지, 또는 시설사용료로부터 작은 이익이라도 내야 하는지의 문제인데, 예를 들어 암스테르담공항은 비용에 10%를 추가해 징수해 왔다.

공항시설사용료를 산정하는 기본적인 방법은 다음과 같다.

첫째, 냉·난방, 청소 등 서비스의 비용은 청사면적에 대한 임대료에 포함하여 부과할 수 있다.

둘째, 개별 임차인은 전기·급수 사용량 또는 전화사용시간을 기록하는 미터기를 그들의 점포 내에 설치할 수 있다. 그러면 그들은 실제 소비량만큼을 지불하게 된다.

셋째, 어떤 서비스는 임대와 별도로 사용면적당 일정액을 징수할 수 있다.

이러한 방식은 비용을 기준으로 결정하는 것보다 임대 자체에 대해 입찰자가 수용하거나 협상을 통해 결정하는 것이 바람직하다.

임대료와 시설사용료가 상업수입의 원천이기 때문에 대규모 공항, 특히 미국 외의 공항들의 재정성과 개선은 구내영업수익의 증가와 밀접하게 연결되어 있다. 상업중심적인 공항경영으로 가장 손쉽게 효과를 볼 수 있는 것이 구내영업수입이다. 그러므로 공항의 구내영업수입에 영향을 끼치는 요소들과 임대료와 시설사용료에 대한 요소들을 조사하여 더욱 합리적으로 개발하는 것도 필요하다.

2) 임대료의 산정방법

공항운영자가 공항시설을 임대하는 데 따른 임대료 산정은 신규로 공항시설을 임대할 때와 기존에 공항시설을 임대하였던 시설에 대하여 토지나 건물가격의 상승 또는 물가상승 등에 의하여 매년 임대료를 다시 산정해야 하는 문제 등으로 나누어진다.

이와 같은 공항에서의 임대료 산정에는 최초로 임대할 때에 신규임대료를 산정하는 방법과 기존에 임대하였던 시설에 대하여 계속적인 임대료를 산정하는 방법이 사용되고 있다.

(1) 신규임대료를 산정하는 방법

공항시설을 임대하기 위하여 임대료를 산정하기 위한 이론적 준거로는 공항시설에 대한 비용성・시장성・수익성의 3가지를 기본적 요건으로 하여 적정한 임대료를 산정하는 방식이 있다.

첫째, 비용성에 근거한 산정방법은 임대할 부동산의 가치나 소요된 원가를 기준으로 임대료를 구하는 원가방식이다.

둘째, 시장성에 근거한 산정방법은 주변지역의 임대차사례를 기초로 하여 임대료를 산정하는 비교방식이다.

셋째, 수익성에 근거한 산정방법은 임대할 부동산에서 발생하는 예상수익을 기준으로 임대료를 산정하는 수익방식이다.

공항시설임대료를 신규로 산정할 때 실무적이고 구체적인 방법으로는 다음과 같은 임대사례 비교방법, 원가방식에 의한 산정방법, 수익성의 따른 산정이 사용되고 있다. 이들 방법 중에서 한 가지만 적용하기도 하지만, 두 가지 이상을 혼합하여 사용하기도 한다.

첫째, 임대사례 비교방법은 임대하고자 하는 대상부동산과 동일성 또는 유사성이 있는 인근지역의 다른 부동산의 임대사례를 조사하여 임대시점의 수정, 지역적인 요인, 토지・건물의 위치와 층별 등 개별 요인과 효용성 등을 감안하여 임대료를 산정하는 방법이다. 이 방식의 장점으로는 현실성이 있고, 설득력이 풍부하며, 간편하고, 이해하기 쉬우나, 단점으로는 시장성이 없는 물건에는 적용하기 곤란하고, 과학성이 결여된 감이 있는 동시에, 시점수정이나 사정보정, 개별요인과 효용성 및 지역요인을 비교하여 객관성이 부족하고 주관성이 강하다는 문제가 제기될 수 있다는 점이 지적되고 있다.

둘째, 원가방식에 의한 임대료 산정방법은 임대용 부동산 임대사례를 수집할 수 없는 경우에 적용되는 것으로서 공급자 위주의 임대료 산정의 성격을 갖고 있다. 이 방식은 임대할 부동산에 투자된 기초가격을 기준으로 하여 감가상각비・운영경비・이윤 등을 합산하여 임대료를 산정하는 방법이다. 이 방식의 장점으로는 투자된 원가에 의하여 임대료를 산정하였고, 투자된 자본을 정상적으로 회수할 수 있다는 점에서 이론이 타당할 뿐 아니라, 임대사례가 없는 물건에 유익하게 적용할 수 있다는 점이며, 반면에 수익성과 시장성이 감안되고 있지 않는다는 단점이 있다.

셋째, 수익성에 의한 임대료 산정방법은 일반기업 경영방법에 의하여 산출된 총수익을 분석하여 임대부동산이 일정한 기간에 기대되는 순이익을 구한 후 부동산을 임대하는 데 필요한 경비를 가산하여 임대료를 산정하는 방법이다. 이 방법은 일반기업경영에 제공되는 부동산의 순이익을 적절하게 구할 수 있는 경우에 적용된다. 이 방식의 장점은 수익성에 대한 data가 정확하면 대체로 가격이 정확하게 산출될 수 있고, 다른 방식에 비해 과학적이고 이론적이나, 단점으로는 수익이 발생하지 않는 물건은 적용하기가 어려우며, 일반경제정서나 산업변동 등으로 순이익의 파악이 곤란한 경우에는 신뢰성이 결여된다는 것이다.

(2) 계속적인 임대료를 산정하는 방법

계속적인 임대료는 신규임대료 산정방법과 같지만 일정기간, 즉 예를 들면 1년이 지나면 다른 임대사례보다 임대료수준이 낮아지는 경향이 있으므로 신규임대료와 균형을 맞추기 위해서 임대료를 새로이 정한다. 그리고 임대차의 사용방법이나 사용목적이 변경되어 계약을 갱신하는 때에도 임대료 산정은 이 방식에 따르는데, 일반적으로 차액배분방법 · 이자율법 · 슬라이드법 · 임대사례비교법 등이 있다.

첫째, 차액배분방법은 신규로 산출된 임대료가 기존의 임대료보다 높게 산정된 경우에 그 차액에 대해서 계약의 내용과 계약체결의 경위 등을 종합적으로 고려해서 새로운 임대료를 적정하게 조정하는 방식이다. 통상적으로는 최초에 계약을 체결할 때에 지가상승이나 물가상승률을 고려하고 임대료를 매년 일정률로 인상할 것을 합의해 신규임대가격과 새로운 임대가격의 차이를 좁히기 위하여 차액배분을 하도록 하고 있다.

둘째, 이자율법이란 최초로 책정된 임대료에 대하여 부동산의 가치상승에 대한 금액을 은행이자율을 적용하여 매년 임대료를 인상하는 방법이다. 차액배분방법이 지가상승이나 물가상승률을 적용하는 것이 복잡한 계산을 해야 하는 것에 비하여, 비교적 간편한 방법으로 원가상승비용을 회수하는 방법이라고 할 수 있다.

셋째, 슬라이드방법은 임대한 부동산의 가격변동과 임대료 변동 및 제경비의 변동 등에 대비하여 이러한 변동에 대하여 적정한 변동률인 슬라이드지수를 파악해 매년 임대료를 인상할 수 있도록 하여 새로운 임대료를 산출하는 방법이다.

넷째, 임대사례비교법은 인근 또는 동일지역 내에 소재하는 같은 유형의 부동산에 대한 임대료의 사례자료를 조사하여 지역요인과 개별 요인을 비교한 후에 시점수정과 사정보정 및 임대차계약내용을 참고하여 계속적인 임대료를 산정하는 방법이다.

3) 김포국제공항의 임대료 및 영업료 산정방법

김포국제공항 등을 운영하는 한국공항공사는 토지·건물 등의 사용료를 산정할 때 공항의 토지·건물·공작물·부착물 등의 부동산에 대하여 점용료(占用料)의 성격을 가지고 있는 임대료와 공항의 부동산을 이용하여 영업행위를 하는 것에 대하여 영업권형태의 임대료로 구분하고 있다. 점용료성격의 부동산에 대한 임대료는 점용하고 있는 부동산의 종류 및 형태에 따라 임대료를 부과하고, 영업권형태의 부동산에 대한 임대료는 공익성·기업성 및 업종의 특성 등을 고려하여 다음과 같이 산정하고 있다.

(1) 임대료 산정방법

점용료성격의 임대료는 공항의 재산을 점용하여 사용하는 데 대한 임대료로서 공항의 재산가액과 사용면적에 임대요율을 곱하여 산정한다.

재산가액은 토지와 토지 외의 재산으로 구분하여 다음과 같이 산정하고 있다.

첫째, 재산가격의 산정은 토지가격은 국토교통부장관이 고시하는 개별 공시지가를 기준하고, 건물·공작물의 가격은 건물 및 공작물에 대하여 임대할 때의 감정평가액을 기준으로 임대료를 산정한다.

둘째, 임대요율의 산정은 「국유재산법 시행령」 제26조 규정에 따른 사용요율을 준용하고 있다. 재산의 사용목적에 따라 행정·보존목적의 사용은 2.5%, 공무원 후생목적의 사용은 4.0%, 경작용은 1.0%, 주거용은 2.5%, 기타는 5.0%의 사용요율을 기초로 하되, 임대시설의 위치·용도·형태 및 시중의 임대료 등을 고려하여 산출한다.

(2) 영업료 산정방법

공항에서의 영업료를 산정하는 때에 공항에서는 업종의 영업에서 발생한 총매출액의 몇 %를 기준으로 영업료를 산정하고 있는데, 이는 매출액에 단일비율의 영업료를 적용하는 가장 간단한 방법인 것이다. 이러한 방식은 렌터카나 항공기 기내식영업과 같이 상품이나 서비스를 차별화할 수 없는 분야에서 대부분 사용되고 있다. 상품의 서비스를 더 다양하게 할 수 있는 업종에서는 각 상품의 품목별로 다른 비율을 적용하면 더 높은 사용료를 창출할 수 있을 것이다. 이는 구내업자의 이익은 상품의 품목에 따라 변하기 때문에 공항의 영업료는 상품의 이익이 더 큰 곳에서는 더 높아야 한다는 이론이다. 만약 단일비율의 영업료만 적용된다면 구내업자는 이익이 큰 상품만 취급하려 들 것이다. 이익이 낮은 저가의 상품이나 브랜드는 판매하지 않으려 할 것이다. 이렇게 되면 구내업자의 이익은 증가하겠지만, 공항이용객이 원하는 물품을 구입할 수 없을 것이고, 이는 공항운영자의 서비스 저하로 이어질 것이다.

공항의 영업료 산정에 대한 영국공항의 예를 들어 보면, 영국공항공단은 면세점의 주류와 연초제품 등을 20여 개가 넘는 각각의 제품군으로 분류하고 각각에 대해 다른 영업권료를 징수하고 있다. 예컨대, 최고급 위스키 브랜드에는 일반혼합 위스키보다 더 높은 비율의 영업료를 적용했고, 면세시계에 대해서는 약 10%, 고급숙녀복과 보석류는 15% 등의 영업료를 적용하고 있다. 비면세상점의 일반상품은 책・신문・사탕류・기념품 등 10가지 이상의 제품군으로 분류하여 서로 다른 영업료를 적용하고 있다. 예를 들어 자동차 임대영업에 있어서 운전사가 있는 렌터카는 더 높은 영업료를 내도록 하고 있다. 영국공항공단이 민영화된 이후에는 영국정부는 감독과 통제를 쉽게 하려고 제품의 분류숫자를 줄이도록 하였다. 이와 같은 영국공항의 사례를 통해 공항에서의 판매품목의 제품군을 분류하여 수익률에 의한 각기 다른 비율의 영업료를 적용함으로써 공항의 영업료 수입을 증가할 수 있다는 것을 알았다. 영업료의 구조가 간단할수록 구내영업에서 벌어들이는 공항의 영업료 수입은 줄어들고 구내업자의 이익은 더 커지는 경향이 있음을 알았다.

공항운영자가 영업업체와의 계약에 있어서 매출액비율에 의한 영업료는 매출액이 어느 수준까지 도달할 때까지 증가한다. 구내업자의 고정비용이 어느 정도의 판매량에 의해 보장된 후에 구내업자의 이익이 더 증가하게 되면 구내업자는 더 많은 영업료를 공항운영자에게 납부한다. 계약에는 영업자가 실제로 달성한 판매액과 상관없이 반드시 납부하는 최소한의 이용료가 보장되어야 한다. 이와 같은 최소보장금액은 입찰 때 제시된 예상판매액에 근거한 예상납부액의 80% 정도로 정하는 것이 보통이다. 영업료의 부과는 공항시설을 사용 또는 이용하거나 공항시설과 연계하여 창출되는 부가가치를 공유하는 용역・서비스 등 무형 자산의 가치창출사업에 대하여 개발이익의 환수차원에서 부과되고 있다. 이는 업종에 따라 구별하고 있는데, 일반업종과 특수업종으로 구분하고, 각 업종을 다시 업태별로 세분하여 다음과 같이 영업료를 부과하고 있다.

첫째, 영업료의 부과를 위한 업종의 분류는 사업의 공익성과 사업운영주체의 공공성을 기준으로 징수업종과 징수제외 업종으로 구분하고 있다. 업종의 구분은 불특정 다수의 공항이용자를 대상으로 영업행위를 하는 일반업종과 공항의 기능유지에 필수적으로 필요하여 공항의 고유한 업종인 특수업종으로 구분하고 있다. 여기서 일반업종은 휴게실업, 식당업, 일반판매업, 용역 서비스업, 금융보험업, 항공화물관련 서비스업, 광고업 등이고, 특수업종은 항공화물터미널업, 급유업, 지상조업, 용역업 등이다. 영업료 징수제외업종은 항공운송사업, 항공기 사용사업, 항공기 정비업, 공중전화 통신사업, 도시철도사업, 전기・수도・가스업, 관광진흥 및 무역진흥사업, 공항공사 위탁용역업 등이다.

둘째, 일반업종의 경우에는 매년 감정가인상률에 의한 인상요인만을 고려하여 매년 영업료를 책정하고, 특수업종의 경우에는 업종별・업체별 전년도 매출액을 기준으로 하여 영업요율을 적용하기 때문에 구내업체의 실질매출에 근거하여 영업이익을 공유하는 형태를 취하고 있다.

셋째, 일반업종의 영업료는 조정된 단가를 적용하는 업종과 경쟁입찰에 의한 영업료 결정업종으로 구분하고 있다. 조정단가를 적용하는 업종에는 전기통신업・광고업・항공운송대리점 등이 해당되고, 영업료 산출기준은 사용면적을 기준으로 하여 사용면적×조정단가(3가지)×감정가인상률로 하며, 영업요율은 5%로 한다. 한편, 공개경쟁입찰에 따라 영업료를 결정하는 업종은 일반업종 중에서 조정단가에 의하여 매년 영업료를 조정하는 업종을 제외한 상업시설에 적용하는 방식으로 공개경쟁입찰방식에 의하여 사용자를 결정한다. 동 방식에 따라 한국공항공사는 임대료와 영업료를 환산하여 산정한 예정가격 이상의 최고요율을 제시한 자를 낙찰자로 선정하고 있다. 영업환경의 변화로 인한 영업이익의 감소를 이유로 낙찰된 사용료의 조정이나 보전은 허용하지 않고 있다. 다만, 일반업종은 업체가 신고한 매출액・여객증가율・화물증가율 등 3종류의 조정단가를 산정하여 매년 영업료를 산정하는 업종과 상업시설 중에서 음식업・판매업 등 공개경쟁입찰에 따라 공사가 정한 예정가격 이상의 최고요율을 제시한 자를 낙찰자로 결정하는 업종으로 구분하고 있다.

넷째, 특수업종 중에서 한국음식점・중국음식점・서양음식점・프랜차이즈음식점・다과점업 등의 음식점업, 슈퍼마켓・빵・과자류・담배・양약・서점 등의 소매업 및 전자오락실・이용업・미용업・피부관리 등 서비스업종이 해당된다. 이들 업종은 공개경쟁입찰방식에 의해 낙찰자가 결정되나 적정한 영업료를 징수하기 위해서는 이들 업소에 대한 정확한 매출액 파악과 적정이윤을 감안한 영업요율의 결정이 선행되어야 한다.

다섯째, 특수업종 중에서 공개경쟁입찰에 따라 예정가격을 산출할 수 없는 급유업이나 지상조업 등에 대한 영업료는 매출액을 기준으로 하여 업종별로 영업요율을 정하고 있다. 급유업과 화물터미널업은 6%, 지상조업과 용역업은 2% 등으로 6종류의 영업요율을 구분하여 매출액×영업요율로 산출한다.

현재는 한국공항공사가 매출액을 자동으로 파악할 수 있는 장치가 되어 있지 않기 때문에 시설이용자가 세무관서에 신고한 매출액을 참고자료로 파악하고 있어 사용자가 제시한 매출액이 적정한 영업요율을 반영한 사용료인가에 대한 객관적인 검증도 미흡한 실정이다.

4) 인천국제공항의 임대료 및 영업료 산정방법

인천국제공항을 운영하는 인천국제공항공사가 부과하고 있는 공항의 임대료와 영업료의 산정방법은 공항시설을 일반시설과 상업시설을 구분하여 임대료와 영업료를 부과하고 있다.

첫째, 국가기관이나 항공사의 사무실 등 일반시설에 대한 임대료는 부동산가액의 100분의 10 이상을 임대료로 부과하고 있다. 토지는 개별 공시지가의 10%, 건물은 개별 공시지가에 건축물의 감정가액을 합산한 가액의 11.9%를 부과하고 있다.

둘째, 면세점 · 음식점 · 판매점 등 상업시설에 대한 임대료와 영업료의 부과방법을 보면, 임대료는 한국공항공사와 마찬가지로 토지의 공시지가와 건물의 감정가를 기준으로 산정하고, 영업료는 구내영업자의 매출액을 파악할 수 있는 장치를 마련하고 있기 때문에 자체에서 조사하여 수집한 영업요율을 적용하고 있다.

인천국제공항공사는 구내영업체의 매출액을 파악할 수 있는 네트워크를 구성하여 POS (Point Of Sales) 시스템을 도입하여 면세점 · 백화점 · 편의점 · 식음료점 · 서점 · 문구점 등 판매업은 이 시스템을 적용한다. 이발소 · 미용실 · 사우나 · 비즈니스센터 · 볼링장 · 렌터카 · 수하물보관소 등 서비스업은 이 시스템을 적용하지 못하고 있다.

인천국제공항에서의 사업자 선정방식은 사업자에 대한 사업능력평가와 가격입찰의 2단계 과정을 거친다. 1단계에서는 사업능력을 평가하여 최대 5개의 적격업체를 선정한 후 2단계는 1단계의 사업능력을 평가할 때에는 제출한 가격자료를 기초로 하여 낙찰자를 결정한다. 사업자선정을 위한 입찰에는 인천공항공사에서 조사 · 결정한 업종별 적정사용료의 70~80% 수준을 최저수용금액으로 하여 예정가격을 입찰공고문에 미리 공개함으로써 입찰희망자들로 하여금 적정한 사업평가를 할 수 있도록 유도하고 있다. 입찰 때에 낙찰자가 제시한 최소영업료(최소보장금액)는 선납하도록 하고, 최소보장액과 '일정기간의 매출액× 영업요율'에 의하여 산정된 영업료를 비교해 매출실적에 의하여 산정된 영업료가 최소보장금액을 초과할 때에는 차액을 다음 달에 추가로 징수하고, 최소보장금액에 미달한 경우에는 미달금액을 환급하거나 반환하지 아니하는 소위 '비교징수방식'을 채택하고 있다. 인천국제공항공사에서는 여객터미널의 위락편의시설 사용료는 시설별 사업성을 분석한 용역결과에 나타난 사용요율과 공항에서 업종별로 조사·수집한 시중의 적정한 이익률을 기초로 하여 업종별 영업요율을 책정하고 있다.

2. 주차료 산정방법

공항의 주차료 산출방법은 주차장설치에 제공된 토지와 주차장 설치비용 등 자본비용, 주차장시설 및 장비에 대한 감가상각비 및 유지·보수비용, 주차장운영과 관련된 직원의 직접 인건비와 경비, 주차장운영과 관련된 공통인건비와 경비 및 일반관리비를 합산한 금액을 원가구성요소로 하여 연간 주차장을 이용하는 자동차의 수를 예측하여 산출하고 있으나, 이 산출방법은 설치된 주차장의 수용능력에 상응하는 자동차대수가 주차장을 이용할 때만 적용한다.

우리나라 공항의 경우에 원가보정방식에 의하여 산출된 주차료를 그대로 적용하지는 않고, 시장가격인 인근지역의 주차료를 고려하여 조정하고 있으며, 여객이 적어 공항주차장 이용이 저조한 지방공항의 경우에는 사실상 투자원가를 적용하여 주차료를 산출하는 것은 불가능하다고 보아야 할 것이다. 우리나라 공항의 주차료는 성수기는 할증하고 비수기는 할인하고, 주말에는 할증하고 주중에는 할인하는 등 수요변동에 따라 탄력적인 정책을 펴고 있다.

주차장의 위치에 따라 근거리 주차장은 사용료가 높고 원거리 주차장은 주차료를 낮추어 주차수요가 여객청사지역에 집중하는 것을 방지하고 있다. 주차시간에 따라 단기주차장과 장기주차장으로 구분하여 단기주차장의 사용료는 비싸고 장기주차장의 사용료는 저렴하게 적용할 뿐만 아니라, 일반여객주차장과 상주직원 주차장으로 구분하여 상주직원에게는 저렴한 주차료를 부과하고 있으므로 주차료가 원가보상주의라기보다는 수용공급에 의한 탄력적인 시장가격에 따르고 있다고 보아야 할 것이다. 특히 항공기 운항이 적고 공항을 이용하는 여객이 많지 않은 지방공항의 주차료는 투자원가를 반영한 주차료를 산출할 수 없으므로 공공시설로서의 서비스차원에서 운영된다고 보아야 한다.

3. 기타 시설사용료 산정방법

1) 급유시설사용료

공항에서 항공사가 항공기에 급유를 위하여 공항시설을 사용하는 데 따른 급유시설사용료는 급유 탱크나 계류장의 지하에 매설된 Hydrant시설을 사용하는 대가로 공항운영자에 납부하는 사용료와 급유회사가 항공기 급유를 위하여 공항의 토지 등을 점유한 면적에 대한 임대료에 추가하여 급유영업을 허용한 데 대한 영업료로 구별된다. 급유탱크나 Hydrant시설 사용료는 토지가격에 그 시설들을 설치하는 데 투자된 비용의 감가상가비 · 직접인건비 · 간접인건비 · 일반관리비 등을 반영하여 산출한다. 영업료는 매출액의 몇 %가 아니라 리터나 갤런당 급유작업량에 대해 고정액을 받고 있다. 이것은 유럽과 그 밖의 일부 공항에서 받고 있다. 남미공항에서는 널리 운영되어 공항수입의 상당부분을 차지하고 있고, 특히 멕시코공항은 이 사용료가 공항수입의 약 15%를 차지하고 있으며, 이 사용료는 항공기와 관련은 있으나 항공수입이 아닌 상업수입에 포함하고 있다.

우리나라 공항에서의 급유사용료는 김포국제공항을 예로 들면, 급유탱크에 대한 자본비용과 유지 · 보수비 그리고 Hydrant시설에 대한 자본비용과 유지 · 보수비를 시설사용료로 징수하고, 정유회사로부터 송유관을 통하여 공급되는 항공유에 대하여는 갤런당 일정액의 영업료를 징수하고 있다.

2) 계류장사용료

계류장사용료는 공항의 Air Side 지역에 설치된 계류장의 유지 · 보수비용을 충당하기 위하여 Air Side 지역에서 항공기의 지상조업에 사용되는 차량과 장비가 계류장을 사용하는 데 따른 대가를 차량과 장비를 운영하는 자가 공항운영자에게 납부하는 사용료이다. 계류장사용료는 계류장설치에 제공된 토지 · 시설투자비 등의 자본비용, 계류장시설에 대한 감가상각비와 유지 · 보수비용, 계류장운영과 관련된 직원의 직접인건비와 경비, 계류장운영과 관련된 공통인건비 및 일반관리비를 합산한 금액을 원가구성요소로 하여 연간 계류장을 이용하는 차량과 장비의 대수를 감안하여 산출하고 있다.

우리나라 공항에서의 계류장사용료는 차량은 1톤당 1일을 기준으로 공항에 따라 400원 내지 450원을 부과하고, 장비는 1톤당 1일을 기준으로 공항에 따라 500원 내지 550원을 부과하고 있다.

3) 보안시설사용료

보안시설사용료는 공항을 이용하는 항공기나 여객 및 화물의 안전을 보장하기 위한 다음 보안업무를 수행하기 위한 비용이다.

첫째, 항공기에 탑승하려는 승객의 신체, 휴대수하물 및 위탁수하물에 대한 보안검색 수행을 위한 비용

둘째, 여객청사의 격리대합실로 진입하려는 자의 신체 및 휴대물품에 대한 보안검색 수행을 위한 비용

셋째, 공항의 Air Side 지역의 사람, 차량, 장비 및 화물의 출입통제와 경비를 위한 비용

넷째, 공항시설 보호를 위한 경비인력 및 경비시설 설치를 위한 비용

국제민간항공기구에서는 "보안사용료는 보안과 관련된 비용이상을 회수해서는 안 된다"는 원칙을 명확하게 규정하고 있어 공항의 다른 사용료에서 적당한 수익을 인정한 것과는 다른 예외적인 원칙을 제시하고 있다.

보안사용료의 징수방법은 여객의 수 또는 항공기 중량을 기준으로 하거나 두 요소를 결합한 기준으로 산출하고 있다. 지금까지는 보안강화에 따른 비용에 대해 대부분 정부나 항공사가 부담하였다. 일부 경우에는 보안사용료를 공항운영자에 의해 별도로 징수하는 공항의 수는 많지 않았으나, 보안비용을 회수하려는 공항이 점차 확산되고 있다. 보안비용을 회수하려는 공항은 기존의 사용료에 추가하여 징수하기를 선호한다.

여객의 수를 기준으로 하는 보안사용료는 다음 연도의 보안사용료에 대한 추정원가기준을 그 해의 출발여객의 수로 나누어 산출한다. 국제선의 보안은 국내선과 다르기 때문에 원가기준을 나누는 방법이 있다면 국제선 보안사용료와 국내선 보안사용료로 분리하는 것이 비용발생기준을 명확히 적용하게 될 것이다. 항공기 중량을 기준으로 보안사용료를 산출할 때에도 다음 연도의 보안사용료에 대한 추정원가기준을 공항에서 이륙한 모든 항공기의 최대이륙중량으로 나누어 산출하는데, 이 경우에도 국제선과 국내선으로 분리할 수 있다.

우리나라 공항에서의 보안사용료는 여객에 대한 보안검색에 소요되는 시설 및 장비와 보

안검색에 투입되는 직접인건비 등에 대한 원가를 기준으로 산출하고 있다. 과거에는 항공사가 항공사협의회를 통하여 보안검색요원의 직접인건비를 제공하고 보안검색업무에 대한 감독과 통제는 경찰이 담당하였으나, 9·11테러사건 이후 보안검색업무 강화로 현재는 공항운영자에게 이관되었다. 공항운영자는 그 비용을 충당하기 위하여 보안검색비용으로 산출된 비용에 해당하는 금액을 국내선여객이용료를 인상하여 충당하고 있다.

4) 탑승교사용료

탑승교사용료는 대부분 공항에서 별도로 징수하지 않고 여객이용료에 포함하여 징수하고 있다. 탑승교사용료를 별도로 징수하는 경우 탑승교사용료의 산출방법은 다음과 같은 방법을 적용하고 있다.

첫째, 출발여객 또는 도착여객의 수를 기준으로 산출하는 방법
둘째, 항공기가 탑승교를 이용한 횟수를 기준으로 산출하는 방법
셋째, 탑승교의 투자원가를 기준으로 산출하는 방법
넷째, 탑승교를 사용한 시간을 기준으로 산출하는 방법

탑승교사용료를 산정하는 데 어떠한 방법을 채택하든 탑승교를 설치하는 데 소요된 자본비용과 유지·보수비용 및 인건비 등을 회수할 수 있는 수준으로 책정되고 있다.

우리나라 공항의 경우에 탑승교를 설치하는 데 소요된 투자원가와 탑승교를 운영하는 비용의 원가보상을 할 수 있는 원가보상주의를 채택하고 있으므로 항공기 운항이 하루에 2~3회밖에 안 되는 지방공항에서는 원가보상에 따른 비용회수를 하는 때에 어떠한 기준으로 탑승교사용료를 부과하여도 단위당 사용료가 매우 높아지기 때문에 항공사로부터의 저항을 면하기 어렵게 될 것이다.

CHAPTER 12

공항 마케팅관리

제1절 공항 마케팅의 개념과 도입배경

1. 마케팅의 개념과 공항 마케팅

1) 마케팅의 개념

마케팅이란 시장(market)에 가도록 한다(-ing)는 뜻으로서 시장에 가서 물건을 사도록 한다는 의미이다. 마케팅이란 소비자가 상품을 사게 만드는 모든 행위라고 말할 수 있다. 과거의 기업경영은 기업이 제품을 만들어서 시장에 내다 팔아서 수익을 올리는 단순한 과정이었으나, 현대 기업경영에서의 마케팅은 소비자들의 마음속에 있는 욕구를 조사하여 찾아낸 다음에 그것을 토대로 제품을 생산하여 판매하는 것으로서 이 과정에는 광고를 포함한 여러 가지의 판매촉진이 필요하다.

마케팅이란 재화와 서비스의 실질적인 배합을 통해서 그 상품의 소유권을 이전해 주고 대가를 받는 모든 노력이라고 포괄적으로 정의할 수 있다. 한마디로 표현한다면 시장개척이나 상품판매를 위한 전략적 활동이라고 할 수 있다. 마케팅은 기업활동에서 본다면 재화와 서비스를 생산자로부터 소비자 또는 사용자에게 전달되는 것을 관리하는 일체의 기업활동을 수행하는 것이라 할 수 있다. 기업과 기업 사이에 경쟁이 심해지고 소비자의 욕구도 다양해진 요즘에 와서는 "소비자의 욕구를 파악하고 이를 만족시켜 줄 수 있는 재화와 서비스의 제공을 통하여 이윤을 창출하기 위한 기업활동"이라고 정의하고 있다. 오늘날의 마케팅개념은 과거의 제품생산자 관점이 아니라 고객지향적인 특성이 있다.

상품구매에 만족을 느낀 소비자의 반응은 두 가지로 나타난다고 볼 수 있다. 그 하나는 상품을 재구매하는 것이고, 다른 하나는 입소문을 통하여 다른 사람에게 알리는 것이다. 입소문(~카더라)을 통한 알림이 방송을 통한 광고보다 2~3배의 효과가 있고, 신문을 통한 광고보다는 무려 4~8배의 효과가 있다는 연구보고가 있다.

이러한 마케팅의 기법은 다음과 같은 방법이 고려되어야 한다.

첫째, 기업을 경영하는 자는 소비자들의 욕구를 파악하고 그것을 만족시켜 주려는 노력이 있어야 한다. 따라서 마케팅을 하기 위한 소비자의 욕구를 파악하는 때에 소비자에게는 표출된 욕구도 있지만 표출되지 않은 욕구도 있음을 알아야 한다. 마케팅담당자는 표출되지 않은 욕구를 찾아서 반영하려는 노력이 있어야 한다.

둘째, 마케팅에서 상품에 대한 인지도가 어느 정도에 이르면 반드시 이미지를 만드는 작업을 해야 한다. 처음부터 이미지를 만들어 마케팅에 임할 수도 있지만, 처음부터 이미지를 형성하기에는 소비자의 욕구 파악이나 인지도 형성에 시간과 비용이 많이 소요될 우려가 있으므로 마케팅을 담당하는 사람은 상품이 어느 정도 인지도가 있다고 판단되면 반드시 이미지 형성작업을 해야 판매량을 높일 수 있다.

셋째, 마케팅에서 브랜드(상표)의 중요성은 아무리 강조해도 지나치지 않다. 브랜드는 소비자가 기억을 담는 그릇의 역할을 하기 때문이다. 예를 들면, 시장에서 생선을 사는 때에 매일 같은 가게에서 똑같은 생선을 사더라도 구매자는 항상 생선의 신선도를 확인하고 사지만, 콜라를 구매할 때에는 살 때마다 뚜껑을 열어 신선도를 확인하지 않는데, 이는 생선에는 상표가 없지만, 콜라에는 상표가 있기 때문이다.

2) 공항 마케팅의 개념

공항 마케팅이 일반기업의 상품판매를 위한 마케팅과 어떻게 다르고, 공항 마케팅의 개념이 무엇인지를 알기 위해서는 공항에서 판매되는 상품이 무엇이고 그 상품의 특징이 무엇인가를 먼저 파악해야 할 것이다. 공항은 상품이나 재화를 판매하기보다는 주로 서비스를 제공하는 장소라고 보아야 한다. 공항 마케팅은 제품판매를 위한 마케팅보다는 서비스 마케팅의 관점에서 다루는 것이 바람직하다.

서비스에 대한 사전적 의미는 고객을 접대하거나 장사하기 위하여 고객에게 편의를 제공하는 것이다. 교통업에서의 서비스는 "사회적으로 유용한 가치를 생산하지는 않지만, 그 운반과 배급을 하거나 생산과 소비에 필요한 역무(役務)를 제공하는 일"로 표현하고 있으며, 이러한 서비스는 일반적으로 무형성 · 비분리성 · 이질성의 특성이 있다는 점에 유의해야 한다. 항공운송산업은 안전에 대한 평판이 비즈니스에 미치는 영향이 크므로 공항 마케팅에서는 소비자에 대한 욕구충족과 함께 공항의 안전을 동시에 고려해야 하는 특성이 있다.

공항 마케팅은 공항운영자의 수입증대를 목표로 하므로 공항운영자의 수입증대를 위해서는 공항의 수입 중에서 큰 비중을 차지하는 항공수입을 증대시켜야 한다.

첫째, 항공수입 증대를 위한 마케팅대상은 먼저 공항을 이용하는 항공사가 많도록 항공사를 유치하는 한편, 항공노선의 확대와 함께 항공기 운항편수를 증가시켜 착륙료·정류료 등의 수입증대와 함께 여객증가에 따라 여객의 공항이용료를 증대시킬 수 있을 것이다.

둘째, 비항공수입 증대를 위한 마케팅대상은 여객과 공항에 상주하는 직원, 지역주민이 공항의 상업시설을 많이 이용할 수 있도록 상업시설과 레저시설을 많이 개발하고 공항의 토지나 건물을 많이 사용하도록 하여 임대료와 함께 구내영업료의 증대 등으로 상업수입이 증대되도록 하는 한편, 공항을 이용하는 차량이 공항의 주차장을 많이 사용하도록 하여 주차료가 증대될 수 있도록 하는 것이라고 볼 수 있다.

2. 공항 마케팅의 주체와 고객

마케팅을 위해서는 소비자의 욕구를 파악하여 소비자의 욕구를 만족시킬 수 있는 방향으로 기업활동을 유도해야 한다. 소비자의 욕구에 대한 연구자료에 의하면, 100명의 소비자 중에서 4명의 고객이 불만을 표시한 상품이나 서비스에 대해서 나머지 96명의 고객도 같은 불만을 느꼈으나 불만을 표출하지 않았을 뿐이라고 한다. 그들은 모두 구매한 서비스나 상품을 다시 소비하기를 꺼린다고 한다. 반면에 좋은 서비스나 상품은 그것을 구매한 소비자에 의해 쉽게 전파되는 특성을 갖는다고 한다. 따라서 마케팅에서는 '고객에 의하여 인지된 서비스나 상품의 질'이 중요한 역할을 하므로 고객에 대한 고려가 없는 서비스나 상품은 소비자로부터 외면당하게 되는 것이다.

공항에서 제공하는 서비스는 공급하는 주체가 매우 다양할 뿐만 아니라 서비스를 받는 소비자도 다양화되어 있는 특성이 있다. 심지어는 서비스의 공급자가 다른 한편으로는 소비자로서 서비스의 제공과 소비의 관계가 매우 복잡하게 얽혀 있는 특성이 있다.

공항 서비스를 제공하는 주체로는 다음과 같은 기관 및 업체가 서로 유기적으로 작용하면서 서비스를 제공한다.

첫째, 공항의 토지·건물·시설·장비를 관리하면서 항공기의 안전운항과 여객의 안전과 편의를 제공하는 공항운영자

둘째, 여객에 대한 항공권판매와 체크인 및 수하물탁송, 여객의 안전수송을 담당하는 항공사

셋째, 항공기 정비·급유, 화물의 하역과 지상조업 및 주차장을 관리하는 지상조업업체

넷째, 여객의 출입국관리와 관세업무 및 검역, 보안업무를 담당하는 국가기관
다섯째, 여객을 상대로 영업하는 음식점, 면세점, 판매점 등

이들 업체와 기관이 제공하는 서비스는 여러 요소가 합쳐져 여객에게는 하나의 이미지로 각인된다는 점에 유의해야 한다. 성공적인 공항 마케팅을 위해서는 서비스를 제공하는 이들 기관 및 업체와의 협조가 중요하게 작용한다.

공항 서비스를 받는 소비자의 범주에는 여객으로 한정되었던 과거와는 달리 최근에는 지역주민, 항공사, 공항근무 직원, 항공기 승무원, 공항의 구내업체 · 하청업체, 환영객이나 환송객 등으로 다양해져 그들의 욕구도 다양해지고 욕구의 수준도 점차 향상되고 있다.

공항 서비스의 제공자이면서 소비자의 입장인 경우를 살펴보면 다음과 같은 관계가 있다.

첫째, 항공사는 여객에 대해서는 서비스제공자이지만, 공항운영자와 관계에서는 소비자다.

둘째, 지상조업체는 여객에 대해서는 서비스제공자이지만, 항공사나 공항운영자와의 관계에서는 소비자다.

셋째, 구내업체나 국가기관도 여객에 대해서는 서비스제공자이지만, 공항운영자와의 관계에서는 소비자 입장이다.

다음은 국제항공운송협회에서 사용하고 있는 'Airport Monitor Survey'에서 공항 서비스의 질을 결정하는 서비스요인들을 나타낸 것이다. 이러한 서비스요인들은 제공하는 주체가 누구이든 공항을 이용하는 고객들에게 서비스의 질적 수준을 인식시켜 주는 데 영향을 준다는 점을 주시해야 한다.

첫째, 접근성 및 편의성은 전체적인 여객편의, 육상교통, 안내간판 위치 등이 서비스의 질에 영향을 미친다.

둘째, 탑승수속 및 출입국절차는 체크인 속도와 능률 및 직원의 태도, 외국인방문객을 위한 우대 서비스, 세관과 출입국관리 서비스, 여권 및 사증업무가 서비스의 질에 영향을 미친다.

셋째, 수하물 처리속도, 수하물 카트의 이용편리가 서비스의 질에 영향을 미친다.

넷째, 연결항공편의 이용편의, 항공운임, 환승의 용이성, 정시성이 서비스의 질에 영향을 미친다.

다섯째, 여객청사의 라운지 및 대합실, 상점과 음식점 등 여객에게 제공되는 시설의 편의성이 서비스의 질에 영향을 미친다.

3. 공항의 마케팅전략 도입배경

공항시설은 국가의 사회간접자본시설로서 공공적 국가기반시설로만 인식되고 있다. 1980년대부터 공항운영에 대한 정부의 보조금 축소와 공항운영의 민영화추세에 따라 공항운영 비용을 공항에서의 자체수입에 의존해야 하므로 세계 각국의 공항들이 공항에서의 자체수입 창출을 강화하기 시작하였다. 공항운영자가 수입활동을 강화하면서 공항의 주요고객인 항공사에 대한 태도가 여러 가지 측면에서 달라지기 시작하였다. 공항에 항공사를 유치하거나 항공사가 항공기 운항을 늘리도록 하는 마케팅을 강화하면서 공항운영자와 항공사의 관계가 임대자의 우월적 지위와 임차자의 종속적 관계에서 상업적인 쌍무계약의 새로운 형태로 발전하게 되었다. 이는 자연스럽게 공항에서의 항공사 영업활동에 영향을 미치게 되었다.

1) 항공운송산업의 규제완화

1970년대 말부터 미국을 중심으로 시작된 항공운송산업의 규제완화정책은 항공사들이 항공노선 구축을 비교적 자유롭게 할 수 있는 여건을 조성하게 되었다. 그 결과 미국의 대형 항공사들은 대도시의 주요공항을 축으로 하는 Hub & Spoke 노선망을 구성하여 Hub노선에는 대형 항공기를 투입하여 적은 비행편수로 많은 여객을 수송하고, Spoke노선에는 수요에 맞는 작은 항공기를 투입하여 탑승률의 향상과 항공노선망의 다원화에 의한 경제적 효율성과 이용의 편리성을 달성할 수 있게 되었다. 이러한 영향에 따라 대형 항공사에 의해 허브공항으로 지정되고, 그 항공사의 Hub & Spoke 전략이 성공하는 경우에는 공항도 항공교통의 이용량이나 수입에서 고도의 성장을 하게 되었다. 그렇지 못한 경우에는 항공사의 수입이 감소하고 공항도 낮은 성장을 하게 되었다. 대형 공항들은 경영개선의 일환으로 항공사 및 잠재적 여객을 상대로 마케팅을 해야 할 필요성을 느끼게 되었다. 이로써 항공운송산업의 기반시설로서 공공성을 강조하던 공항운영에 상업적 개념의 마케팅개념이 도입되기 시작하였다.

미국은 국내선항공의 규제완화에 의해 자국의 항공사들이 자율경쟁으로 통합과 인수과정을 거치면서 초대형 항공사로 성장하여 경쟁력을 갖추게 되자 국제선항공의 규제완화를 위해 당사국 간에 체결된 항공협정의 개정을 통하여 규제완화를 실현하기 시작하였다. 이에 따라 유럽과 아시아지역의 국가에서도 자국의 항공사 및 공항들의 경쟁력 확보를 위하여 항공사의 Hub & Spoke 노선망의 구축과 함께 공항경영에서도 마케팅개념을 도입하기 시작하였다. Hub & Spoke 노선망의 발달로 인하여 특정공항을 허브공항으로 이용하는 항공사가 공항의 시설물을 독점적으로 활용하게 되는 결과를 초래하게 되었다. 항공사가 허브공항으로 이용하는 공항과 항공사는 흥망을 함께 하는 동반자적 관계가 성립하게 되었다. 특히 싱가포르의 창이공항과 싱가포르 에어라인이나 암스테르담의 스키폴공항과 KLM항공사의 관계는 항공사의 경쟁력을 바탕으로 허브공항으로 성공한 사례라고 볼 수 있다. 따라서 공항 마케팅의 주요대상에 항공사가 포함하게 되었으며, 항공사와 공항은 공동이익 증진을 위해 함께 노력해야 하는 측면도 발생하게 된 것이다.

2) 정부의 공항투자 및 보조금지급 중단

항공기술의 발달에 의한 항공운송비용의 저렴화는 항공운임을 낮아지게 하였으며, 경제발전에 따른 소득수준의 향상은 항공여행이 가능한 인구수를 증가시켰다. 이러한 두 가지 원인의 결합작용으로 항공수요는 급격히 증가하는 추세를 보여 왔다. 이에 따른 항공사의 공급능력의 확대는 공항시설의 부족으로 이어졌다. 공항시설의 확장에는 막대한 자금이 일시적으로 필요하게 되는 특징이 있으므로 공항을 소유하고 관리하는 국가기관 또는 공기업은 공항의 수용능력 확장을 위한 자금조달에 고심하게 되었다. 공항운영자는 시설확장에 필요한 자금뿐만 아니라 공항운영에 필요한 자금을 공항운영수입에서 조달하려는 노력으로 공항운영에 마케팅개념을 도입하게 된 것이다.

공항을 항공운송의 기지로만 인식하고 공항운영을 항공교통처리에 의한 수입에만 의존하는 경우에 항공수요가 예측대로 증가하지 않는 때에는 공항수입의 증가도 부진하게 될 것이다. 항공수입의 증대를 위한 공항 서비스에 대한 사용료에는 국가기관이나 항공사 등으로부터 각종 제약이 따르게 되므로 항공수요가 증가하더라도 항공수입의 규모를 증대하기에는 제한이 따르게 된다. 이와 같은 문제를 극복하기 위하여 과거에는 국가의 예산을 투자하거나 보조금을 이용하였다. 그러나 공항시설에 대한 정부투자와 보조금이 중단됨에 따라 공항운영자는 공항에서의 상업적 활동에 의한 수입, 즉 비항공수입 증대에 관심을 가져 상품판매에서 적용하고 있는 마케팅개념으로 이어지게 된 것이다.

3) 항공수요 및 서비스욕구의 변화

공항을 이용하는 여객이나 환송영객 또는 공항근무자들의 욕구는 시내쇼핑센터 고객들의 욕구와는 다를 것이다. 공항이 수입을 증대시키기 위하여 적용하는 마케팅을 시내쇼핑센터의 마케팅과는 같을 수 없으므로 공항 마케팅에 대한 개념이 대두되기 시작한 것이다. 공항은 다양한 상업활동에 의한 수입을 개발하여 재정의 안정을 꾀해야 하는데도 불구하고 공항의 기본업무인 항공교통처리의 효율성을 저해하지 않는 범위 안에서 상업활동을 펼쳐야 하는 특수한 입장이다.

한편으로는 항공교통의 원활한 처리를 하면서, 다른 한편으로는 상업수입을 증대해야 한다. 이와 같은 두 가지 목적을 조화롭게 달성하기 위하여 공항운영자는 항공사의 협조를 통하여 동반관계로서 항공교통의 원활화를 도모하는 한편, 항공사를 상대로 마케팅을 펼쳐야 하는 이중적인 관계를 유지해야 하는 특성을 가지게 되는 것이다.

항공기 엔진제작기술의 발전으로 대형 항공기의 출현은 많은 항공여객을 한 번에 수송할 수 있게 되어 항공사의 단위수송비용 하락으로 이어졌다. 항공운송산업의 경제적 규제완화에 의한 항공운임 및 서비스의 경쟁으로 말미암아 항공운송산업의 수요층은 급격히 확산되었다. 서민층과 젊은이들이 항공교통의 새로운 수요자가 되었고, 항공교통을 이용한 관광여행이 일반화되고 항공교통의 수요가 증가하여 여객의 욕구도 여행목적 · 연령별 · 소득수준별로 다양하게 되었다.

고객의 다양한 욕구를 충족시키기 위한 항공사들의 공급전략도 전문화되고 다양해지면서 복잡한 형태로 전환됨에 따라 공항 서비스도 여기에 맞추어 변화가 불가피하였다. 공항운영자는 고객의 다양한 욕구를 충족시켜 주도록 노력하는 한편, 이들의 욕구충족을 위한 공항시설의 개선이나 시설확장을 위한 재원조달을 위하여 공항에서의 마케팅개념을 도입하여 수입증대와 이윤확보를 추구하게 되었다.

제2절 공항 마케팅의 특성과 마케팅 믹스

1. 공항 마케팅의 대상

공항 마케팅의 궁극적인 목적은 공항수입을 증대하기 위한 것이기 때문에 공항수입을 증대시키기 위해서는 일반적인 기업에서 펼치는 마케팅은 물론, 항공사의 유치, 공항시설의 임대, 상업시설 유치 등 공항의 특수성을 고려한 마케팅이 전개되어야 할 것으로 본다. 공항수입은 항공기 운항과 관련된 항공수입과 비항공수입으로 구분되기 때문에 공항 마케팅은 항공수입과 비항공수입으로 구분하여 마케팅대상을 설정해야 한다는 점과 항공수입의 증대가 간접적으로 비항공수입의 증대를 가져올 수 있다는 점이 일반기업에서의 마케팅과 다소의 차이가 있다고 할 수 있다.

첫째, 항공기의 착륙료나 여객의 여객이용료 등 항공수입을 증대하기 위한 마케팅은 공항운영자가 공항에 항공사를 많이 유치하게 되면 항공사들의 항공기 운항이 늘어나고, 그에 따른 여객의 증가에 따라 착륙료와 여객이용료가 증가하여 항공수입 증대를 위해서는 항공사들이 공항에 취항할 수 있도록 항공사를 상대로 마케팅을 펼쳐야 한다. 다만, 항공사를 상대로 마케팅을 펼치기 위해서는 항공사들이 입주할 수 있는 사무실과 체크인 카운터 및 항공사 라운지 등을 제공할 수 있도록 여객청사에 여유공간이 있어야 한다.

둘째, 비항공수입 중에서 공항의 토지나 건물에 대한 임대료 등의 수입증대를 위해서는 공항에 상주하려는 항공사나 공항에서 항공사 · 화물운송주선업체 · 관세사 · 보세창고업 등이 늘어나면 임대면적의 증가로 인해 임대료수입이 증가하게 될 것이다.

셋째, 비항공수입 중에서 구내영업료 등의 수입증대를 위해서는 공항에서의 상업활동에 의한 영업이익이 많음을 홍보하여 입주자가 늘어나도록 하고 상업시설경영자를 공개경쟁입찰방식으로 선정하면 구내영업료가 상승하게 된다. 주차수입 증대를 위해서는 공항을 이용하는 이용객을 늘리는 방법도 중요하지만, 주차요금을 공항인근의 주차료와의 상관관계를 고려하여 적정하게 책정하여 마케팅을 펼치는 것이 중요하다.

2. 공항 마케팅의 특성

1) 공공과 민간의 혼합운영에 따른 특성

일반적으로 상업용 항공기가 취항하는 공항은 대부분 국가기관이나 공기업 등 공공기관에서 소유하여 관리하고 있으나, 실질적인 공항운영에 국가기관 · 공기업 · 항공사 · 민간기업이 다양하게 참여하고 있다. 공항운영에 참여하는 주체들이 추구하고 있는 목적도 각기 다르다.

첫째, 공항에서의 항공관제업무나 활주로 및 유도로 등 항공기 이착륙지역의 운영업무는 공항운영자가 담당하는 경우가 많다. 이들은 주로 항공기의 안전운항에 목표를 두고 업무를 수행하게 되고, 계류장 등 항공기 이동지역에서의 항공기의 계류나 주기 또는 항공기에 대한 급유 · 정비 · 하역 등의 서비스는 공항운영자가 제공하거나 항공사 또는 민간업체가 담당하는 경우가 많은데, 이들 업무에는 안전성의 확보와 함께 시간적 · 비용적인 측면에서의 효율성 확보가 대등한 비중으로 강조되고 있어 일반적인 상업활동은 이루어지지 않는다.

둘째, 여객청사나 화물청사 내에서는 여객이나 화물처리를 위한 기본적인 업무와 함께 공항이용객을 상대로 하는 상업활동이 이루어진다. 여객이나 화물처리를 위한 기본적인 업무는 주로 항공사와 공항운영자가 담당하고 있다. 출입국관리나 관세업무 및 검역업무는 정부조직이 참여하는데, 이들 업무에는 정확성을 추구하는 부분과 효율성을 추구하는 부분이 혼재하게 된다. 여객청사나 화물청사에서의 상업활동은 공항운영자가 직영하거나 공항운영자가 상업활동을 담당하는 자회사를 설립하여 담당하게 하는 방법, 또는 민간기업이 담당하도록 하는 방법 등 다양한 방법으로 행하여지고 있으나, 궁극적으로는 공항의 수입증대나 이윤을 극대화하는 상업적 목표를 갖게 될 것이다.

셋째, 공항에서의 상업활동은 공항이라는 장소적 특성에 맞는 서비스 유지가 강제되기도 한다. 공항의 민간에 의한 상업활동을 위해서는 공항시설의 가동상태를 유지하기 위한 공항운영조직의 시설 · 장비를 관리하는 기술부서와 공항조직의 운영에 수반하는 행정부서도 참여하게 된다. 이들 조직은 주로 안전성의 확보와 함께 정확성과 효율성을 추구하려 할 것이다.

공항운영에는 다양한 조직들이 각기 다른 목적을 추구하며 공항운영에 참여하고 있으므로 공항 마케팅에는 다음과 같은 제약요인과 고려요소가 작용하게 된다.

첫째, 공항 마케팅은 안전요인에 의하여 제한을 받는다. 공항에서는 안전사고가 발생이 잠재하고 있으므로 공항운영에는 항공교통의 안전을 확보하기 위하여 지켜야 할 기준이나 제약요인이 많다. 항공기 탑승자나 출입자에 대한 보안검색, 위해물과 총기류의 반입금지, 위험물의 엄격한 통제 등으로 인하여 공항에서 마케팅은 안전과 비상대책을 고려하면서 이루어질 수밖에 없다.

둘째, 공항 마케팅은 항공교통처리의 신속성과 정확성을 저해하지 않아야 한다. 공항 마케팅의 대상은 크게 보아 항공사와 여객인데, 여객을 상대로 한 상업활동이 원활한 항공교통처리를 저해한다면 항공사는 그 공항을 이용하지 않으려 할 것이기 때문이다.

셋째, 공항 마케팅은 공항 내의 상업시설이 독점 또는 과점적 지위에 있는 장소적 특성에 따라 독점적 운영에 의한 가격상승이나 과점적 운영에 의한 부당한 가격담합 등이 이루어져 서비스 저하로 이어질 수 있으므로 일정한 서비스수준을 유지할 것을 요구하는 강제가 이루어지는 것이 보통이기 때문에 마케팅에 제약요인으로 작용할 수도 있다.

2) 항공사의 공항 서비스욕구에 대한 특성

(1) 신속 · 정확한 서비스욕구

항공교통은 항공기의 고속성에 의하여 다른 교통수단과 비교가 안 되는 신속한 운송수단이라는 장점이 있다. 항공기가 출발하거나 도착하는 공항에서 항공기와 여객 및 화물처리가 지연되어 여행자의 여행시간이 길어진다면 항공기의 고속성에 의한 신속한 운송수단이라는 장점은 무의미하게 된다. 단거리 비즈니스여객의 경우에 공항에서의 신속한 항공기처리에 의한 여행시간의 단축은 매우 중요한 의미가 있다. 항공교통은 신속성과 정시성에 의한 평가가 크게 작용한다. 미국에서는 항공사의 서비스평가에 항공기 운항의 정시성에 가장 많은 비중을 두어 항공사에 대한 서비스를 평가하며, 정시성에 의한 항공사의 서비스서열을 매겨 발표하기도 한다.

항공기 운항의 정시성은 다음과 같은 업무처리와 관계가 있다.

첫째, 항공사가 수행하는 탑승수속 및 도착업무에 의하여 좌우될 수도 있다.

둘째, 항공기의 이착륙절차나 이동지역에서의 항공기의 원활한 이동 등의 업무처리에 영향을 받는다.

셋째, 수하물처리, 보안검색, 출입국관리와 세관 등의 업무처리에 영향을 받는다.

항공기 운항의 정시성을 확보하려는 항공사 입장에서는 자체 업무처리의 신속을 위한 조치와 함께 공항운영자의 신속, 정확한 공항 서비스 제공에 대한 욕구가 강한 특성이 있다.

(2) 항공사의 이미지관리를 위한 서비스욕구

항공사는 자사의 서비스에 대해서 좋은 이미지를 심어 주려고 항상 노력한다. 항공사의 서비스는 항공권의 예약단계에서부터 공항에서 탑승절차를 거쳐 항공기에 탑승한 후에는 도착할 때까지의 기내 서비스 등으로 이어진다. 이들 서비스는 항공사가 스스로 통제하고 개선할 수 있다.

공항에서의 여객에 대한 서비스는 항공사가 스스로 제공하는 서비스 외에 공항운영자의 공항운영방침이나 공항직원의 업무태도와 공항운영 시스템에 의하여 영향을 받는다. 공항운영자의 낮은 서비스는 곧바로 항공사의 서비스로 이어지게 된다. 허브공항의 서비스가 낮으면 여객은 항공사 이미지까지 좋지 않게 생각하게 될 것이다. 허브공항으로 이용하는 항공사의 입장에서는 공항 서비스가 항공사의 이미지에 미치는 영향이 매우 크기 때문에 공항 서비스에 관심이 클 수밖에 없다. 항공사들은 공항 의 서비스가 자사의 이미지를 훼손하지 않을 정도의 수준으로 유지할 것을 요구하게 될 것이다.

(3) 공항사용료에 대한 민감한 반응

공항의 착륙료나 임대료 등 사용료에 대한 항공사들의 반응은 최근 들어 더욱 민감해져 가고 있다. 항공운송산업의 규제완화에 의한 항공운송업계의 치열한 경쟁은 항공사가 비용감소에 사력을 다하도록 압박하게 되었다. 항공사의 비용에서 차지하는 비중이 만만치 않은 공항사용료에 대하여 항공사들은 원가계산을 요구하거나 인상요인에 대하여 꼼꼼하게 따지기 시작하였다. 장거리 항공노선을 운항하는 항공사보다 단거리 항공노선을 많이 운항하는 항공사들이 공항사용료에 대하여 더욱 민감한 반응을 보인다. 이는 항공기 운항비용 중에서 공항사용료가 차지하는 비중이 장거리 항공노선보다 단거리 항공노선이 더 크기 때문이다.

3) 공항이용자의 다양성에 의한 특성

공항을 출입하면서 공항시설을 이용하는 사람은 여객이 주를 이루고 있다. 이 외에도 여객을 배웅하는 환송객과 마중 나온 환영객, 공항에 직장을 두고 있는 상주직원, 비즈니스를 위해 공항을 방문하는 사람, 지역주민 등이 다양한 목적을 가지고 공항을 출입하기 때문에 이들이 공항에 대하여 갖는 욕구도 일률적이지 않고 매우 다양하게 표출될 수밖에 없다. 여객은 여행에 필요한 여행용품·선물·면세품을 구매하고 식당이나 커피숍 등을 이용하려 할 것이다. 환송객이나 환영객은 휴게소나 스낵바 등을 주로 이용하려 할 것이다. 공항에 근무하는 상주직원이나 지역주민들은 생활필수품이나 편의점 등을 찾을 것이다. 공항운영자는 이처럼 다양한 목적으로 공항을 출입하는 구성원들의 욕구를 파악하여 이에 부응할 수 있도록 함으로써 공항의 상업적 수입을 극대화할 수 있는 마케팅전략을 구사해야 할 것이다.

항공교통은 다른 교통수단보다 비교적 소득수준이 높은 사람들이 주로 이용하기 때문에 공항도 다른 교통수단의 터미널보다 고급화된 시설과 분위기를 유지하는 한편, 서비스도 높아야 한다. 항공교통을 이용하는 사람은 상대적으로 경제적 여유가 있는 계층이며, 국제여객은 항공기를 이용하기 때문이다. 공항에서 판매점이나 음식점 등을 운영하는 업체들은 일정한 정도 이상의 서비스를 유지해야 할 뿐만 아니라, 영업도 항공기가 이륙하기 전부터 항공기 운항이 종료된 후 여객이 공항을 떠날 때까지 하여야 하므로 시내의 판매점보다 길어야 한다. 공항의 상점들은 공간확보의 제약 및 공항운영에 지장을 주지 않아야 하는 제약 등의 특성이 있다.

3. 공항의 마케팅 믹스

마케팅 믹스란 기업이 제품을 판매하기 위한 마케팅의 목적을 효과적으로 달성하기 위하여 마케팅에 관련된 여러 수단이나 제도를 효과적으로 짜 맞추는 일로서 마케팅에서 직면하게 되는 제품계획, 유통경로, 가격결정, 판매촉진 등의 4가지 기능을 의미한다. 공항의 마케팅 믹스에 대하여 기업의 일반적인 상품에 대한 마케팅의 관점에서 살펴보면 다음과 같다.

1) 제품계획

제품계획이란 기업이 소비자의 욕구를 충족시키기 위하여 어떠한 제품을 어떻게 편성하여 시장에 제공할 것인가를 종합적으로 기획하고 입안하는 것이다. 유형의 물리적 실체뿐만 아니라 소비자의 심리적 욕구까지도 포함하는 포괄적 개념이다.

공항에서 제공하는 제품은 대부분 서비스이다. 공항 서비스는 이미 설명한 바와 같이 서비스를 생산하는 주체가 공항시설을 관리하는 공항운영자, 출입국관리와 세관업무 및 검역과 보안업무를 담당하는 국가기관, 항공권의 예약 · 판매 및 체크인 등을 담당하는 항공사, 공항에서의 지상조업과 항공기 운항지원을 담당하는 용역업체, 공항에서 상업활동을 하는 구내업체 등 다양하다. 항공사나 용역업체 또는 구내업체 등은 여객과의 관계에서는 서비스 제품을 생산하는 위치에 있지만, 한편으로는 공항운영자와의 관계에서는 소비자의 위치에 있는 등 공항 서비스는 생산자와 소비자와의 관계가 매우 복잡하게 연결되는 특징이 있다.

공항이 제공하는 서비스는 공급자와 소비자가 복잡하게 얽혀 있으므로 한마디로 설명하기는 어렵다. 공항 마케팅에서의 제품계획은 궁극적으로 공항을 이용하는 여객과 이에 따른 공항이용자가 최종소비자라는 인식하에 공항 서비스를 생산하는 공항운영자 · 정부기관 · 항공사 · 구내업체 등이 서로 협력하고 정보를 교환하면서 공항 서비스의 질을 높일 수 있는 제품계획을 수립해야 할 것이다.

2) 유통경로

유통경로란 기업의 생산품이 소비자에게 이르기까지 거치게 되는 주로 인적 매개를 바탕으로 이루어지는 과정을 말한다. 현대사회에서 상품은 생산→유통→소비의 3단계 과정을 거치면서 순환되고 유통경로를 통하여 생산자로부터 소비자에게 전달된다.

공항 서비스의 판매를 위한 유통경로는 공항운영자와 여객 · 항공사 · 용역업체와 구내업체 간의 직접적인 접촉에 의한 직판 시스템으로 생각할 수 있으나, 항공사나 여행사, 여행대리점 또는 구내업체 등을 통한 간접경로에 의해서 이루어지는 경우도 적지 않다. 공항 서비스의 직판 시스템은 여객을 제외하면 기본적으로는 공항운영자 국가기관, 항공사 및 업체 간에 계약으로 이루어지나, 실제적으로는 공항 안의 각 현장에서 직원과 직원 사이에서 이루어지는 것이 더 많아 공항 서비스의 유통경로는 판매자와 소비자 사이에 인격적인 존중이

더 중요한 경우가 많다. 공항 서비스의 유통경로는 개인과 개인 간의 접촉으로 이루어지는 경우가 많다. 항공사·여행사·여행대리점 등을 통한 간접적인 유통경로는 회의나 전시회 및 홍보물·인터넷·여행사 등을 통한 홍보와 여객과의 접촉이 이루어질 수 있다.

3) 가격결정

마케팅에서의 가격결정은 판매목표를 달성하기 위하여 여러 환경요인변화에 대응하면서 장기적인 관점에서 행하는 상품 서비스가격에 대한 계획과 수행방법을 말한다. 일반적으로 차별화되지 않은 상품에 대해서는 다수의 판매자와 구매자가 존재하는 시장에서는 가격이 수요공급의 관계에 따라 이루어진다. 그러나 공항 마케팅에서의 가격결정은 이러한 시장가격이 적용된다고 볼 수 없는 특징이 있다.

공항을 이용하는 항공사는 착륙료·건물임대료·지상조업료 등의 공항사용료를 공항운영자에게 지급한다. 여객도 공항이용료를 공항운영자에게 납부한다. 공항운영자는 이들 공항사용료에 대한 가격결정을 해야 한다. 공항 마케팅에서 고려하는 공항사용료는 항공기와 관련된 사용료로는 착륙료, 급유시설사용료, 주기장사용료, 지상조업료, 청소비 등이 있다.

여객과 관련된 가격으로는 여객의 공항이용료·보안검색료·주차료 등이 있으며, 구내업체와 관련된 가격으로는 면세점·식당·상점들에 대한 임대료와 영업료 등이 있다. 공항사용료를 결정하는 데 작용하는 요소로는 항공기와 관련된 사용료는 항공기의 중량, 피크시간 또는 비피크시간, 소음기준 및 사용횟수나 사용량 등을 기준으로 가격을 결정한다. 여객과 관련된 사용료는 기본적으로는 원가계산법에 따라 가격을 결정하며, 구내업체 등과 관련된 사용료는 사용면적·위치·업종·영업실적 등에 의하여 가격을 결정하고 있다.

4) 판매촉진

판매촉진이란 소비자인 최종고객의 구매의욕을 촉진하고 중간유통업자의 판매동기를 자극할 목적으로 하는 활동을 말한다. 판매촉진은 1929년 미국의 대공황 이후에 중요시되기 시작한 마케팅의 하나이다. 판매촉진은 단계별로 목적이 명확하게 제시되어야 하고, 이의 집행을 위한 예산이 구체적으로 배정되어야 한다. 공항은 다양한 기관이 공항운영에 직접 또는 간접적으로 참여하므로 서비스 제품생산의 다양화와 함께 판매촉진도 각기 다를 수 있다. 공항 서비스에 대한 판매촉진의 효율성을 높이기 위해서는 판매촉진을 공동으로 추진하는 것이 바람직하다. 공동으로 판매촉진을 하는 때에는 'Corporate Image'나 'Brand Image'의 형성과 보호를 고려해야 한다.

공항의 판매촉진으로는 다음과 같은 예를 들 수 있다.

첫째, 잠재적인 여객에 대하여 공항이용을 권장하고 공항의 서비스가 달라졌음을 알리기 위하여 광고에 의한 판매촉진을 할 수 있으며, 광고매체로는 TV・라디오・인쇄물・포스터・우편물 등을 들 수 있다.

둘째, 직접적인 판매촉진의 방법으로는 공항이용자나 여객을 상대로 소형의 선물을 제공하거나 경품행사를 벌여 공항에 대한 이미지를 향상하고 공항의 주차장을 무료로 이용하도록 함으로써 공항이용을 권장할 수 있다.

셋째, 공항운영자가 시행할 수 있는 일반적인 홍보방법으로는 각종 브로슈어, 항공사가 발행하는 비행시간표, 국제기구 및 항공사의 정기간행물, 항공관련 전시회, 항공관련 행사후원 등을 통하여 공항을 홍보할 수 있다.

5) 공공관계 및 역PR

공항운영자는 공항지역의 사회활동에 적극적으로 참여하여 공항에 대한 이미지가 나빠지지 않도록 해야 하고, 특히 항공기 소음이나 수질관리 등 환경문제에 대해서는 지역주민이 요구하는 의견을 경청하고 애로사항을 세심하게 파악하여 대처하는 자세가 필요할 뿐만 아니라, 공항이 지역사회발전과 지역경제에 미치는 긍정적인 영향을 홍보해야 한다.

공항에 대한 부정적 이미지의 언론기사가 게재되거나 방송되는 경우에 공항운영자에게 유리하게 보도될 수 있도록 언론사 직원들과 평소에 우호적 관계를 유지하는 것도 필요하다. 특히 공항에서 발생한 사건과 항공기 사고, 항공사의 도산, 공항운영의 중단 또는 결함, 항공기의 지연도착・결항・회항, 승객의 초과예약, 승객의 수하물분실 등은 언론기사로서의 가치가 충분하므로 언론의 관심에 대하여 공항운영자에게 유리하게 보도될 수 있도록 충분한 설명을 해야 하고, 이러한 부정적인 사건을 공항운영자에게 유리하게 설명하기 위해서는 평상시의 유대관계가 매우 중요하게 작용하게 된다.

제3절 공항 마케팅의 전략

1. 마케팅 관리조직

공항이 항공운송기지 역할로 발생하는 수입으로 운영되던 시대에서 공항운영비용을 상업수입에 의존하는 시대로 변화되면서 공항운영에 마케팅개념이 도입되었기 때문에 공항 마케팅의 목적수행을 위해서는 공항운영조직의 변화도 필연적으로 따라 주어야 한다. 공항에서 마케팅을 담당할 조직은 공항조직체계의 적정한 위치에 마케팅 전담부서를 설치하여 운영하는 것도 필요하지만, 공항운영의 모든 분야에 마케팅개념의 도입을 통하여 공항운영조직의 구성원 전체가 마케팅 마인드를 형성해 공항운영조직이 전사적(全社的)인 차원에서 추진되어야만 효율적인 성과를 기대할 수 있을 것이다.

공항 마케팅을 성공적으로 수행한 암스테르담 스키폴공항의 사례를 분석해보면, 스키폴공항은 항공운송의 기종점수요가 많지 않음에도 불구하고 유럽의 4대 공항으로 발전하였다. 이는 스키폴공항의 운영진이 일찍부터 마케팅개념을 공항운영에 도입하여 성공했기 때문이다. 스키폴공항이 공항운영을 마케팅중심으로 전환하기 위하여 공항조직을 어떻게 변화시켰는지를 살펴봄으로써 공항에서의 효율적인 마케팅목적을 달성하기 위한 공항조직의 구성에 대해 고찰하고자 한다.

스키폴공항이 공항에 마케팅개념을 도입하기 시작한 1990년대 초기의 스키폴공항의 운영조직은 라인조직을 3개의 부서로 나누고, 그중에서 한 부서를 공항 마케팅을 전담하는 부서로 정하였기 때문에 공항운영업무 중에서 상당한 비중을 마케팅에 할당하여 마케팅의 중요성을 강조하였다. 마케팅을 담당하는 부서를 여객 마케팅, 화물 마케팅, 상업수입개발팀, 부동산관리팀, 구매지원팀으로 세분하여 마케팅업무의 전문화를 꾀하였다.

스키폴공항의 경영진은 이 정도의 공항 마케팅으로 만족하지 않고 1998년에 공항의 지리적 위치와 이미 확보한 공항의 명성을 바탕으로 시장중심적 공항 마케팅전략을 추진하기 위한 공항운영조직을 전면적으로 개편하였다. 조직개편의 목적은 공항운영조직 전체가 고객중심의 소비자에 대한 지원 및 다수의 교통수단형태를 하나로 묶어 환승여객을 끌어들여 새로운 수입원을 창출하는 데 두었다. 스키폴공항의 새로운 조직은 프로젝트 컨설팅부서, 국제업무부서, 소비자 서비스부서, 항공사 및 핸들링 지원부서, 공항지원부서로 개편하였다. 개편된 부서의 업무분장내용을 살펴보면 프로젝트 컨설턴트부서와 국제업무부서는 축적된 노하우를 바탕으로 새로운 수입원개발을 위한 부서이다. 소비자 서비스부서는 여객상대의 상업활동과 화물처리를 통한 수입증대를 위한 부서이며, 항공사 및 핸들링 부서는 Air Side 수입의 극대화를 추구할 수 있는 팀들로 구성하여 공항운영을 담당하는 5개의 라인부서 중에서 4개의 부서가 공항 마케팅을 담당하는 조직으로 이루어졌다. 스키폴공항의 마케팅조직에서 보는 바와 같이 최근에는 공항운영에 마케팅개념을 도입하는 것은 매우 자연스러운 현상으로 변화되었고, 마케팅개념을 도입하지 아니하는 공항은 정부의 전폭적인 지원으로 경영되지 않는 한 항공자유화정책이나 격화되는 허브공항의 경쟁에서 뒤처질 수밖에 없는 현실로 다가왔다.

2. 공항 마케팅의 업무

공항을 운영하는 조직이 마케팅을 전담하는 부서를 별도로 운영하도록 구성되어 있거나, 아니면 스키폴공항의 예에서 보는 바와 같이 공항운영조직 전체가 전사적인 마케팅중심의 조직으로 구성되었어도 공항 마케팅을 위해서는 다음과 같은 단위업무의 수행이 필요하다.

1) 마케팅 기획업무

마케팅 기획업무는 광고주와 광고매체를 보유하고 있는 회사 사이에서 광고주를 위하여 광고에 관한 입안과 시행업무를 대행하는 전문적인 업무로서 마케팅의 효과를 높이기 위하여 필수적으로 수반되는 업무이다.

공항의 마케팅 기획업무는 마케팅개념을 공항에 어떻게 반영할 것인가를 계획하고 실천해야 하는 것이 제일의 임무이다. 마케팅 기획업무는 공항 마케팅의 개념설정, 항공정책의 변화와 공항환경의 조사, 경쟁공항의 서비스 파악과 분석, 공항 마케팅의 전략적 목표설정, 마케팅대상별 마케팅전략의 수립, 마케팅을 위한 부서 간의 역할분담, 공항 마케팅을 실천하기 위한 부서 및 기관 간의 협조체제 마련과 유지, 마케팅중심의 공항운영을 위한 마케팅에 대한 직원교육 등이 포함된다고 볼 수 있다.

2) 항공사에 대한 마케팅업무

공항 마케팅 중에서 항공사를 상대로 하는 마케팅에는 신규취항 항공사의 유치, 기존취항 항공사의 추가적인 항공노선 개발과 항공기 운항편수의 증편 등을 유도하기 위한 마케팅업무라고 보아야 할 것이다. 당해공항을 허브공항으로 이용하고 있는 항공사와 공항운영자와는 동반자적 관계를 유지하고 있다. 공항운영자의 항공사를 상대로 한 마케팅전략은 허브항공사와 여타의 항공사를 구분하여 수행하는 것이 바람직하다고 본다.

항공사를 상대로 하는 공항 마케팅에는 항공사의 신규취항이나 노선개발과 운항편수의 증가에 따른 항공사 사무실, 체크인 카운터, 라운지 등 공항시설의 추가적인 제공이 가능해야 하고, 늘어나는 여객을 원활하게 수용할 수 있는 공항시설능력이 갖추어져 있어야 한다. 공항 서비스의 개선과 함께 이에 대한 홍보, 공항지역 및 배후도시에 대한 정보제공, 상대도시 및 배후도시의 항공수요에 관한 정보제공을 통하여 항공사가 당해공항을 중심으로 항공수요를 개발할 수 있도록 유도하는 것이다.

3) 여객에 대한 마케팅업무

공항운영자가 여객을 상대로 하는 마케팅은 공항이 제공하는 서비스가 여객의 욕구를 충족시키는 한편, 공항운영자는 공항의 상업활동에 의한 수입이 최대가 되도록 하는 데 초점이 맞추어져야 한다. 경쟁공항이 있는 경우에는 자기가 운영하는 공항을 여객들이 더 많이 이용하도록 유도하는 업무도 여객을 상대로 하는 중요한 마케팅업무이다.

여객에 대한 공항 마케팅에서 유의해야 할 점은 다음과 같다.

첫째, 공항 서비스가 공항운영자가 제공하는 서비스만으로는 여객의 다양한 욕구를 충족시킬 수 없음을 알아야 한다.

둘째, 항공사와 출입국관리 · 세관 · 검역업무를 담당하는 국가기관의 협조 없이는 여객의 서비스욕구를 충족시킬 수 없다.

셋째, 공항 안에서 상점이나 음식점을 경영하는 구내영업자들의 공동노력이 요구된다는 점을 간과해서는 안 된다.

공항을 이용하는 여객들은 신속하고 정확한 탑승수속, 편리하고 쾌적한 공항시설, 불편하지 않은 출입국절차, 값싸고 질 좋은 상품과 음식들을 선호하기 때문에 이들의 다양한 욕구를 충족시키기 위해서는 공항에 근무하는 모든 분야의 직원협조 없이는 불가능하기 때문이다.

4) 화물수요 개발을 위한 마케팅업무

항공화물수요 개발을 위한 마케팅업무도 공항운영자와 항공사가 공동으로 노력해야 할 부분과 공항운영자가 항공사를 고객으로 인식하여 추진해야 할 부분이 있다. 해상교통이나 육상교통수단으로 수송되고 있는 화물을 항공교통수단을 이용하도록 하는 일은 공항운영자가 항공사의 협조를 통해 추진하는 것이 효과적일 것이다. 반면에 경쟁공항을 이용하는 항공화물을 자기가 운영하는 공항으로 유치하는 업무나 자기 공항을 이용하는 항공화물이 경쟁공항으로 이탈하는 것을 방지하기 위해서는 공항운영자가 항공화물의 운송을 담당하는 항공사를 상대로 마케팅을 벌여야 할 것이다.

이러한 화물수요를 개발하기 위해서는 물류업무를 담당하는 국제물류주선업, 항공화물운송대리점 및 항공운송총대리점 등을 자기가 운영하는 공항으로 유치할 수 있도록 충분한 사무실 · 화물창고 · 보세창고 등을 확보해야 할 것이며, 이들 항공화물의 통관업무를 담당하는 관세사사무실도 충분하게 확보되어야 할 것이고, 항공화물의 신속하고 정확하며 안전한 수송을 할 수 있는 화물처리 시설과 장비도 갖추어야 할 것이다.

5) 공항홍보 및 광고업무

공항 서비스의 주요고객은 항공사와 여객 및 항공화물의 화주가 된다. 공항의 홍보 · 광고대상은 항공사와 항공화물의 화주 및 여객인 국민을 상대로 수행되어야 한다. 공항시설 · 공항이용절차 · 공항운영개선계획 등을 항공사에 홍보하고 항공편 및 공항이 제공하는 서비스에 관한 정보를 국민 및 잠재적 화주들에게 홍보 및 광고하도록 해야 한다. 여행업자 · 화물알선업자 등 항공운송산업의 중간매개자에 대한 홍보 · 광고의 효과도 기대할 수 있을 것이다. 지역적으로는 공항지역 및 배후도시뿐만 아니라 상대도시에 대한 광고와 홍보도 필요하다. 국제항공기구를 통한 홍보도 고려해야 한다.

이러한 홍보나 광고를 위해서는 여객이나 항공사가 공항 서비스에 대하여 느끼는 만족도 또는 불만조사 등을 통하여 파악할 필요가 있다. 항공교통처리와 관련된 Mainline Service뿐만 아니라 청사 내의 판매활동·주차관리 등에 대한 고객의 욕구를 조사하고 분석하여 서비스개선의 기초자료로 이용하는 업무도 마케팅팀의 주요업무가 되어야 할 것이다.

6) 신규사업 개발업무

공항지역 내에 공항운영자가 보유한 토지 및 건물을 개발하여 임대하고 공항수입 증대를 꾀하는 업무도 마케팅팀이 수행해야 할 업무이다. 관문공항은 단순한 교통기지 역할뿐만 아니라 비즈니스센터 기능을 수행할 수 있도록 개발되는 경우가 많다. 이 경우 시장수요에 부합하는 시설개발과 효율적인 임대관리업무는 수입극대화를 위해 필요할 뿐만 아니라 공항지역의 지역사회 발전에도 기여한다.

최근 공항의 입지, 운송기지 기능과 관련해서 공항의 주요업무 외에 공항관련 상품을 개발하는 사례가 세계 주요공항에서 나타나고 있다. 예를 들면, 호텔사업, 외국공항시설의 개발이나 운영에 참여하는 국제업무, 공항지역 내에 일반유통센터 개발 등에 진출하여 항공수요가 감소하더라도 공항이 안정적으로 수입을 얻을 수 있는 기반을 마련할 필요가 있다.

3. 공항의 마케팅 환경과 전략

공항 마케팅의 임무는 일반적으로 공항을 이용하는 고객의 욕구에 대하여 만족을 줄 수 있도록 하는 것이다. 공항이용객에게 만족을 주기 위해서는 항공기 안전운항의 확보, 공항서비스의 질적 향상, 공항운영비용의 절감, 공항직원이 능력을 최대로 발휘할 수 있는 여건조성 등의 임무가 있다.

공항의 마케팅전략은 [그림 12-1]과 같은 과정과 체계로 구성된다. 마케팅에 대한 사명을 설정한 후에 핵심가치를 파악하여 정부의 항공정책변화와 거시적인 환경변화를 예측하여 전략적인 마케팅목표를 선정한 후에 경쟁공항에 취항하는 항공사와 경쟁공항을 이용하는 여객에 대한 이용실태를 조사하여 항공노선전략과 서비스 이미지 향상전략을 수립하여 서비스를 어느 정도로 향상할 것인지를 정한 후에 이의 전달시스템에 대한 방법과 서비스 관련시설의 관리방법을 강구해야 한다. 즉 공항의 전략적인 마케팅계획 시스템은 먼저 공항마케팅의 사명이 무엇인지를 설정한 후에 공항에서 추구하는 핵심적인 가치가 무엇인지를 다음과 같이 파악해야 한다.

[그림 12-1] **공항의 전략적 마케팅 시스템**

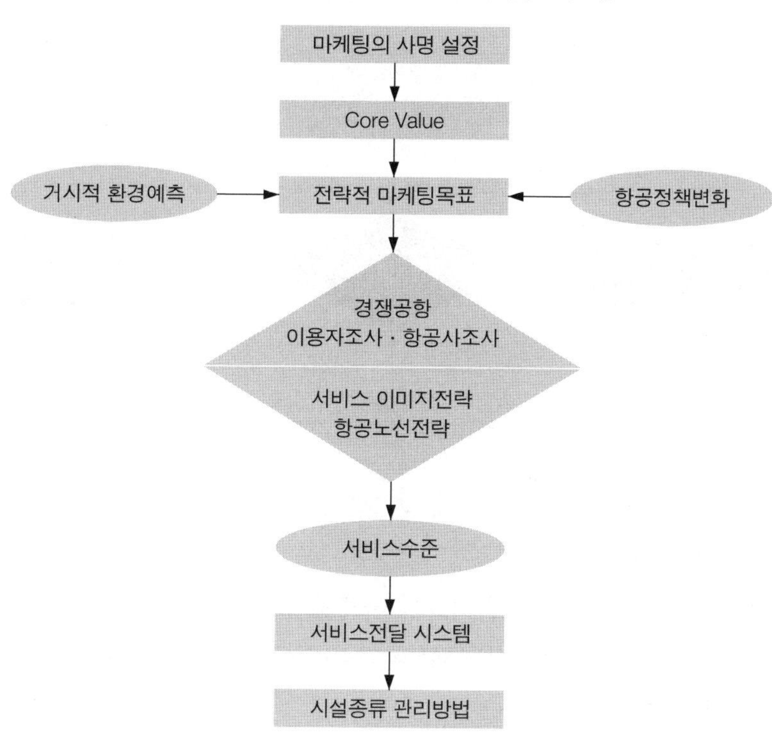

첫째, 핵심적 가치를 파악한 후에는 공항과 관련된 경제사회의 여건과 정치외교적인 여건 및 공항지역의 지역사회여건 등 거시적인 환경을 예측해야 한다.

둘째, 정부의 국제항공정책 · 국내항공정책 등 항공정책변화를 파악하여 공항이 국내의 경제사회여건과 국제적인 정치외교 및 국제관계 그리고 정부의 항공정책과 부합할 수 있는 공항의 전략적인 마케팅목표를 설정해야 한다.

전략적인 마케팅목표가 수립되면 경쟁공항에 대한 여객 및 화물에 대한 서비스실태와 항공사에 대한 정책을 조사하고 분석한 후에 공항 서비스 및 항공사에 대한 정책과 비교해 경쟁공항보다 나은 서비스에 대한 이미지전략과 항공노선에 대한 전략을 수립해야 한다. 공항이 목표하는 서비스의 수준을 정한 후에 이러한 마케팅계획을 어떻게 전달할 것인가의 전달시스템으로 마케팅을 하는 한편, 공항의 시설종류별로 관리방법을 정하여 관리함으로써 최적의 공항 마케팅이 이루어지도록 해야 한다.

[그림 12-2] **공항 마케팅의 환경**

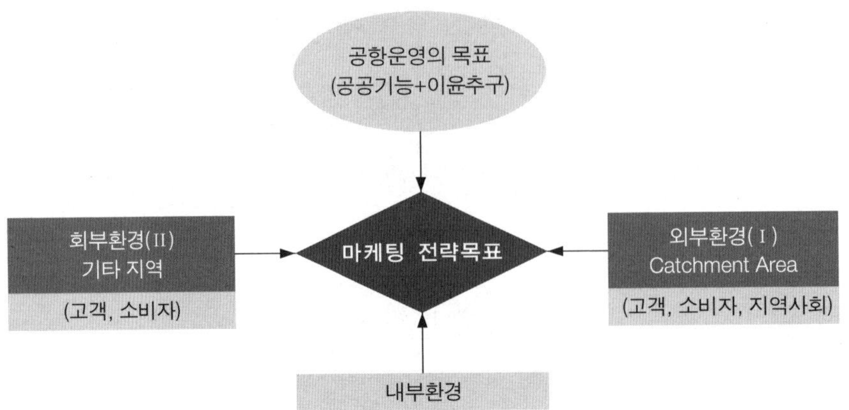

공항 마케팅전략의 수립 및 실천을 위한 환경은 [그림 12-2]와 같이 구성된다고 볼 수 있다. 항공교통의 신속성·안전성·효율성 확보라는 공공기능 및 이윤추구라는 상업적 기능을 동시에 수행해야 하는 목적달성에 적합한 마케팅 전략목표를 세워야 한다. 이때 공항조직 내부환경과 공항이 속한 배후도시, 공항과 연결비행편이 있는 상대지역을 환경요인으로 분석해야 함을 의미한다.

각 요소에 대한 상세한 설명은 다음과 같다.

1) 공항운영목표

오늘날 공항운영의 목표는 교통기반시설의 공공기능뿐만 아니라 이윤추구의 기능을 포함하게 되었다. 이러한 목표달성을 위해 공항은 다음과 같은 항목들을 포함하는 세부목적을 추구하게 되었다.

첫째, 공항운영에 필요한 적정한 수입의 확보

둘째, 항공기·여객·화물유치의 지속적인 성장률 유지

셋째, 고객을 만족시킬 수 있는 고객 서비스 개선

넷째, 상업수입의 개발 및 상업수입의 확대

다섯째, 원만한 노사관계의 유지 및 환경 친화적인 공항운영

2) 마케팅 전략목표

공항운영의 목표들을 달성하는 데 결정적 지원을 하게 되는 마케팅 업무분야에서는 다음과 같은 내용을 포함하는 마케팅 전략목적을 수립하게 된다.

첫째, 기존항공노선의 항공기 증편운항 유도

둘째, 정기 · 부정기 · 전세기 · 화물 항공편의 신규노선 개발

셋째, 대형기 취항 유도와 여객과 화물의 항공운송 유인 및 공항 서비스의 향상

넷째, 여행사 · 화물운송주선업 · 국제물류주선업 · 무역업 등의 변화 파악

다섯째, 공항지역 및 배후도시에서의 지지세력 확보

여섯째, 대내외적인 홍보 강화 및 환경친화적인 공항운영

3) 내부환경

공항 마케팅전략의 목표달성을 위한 마케팅계획을 수립할 때에 우선으로 고려해야 할 사항은 내부적 환경요인이다.

내부적 환경요인으로 고려해야 할 사항은 다음과 같다.

첫째, 예산의 제약을 고려해야 한다. 마케팅예산은 공항 총수입의 퍼센티지로 정하든가, 또는 지난해 마케팅예산을 기준으로 증액 또는 감액하는 방법으로 정하는 경우가 많다. 일반적으로 공기업에서는 마케팅비용에 대하여 긍정적이지 못하기 때문에 예산담당자를 어떻게 설득하느냐가 마케팅예산을 확보하는 지름길이라고 볼 수 있다.

둘째, 공항 마케팅전략은 우발적 사태에 유연하게 대처할 수 있는 계획이 되도록 해야 한다. 일반적으로 운송산업은 경제적 · 정치적 · 사회적 여건에 영향을 많이 받으므로 이러한 환경변화에 적응할 수 있도록 상호작용을 고려하는 계획이 필요하다.

셋째, 공항운영조직 내부부서들의 업무방향이 마케팅중심의 개념을 실현하고 있는지 주시해야 한다. 내부부서들의 업무추진실적에 대하여 정성적 · 정량적 자료를 수집하여 마케팅성과를 분석하고 그 결과를 담당자에게 통보하는 체계를 갖추고 있어야 한다.

넷째, 마케팅을 담당하는 부서의 직원들이 교육과 훈련을 통하여 능력을 신장시킬 수 있는 계획이 고려되어야 한다. 공항의 업무들이 정부규제 아래에서 이루어지지만, 마케팅은 규제를 받지 않는 분야에 속한다. 따라서 마케팅부서의 직원들은 능력을 한껏 발휘할 수

있는 여건을 가지고 있으므로 능력개발의 효과가 크다. 공항의 서비스가 복잡하고 여러 조직의 통합구조 속에서 이루어지므로 공항 마케팅담당자는 효과적인 의사소통과 협조 및 조정능력을 갖추어야 한다.

다섯째, 현대 마케팅은 컴퓨터의존도가 높으므로 컴퓨터장비의 수준과 컴퓨터기술 등에 대한 여건을 고려한 계획이 되어야 하며, 이의 개선을 위한 계획도 포함되어야 한다.

여섯째, 공항 내의 다른 조직과의 관계가 긍정적으로 유지되도록 해야 한다. 마케팅업무의 성과는 공항 내의 다른 조직의 도움이 없이는 만족할 만하게 달성될 수 없다. 더구나 공항 내부에 대한 홍보와 조사 등을 위해서는 공항 내의 다른 조직의 협조가 필수적이다.

4) 외부환경과 지역사회의 특성 파악

(1) 지역의 특성 파악

공항지역 및 배후도시의 주민은 주요고객이 되기 때문에 공항운영의 성공 여부에 결정적인 역할을 한다. 따라서 지역의 특성은 공항 마케팅계획의 주요고려사항이 된다. 지역의 특성을 파악하기 위해서는 주변지역에 대한 직접적이거나 간접적인 연구가 필요하다.

공항 마케팅의 환경요인으로 지역의 특성을 분석하는 데 그 지역의 인구통계나 소득수준 및 주된 직업을 나타내는 사회경제적 통계가 필요하다. 경제적 특성을 파악하기 위해서는 지역에 다국적기업이나 외국계 회사가 얼마나 존재하는지, 또는 어떤 종류의 수출입을 하는 기업이 존재하는지를 파악해야 하며, 비즈니스경향도 파악해야 한다. 지역의 경제적 강점과 약점에 관한 정보는 공항운영자의 마케팅업무에 필요할 뿐만 아니라 항공사의 계획에도 필요하므로 공항운영자는 이러한 정보를 항공사와 공유하는 역할도 고려해야 한다.

(2) 경쟁관계 파악

공항의 외부환경으로는 경쟁관계에 있는 국내의 인접공항과 고속도로·철도·항만 등 다른 교통수단 등이 있을 것이다. 허브공항의 위치에 있는 공항으로서는 경쟁관계에 있는 인접국의 허브공항이 외부환경으로 작용한다. 공항의 외부환경을 파악하기 위해서는 이들 경쟁공항이나 다른 교통수단의 교통량을 분석해야 한다. 경쟁공항이나 경쟁교통수단의 교통량을 분석하기 위해서는 교통량에 대한 기종점조사를 하거나 이미 발표된 교통통계 또는 국제민간항공기구의 통계자료 등을 활용하여 상관관계를 분석할 수 있다. 경쟁공항이나 다른 교통수단의 교통수요를 분석하고 교통흐름의 특성과 경향을 파악하는 것이 공항 마케팅계획을 수립하는 데 중요한 전제조건이 될 것이다. 공항 마케팅을 위하여 경쟁관계에 있는 상대공항의 외부환경을 분석해야 할 요소로는 인구통계학적 요소, 경쟁과 협조요소, 상대지역의 경제 · 사회문화 · 정치제도 요소, 기술적 요소 등이 있다.

(3) 고객과 지역사회

공항 마케팅에서 공항을 이용하는 여객이나 항공사 및 지역사회의 욕구를 파악하여 이를 만족시키는 것이 마케팅담당자가 수행해야 할 중요한 임무 중의 하나이다. 항공사나 여행알선업자는 공항지역 및 배후도시에서 충분한 여객수요가 생성될 수 있다고 판단될 때 공항을 상대로 영업을 하게 된다. 항공여행자는 항공사나 여행사와 공항이 제공하는 서비스가 자신의 욕구를 만족시켜 줄 수 있다고 생각될 때 그 공항을 이용하게 될 것이다.

공항 마케팅의 기술은 이들 항공사나 여행사와 여행자를 잘 융합시키는 것이다. 공항지역의 잠재적인 항공수요자들의 욕구특성을 파악하여 공항 마케팅의 계획수립단계에서부터 고려해야 할 것이다. 공항이 지속적으로 발전하고 성장하기 위해서는 공항운영에 따른 환경피해가 없도록 환경보전을 하고 지역주민들과의 원만한 관계를 유지하기 위한 정책을 수립하여 실행해 나가는 것이 필요하다. 이를 위해 공항들이 환경 및 홍보업무를 담당하는 부서를 별도로 두고 있으며, 공항의 환경 및 홍보부서에서는 지역사회와의 끊임없는 대화 및 공항이 지역사회에 미치는 긍정적인 면을 부각시켜 주민을 설득하는 등 교육홍보업무를 지속적으로 수행해야 한다.

(4) 모기지 항공사에 대한 배려

당해공항을 모기지(母基地)로 이용하는 항공사에 대하여 공항운영자는 가장 바람직한 서비스를 제공할 수 있어야 한다. 모기지 항공사는 장기적으로 공항을 이용하는 고객이 되는데, 활주로 · 계류장 등 항공기 운항에 직접 필요한 시설뿐만 아니라 사무실 · 라운지 · 엔지니어링시설 등도 사용하게 된다. 모기지로 이용하는 항공사의 발전은 공항의 항공노선을 확장하고 운항횟수를 늘리게 되어 공항수입을 증대시킨다.

공항운영자는 모기지 항공사만이 운항할 경우 항공노선의 제약이나 환승노선의 개발이 어렵게 되어 장기적으로는 공항발전의 제약요인이 될 수 있다. 외국항공사가 취항하도록 유도하기 위한 활동도 중요하다. 외국항공사가 취항하도록 유도하기 위한 유치활동으로는 공항지역의 경제 · 사회적 특성과 공항시설의 장점 및 연결항공편의 편리성 등을 홍보해야 한다.

5) 공항출입자의 욕구 파악

공항을 출입하는 모든 사람이 공항 마케팅의 대상이 되기 때문에 공항 마케팅을 위해서는 공항을 이용하는 여객과 함께 공항을 출입하는 공항근무자, 환영객과 환송객, 업무적으로 공항을 방문하는 자, 주변지역의 주민 등은 공항에서 어떤 형태로든 구매활동을 할 가능성이 있으므로 이들의 욕구를 파악하여 공항의 상업수입을 증대시키는 활동이 필요하다. 공항을 출입하는 자는 출입하는 목적에 따라 항공여객과 비항공여객으로 구분하고, 여객은 정기항공편과 부정기항공편으로 구분한다. 정기항공편 이용자는 여행목적에 따라 비즈니스여객과 관광여객으로 구분하되, 이들이 환승여객이냐 또는 기종점 간을 여행하느냐로 구분한다.

비항공여객은 환송영객 · 공항근무자 · 지역주민 및 업무목적으로 공항을 방문하는 자로 분류할 수 있다. 이들은 공항출입목적에 따라 공항에서의 소비활동이 다르므로 공항출입자를 목적별로 분류하여 인원수 비율에 따라 상업활동의 방향을 정하는 데 활용해야 한다. 독일의 프랑크푸르트공항의 경우에는 공항출입자의 비율을 분석한 결과 항공여객이 76%, 공항근무자 13%, 기타 11%로 파악되었다.

(1) 여객의 욕구

여객은 여행자가 일반적으로 필요로 하는 여행용품이나 제공받을 서비스를 공항에서 구매하려는 욕구가 강할 것으로 본다. 여객은 공항에 도착하여 탑승수속을 먼저 마친 후에 여행에 필요한 신문 · 잡지 · 화장용품 등 일상용품을 구매하려는 속성이 강하기 때문이다.

[그림 12-3] **공항출입자의 분류**

여객 중에서 비즈니스여객은 대부분 항공여행의 경험이 많고, 탑승수속시간이 비교적 짧으며, 충동적인 구매보다는 계획적인 구매를 하므로 공항에서의 체류시간이 비교적 짧다. 비즈니스여객은 여행용품의 구매보다는 서비스구매가 많은데, 출발공항에서는 전화・팩스・컴퓨터 등을 이용할 수 있는 공간이나 장비를 요구할 것이며, 도착공항에서는 이미용실・구두닦이・샤워실・렌터카・호텔예약 등의 서비스가 필요할 것이고, 구매가능성이 높은 물품으로는 문구류・신문・잡지 및 간편한 서적 등이 될 것이다.

반면에 관광을 목적으로 하는 항공여객은 대부분 단체여행을 하기 때문에 공항에서의 만남, 일시에 많은 인원의 탑승수속 등으로 공항에서의 체류시간이 비교적 길며, 서비스의 구매보다는 물품구매가 비교적 많고, 물품의 구매에서도 계획적인 구매보다는 충동구매나 동반구매가 많다. 이들은 주로 술・담배・향수・골동품・민예품・면세품・토산품・여행용품 등과 환전・보험・오락실 등의 서비스구매를 하게 될 것이다. 친지방문이나 개인적인 용무를 위한 여객의 구매는 비즈니스여객의 구매와 관광여객의 구매를 혼합한 형태가 될 것이다. 주로 선물이나 토산품을 구매할 것이다. 환승여객의 욕구는 출발여객이나 도착여객과는 달리 환승지역에 장시간 머물러야 하는 때에는 사우나시설, 시간제 호텔, 카지노, 오락실 등의 서비스시설 이용을 희망하는 한편, Land Side 지역의 출입을 희망할 것이다.

여객을 국제선여객과 국내선여객으로 나누어 분석하면, 국제선여객이 공항에서의 체류시간도 길고 소비성향도 강하여 공항에서의 구매활동이 국내선여객보다 활발하게 이루어진다. 국제선여객 중에서도 자국민보다는 외국인여객의 소비가 더 많은데, 이들을 위해서는 상대국과의 문화의 차이에 의한 소비 패턴이 고려되어야 할 것이다. 단기여행자보다는 장기여행자가 공항에서의 소비가 활발한 것으로 조사되었다. 프랑크푸르트공항의 경우에 단기여행자의 25%, 장기여행자의 50%가 공항에서 쇼핑한 것으로 조사되었다.

(2) 비항공여객의 욕구

항공여객이 아니면서 공항을 이용하는 경우는 다음과 같다. 여객의 환송이나 환영을 위하여 공항을 방문하는 사람들은 스낵이나 커피숍 이용을 많이 하게 되고, 약간의 충동적 구매를 할 수 있는 대상으로 볼 수 있다. 공항근무자나 공항지역의 주민들은 공항 내의 상점들이 비교적 늦은 시간까지 영업해야 하는 점과 이용의 편리성에 의하여 생활용품이나 식료품 등을 구매하게 된다. 프랑크푸르트공항의 경우에 공항근무자들이 생활비의 15% 정도를 공항에서 소비하는 것으로 조사되었다. 여객이 아니면서 공항을 이용하는 사람 중에서 항공기 승무원들은 드라이클리닝・구두수선・이미용실 등이 공항에 반드시 있는 것을 요구하고 있다.

제4절 공항의 항공사 마케팅전략

공항운영자의 1차 고객이며 주된 고객은 항공사라고 보아야 할 것이다. 여객이나 항공화물은 공항의 고객이지만 항공사의 제1차 고객이기 때문이다. 항공여객이 공항에 납부하는 사용료는 여객이용료와 주차료는 항공사가 납부하는 착륙료와 정류료 및 사무실 등의 임대료에 비하면 그 금액이 많지 않기 때문이다. 따라서 공항운영자는 중요한 고객인 항공사의 욕구를 충족시켜 줄 수 있는 서비스를 제공해야만 항공사를 유치할 수 있다. 공항에서의 항공교통의 처리가 원활하고 서비스의 수준이 높음에 따라 항공사의 이미지도 고양될 수 있기를 기대할 수 있기 때문이다. 공항운영자가 항공사를 상대로 하는 마케팅은 자국 항공사에 대한 마케팅과 외국항공사에 대한 마케팅으로 나누어 고려되어야 한다.

1. 자국항공사에 대한 마케팅전략

공항운영자의 자국항공사에 대한 마케팅을 미국공항의 마케팅전략을 사례로 들어보면, 다음과 같이 두 가지를 나누어 생각할 수 있다.

첫째, 미국은 America항공, United항공, Delta항공 등 비슷한 규모의 대형 항공사가 복수로 존재한다.

둘째, 미국은 시카고 오헤어공항, 애틀랜타공항, J.F. 케네디공항, 로스앤젤레스공항 등 우열을 가리기 어려운 대규모 공항도 복수로 존재한다.

따라서 미국공항들 입장에서는 대형 항공사가 자기 공항을 허브로 이용할 수 있도록 하는 별도의 전략이 필요한 상황이다.

반면 미국 이외의 국가에서는 영국 · 프랑스 · 독일 · 일본 · 한국 등에서 보는 바와 같이 대개가 하나의 대형 국적항공사와 하나의 대형 관문공항이 존재하기 때문에 관문공항에서는 자국의 제1항공사에 대하여 특별한 유치전략을 쓸 필요가 없는 상황이 된다. 그러나 미국공항도 항공사가 어느 공항을 허브공항으로 지정하면 그 공항을 중심으로 장기간에 걸쳐

노선을 구성하는 실정이므로 자국항공사에 대하여 취하는 마케팅활동은 미국공항이나 다른 나라의 공항과 유사한 방향으로 전개되고 있다.

공항운영자가 자국항공사를 상대로 추진하는 마케팅에 대하여 미국공항과 선진국공항의 사례를 정리해 보면 다음과 같다.

첫째, 공항운영자는 자국의 항공사가 당해공항을 중심으로 Hub & Spoke 노선망 구축이 용이하도록 슬롯배정을 하여 주는 것이 보통이다. 슬롯배정은 대개 공항운영자와 당해공항에 취항하는 항공사 및 항공기 운항허가를 담당하는 국가기관 등으로 구성된 스케줄위원회에서 결정한다. 스케줄위원회는 항공기 운항편수가 많은 항공사가 주도하기 때문에 세계 주요공항에서 자기 공항을 허브로 이용하는 항공사는 노선망구성에 장애를 받지 않고 있다.

둘째, 공항운영자는 터미널 및 램프지역의 공간이용측면에서 자국의 항공사가 원활하게 항공교통을 처리할 수 있도록 배려해 주어야 한다. 미국공항의 경우에는 항공사와 공항 사이에 공항사용협정을 체결하여 당해공항을 허브공항으로 이용하는 항공사가 일정한 공간을 독점적으로 사용하도록 허용하고 있는 경우가 대부분이다. 따라서 허브공항으로 이용하는 항공사는 항공기 및 여객과 화물을 처리하는 데 있어서 비교적 자유로운 활동이 가능하다. 다른 나라의 공항들은 터미널지역이나 램프지역 시설을 공동으로 이용하는 개념으로 운영되고 있으나, 이 경우에도 허브항공사가 Hub & Spoke 노선망 운용에 장애가 되지 않도록 하는 배려가 필요하다.

셋째, 공항운영자는 항공기와 여객 및 화물을 신속·정확하게 처리하고 공항의 서비스수준을 높이어 허브항공사가 공항 서비스에 만족하도록 하여 항공기 운항노선이나 운항편수가 증가되도록 유도해야 한다. 미국공항은 일정한 터미널 및 램프공간을 허브항공사가 독점적으로 이용하도록 하여 이들 지역에서의 업무처리를 항공사책임하에 수행하도록 하는 경우가 일반적이다. 심지어는 공항사용협정에 램프 컨트롤 타워까지 허브항공사가 운영하도록 포함시켜 항공사의 욕구를 충족시키고 있는 경우가 많다. 다른 나라의 공항은 터미널 및 램프지역의 업무를 공항경영자가 수행하는 경우가 대부분인데, 이 경우에도 공항운영자는 허브항공사의 신속한 환승처리와 함께 항공기 운항의 정시성 확보와 서비스수준의 향상 등으로 항공사의 이미지 제고와 항공사의 욕구를 충족시켜 주는 업무처리가 되도록 해야 한다.

넷째, 공항운영자는 공항사용료의 적정화와 함께 항공사의 경쟁성 확보를 고려해야 한다. 항공운송산업의 규제완화에 의한 항공사 간의 치열한 경쟁은 항공사의 비용절감으로 이어지고, 항공사가 공항운영자에게 납부하는 공항사용료가 항공사의 비용에 미치는 영향이 적지 않기 때문에 공항운영자는 공항사용료를 결정할 때 자국항공사의 경쟁성이 확보될 수 있도록 고려해야 한다. 허브항공사는 단거리의 Spoke 노선을 많이 운영하게 되는데, 단거리 항공노선의 경우에는 공항사용료가 항공사의 총운항비용에서 차지하는 비중이 커지기 때문에 공항사용료의 수준에 민감하게 반응하게 된다. 이를 해결하는 방법으로 미국공항의 경우에는 대부분 공항사용협정에 공항의 재정적 이익과 손실을 허브항공사와 공항운영자가 공동으로 책임지도록 하고 있으므로 이러한 공항에서는 공항사용료를 인상하기 위하여 자국항공사를 상대로 하는 마케팅효과는 고려할 필요가 없게 된다.

결론적으로 공항운영자는 당해공항을 허브로 이용하는 항공사가 Hub & Spoke 노선망 운영이 편리하도록 활주로 및 지원시설 이용에 배려를 해 주어야 할 뿐만 아니라 여객청사의 사무실 배정이나 체크인 카운터 배정 등에서도 허브항공사에 대한 배려가 있어야 하며, 공항사용료의 수준도 허브항공사의 경쟁성이 확보될 수 있도록 해야 한다. 공항이 허브공항으로 성공하려면 먼저 그 공항을 제일 많이 이용하는 허브항공사가 성공해야 한다. 따라서 공항과 허브항공사는 흥망을 같이 한다고 해도 과언이 아니다. 당해공항에 외국항공사를 유치하거나 항공노선을 확대하여 항공수요를 개발하는 일 등에 공항과 허브항공사가 공동으로 노력해야 하며, 공항의 서비스수준 유지에 의한 이미지 제고에도 상호 협조가 필수적이다. 그 사례로 암스테르담 스키폴공항의 경우에는 많지 않은 기종점수요에도 불구하고 허브항공사인 Klm항공사와 스키폴공항의 공동노력으로 유럽의 허브공항으로 성공하였으며, 싱가포르의 창이공항도 싱가포르 에어라인의 성공 없이는 오늘날의 명성을 얻지 못하였을 것이다.

2. 외국항공사에 대한 마케팅전략

공항운영자는 자국의 허브항공사에 대한 배려도 중요하지만, 국내의 다른 항공사 및 외국항공사에 대해서도 이들이 운항편수를 늘리거나 신규노선을 개발하여 취항하도록 유도하기 위한 마케팅이 필요하다. 특히 미국의 Northwest항공사가 일본의 나리타공항을 외국 허브공항으로 이용하는 것처럼 세계적인 대규모 항공사가 자국의 공항을 허브공항으로 지정하도록 유도하는 일은 허브공항으로 성공하는 데 상당한 도움을 줄 것이다. 물론 이러한 목적들은 공항이 속한 지역에서 항공수요가 많이 발생하면 자연스럽게 달성되겠지만, 공항운영자의 마케팅에 의한 성과도 클 것이다.

공항운영자의 외국항공사에 대한 마케팅에 대하여는 다음과 같은 전략이 필요할 것으로 본다.

첫째, 공항이 속한 지역에서 이미 실현된 기존의 항공수요와 잠재적 항공수요를 분석하여 긍정적인 측면을 홍보하는 일이다. 즉 그 지역의 경제・사회・문화적 환경과 그 변화가능성과 항공여행에 대한 국민의 태도변화 및 산업발전 등이 항공수요를 증대시키는 방향으로 진행되고 있음을 홍보하는 것이 효과적일 것이다. 특히 항공수요의 변화에 대한 구체적인 정보를 제공해야 효과가 클 것이므로 항공노선별 수요의 특성과 여객구조의 변화 등을 공항운영자가 분석하여 해당항공노선과 관련이 있는 외국항공사에 제공하는 등의 설득력 있는 마케팅활동이 필요하다.

둘째, 자기가 운영하는 공항에서 연결되는 도시들에 대한 항공수요의 예측 및 분석내용을 외국항공사에 홍보하는 것이다. 이러한 정보는 특히 자기공항이 외국항공사의 외국허브공항으로 지정되기를 희망할 때 필요하다.

셋째, 공항의 시설・사용료 등에 대한 홍보이다. 공항시설의 개선이나 신형 장비의 도입계획 등을 효과적으로 홍보하여 항공사들이 비전을 갖고 자기공항의 이용을 증가시킬 수 있는 계획을 수립하도록 유도해야 한다. 공항사용료가 높지 않다는 것을 홍보하는 것이 유리하다면 이것도 포함하되, 공항사용료를 하향조정할 계획이 있다면 이를 반드시 홍보해야 한다.

공항운영자가 외국항공사를 상대로 한 마케팅 사례를 보면, 암스테르담 스키폴공항이 마케팅활동의 일환으로 제공한 정보 및 홍보한 항목들은 다음과 같다.

첫째, 상대항공사가 스키폴공항에 운송한 수송실적 및 상대국 도시와 암스테르담 사이의 항공노선에 대한 발전전망과 환경

둘째, 스키폴공항이 유럽의 허브공항이라는 점과 스키폴공항에서 연결항공편 및 연결되는 철도・육상・해상 교통수단과 스키폴공항의 조직 및 기구표

셋째, 스키폴공항을 이용한 항공여객 및 항공화물에 대한 분석자료와 유럽의 주요공항과 비교한 스키폴공항의 상대적 규모 및 스키폴공항의 환승여객에 대한 통계

넷째, 공항사용료 중에서 항공수입이 공항의 총수입에서 차지하는 비중

다섯째, 스키폴공항이 상대항공사 국가와 좋은 기회를 줄 수 있는 배경에 대한 정보와 상대항공사에 대한 스키폴공항 이용과 관련한 권고 및 제언

3. Hub 공항의 마케팅전략

1) Hub & Spoke 노선망과 공항운영

공항운영 시스템이 Hub & Spoke로 운영되는 경우에 허브공항으로 활용되는 공항은 항공교통량이 급증하게 되므로 공항운영자들은 대형 항공사에 의해 허브공항으로 지정되기 위한 노력을 하게 되는 것이다. 공항운영자들은 자기 공항에 다양한 항공사가 취항하기를 바라기도 한다. 미국의 Charlotte공항에서 유나이티드항공이 여객의 93%를 처리하는 것처럼 한 개의 항공사가 공항을 독점적으로 이용하게 되면 공항운영과 공항시설의 이용이 허브항공사 위주로 되어 허브항공사에 대한 의존도가 높아진다. 이 경우 허브항공사가 공항이용을 중단하거나 도산하는 경우에 일정기간은 공항이용률에 심각한 타격을 입게 되기 때문이다.

공항들이 국내선과 국제선을 분리하여 운영하거나 별도의 공항으로 운영하는 때가 있다. 이러한 공항들은 국내선과 국제선 간의 환승이 불편하여 Hub & Spoke 시스템 구축에 장애가 된다. 여행을 출발하거나 도착하는 여객과 환승여객이 필요로 하는 시설은 서로 같지 않으므로 이에 대하여 고려해야 한다. 환승여객은 도착과 출발을 위한 두 종류의 수속을 해야 하나, 자동차 렌트나 지상이동을 위한 교통수단을 필요로 하지 않으며, 접속비행 사이의 시간간격이 크면 소비적 구매활동을 하게 되므로 이에 대한 대책도 있어야 한다. 네덜란드 · 스페인 · 영국 · 이탈리아의 공항에서 보는 바와 같이 자기 공항을 허브공항으로 운영하기 위해 환승여객에 대하여 공항사용료를 면제해 주거나, 항공사에 대하여 항공사용료에 특혜를 주기도 한다.

2) 장거리 국제항공노선의 통합화

항공사들이 과거에는 장거리 국제항공노선에서 운항도시의 숫자증가에 중점을 두었으므로 한 노선의 운항횟수가 1주일에 1~2회 정도로 적은 경우가 많았다. 이와 같은 운항 서비스로는 관광을 목적으로 하는 여행자의 욕구는 충족시킬 수 있으나 비즈니스여행자에 대한

유연성 있는 서비스 제공은 할 수 없었다. 이러한 운항 스타일은 대형 항공기의 탑승률을 높이기 위하여 여러 도시를 거쳐 운항함으로써 탑승률 제고에는 성공하였지만, 많은 중간기착에 따른 여행시간의 증가와 항공사의 비용증가로 인한 수익률 저하 등으로 항공사에 부담을 주게 되었다.

최근에는 장거리 국제노선을 운항하는 항공사들이 운항 스케줄을 합리화해 항공수요가 많은 노선에 항공기 운항빈도를 높이는 방향으로 전환하였다. 앞으로도 중요 허브공항 간의 논스톱 운항횟수를 증가시키고 허브공항과 지선공항의 연결비행을 늘리거나, 파트너항공사의 로컬노선을 활용하는 추세로 나아갈 것이다. 이와 같은 장거리 항공노선의 통합화, 항공편명의 공동사용, 연결비행편의 증가가 2국 간 항공협정에 빈번하게 나타나고 있다. 다만, 화물운송은 앞으로도 대형기에 의한 저비용운송을 위하여 운항빈도가 낮은 서비스가 지속될 것이다. 여객운송은 높은 운항빈도로 여객의 이용편의를 도모하고자 주요 허브공항 사이에는 대형 항공기를 운항하고 지선노선에는 소형기를 운항하면서 연결항공편의 편리성을 도모해 나갈 것이다.

장거리 국제항공노선의 또 하나의 경향은 공항을 이용하는 범위가 넓혀짐에 따라 항공여객들이 연결항공편을 이용하거나 지상교통수단을 장시간 이용해야 할 필요성이 발생함으로써 이른 아침의 출발이나 늦은 밤에 도착하는 스케줄을 기피하게 되어 밤샘비행이 증가하는 추세에 있다.

3) 허브공항의 스케줄 편성

항공사가 Hub & Spoke 노선을 운영하게 되면 허브공항에서 편성하는 항공기 운항 스케줄의 특성은 피크시간대에 항공기 운항이 심하게 집중된다는 특성이 있다. 이는 항공사들이 성공적인 허브노선 운영을 위해 환승시간을 최소화하려는 의도에 그 원인이 있다.

항공기 운항편이 하루 중에서 피크시간에 몰리는 현상을 Wave System이라고 표현하기도 한다. 공항운영자와 허브항공사는 하루 중에 발생하는 Wave의 수를 소수로 할 것인지, 아니면 다수로 할 것인지를 결정해야 한다. 이는 당해지역의 항공시장의 특성에 근거하여 Wave의 수를 결정하게 되며, 각각의 장점과 단점 및 항공시장 적용의 특성은 다음과 같다.

첫째, 소수의 Wave 시스템은 Wave당 연결항공편수를 늘릴 수 있어 항공사의 노선운영이 효율적으로 될 수 있으나, 환승여객들은 환승소요시간이 길어지는 불편을 겪어야 한다. 따라서 이 시스템은 관광여객이 많거나 2차 산업이 발달한 지역의 비즈니스여객이 많아 신속한 처리보다는 낮은 운임이 우선되는 항공시장에 적합하다. 즉 여행시간가치가 낮은 항공시장에 적용하는 것이 효과적이다.

둘째, 다수의 Wave 시스템은 Wave당 연결이 가능한 비행편수는 줄어드는 반면, 여객의 환승소요시간이 줄어들기 때문에 여행의 시간가치가 높은 3차산업에 종사하는 비즈니스여객이 많은 항공시장에 적합하다.

유럽지역의 4대 공항 중에서 네덜란드 암스테르담의 스키폴공항과 독일의 프랑크푸르트공항은 허브공항 스케줄전략에 치중하여 허브공항이 되었다. 영국 런던의 히드로공항이나 프랑스 파리의 드골공항은 도시의 명성에 의해 자연발생적으로 허브공항이 된 경우이다. 이들 공항의 항공편 운항 패턴과 성과를 비교해 보면, 인위적으로 허브공항전략을 구사한 스키폴공항과 프랑크푸르트공항이 자국의 허브항공사의 항공기 운항편수에 비하여 연결항공편수가 드골공항이나 히드로공항보다 월등히 많고, 반대로 스키폴공항은 허브공항전략에 의하여 3 Wave 시스템 스케줄을 구사한 1995년에는 하루 중의 항공편 몰림이 히드로공항보다 심화되었으나, 현재에는 4.5 Wave 시스템을 운영하고 있어 항공편의 몰림현상을 다소 완화하였다.

참고문헌

1. 국내문헌

국토교통부 편역(1997), ICAO 부속서 14 비행장.
유광의(2006), 공항운영과 항공보안, 백산출판사.
_____ · 유문기(2004), 공항운영 및 관리, 백산출판사.
____________(2012), 공항경영론, 대왕사.
_____ 외(2014), 항공산업론, 대왕사.
유문기(2008), 항공운송론, 새로미출판사.
_____ 외(2014), 항공보안론, 진영사.
한국공항공사(1998), 공항경제 매뉴얼.
___________(1999), 공항 서비스 매뉴얼.
한국공항공사 편역(1999), 비행장 디자인 매뉴얼.
한국항공진흥협회(2004), 항공용어사전.
_______________(2012), 항공연감.
허희영(2003), 항공운송산업론, 명경사.

2. 국외문헌

Air Transport Development Institute(2002), *Airport Safety Course*, IATA.
Ashford, Norman, Martin Stanton & Clifton A. Moore(1997), *Airport Operations*, Mcgraw-Hill Inc.
Doganis, Rigas(1992), *The Airport Business*, Routledge.
ICAO(2001), *ASTP/Supervisor*, ICAO Montreal.
_____(2002), *Annex 17 to the Convention on International Civil Aviation*, 10th ed., ICAO Montreal.
_____(2002), *ASTP/Cargo*, ICAO Montreal.
_____(2002), *Doc. 8973/5 Security Manual*, ICAO Montreal.

저자소개

[유 광 의]

- 한국항공대학교 항공교통물류학부 교수

[주요 저서]
- 국제운송 항공사경영론(백산출판사)
- 항공산업론(대왕사, 공저)
- 21C 항공운송산업과 항공사(백산출판사)
- 공항운영 및 관리(백산출판사, 공저)
- 공항경영론(백산출판사, 공저)
- 공항운영과 항공보안(백산출판사)

[유 문 기]

- 한국공항공사 기획본부장
- 국토교통부 항공정책실
- 한국항공대학교 겸임교수
- 아세아항공직업전문학교 외래교수

[주요 저서]
- 공항경영론(대왕사, 공저)
- 항공보안법규(대왕사, 공저)
- 항공운송론(대왕사, 공저)
- 항공보안론(대왕사, 공저)
- 항공산업론(대왕사, 공저)
- 항공법규해설(이프레스, 공저)
- 항공보안검색론(대왕사, 공저)
- 항공보안장비론(대왕사, 공저)

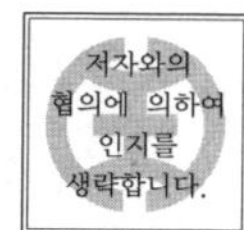

제5판 공항운영론

초 판 1쇄 발행 2009년 8월 25일
제2판 1쇄 발행 2015년 3월 5일
제3판 1쇄 발행 2018년 8월 25일
제4판 1쇄 발행 2020년 2월 25일
제5판 1쇄 발행 2026년 1월 20일

저자 유광의 · 유문기 | 발행인 박성진 | 발행처 대 왕 사
등록 1976년 11월 30일 제5~54호
주소 서울시 동대문구 외대역동로 133—1
물류 경기도 파주시 소라지로 176-25(송촌동 414-12)
전화 (031)947-5471(代) | 팩스 (031)947-5470
홈페이지 http://www.daewangsa.net | 이메일 dws74@hanmail.net
값 24,000원

ISBN 978-89-456-9328-0 93320